U0727434

现代学前教育政策与法规解读

主 编 孟庆玲 窦春玲

现代教育出版社
Modern Education Press

图书在版编目（CIP）数据

现代学前教育政策与法规解读 / 孟庆玲，窦春玲主编 . -- 北京：现代教育出版社，2018.9

ISBN 978-7-5106-6505-9

Ⅰ . ①现… Ⅱ . ①孟… ②窦… Ⅲ . ①学前教育—教育政策—中国—教材②学前教育—教育法—中国—教材 Ⅳ . ① G619.20 ② D922.16

中国版本图书馆 CIP 数据核字（2018）第 194340 号

现代学前教育政策与法规解读

孟庆玲　窦春玲　主编

责任编辑	魏　星　于文倩
封面设计	万典文化
出版发行	现代教育出版社
地　　址	北京市朝阳区安华里 504 号 E 座
邮　　编	100011
印　　刷	北京佳顺印务有限公司
开　　本	787mm×1092mm　1/16
印　　张	15
字　　数	325 千字
版　　次	2018 年 9 月第 1 版
印　　次	2022 年 9 月第 2 次印刷
书　　号	ISBN 978-7-5106-6505-9
定　　价	79.00 元

【前　言】

　　长期以来，我国幼儿教育就存在三大难题，即"入园难""入园贵"和"质量低"。入园难，是入公立园难；入园贵，是入私立园贵，而质量低，则是以私立幼儿园为主，公立园和私立园普遍存在的问题。自2011年，我国开始实施幼儿教师国家级培训计划以来，已经完成了两轮幼儿教师的国家级培训，目前第三轮幼儿园教师国培计划正在启动中。第一轮幼儿园教师国家级培训计划基本解决的是"入园难"的问题，第二轮幼儿园教师国家级培训计划基本解决了"入园贵"的的问题，第三论幼儿园教师国家级培训计划将要解决"质量低"的问题。前两者都是外部问题，后者是内部问题。提升幼儿园教育教学质量，关键在于提升幼儿园教师对幼儿园教育政策与法规的认识，这永远是幼儿园教师国家级培训的基础培训。只有抓好幼儿园教育的顶层设计工作，其他工作才能有序开展，才能有的放矢。

　　办好学前教育，关系亿万儿童的健康成长，关系千家万户的切身利益，关系国家和民族的未来。十九大后人们更加关注学前教育，并把如何"办人民满意的幼儿园教育"这一问题提上了国家日程，把学前教育立法作为了今后提升学前教育质量的重要工作。可见，幼儿园教育已经到了必须进行内求的时刻，到了内涵建设的时刻。如何实现有质量的幼儿园教育，就要看幼儿园教育的顶层设计，当下再没有学前教育立法的前提下，因此，当下幼儿园的教育质量很大程度上就看幼儿园教师对幼儿园教育的若干政策和法规的理解程度了。如何对现有的幼儿园教育政策与法规进行科学的规范的解读，并成了本教材的重点问题。

　　政策与法规，是当下学前教育的顶层设计，是"学前教育法"的先行法。政策是为了实现一定目标而制定的行为准则，法规是以国家强制力保障实施的行为规范。政策和法规没有严格的区分，在一定情况下可以相互转化，目前我国还没有对学前教育的立法，政策和法规同时并存，同时起作用，因此本书仍采用政策与法规模式进行阐述。在当下我国还没有学前教育立法的前提下，政策和法规作为学前教育界的顶层设计，承担着指引我国学前教育方向的重要使命。本教材的名称界定为"现代学前教育政策与法规解读"。全文以"幼儿园"年段为核心，以建国以来的政策与法规为主，从每个政策与法规的宏观概述和内涵精神等两个层次对其进行梳理而成。

　　本教材主要针对我国学前教育的核心部分幼儿园教育的政策和法规进行了解读，为高校学前教育本（专）科教学提供教学资源，为高校领域教学教师和幼儿园教师教研活动提供内容参考。我们的设计初衷是找到一本能适合本科院校教师教研、学生学习和幼儿园教师教研的参考资料，本教材最后定位是适用于高校学前教育专业教学及职后幼儿园教师培训和教学研究之用。

1

本教材内容的学术价值在于，它涵盖幼儿园教育、家庭教育和高校教育等三个方面的教育政策与法规，并将这三个方面纳入到整个幼儿教育系统中。此外，内容呈现方式符合认知规律，主要表现在以下四个环节中：第一，案例导入：每章用案例导入主题，将案例融入整个章节的解读过程中，并用整个章节来回应案例中出现的问题；第二，知识结构图：每章节绘制了覆盖全章的内容结构图，便于学习者找到整个章节的逻辑线索；第三，问题导向式：每章正文后都附有简答题，并与本章的目标遥相呼应，答案隐含在整个章节中；第四，设置说说环节：每章文后设置了"我的说说"环节，让学习者自行填写本章的收获与思考；第五，教材中将国家最新的关于文件和最新的研究成果纳入到内容中，丰富了教材的时代感和前沿性。

本书由十一章构成，内容涉及学前教育领域的顶层设计《幼儿园管理条例》《幼儿园工作规程》《幼儿园教育指导纲要（试行）》《3~6岁儿童学习与发展指南》《儿童权力公约》等五个文件，还包括《幼儿园教师专业标准》和《幼儿园园长专业标准》两个标准，以及《国务院关于当前发展学前教育的若干意见》《全国家庭教育指导大纲》《三年制中等幼儿师范学校教学方案（试行）》和《托儿所幼儿园卫生保健工作规范》四个补充材料。内容涉及国家对幼儿园的要求、家园共育问题、高校培养方案以及教育行政部门督导，以及国际上对儿童的共同见解等五大类问题。

最后，值得指出的是由于本教材编写组成员能力和精力有限，教材中难免会出现少许失误，因此也敬请学前教育界专家和热爱学前教育的同行们批评指正。愿我们在"做学前"的道路上，锲而不舍，携手同行。

【目 录】

第一章 《幼儿园工作规程》解读

教学目标

1. 了解"幼儿园工作规程"的出台背景及意义。
2. 理解"幼儿园工作规程"的宏观结构和内容要义。
3. 能简述"幼儿园工作规程"的核心理念和新变化。

知识结构图

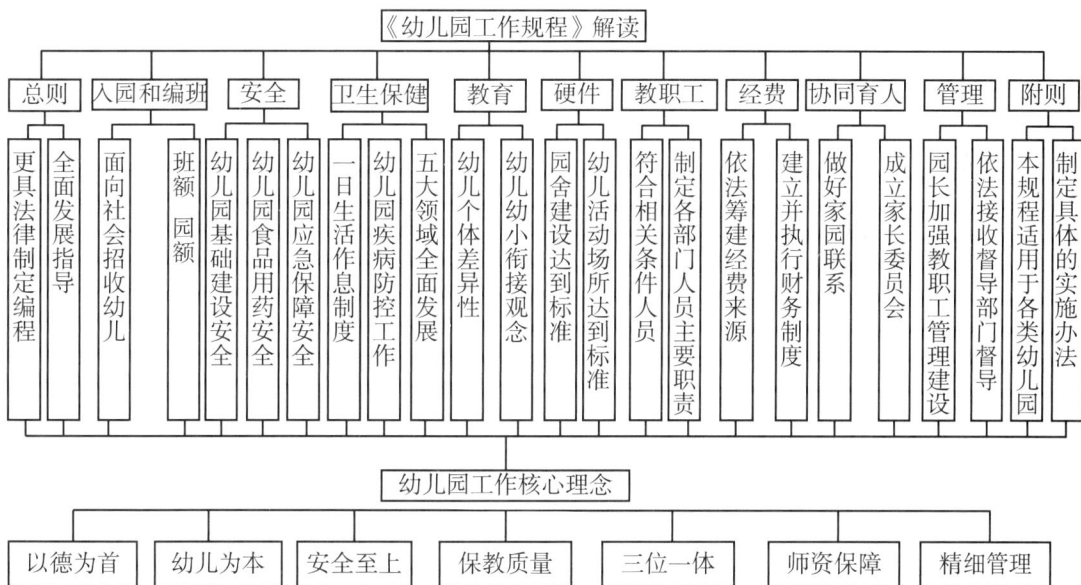

《幼儿园工作规程》解读

| 总则 | 入园和编班 | 安全 | 卫生保健 | 教育 | 硬件 | 教职工 | 经费 | 协同育人 | 管理 | 附则 |

- 更具法律制定编程
- 全面发展指导
- 面向社会招收幼儿
- 班额、园额
- 幼儿园基础建设安全
- 幼儿园食品用药安全
- 幼儿园应急保障安全
- 一日生活作息制度
- 幼儿园疾病防控工作
- 五大领域全面发展
- 幼儿个体差异性
- 幼儿幼小衔接观念
- 园舍建设达到标准
- 幼儿活动场所达到标准
- 符合相关条件人员
- 制定各部门人员主要职责
- 依法筹建经费来源
- 建立并执行财务制度
- 做好家园联系
- 成立家长委员会
- 园长加强教职工管理建设
- 依法接收督导部门督导
- 本规程适用于各类幼儿园
- 制定具体的实施办法

幼儿园工作核心理念

| 以德为首 | 幼儿为本 | 安全至上 | 保教质量 | 三位一体 | 师资保障 | 精细管理 |

案例分析

案例 区域活动中的困惑。安某区域活动中,佳佳在娃娃家做好"饭"问道:"老师,我可以把'饭'送给建筑区的小朋友吃吗?他们都饿了。"我想这正是鼓励和支持孩子交往的好时机。于是便同意了。没过一会儿,佳佳又说:"他们饿了,我去送'饭'。"我没有表示反对,当佳佳打算第三次去送"饭"时,我说:"别送了,他们吃多了会不消化的。"佳佳马上说:"那我去送'水'。"她就这样在娃娃家和建筑区之间走来走去。其他孩子见了,也纷纷要求去送"水"、送"饭"、送"毛巾"。孩子们穿校于区域之间,有的孩子还乘机打闹。生态式区域活动提倡区域之间的互动与拓展,可如果这样的话,规则如何保障?遇到上述这种情况,该怎么办?[①]

分析 这是一次鼓励与支持孩子交往的好时机,孩子们能积极主动地促进区域间的交流,是件值得高兴的事情。至于其中"度"的把握,就要看教师适当地指引和导向了。佳佳的三次送饭和多位孩子的送"水"、送"毛巾"似乎影响了孩子活动的规则,令教师感到"乱"。其实规则要实践到位,必须调自孩子自己的认识,而此时,孩子还陶醉于递送过程的愉悦中,还没有意识到为何不可。作为教师,可以大组织建筑区的孩子们停下"休息"一下,擦汗、送"水"、好好品尝来自娃娃家同伴送来的"美食",感受被他人关爱的幸福,并向同伴表示感谢,

---

① 陈国维主编. 幼儿教育政策法规 [M]. 教育科学出版社, 2015:81-82.

接着，有意识地提醒孩子们讨论。休息之后该做些什么了，人们要回家收拾整理，照顾好"老筑师"要继续工作才能完成任务，娃家的小我，不能干扰他人的工作。对于个别有特殊交往需求的孩子，可以请"建筑师"到"家"里做客，可以欢迎他们明天再来。相信孩子的交往在规则的指引下会更加合理、有序，从而满足他们的需要。本章我们将向学习者介绍《幼儿园工作规程》，从总则和幼儿园保育和教育方面，向学习者们描述幼儿园区域活动指导。

第一节　《幼儿园工作规程》概述

一、《幼儿园工作规程》内容结构

2016 年 1 月 5 日，教育部颁发的《中华人民共和国教育部令第 39 号》——《幼儿园工作规程》已经 2015 年 12 月 14 日第 48 次部长办公会议审议通过，现予公布，自 2016 年 3 月 1 日起施行，同时废止 1996 年 3 月 9 日由原国家教育委员会令第 25 号发布的《幼儿园工作规程》，全文共 11 章 66 条，可以用数字 1166 来描述，具体内容涉及总则、幼儿园及其编班、幼儿园的安全、卫生保健、教育、硬件、教职工、经费、幼儿园、家庭和社区及幼儿园的管理。该规程的实施必将全面引领我国幼儿园教育走入一个全新的时期，是我国进入 21 世纪后幼儿园教育在规范化和法制化的引领下，必将促进幼教事业走向快速发展的新航道。

二、《幼儿园工作规程》出台的目的

该规程的目的是为我国构建了一个提高学前教育质量的完整的保障体系，不仅从制度设计层面对幼儿园的管理和运营制定了原则，也从教育活动的设计和开展这些微观层面制定了更为详尽的标准；不仅针对园舍和设备等物质环境的布局出台了严格的规定，而且针对如何营造促进幼儿学习、保障幼儿健康成长的心理环境提出了建议。在总则中明确指出："为了加强幼儿园的科学管理，规范办园行为，提高保育和教育质量，促进幼儿身心健康，依据《中华人民共和国教育法》等法律法规，制定本规程。"

三、《幼儿园工作规程》修订出台的背景

进入新世纪随着经济社会的发展，教育改革的不断深入，学前教育事业发展迅速，幼儿园教育的内外环境和条件也发生了巨大变化。在新的形势下该规程需要调整，以进一步规范幼儿园内部管理和办园行为，促进幼儿园保教质量的不断提升。新修订的规程于 2016 年 3 月 1 日起施行，它对幼儿园教育的性质与任务、幼儿园的安全与卫生保健、幼儿园的教育与保教人员要求等各个方面都进行了不同程度的修订。

四、《幼儿园工作规程》的特点

注重和向关法律法规和制度的协调性和一致性。此规程是我国第一部规范幼儿园内部管理的规章，1989 年颁布试行稿，1996 年正式颁布施行。10 年来，学前教育事业取得了快速发展，幼儿园教育的内外环境和条件也发生了巨大变化。在新的形势下规程需要调整，以进一步规范幼儿园内部管理和办园行为，尤其是规程颁布以后，一系列重要的部门政策文件和国家法律法规相继出台，为使规程与各相关文件相互呼应与衔接，新规程增加了相关的内容与要求。如，教育部颁布的《幼儿园教育指导纲要（试行）》《3～6 岁儿童学习与发展指南》《托儿所幼儿园卫生保健管理办法》等重要文件对幼儿园的保育和教育工作提出了一些新的具体要求，新的规程将这些方面的要求进行了原则性规定。又如，根据《中华人民共和国未成年人保护法》《中小学幼儿园安全管理办法》和新颁布的《中华人民共和国反家庭暴力法》等法律法规，新规程增加了幼儿安全与保护的相关规定。

第二节　《幼儿园工作规程》内容解读

一、各部分解读

1. 总则

总则中首先表明了该规程制定的目的，其次对幼儿园、幼儿园教育的地位、任务、对象、主要任务、学

制和幼儿为本理念的明确界定。幼儿园是对 3 周岁以上学龄前幼儿实施保育和教育的机构；幼儿园教育是基础教育的重要组成部分，是学校教育制度的基础阶段。①

（1）了幼儿园的教育幼儿和指导家长两大任务：贯彻国家的教育方针，按照保育与教育相结合的原则，遵循幼儿身心发展特点和规律，实施德、智、体、美等方面全面发展的教育，促进幼儿身心和谐发展。幼儿园同时面向幼儿家长提供科学育儿指导。幼儿园适龄幼儿一般为 3 周岁至 6 周岁，幼儿园一般为三年制，办园模式分为全日制、半日制、定时制、季节制和寄宿制等。上述形式可分别设置，也可混合设置。

（2）幼儿园保育和教育的主要目标其中在三个方面：幼儿健康生活习惯兴趣养成、发展幼儿智力、培养幼儿良好的品性，具体如下：促进幼儿身体正常发育和机能的协调发展，增强体质，促进心理健康，培养良好的生活习惯、卫生习惯和参加体育活动的兴趣，发展幼儿智力，培养正确运用感官和运用语言交往的基本能力，增进对环境的认识，培养有益的兴趣和求知欲望，培养初步的动手探究能力。萌发幼儿爱祖国、爱家乡、爱集体、爱劳动、爱科学的情感，培养诚实、自信、友爱、勇敢、勤学、好问、爱护公物、克服困难、讲礼貌、守纪律等良好的品德行为和习惯，以及活泼开朗的性格。培养幼儿初步感受美和表现美的情趣和能力。首次将尊重儿童权利，禁止体罚幼儿放在总则里面，强调儿童的人格权利不应侵犯，将儿童为本的理念凸显出来。"幼儿园教职工应当尊重、爱护幼儿，严禁虐待、歧视、体罚和变相体罚、侮辱幼儿人格等损害幼儿身心健康的行为。"

2. 幼儿入园和编班

（1）入园。具体规定幼儿入园前健康检查，合格者方可入园，此外禁止任何形式的考试或测查；幼儿园每年秋季招生。平时如有缺额，可随时补招。特殊情况儿童，应予以照顾入园；幼儿园办园坚持开放性：企业、事业单位和机关、团体、部队设置的幼儿园，除招收本单位工作人员的子女外，应当积极创造条件向社会开放，招收附近居民子女入园。

（2）幼儿园规模和班额确定：幼儿园应当有利于幼儿身心健康，便于管理，一般不超过 360 人；幼儿园每班幼儿人数一般为：小班（3 周岁至 4 周岁）25 人，中班（4 周岁至 5 周岁）30 人，大班（5 周岁至 6 周岁）35 人，混合班 30 人。寄宿制幼儿园每班幼儿人数酌减。由此看来，每个幼儿园约 12 个教学班为宜。

（3）幼儿园可以按年龄分别编班，也可以混合编班。混合编班即蒙台梭利班，简称"蒙氏班"，该编班能发挥以大带小的作用，但因师资和家长的反馈等多种原因，该形式已经不再是主要编班形式，只作为按年龄编班的辅助形式而存在。

3. 幼儿园的安全

《幼儿园工作规程》中重点从幼儿自身需求设计，将园内园外的安全基本包括进去，落实了"儿童为本"的安全管理理念。对幼儿园内生活安全、校舍安全、食品药品安全、突发应急安全等方面做了详细要求，幼儿园应当尤其要做好把安全教育融入一日生活，增强教职工安全意识和安全急救方法，并定期组织开展多种形式的安全教育和事故预防演练、建立安全责任制和应急预案。

为了强化校外幼儿安全，"规程"规定入园幼儿应当由监护人或者其委托的成年人接送、幼儿园应当结合幼儿年龄特点和接受能力开展反家庭暴力教育，发现幼儿遭受或者疑似遭受家庭暴力的，应当依法及时向公安机关报案，幼儿园应当投保校方责任险。

4. 幼儿园的卫生保健

该规程首次将幼儿生理健康和心理健康结合起来，"幼儿园必须切实做好幼儿生理和心理卫生保健工作，幼儿园应当关注幼儿心理健康,注重满足幼儿的发展需要,保持幼儿积极的情绪状态,让幼儿感受到尊重和接纳"。

（1）幼儿园应当严格执行《托儿所幼儿园卫生保健管理办法》以及其他有关卫生保健的法规、规章和制度，合理的幼儿一日生活作息制度，如"正餐间隔时间为 3.5 ～ 4 小时；在正常情况下，幼儿户外活动时间（包括户

---

① 教育部. 幼儿园工作［Z］. 教育部，2016.

外体育活动时间）每天不得少于 2 小时，寄宿制幼儿园不得少于 3 小时；高寒、高温地区可酌情增减"。

（2）幼儿园应当建立幼儿健康检查制度和幼儿健康卡或档案。每年体检一次，每半年测身高、视力一次，每季度量体重一次；注意幼儿口腔卫生，保护幼儿视力；幼儿园对幼儿健康发展状况定期进行分析、评价，及时向家长反馈结果。

（3）重视卫生和传染病预防。幼儿园应当建立卫生消毒、晨检、午检制度和病儿隔离制度，配合卫生部门做好计划免疫工作；幼儿园应当建立传染病预防和管理制度，制定突发传染病应急预案，认真做好疾病防控工作。幼儿园应当建立患病幼儿用药的委托交接制度，未经监护人委托或者同意，幼儿园不得给幼儿用药。幼儿园应当妥善管理药品，保证幼儿用药安全。幼儿园内禁止吸烟、饮酒。

（4）幼儿饮食安全细化管理。供给膳食的幼儿园应当为幼儿提供安全卫生的食品，编制营养平衡的幼儿食谱，定期计算和分析幼儿的进食量和营养素摄取量，保证幼儿合理膳食；幼儿园应当每周向家长公示幼儿食谱，并按照相关规定进行食品留样。及时为幼儿提供安全卫生的饮用水。幼儿园应当培养幼儿良好的大小便习惯，不得限制幼儿便溺的次数、时间等。

（5）加强幼儿户外体育活动。幼儿园应当积极开展适合幼儿的体育活动，充分利用日光、空气、水等自然因素以及本地自然环境，有计划地锻炼幼儿机体，增强身体的适应和抵抗能力。正常情况下，每日户外体育活动不得少于 1 小时；幼儿园在开展体育活动时，应当对体弱或有残疾的幼儿予以特殊照顾。

（6）幼儿园夏季要做好防暑降温工作，冬季要做好防寒保暖工作，防止中暑和冻伤。

5. 幼儿园的教育

（1）幼儿园教育应当贯彻以下原则和要求：德、智、体、美等方面的教育应当互相渗透，有机结合；遵循幼儿身心发展规律，符合幼儿年龄特点，注重个体差异，因人施教，引导幼儿个性健康发展；面向全体幼儿，热爱幼儿，坚持积极鼓励、启发引导的正面教育；综合组织健康、语言、社会、科学、艺术各领域的教育内容，渗透于幼儿一日生活的各项活动中，充分发挥各种教育手段的交互作用。

（2）以游戏为基本活动，寓教育于各项活动之中。幼儿一日活动的组织应当动静交替，注重幼儿的直接感知、实际操作和亲身体验，保证幼儿愉快的、有益的自由活动。

（3）创设与教育相适应的良好环境，为幼儿提供活动和表现能力的机会与条件。

（4）幼儿园应当为幼儿提供丰富多样的教育活动。幼儿日常生活组织，应当从实际出发，建立必要、合理的常规，坚持一贯性和灵活性相结合，培养幼儿的良好习惯和初步的生活自理能力。

（5）教育活动内容应当根据教育目标、幼儿的实际水平和兴趣确定，以循序渐进为原则，有计划地选择和组织；教育活动的组织应当灵活地运用集体、小组和个别活动等形式，为每个幼儿提供充分参与的机会，满足幼儿多方面发展的需要，促进每个幼儿在不同水平上得到发展；教育活动的过程应注重支持幼儿的主动探索、操作实践、合作交流和表达表现，不应片面追求活动结果。

（6）重视游戏。幼儿园应当将游戏作为对幼儿进行全面发展教育的重要形式。

幼儿园应当因地制宜创设游戏条件，提供丰富、适宜的游戏材料，保证充足的游戏时间，开展多种游戏；幼儿园应当根据幼儿的年龄特点指导游戏，鼓励和支持幼儿根据自身兴趣、需要和经验水平，自主选择游戏内容、游戏材料和伙伴，使幼儿在游戏过程中获得积极的情绪情感，促进幼儿能力和个性的全面发展。

（7）环境育人。幼儿园应当将环境作为重要的教育资源，合理利用室内外环境，创设开放的、多样的区域活动空间，提供适合幼儿年龄特点的丰富的玩具、操作材料和幼儿读物，支持幼儿自主选择和主动学习，激发幼儿学习的兴趣与探究的愿望；幼儿园应当营造尊重、接纳和关爱的氛围，建立良好的同伴和师生关系；幼儿园应当充分利用家庭和社区的有利条件，丰富和拓展幼儿园的教育资源。

（8）品德教育。幼儿园的品德教育应当以情感教育和培养良好行为习惯为主，注重潜移默化的影响，并贯穿于幼儿生活以及各项活动之中。

（9）心理健康教育。幼儿园应当充分尊重幼儿的个体差异，根据幼儿不同的心理发展水平，研究有效的活动形式和方法，注重培养幼儿良好的个性心理品质；幼儿园应当为在园残疾儿童提供更多的帮助和指导。

（10）幼小衔接。幼儿园和小学应当密切联系，互相配合，注意两个阶段教育的相互衔接；幼儿园不得提前教授小学教育内容，不得开展任何违背幼儿身心发展规律的活动。

6. 幼儿园的园舍、设备

（1）建立标准的园舍和合格安全的设备。幼儿园应当按照国家的相关规定设活动室、寝室、卫生间、保健室、综合活动室、厨房和办公用房等，并达到相应的建设标准。有条件的幼儿园应当优先扩大幼儿游戏和活动空间；寄宿制幼儿园应当增设隔离室、浴室和教职工值班室等。

（2）设施配备。幼儿园应当有与其规模相适应的户外活动场地，配备必要的游戏和体育活动设施，创造条件开辟沙地、水池、种植园地等，并根据幼儿活动的需要绿化、美化园地；幼儿园应当配备适合幼儿特点的桌椅、玩具架、盥洗卫生用具，以及必要的玩教具、图书和乐器等。

（3）玩教具应当具有教育意义并符合安全、卫生要求。幼儿园应当因地制宜，就地取材，自制玩教具。

（4）幼儿园的建筑规划面积、建筑设计和功能要求，以及设施设备、玩教具配备，按照国家和地方的相关规定执行。

7. 幼儿园的教职工

（1）教职工岗位设置。幼儿园按照国家相关规定设园长、副园长、教师、保育员、卫生保健人员、炊事员和其他工作人员等岗位，配足配齐教职工。

（2）教职工要求。幼儿园教职工应当贯彻国家教育方针，具有良好品德，热爱教育事业，尊重和爱护幼儿，具有专业知识和技能以及相应的文化和专业素养，为人师表，忠于职责，身心健康；幼儿园教职工患传染病期间暂停在幼儿园的工作。有犯罪、吸毒记录和精神病史者不得在幼儿园工作。

（3）园长及其职责。幼儿园园长应当符合本规程第三十九条规定，并应当具有《教师资格条例》规定的教师资格、具备大专以上学历、有三年以上幼儿园工作经历和一定的组织管理能力，并取得幼儿园园长岗位培训合格证书；幼儿园园长由举办者任命或者聘任，并报当地主管的教育行政部门备案。

幼儿园园长负责幼儿园的全面工作，主要职责如下：第一，贯彻执行国家的有关法律、法规、方针、政策和地方的相关规定，负责建立并组织执行幼儿园的各项规章制度；第二，负责保育教育、卫生保健、安全保卫工作；第三，负责按照有关规定聘任、调配教职工，指导、检查和评估教师以及其他工作人员的工作，并给予奖惩；第四，负责教职工的思想工作，组织业务学习，并为他们的学习、进修、教育研究创造必要的条件；第五，关心教职工的身心健康，维护他们的合法权益，改善他们的工作条件；第六，组织管理园舍、设备和经费；第七，组织和指导家长工作；第八，负责与社区的联系和合作。

（4）幼儿园教师。幼儿园教师必须具有《教师资格条例》规定的幼儿园教师资格，并符合本规程第三十九条规定。幼儿园教师实行聘任制。幼儿园教师对本班工作全面负责，其主要职责如下：该职责又称为幼儿园教师的义务，共计包括六个方面：第一，观察了解幼儿，依据国家有关规定，结合本班幼儿的发展水平和兴趣需要，制订和执行教育工作计划，合理安排幼儿一日生活；第二，创设良好的教育环境，合理组织教育内容，提供丰富的玩具和游戏材料，开展适宜的教育活动；第三，严格执行幼儿园安全、卫生保健制度，指导并配合保育员管理本班幼儿生活，做好卫生保健工作；第四，与家长保持经常联系，了解幼儿家庭的教育环境，商讨符合幼儿特点的教育措施，相互配合共同完成教育任务；第五，参加业务学习和保育教育研究活动；第六，定期总结评估保教工作实效，接受园长的指导和检查。

（5）保育员及职责。幼儿园保育员应当符合本规程第三十九条规定，并应当具备高中毕业以上学历，受过幼儿保育职业培训。幼儿园保育员的主要职责如下：第一，负责本班房舍、设备、环境的清洁卫生和消毒工作；第二，在教师指导下，科学照料和管理幼儿生活，并配合本班教师组织教育活动；第三，在卫生保健人员和本班教师指导下，严格执行幼儿园安全、卫生保健制度；第四，妥善保管幼儿衣物和本班的设备、用具。

（6）卫生保健人员及职责。幼儿园卫生保健人员除符合本规程第三十九条规定外，医师应当取得卫生行政部门颁发的《医师执业证书》；护士应当取得《护士执业证书》；保健员应当具有高中毕业以上学历，并经过当地妇幼保健机构组织的卫生保健专业知识培训。幼儿园卫生保健人员对全园幼儿身体健康负责，其主要职责如下：第一，协助园长组织实施有关卫生保健方面的法规、规章和制度，并监督执行；第二，负责指导调配幼儿膳食，检查食品、饮水和环境卫生；第三，负责晨检、午检和健康观察，做好幼儿营养、生长发育的监测和评价；定期组织幼儿健康体检，做好幼儿健康档案管理；第四，密切与当地卫生保健机构的联系，协助做好疾病防控和计划免疫工作；第五，向幼儿园教职工和家长进行卫生保健宣传和指导；第六，妥善管理医疗器械、消毒用具和药品。

（7）其他工作人员与职责。幼儿园其他工作人员的资格和职责，按照国家和地方的有关规定执行；对认真履行职责、成绩优良的幼儿园教职工，应当按照有关规定给予奖励；对不履行职责的幼儿园教职工，应当视情节轻重，依法依规给予相应处分。

8. 幼儿园的经费

经费是保障幼儿园正常运转的基础，应当做到开源节流、科学预算、合理开支，促进幼儿园各项事业大发展。幼儿园的经费由举办者依法筹措，保障有必备的办园资金和稳定的经费来源。

（1）按照国家和地方相关规定接受财政扶持的提供普惠性服务的国有企事业单位办园、集体办园和民办园等幼儿园，应当接受财务、审计等有关部门的监督检查。

（2）收费。幼儿园收费按照国家和地方的有关规定执行；幼儿园实行收费公示制度，收费项目和标准向家长公示，接受社会监督，不得以任何名义收取与新生入园相挂钩的赞助费；幼儿园不得以培养幼儿某种专项技能、组织或参与竞赛等为由，另外收取费用；不得以营利为目的组织幼儿表演、竞赛等活动。

（3）经费管理制度化专门化。幼儿园的经费应当按照规定的使用范围合理开支，坚持专款专用，不得挪作他用；幼儿园举办者筹措的经费，应当保证保育和教育的需要，有一定比例用于改善办园条件和开展教职工培训；幼儿膳食费应当实行民主管理制度，邀请家长委员会全程参与，保证全部用于幼儿膳食，每月向家长公布账目；幼儿园应当建立经费预算和决算审核制度，经费预算和决算应当提交园务委员会审议，并接受财务和审计部门的监督检查；幼儿园应当依法建立资产配置、使用、处置、产权登记、信息管理等管理制度，严格执行有关财务制度。

9. 幼儿园、家庭和社区三位一体协作育人

（1）幼儿园是合作育人的主体。幼儿园是家长再教育的组织者和管理者，幼儿园应当主动与幼儿家庭沟通合作，为家长提供科学育儿宣传指导，帮助家长创设良好的家庭教育环境，共同担负教育幼儿的任务；幼儿园应当建立幼儿园与家长联系的制度。幼儿园可采取多种形式，指导家长正确了解幼儿园保育和教育的内容、方法，定期召开家长会议，并接待家长的来访和咨询。幼儿园应当认真分析、吸收家长对幼儿园教育与管理工作的意见与建议；幼儿园应当建立家长开放日制度。

（2）幼儿园应当全面发挥好家长委员会的智能。家长委员会的主要任务是：对幼儿园重要决策和事关幼儿切身利益的事项提出意见和建议；发挥家长的专业和资源优势，支持幼儿园保育教育工作；帮助家长了解幼儿园工作计划和要求，协助幼儿园开展家庭教育指导和交流。家长委员会在幼儿园园长指导下工作。

（3）重视社区工作。社区是幼儿生活的主要社会环境，社区文化建设、环境建设和组织管理深刻影响幼儿园教学效果。社区生活离不开家长，幼儿园应当加强与社区的联系与合作，面向社区宣传科学育儿知识，开展灵活多样的公益性早期教育服务，争取社区对幼儿园的多方面支持。

10. 幼儿园的管理

该规定精神要求幼儿园实行园长负责制，进行精细科学的现代化管理。

（1）幼儿园应当建立园务委员会。园务委员会由园长、副园长、党组织负责人和保教、卫生保健、财会等方面工作人员的代表以及幼儿家长代表组成。园长任园务委员会主任；园长定期召开园务委员会会议，遇重大问题可临时召集，对规章制度的建立、修改、废除，全园工作计划，工作总结，人员奖惩，财务预算和决算方案，以及其他涉及全园工作的重要问题进行审议。

（2）幼儿园管理加强党组织力量。幼儿园应当加强党组织建设，充分发挥党组织政治核心作用、战斗堡垒作用。幼儿园应当为工会、共青团等其他组织开展工作创造有利条件，充分发挥其在幼儿园工作中的作用。幼儿园应当建立教职工大会制度或者教职工代表大会制度，依法加强民主管理和监督；幼儿园应当建立教研制度，研究解决保教工作中的实际问题。

（3）主动接受社会其他部门的监管。幼儿园应当制订年度工作计划，定期部署、总结和报告工作。每学年年末应当向教育等行政主管部门报告工作，必要时随时报告；幼儿园应当接受上级教育、卫生、公安、消防等部门的检查、监督和指导，如实报告工作和反映情况；幼儿园应当依法接受教育督导部门的督导。

（4）各种管理制度化、信息化。幼儿园应当建立业务档案、财务管理、园务会议、人员奖惩、安全管理以及与家庭、小学联系等制度。幼儿园应当建立信息管理制度，按照规定采集、更新、报送幼儿园管理信息系统的相关信息，每年向主管教育行政部门报送统计信息。

11. 附则

明确此规程适用于城乡各类幼儿园，省、自治区、直辖市教育行政部门可根据本规程，制订具体实施办法；确定本规程自2016年3月1日起施行，1996年3月9日由原国家教育委员会令第25号发布的《幼儿园工作规程》同时废止。

二、《幼儿园工作规程》实施的几个关键问题解读

1. 在幼儿培养目标上"以德为先"

2016年新修订的《幼儿园工作规程》解读"总则"中修订的五个方面中的第一点是坚持立德树人，并在"规程"中的"总则"第三条对应提出幼儿园的任务是：贯彻国家的教育方针，按照保育与教育相结合的原则，遵循幼儿身心发展特点和规律，实施德、智、体、美等方面全面发展的教育，促进幼儿身心和谐发展。由此，我们发现，1989年实施的《幼儿园工作规程》、2001年颁发的《幼儿园教育指导纲要（试行）》、2012年颁发的《3～6岁儿童学习与发展指南》均提出促进幼儿体、智、德、美各方面的协调发展，而新"规程"的颁布第一次将"德"提到了首位，由"德"来引领幼儿的全面发展。中国汉语词典中对"德"的第一注释是，道德、品德、政治品质。同时，党的十八大以来，中央高度重视培育和践行社会主义核心价值观，对中华传统美德的弘扬提到了新的高度。幼儿教育当从传统文化中找寻中华美德的融入点，传承优秀文化，又达到陶冶孩子情操的双重功能。其次要加强幼儿园师德建设，即要促使教师在其幼儿教育生涯中具备专业发展的意识与行为，就必须让教师对其所从事的幼教职业的社会价值及自身专业发展的重要性有较深刻的认识，进而产生一种对幼儿教师职业的责任感和对自身专业发展的使命感，培养出幼教情怀。

2. 幼儿园工作核心理念——幼儿为本

"教育即自然发展"是杜威对卢梭教育学的总结。在杜威看来，"教育即自然发展"是现代教育学的理论内核，是"明日之学校"的理论基础。"儿童是教育的中心""儿童的发展权、游戏权等各种权利应该得到最大程度的捍卫"。从幼儿的视角出发组织、实施教育活动，把"幼儿为本"的理念具体化为教师开展教育活动的实践指南。

强调了幼儿的身心健康。在幼儿园保育和教育的主要目标中，增加了"促进心理健康"的要求，扩展了以往狭义的健康概念。在第四章幼儿园的卫生保健中还增加了"幼儿园应当关注幼儿心理健康，注重满足幼儿的

发展需要，保持幼儿积极的情绪状态，让幼儿感受到尊重和接纳"。在第五章幼儿园的环境创设中还特别新增了创设良好的精神环境的新要求："幼儿园应当营造尊重、接纳和关爱的氛围，建立良好的同伴和师生关系。"

尊重幼儿的学习方式与特点。原有"根据幼儿园特点、绿化、美化园地"改成了"根据幼儿活动的需要绿化、美化园地"；原有"有条件的幼儿园可单独设音乐室、游戏室、体育活动室和家长接待室等"修改为"有条件的幼儿园应当优先扩大幼儿游戏和活动空间"。这些修改充分体现了对幼儿主体地位的高度尊重。新"规程"还明确提出要注重幼儿的直接感知、实际操作和亲身体验；新增"幼儿园不得提前教授小学教育内容，不得开展任何违背幼儿身心发展规律的活动"，克服和禁止幼儿园教育小学化等。

尊重幼儿游戏权利，保证幼儿的游戏条件。新规程提出在游戏中"鼓励和支持幼儿根据自身兴趣、需要和经验水平，自主选择游戏内容、游戏材料和伙伴，使幼儿在游戏中获得积极的情绪情感"，凸显了对幼儿游戏需要、游戏自主性和愉快游戏体验的高度重视。而且，在环境创设中还新增加了保障幼儿游戏条件的具体要求。

尊重个体差异，实施个性化保育和教育。原有"注意根据幼儿个体差异"的提法改为"充分尊重幼儿的个体差异"；教育活动应当"为每个幼儿提供充分参与的机会，满足幼儿多方面发展的需要"；还增加了"为在园残疾儿童提供更多的帮助和指导"。这些新要求旨在关注和重视个体，促进每个幼儿的良好发展。

在新"规程"中，儿童为本从尊重儿童开始，真正从儿童需求、儿童视角界定幼儿园应该干什么？应该怎么干才更科学地有助于幼儿和谐健康快乐发展。儿童已经是成为主体的儿童，教育正在成为对个体具有适宜发展性的教育。幼儿园教育不仅重视了童年的快乐生活，也关照了后继学习与终身发展。

3. 引领幼儿园教职工专业发展

该规程实施的核心在幼儿园教师专业成长决定幼儿园发展的质量和高度。需要优秀的教师。幼儿园在对配足配齐教职工的同事，要为每位教职工提出与之相应的要求，并为每位教职工的专业学习与专业发展制定个性化的专业学习与专业成长计划，让幼儿园成为教职工实现自己社会价值的乐园，提高职业尊严。

全面提高教师综合素质，提高保教质量。教师须具备崇高的使命感和高度的责任感。必须加强职业道德教育，切实组织教师学习职业道德规范。

研究解决保教工作中的实际问题。解决教师专业成长中的困惑，一靠教师的自学钻研，不断形成教学经验；二靠对教师的专门培训，尤其是幼儿园教师教学改革和课程研究能力不足的问题，在研究中不断提高保教能力。提升教师为幼儿提供丰富多样教育活动的能力。

教师清楚了解幼儿一日活动的危险点，并能有效防范。幼儿园老师的职业获得感不强，教师没有幼师情怀、使命感，我们的幼儿园教师只是完成园长交代的任务，工作是谋生，所以全社会应该尊重幼师，才能唤醒幼儿园教师的工作热情。应当培养幼儿教师对幼儿的"爱商"。

4. 强化安全管理意识与责任

努力建立全面安全防护体系。当今幼儿园安全形势复杂，恶劣气候、异常天气造成的自然灾害增多，幼儿自救能力低；一些不法分子往往把没有自卫能力的幼儿作为其发泄不满的对象。为此"该规程"专设"幼儿园的安全"一章，试图建立完善的制度体系和职责要求，明确要求幼儿园要建立健全门卫、房屋、设备、消防、交通、食品、药物、幼儿接送交接、活动组织和幼儿就寝值守等安全防护和检查制度，建立安全责任制和应急预案；

要求教职工具有责任意识和防护能力。"规程"明确了在紧急情况下优先保护幼儿的人身安全是每一位幼儿园教职工的责任。教职工不仅要具有高度的安全和责任意识，还必须具备防险救护的基本方法。根据相关文件要求和国际经验，进行安全演练是提高师生安全意识和能力的有效方式，因此，"规程"要求幼儿园把安全教育融入一日生活，并定期进行多形式的演练。

5. "规程"要落地，园长是关键

该规程中幼儿园的硬件、经费、管理应该大部分工作都归园长负责，划分在园长的职责范围中，园长不光

是幼儿园的第一责任人，也应当是"规则"实施的第一责任人。园长担负起新规则的落实和实施，首先应当提高园长的理念和对"规程"的理解，解决"规程"由书面到落实到园的判断标准应该是幼儿园整体质量的提升，如果园长没有提升，那么整个幼儿园就会停滞不前。加大对园长的培训力度，一年寒暑假、学前中间有组织的培训三次；其次是园长要有主动外出学习、交流的意识，这样才能在幼儿园发展过程中永葆生机与活力。第三园长要非常强的科研意识，幼儿园发展的高水平阶段，必须由科研来提升。幼儿是我们的老师，为了更好地教育好幼儿，必须加强对幼儿的研究和认识，加强对科学研究幼儿和幼儿教育的能力和意识的培养，带领每位教师进行科研能力的提升，全面增强幼儿园教职工的专业水平。

6. 合理幼小衔接与禁止小学化并举

合理幼小衔接需要一个长期的过程，尤其是全社会的参与下才能为如何衔接营造良好的社会氛围。尤其是改变小学生的评价体系，不让家长过分忧虑，小学教育就会减轻过分的重视。记得70年代全国好多地方没有幼儿园，大家上学比较自然，现在幼儿教育普及了，经过三年幼儿园教育的孩子都不能和小学很好地衔接，这种现象加剧了幼教小学化的程度。从深层次来讲还是幼儿教育质量不高，如果幼儿教育水平能让家长放心了，就没有人去特意"加餐衔接"。幼儿教育小学化说明我们的幼教的各种资源配置不足，有些幼儿园不进行小学化的方式则教学就没有办法实施。因此，"规程"再次单独提出来，需要引起包括家长、幼儿园、小学、社会整体来参与，最终让幼教水平的发展来解决。

7. 幼儿园、家庭，社区要通力合作，三位一体合作育人

幼儿园要主动承担起联系家长、教育家长、引领家长、参与社区文化建设，实现教育功能最大化，提高保育和教育质量，促进幼儿身心健康。

从家庭和幼儿园各自教育的特性来说，家庭教育时间上具有长期性、教育时机上具有随机性，内容方面具有多样性，教育方法上也灵活多变；而幼儿园是专门的幼儿教育机构，有着专业的教育工作人员，使得幼儿园教育具有很强的目的性、计划性、组织性。从家庭与幼儿园教育的特性我们可以看出，家庭教育和幼儿园教育具有不同点，同时也具有互补性，需要整合两者各自的优势，把家庭教育与幼儿园教育统一在同一目标之下，共同合作，只有这样才能充分发挥家庭与幼儿园两方教育资源的最大作用，从而促进幼儿身心全面和谐的发展。

幼儿园同时面向幼儿家长提供科学育儿指导，教师要深入幼儿家庭，了解幼儿家庭教育环境、商讨符合幼儿特点的教育措施，相互配合共同完成教育任务；将社区当作幼儿社会化的有利环境，开展灵活多样的公益性早期教育服务，争取社区对幼儿园的多方面支持，应当充分利用家庭和社区的有利条件，丰富和拓展幼儿园的教育资源。

课后习题

1. 简述《幼儿园工作规程》的出台背景及意义。
2. 描述《幼儿园工作规程》的知识结构。
3. 简述《幼儿园工作规程》中关于保育和教育方面的内容和精神。
4. 思考《幼儿园工作规程》与《幼儿园管理条例》的关系。
5. 相较之下2016年版"幼儿园工作规程"有了哪些变化？

我的说说

9

附录原文

中华人民共和国教育部令第 39 号

《幼儿园工作规程》已经 2015 年 12 月 14 日第 48 次部长办公会议审议通过，现予公布，自 2016 年 3 月 1 日起施行。

教育部部长　袁贵仁

2016 年 1 月 5 日

《幼儿园工作规程》①

第一章　总则

第一条　为了加强幼儿园的科学管理，规范办园行为，提高保育和教育质量，促进幼儿身心健康，依据《中华人民共和国教育法》等法律法规，制定本规程。

第二条　幼儿园是对 3 周岁以上学龄前幼儿实施保育和教育的机构。幼儿园教育是基础教育的重要组成部分，是学校教育制度的基础阶段。

第三条　幼儿园的任务是：贯彻国家的教育方针，按照保育与教育相结合的原则，遵循幼儿身心发展特点和规律，实施德、智、体、美等方面全面发展的教育，促进幼儿身心和谐发展。

幼儿园同时面向幼儿家长提供科学育儿指导。

第四条　幼儿园适龄幼儿一般为 3 周岁至 6 周岁。

幼儿园一般为三年制。

第五条　幼儿园保育和教育的主要目标是：

（一）促进幼儿身体正常发育和机能的协调发展，增强体质，促进心理健康，培养良好的生活习惯、卫生习惯和参加体育活动的兴趣。

（二）发展幼儿智力，培养正确运用感官和运用语言交往的基本能力，增进对环境的认识，培养有益的兴趣和求知欲望，培养初步的动手探究能力。

（三）萌发幼儿爱祖国、爱家乡、爱集体、爱劳动、爱科学的情感，培养诚实、自信、友爱、勇敢、勤学、好问、爱护公物、克服困难、讲礼貌、守纪律等良好的品德行为和习惯，以及活泼开朗的性格。

（四）培养幼儿初步感受美和表现美的情趣和能力。

第六条　幼儿园教职工应当尊重、爱护幼儿，严禁虐待、歧视、体罚和变相体罚、侮辱幼儿人格等损害幼儿身心健康的行为。

第七条　幼儿园可分为全日制、半日制、定时制、季节制和寄宿制等。上述形式可分别设置，也可混合设置。

第二章　幼儿入园和编班

第八条　幼儿园每年秋季招生。平时如有缺额，可随时补招。

幼儿园对烈士子女、家中无人照顾的残疾人子女、孤儿、家庭经济困难幼儿、具有接受普通教育能力的残疾儿童等入园，按照国家和地方的有关规定予以照顾。

第九条　企业、事业单位和机关、团体、部队设置的幼儿园，除招收本单位工作人员的子女外，应当积极创造条件向社会开放，招收附近居民子女入园。

---

① 教育部. 幼儿园工作规程［S］. 中华人民共和国教育部令第 39 号，2016.

第十条 幼儿入园前，应当按照卫生部门制定的卫生保健制度进行健康检查，合格者方可入园。

幼儿入园除进行健康检查外，禁止任何形式的考试或测查。

第十一条 幼儿园规模应当有利于幼儿身心健康，便于管理，一般不超过360人。

幼儿园每班幼儿人数一般为：小班（3周岁至4周岁）25人，中班（4周岁至5周岁）30人，大班（5周岁至6周岁）35人，混合班30人。寄宿制幼儿园每班幼儿人数酌减。

幼儿园可以按年龄分别编班，也可以混合编班。

第三章 幼儿园的安全

第十二条 幼儿园应当严格执行国家和地方幼儿园安全管理的相关规定，建立健全门卫、房屋、设备、消防、交通、食品、药物、幼儿接送交接、活动组织和幼儿就寝值守等安全防护和检查制度，建立安全责任制和应急预案。

第十三条 幼儿园的园舍应当符合国家和地方的建设标准，以及相关安全、卫生等方面的规范，定期检查维护，保障安全。幼儿园不得设置在污染区和危险区，不得使用危房。

幼儿园的设备设施、装修装饰材料、用品用具和玩教具材料等，应当符合国家相关的安全质量标准和环保要求。

入园幼儿应当由监护人或者其委托的成年人接送。

第十四条 幼儿园应当严格执行国家有关食品药品安全的法律法规，保障饮食饮水卫生安全。

第十五条 幼儿园教职工必须具有安全意识，掌握基本急救常识和防范、避险、逃生、自救的基本方法，在紧急情况下应当优先保护幼儿的人身安全。

幼儿园应当把安全教育融入一日生活，并定期组织开展多种形式的安全教育和事故预防演练。

幼儿园应当结合幼儿年龄特点和接受能力开展反家庭暴力教育，发现幼儿遭受或者疑似遭受家庭暴力的，应当依法及时向公安机关报案。

第十六条 幼儿园应当投保校方责任险。

第四章 幼儿园的卫生保健

第十七条 幼儿园必须切实做好幼儿生理和心理卫生保健工作。

幼儿园应当严格执行《托儿所幼儿园卫生保健管理办法》以及其他有关卫生保健的法规、规章和制度。

第十八条 幼儿园应当制定合理的幼儿一日生活作息制度。正餐间隔时间为3.5～4小时。在正常情况下，幼儿户外活动时间（包括户外体育活动时间）每天不得少于2小时，寄宿制幼儿园不得少于3小时；高寒、高温地区可酌情增减。

第十九条 幼儿园应当建立幼儿健康检查制度和幼儿健康卡或档案。每年体检一次，每半年测身高、视力一次，每季度量体重一次；注意幼儿口腔卫生，保护幼儿视力。

幼儿园对幼儿健康发展状况定期进行分析、评价，及时向家长反馈结果。

幼儿园应当关注幼儿心理健康，注重满足幼儿的发展需要，保持幼儿积极的情绪状态，让幼儿感受到尊重和接纳。

第二十条 幼儿园应当建立卫生消毒、晨检、午检制度和病儿隔离制度，配合卫生部门做好计划免疫工作。

幼儿园应当建立传染病预防和管理制度，制定突发传染病应急预案，认真做好疾病防控工作。

幼儿园应当建立患病幼儿用药的委托交接制度，未经监护人委托或者同意，幼儿园不得给幼儿用药。幼儿园应当妥善管理药品，保证幼儿用药安全。

幼儿园内禁止吸烟、饮酒。

第二十一条 供给膳食的幼儿园应当为幼儿提供安全卫生的食品，编制营养平衡的幼儿食谱，定期计算和分析幼儿的进食量和营养素摄取量，保证幼儿合理膳食。

幼儿园应当每周向家长公示幼儿食谱，并按照相关规定进行食品留样。

第二十二条　幼儿园应当配备必要的设备设施，及时为幼儿提供安全卫生的饮用水。

幼儿园应当培养幼儿良好的大小便习惯，不得限制幼儿便溺的次数、时间等。

第二十三条　幼儿园应当积极开展适合幼儿的体育活动，充分利用日光、空气、水等自然因素以及本地自然环境，有计划地锻炼幼儿肌体，增强身体的适应和抵抗能力。正常情况下，每日户外体育活动不得少于1小时。

幼儿园在开展体育活动时，应当对体弱或有残疾的幼儿予以特殊照顾。

第二十四条　幼儿园夏季要做好防暑降温工作，冬季要做好防寒保暖工作，防止中暑和冻伤。

第五章　幼儿园的教育

第二十五条　幼儿园教育应当贯彻以下原则和要求：

（一）德、智、体、美等方面的教育应当互相渗透，有机结合。

（二）遵循幼儿身心发展规律，符合幼儿年龄特点，注重个体差异，因人施教，引导幼儿个性健康发展。

（三）面向全体幼儿，热爱幼儿，坚持积极鼓励、启发引导的正面教育。

（四）综合组织健康、语言、社会、科学、艺术各领域的教育内容，渗透于幼儿一日生活的各项活动中，充分发挥各种教育手段的交互作用。

（五）以游戏为基本活动，寓教育于各项活动之中。

（六）创设与教育相适应的良好环境，为幼儿提供活动和表现能力的机会与条件。

第二十六条　幼儿一日活动的组织应当动静交替，注重幼儿的直接感知、实际操作和亲身体验，保证幼儿愉快的、有益的自由活动。

第二十七条　幼儿园日常生活组织，应当从实际出发，建立必要、合理的常规，坚持一贯性和灵活性相结合，培养幼儿的良好习惯和初步的生活自理能力。

第二十八条　幼儿园应当为幼儿提供丰富多样的教育活动。

教育活动内容应当根据教育目标、幼儿的实际水平和兴趣确定，以循序渐进为原则，有计划地选择和组织。

教育活动的组织应当灵活地运用集体、小组和个别活动等形式，为每个幼儿提供充分参与的机会，满足幼儿多方面发展的需要，促进每个幼儿在不同水平上得到发展。

教育活动的过程应注重支持幼儿的主动探索、操作实践、合作交流和表达表现，不应片面追求活动结果。

第二十九条　幼儿园应当将游戏作为对幼儿进行全面发展教育的重要形式。

幼儿园应当因地制宜创设游戏条件，提供丰富、适宜的游戏材料，保证充足的游戏时间，开展多种游戏。

幼儿园应当根据幼儿的年龄特点指导游戏，鼓励和支持幼儿根据自身兴趣、需要和经验水平，自主选择游戏内容、游戏材料和伙伴，使幼儿在游戏过程中获得积极的情绪情感，促进幼儿能力和个性的全面发展。

第三十条　幼儿园应当将环境作为重要的教育资源，合理利用室内外环境，创设开放的、多样的区域活动空间，提供适合幼儿年龄特点的丰富的玩具、操作材料和幼儿读物，支持幼儿自主选择和主动学习，激发幼儿学习的兴趣与探究的愿望。

幼儿园应当营造尊重、接纳和关爱的氛围，建立良好的同伴和师生关系。

幼儿园应当充分利用家庭和社区的有利条件，丰富和拓展幼儿园的教育资源。

第三十一条　幼儿园的品德教育应当以情感教育和培养良好行为习惯为主，注重潜移默化的影响，并贯穿于幼儿生活以及各项活动之中。

第三十二条　幼儿园应当充分尊重幼儿的个体差异，根据幼儿不同的心理发展水平，研究有效的活动形式和方法，注重培养幼儿良好的个性心理品质。

幼儿园应当为在园残疾儿童提供更多的帮助和指导。

第三十三条　幼儿园和小学应当密切联系，互相配合，注意两个阶段教育的相互衔接。

幼儿园不得提前教授小学教育内容，不得开展任何违背幼儿身心发展规律的活动。

第六章 幼儿园的园舍、设备

第三十四条 幼儿园应当按照国家的相关规定设活动室、寝室、卫生间、保健室、综合活动室、厨房和办公用房等，并达到相应的建设标准。有条件的幼儿园应当优先扩大幼儿游戏和活动空间。

寄宿制幼儿园应当增设隔离室、浴室和教职工值班室等。

第三十五条 幼儿园应当有与其规模相适应的户外活动场地，配备必要的游戏和体育活动设施，创造条件开辟沙地、水池、种植园地等，并根据幼儿活动的需要绿化、美化园地。

第三十六条 幼儿园应当配备适合幼儿特点的桌椅、玩具架、盥洗卫生用具，以及必要的玩教具、图书和乐器等。

玩教具应当具有教育意义并符合安全、卫生要求。幼儿园应当因地制宜，就地取材，自制玩教具。

第三十七条 幼儿园的建筑规划面积、建筑设计和功能要求，以及设施设备、玩教具配备，按照国家和地方的相关规定执行。

第七章 幼儿园的教职工

第三十八条 幼儿园按照国家相关规定设园长、副园长、教师、保育员、卫生保健人员、炊事员和其他工作人员等岗位，配足配齐教职工。

第三十九条 幼儿园教职工应当贯彻国家教育方针，具有良好品德，热爱教育事业，尊重和爱护幼儿，具有专业知识和技能以及相应的文化和专业素养，为人师表，忠于职责，身心健康。

幼儿园教职工患传染病期间暂停在幼儿园的工作。有犯罪、吸毒记录和精神病史者不得在幼儿园工作。

第四十条 幼儿园园长应当符合本规程第三十九条规定，并应当具有"教师资格条例"规定的教师资格、具备大专以上学历、有三年以上幼儿园工作经历和一定的组织管理能力，并取得幼儿园园长岗位培训合格证书。

幼儿园园长由举办者任命或者聘任，并报当地主管的教育行政部门备案。

幼儿园园长负责幼儿园的全面工作，主要职责如下：

（一）贯彻执行国家的有关法律、法规、方针、政策和地方的相关规定，负责建立并组织执行幼儿园的各项规章制度。

（二）负责保育教育、卫生保健、安全保卫工作。

（三）负责按照有关规定聘任、调配教职工，指导、检查和评估教师以及其他工作人员的工作，并给予奖惩。

（四）负责教职工的思想工作，组织业务学习，并为他们的学习、进修、教育研究创造必要的条件。

（五）关心教职工的身心健康，维护他们的合法权益，改善他们的工作条件。

（六）组织管理园舍、设备和经费。

（七）组织和指导家长工作。

（八）负责与社区的联系和合作。

第四十一条 幼儿园教师必须具有《教师资格条例》规定的幼儿园教师资格，并符合本规程第三十九条规定。

幼儿园教师实行聘任制。

幼儿园教师对本班工作全面负责，其主要职责如下：

（一）观察了解幼儿，依据国家有关规定，结合本班幼儿的发展水平和兴趣需要，制订和执行教育工作计划，合理安排幼儿一日生活。

（二）创设良好的教育环境，合理组织教育内容，提供丰富的玩具和游戏材料，开展适宜的教育活动。

（三）严格执行幼儿园安全、卫生保健制度，指导并配合保育员管理本班幼儿生活，做好卫生保健工作。

（四）与家长保持经常联系，了解幼儿家庭的教育环境，商讨符合幼儿特点的教育措施，相互配合共同完成教育任务。

13

（五）参加业务学习和保育教育研究活动。

（六）定期总结评估保教工作实效，接受园长的指导和检查。

第四十二条　幼儿园保育员应当符合本规程第三十九条规定，并应当具备高中毕业以上学历，受过幼儿保育职业培训。

幼儿园保育员的主要职责如下：

（一）负责本班房舍、设备、环境的清洁卫生和消毒工作。

（二）在教师指导下，科学照料和管理幼儿生活，并配合本班教师组织教育活动。

（三）在卫生保健人员和本班教师指导下，严格执行幼儿园安全、卫生保健制度。

（四）妥善保管幼儿衣物和本班的设备、用具。

第四十三条　幼儿园卫生保健人员除符合本规程第三十九条规定外，医师应当取得卫生行政部门颁发的《医师执业证书》；护士应当取得《护士执业证书》；保健员应当具有高中毕业以上学历，并经过当地妇幼保健机构组织的卫生保健专业知识培训。

幼儿园卫生保健人员对全园幼儿身体健康负责，其主要职责如下：

（一）协助园长组织实施有关卫生保健方面的法规、规章和制度，并监督执行。

（二）负责指导调配幼儿膳食，检查食品、饮水和环境卫生。

（三）负责晨检、午检和健康观察，做好幼儿营养、生长发育的监测和评价；定期组织幼儿健康体检，做好幼儿健康档案管理。

（四）密切与当地卫生保健机构的联系，协助做好疾病防控和计划免疫工作。

（五）向幼儿园教职工和家长进行卫生保健宣传和指导。

（六）妥善管理医疗器械、消毒用具和药品。

第四十四条　幼儿园其他工作人员的资格和职责，按照国家和地方的有关规定执行。

第四十五条　对认真履行职责、成绩优良的幼儿园教职工，应当按照有关规定给予奖励。

对不履行职责的幼儿园教职工，应当视情节轻重，依法依规给予相应处分。

第八章　幼儿园的经费

第四十六条　幼儿园的经费由举办者依法筹措，保障有必备的办园资金和稳定的经费来源。

按照国家和地方相关规定接受财政扶持的提供普惠性服务的国有企事业单位办园、集体办园和民办园等幼儿园，应当接受财务、审计等有关部门的监督检查。

第四十七条　幼儿园收费按照国家和地方的有关规定执行。

幼儿园实行收费公示制度，收费项目和标准向家长公示，接受社会监督，不得以任何名义收取与新生入园相挂钩的赞助费。

幼儿园不得以培养幼儿某种专项技能、组织或参与竞赛等为由，另外收取费用；不得以营利为目的组织幼儿表演、竞赛等活动。

第四十八条　幼儿园的经费应当按照规定的使用范围合理开支，坚持专款专用，不得挪作他用。

第四十九条　幼儿园举办者筹措的经费，应当保证保育和教育的需要，有一定比例用于改善办园条件和开展教职工培训。

第五十条　幼儿膳食费应当实行民主管理制度，保证全部用于幼儿膳食，每月向家长公布账目。

第五十一条　幼儿园应当建立经费预算和决算审核制度，经费预算和决算应当提交园务委员会审议，并接受财务和审计部门的监督检查。

幼儿园应当依法建立资产配置、使用、处置、产权登记、信息管理等管理制度，严格执行有关财务制度。

第九章　幼儿园、家庭和社区

第五十二条　幼儿园应当主动与幼儿家庭沟通合作，为家长提供科学育儿宣传指导，帮助家长创设良好的家庭教育环境，共同担负教育幼儿的任务。

第五十三条　幼儿园应当建立幼儿园与家长联系的制度。幼儿园可采取多种形式，指导家长正确了解幼儿园保育和教育的内容、方法，定期召开家长会议，并接待家长的来访和咨询。

幼儿园应当认真分析、吸收家长对幼儿园教育与管理工作的意见与建议。

幼儿园应当建立家长开放日制度。

第五十四条　幼儿园应当成立家长委员会。

家长委员会的主要任务是：对幼儿园重要决策和事关幼儿切身利益的事项提出意见和建议；发挥家长的专业和资源优势，支持幼儿园保育教育工作；帮助家长了解幼儿园工作计划和要求，协助幼儿园开展家庭教育指导和交流。

家长委员会在幼儿园园长指导下工作。

第五十五条　幼儿园应当加强与社区的联系与合作，面向社区宣传科学育儿知识，开展灵活多样的公益性早期教育服务，争取社区对幼儿园的多方面支持。

第十章　幼儿园的管理

第五十六条　幼儿园实行园长负责制。

幼儿园应当建立园务委员会。园务委员会由园长、副园长、党组织负责人和保教、卫生保健、财会等方面工作人员的代表以及幼儿家长代表组成。园长任园务委员会主任。

园长定期召开园务委员会会议，遇重大问题可临时召集，对规章制度的建立、修改、废除、全园工作计划、工作总结，人员奖惩，财务预算和决算方案，以及其他涉及全园工作的重要问题进行审议。

第五十七条　幼儿园应当加强党组织建设，充分发挥党组织政治核心作用、战斗堡垒作用。幼儿园应当为工会、共青团等其他组织开展工作创造有利条件，充分发挥其在幼儿园工作中的作用。

第五十八条　幼儿园应当建立教职工大会制度或者教职工代表大会制度，依法加强民主管理和监督。

第五十九条　幼儿园应当建立教研制度，研究解决保教工作中的实际问题。

第六十条　幼儿园应当制订年度工作计划，定期部署、总结和报告工作。每学年年末应当向教育等行政主管部门报告工作，必要时随时报告。

第六十一条　幼儿园应当接受上级教育、卫生、公安、消防等部门的检查、监督和指导，如实报告工作和反映情况。

幼儿园应当依法接受教育督导部门的督导。

第六十二条　幼儿园应当建立业务档案、财务管理、园务会议、人员奖惩、安全管理以及与家庭、小学联系等制度。

幼儿园应当建立信息管理制度，按照规定采集、更新、报送幼儿园管理信息系统的相关信息，每年向主管教育行政部门报送统计信息。

第六十三条　幼儿园教师依法享受寒暑假期的带薪休假。幼儿园应当创造条件，在寒暑假期间，安排工作人员轮流休假。具体办法由举办者制定。

第十一章　附则

第六十四条　本规程适用于城乡各类幼儿园。

第六十五条　省、自治区、直辖市教育行政部门可根据本规程，制订具体实施办法。

第六十六条　本规程自 2016 年 3 月 1 日起施行。1996 年 3 月 9 日由原国家教育委员会令第 25 号发布的《幼儿园工作规程》同时废止。

第二章 《幼儿园教育指导纲要（试行）》解读

1. 了解《幼儿园教育指导纲要（试行）》的出台背景及意义。
2. 能说出《幼儿园教育指导纲要（试行）》的核心内容及基本精神。
3. 会运用《幼儿园教育指导纲要（试行）》进行幼儿园的课程设计。

知 识 结 构 图

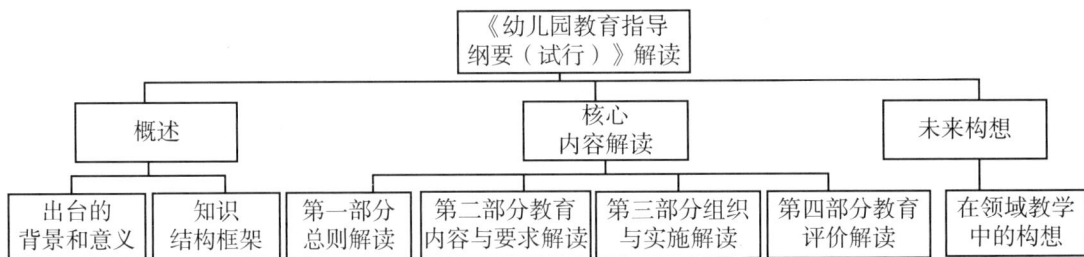

案例分析

案例 刚刚接到某幼儿园上岗通知的张敏，心理又兴奋又焦急，兴奋的是她终于可以待编毕业，圆了自己步入大学时的梦想；焦急的是作为一名刚步入工作岗位的幼儿教师，她心中的疑惑很多：首先，不知道该从哪里开始着手自己的幼儿教育生涯；其次，不知道自己在校期间习得的幼儿教育的理念和幼儿园教育实践之间的差距究竟有多大；再次，不知道该学习哪些东西才能尽快抓住幼儿园教育的核心，顺利地切入幼儿的教育世界。

分析 张敏此时的状态几乎代表了很多刚刚上岗工作的教师的心态，包括上岗不到三年的教师，都会或多或少地存在这样的焦虑。针对这类问题，我们建议当事人深度研读《幼儿园教育指导纲要（试行）》，它是幼儿园教育的顶层设计，是学前教育领域首屈一指的文件，因为它从宏观的角度，向人们描述了幼儿园教育的全貌，能让新入职的教师在最短的时间内，了解幼儿园教育的精髓和实质，从而更快地适应幼儿园的教育教学工作。

具体内容

第一节 《幼儿园教育指导纲要（试行）》概述

一、《幼儿园教育指导纲要（试行）》出台的背景与意义

1. 《幼儿园教育指导纲要（试行）》出台的背景

教育部关于印发《幼儿园教育指导纲要（试行）》的通知中描述，为进一步贯彻第三次全国教育工作会议和全国基础教育工作会议精神，落实《国务院关于基础教育改革与发展的决定》，推进幼儿园实施素质教育，全面提高幼儿园教育质量，从 2001 年 9 月起试行《幼儿园教育指导纲要（试行）》（以下简称"纲要"）。

2. "纲要"出台的意义

我国国情需要幼儿园教育依据幼儿身心发展特点和教育规律，坚持保教结合和以游戏为基本活动的原则，与家庭和社区密切配合，培养幼儿良好的行为习惯，保护和启发幼儿的好奇心和求知欲，促进幼儿身心和谐发展。"纲要"的出台标志着我国幼儿园教育改革迈入了一个新的阶段。

二、"纲要"知识结构框架

1. "纲要"的基本理念

（1）终身教育

终身教育思想渗透在"纲要"的全文中，是"纲要"的一个基本的制度思想。终身教育，终身学习，这一联合国教科文组织提出的深刻而富有远见卓识的观点从根本上影响了全世界的教育取向，它深化了我们对教育、教育大系统的一个子系统——幼儿园教育的认识。终身教育观念使我们获得了审视幼儿教育的新的、更加广阔的视野，获得了思考幼儿教育的更加全面的、整体的、深远的、人本的方式。

"纲要"明确指出，"幼儿园教育是基础教育的重要诸城部分，是我国学校教育和终身教育的奠基阶段"，它要为"幼儿一生的发展打好基础"。这是一个符合终身教育理念的定位，符合社会发展需求的定位，符合幼儿长远的可持续发展为本的定位。不言而喻，依据"纲要"精神，重塑幼儿教育质量观，创造符合这一理念的高质量幼儿园教育，是贯彻"纲要"的最重要的行动。

（2）"以人为本"的幼儿教育

在世间一切事物中，人是最宝贵的。教育的发展趋势正如有的学者所说，是"人"字在教育中的作用越来越大了。[1]2001年6月颁布的我国《基础教育课程改革纲要》不仅代表着国家改革教育的决心，也代表着我国社会的全面进步，也代表着整个教育界的觉醒。因此，"为了每一个学生的发展"首次明确地写在我国基础教育改革的大旗上。在这样的背景下，"以人为本"的思想成了"纲要"的一个突出特征。具体表现在：它将"规程""促进每个幼儿在不同水平上的发展"的思想进一步扩展和深化。可以说，"纲要"字里行间都旗帜鲜明地倡导尊重幼儿、保障幼儿权力、促进幼儿全面和谐发展的儿童观。"纲要"总则的五条中除了第一条外，其他四条都分别从不同角度，围绕"以幼儿发展为本"，明确指出要"为幼儿一生的发展打好基础""共同为幼儿的发展创造良好的条件""满足他们多方面发展的需要，使他们在快乐的童年生活中获得有益于身心发展的经验""尊重幼儿的人格和权力，尊重幼儿身心发展的规律和学习特点……促进每个幼儿富有个性的发展"，等等。而且这一精神融入了"纲要"的其他各个部分，指导着实施、评价等各环节。

（3）面向世界的科学的幼儿教育

"纲要"在立足我国幼教现实的基础上，面向世界教育潮流发展的方向，注意吸收现代教育科学研究的成果，倡导对幼儿身心发展规律的尊重，对教育规律的尊重，等等。"纲要"的全部内容反映了教育科学研究的诸多成果，体现着世界教育共同的发展趋势。

在教育目标方面，"纲要"重视幼儿的兴趣、情感、态度，并在实施中重视幼儿为主体的探索性学习；在内容方面，"纲要"吸收了建构主义和现代认知心理学的成果，强调了作为教育内容的知识结构性、过程性，在其教育内容与要求中，不再把知识列为一堆静态的、脱离幼儿的、仅仅要他们记住的东西，而是视知识为动态变化的、幼儿主动建构的过程；在实施原则中，"纲要"根据想学习心理学的研究，从广义的学习观出发，要求保证幼儿的游戏、自由和自发的活动时间。同时强调幼儿园教育的生活性，这符合教育回归儿童的生活，密切贴近儿童生活的世界教育发展趋势。这就是世界教育的高频率词汇——"生态教育"；除此之外，"纲要"还体现了世界基础教育的另一个共同特征即"学科融合的方向"[2]。"纲要"指出"各领域的内容要有机联系，

① 教育部基础教育司组织编写. 幼儿园教育指导纲要（试行）解读［M］.江苏教育出版社，2002:50.
② 教育部基础教育司组织编写. 幼儿园教育指导纲要（试行）解读［M］.江苏教育出版社，2002:54.

互相渗透，注重综合性、趣味性、活动性，寓教育与生活、游戏之中"，它作为"纲要"实施的原则，意在推进综合的、统整的学习，力图营造一个与幼儿生活本身一致的高度综合的课程形态，这一意图不仅与我国基础教育改革的步调一致，也符合现代教育发展的趋势。

2. "纲要"的结构图

整个"纲要"可以用数字4536来描述，4是指四个部分，即总则、教育内容与要求、组织与实施和教育评价；5是指五大领域，即健康、语言、社会、科学和艺术；3是指每个领域中都分为三个方面来描述该领域的，即目标、内容与要求和指导；6是指三个方面中每一个方面都可以用两个问题来度量，共计6个问题，即目标的问题是"重点追求"和"价值取向"；内容与要求的问题是"教育内容"和"教师做什么和怎么做"；指导要点的问题是"教与学的特点"和"普遍存在的问题"。"纲要"的4536核心内容如下图所示：

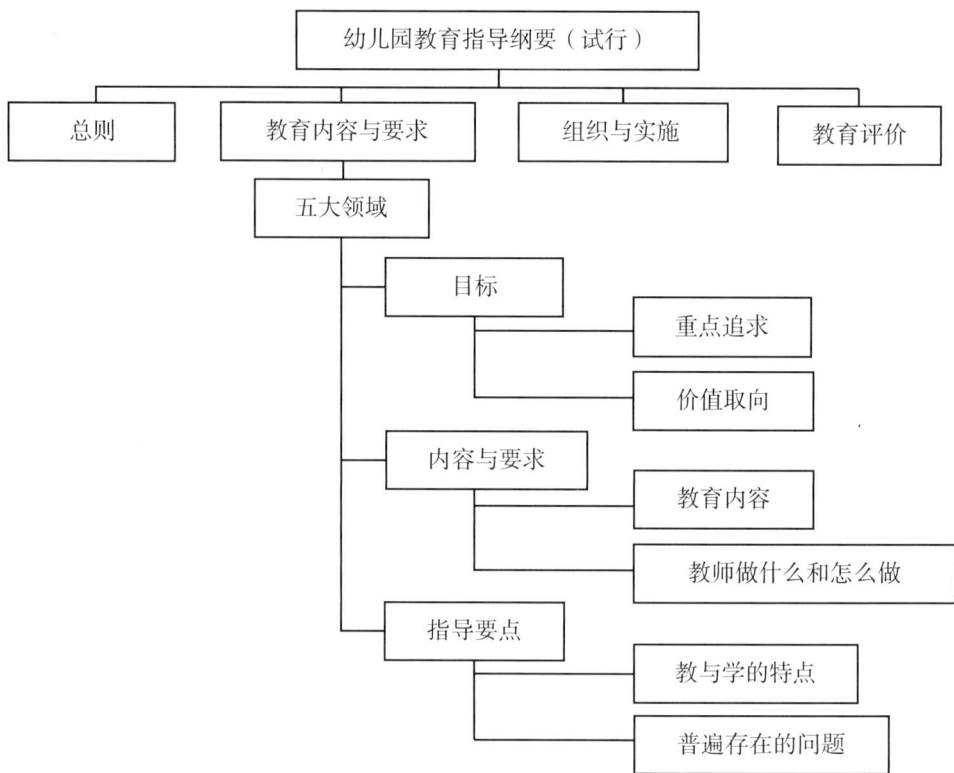

图 2-1 《幼儿园教育指导纲要（试行）》知识结构图

第二节 《幼儿园教育指导纲要（试行）》内容解读

一、《幼儿园教育指导纲要（试行）》第一部分解读

"纲要"总则（要点）解读：
· 第一条：制定"纲要"的依据、原因、目的。
· 第二条：幼儿园教育的性质、任务。
· 第三条：幼儿园教育的外部原则。
· 第四条：幼儿园教育的特点。
· 第五条：幼儿园教育的内部原则。

"纲要"的总则共计有五条内容，第一条说明了制定"纲要"的依据、原因、目的。从文中可以看出"纲要"是为了更好地贯彻落实以《中华人民共和国教育法》为首的一系列教育法规，特别是《幼儿园管理条例》和《幼儿园工作规程》而制定的，也可以说这一系列教育法规是"纲要"制定的直接依据。这样来看"纲要"和"规程"的关系的话，"纲要"是"规程"的下位文件，"规程"涉及的面很广且比较宏观，"纲要"则只是将其第五章"幼儿园的教育"的内容展开并具体化，在"规程"与教育实践层面之间搭建起了过渡的桥梁。不过"纲要"作为国家管理幼儿园教育的宏观文件，仍然还是比较概括的，它不可能达到供幼儿园教师直接运用的操作性水平，其间的转化尚需要各地根据自身的实际情况制定进一步的细则。各地再将"纲要"进一步向实践层面转化时，由于地区差异较大，在目标的达成度上会有不同的起点和要求，这是很正常的现象。但需要注意的是，"纲要"的宗旨，即"指导幼儿园深入实施素质教育"，是各地都必须要遵循的，不能偏离的，这是我国幼儿园教育应该共同遵循的方向。

第二条说明了我国幼儿园教育的性质和根本任务，即幼儿园教育是"基础教育的重要组成部分，是我国学校教育和终身教育的奠基阶段"，其根本任务则是"为幼儿一生的发展打好基础"。在"规程"中曾将幼儿在教育方面的任务作为幼儿园的双重任务之一，规定为"对幼儿实施体、智、德、美全面发展的教育，促进其身心和谐发展"。在今天素质教育进一步深入的形式下，"纲要"在"规程"的基础上，进一步将幼儿园教育任务的终极目的凸显出来，以体现出富有时代精神的终身教育理念和以儿童可持续发展为本的教育追求。

第三条规定了我国幼儿教育的外部原则，即幼儿园必须适应社会的变化，在更新"教育资源"概念的基础上充分地利用外部资源，与家庭、社会等密切合作，共享资源，办更加开放的、社会化的幼儿教育，以促进教育社会化、社会教育化的进程。

第四条指出了幼儿园教育的自身的特点，即幼儿园不同于小学的特点，强调了幼儿园是通过创设健康、丰富的生活环境和活动环境来帮助幼儿学习的，而幼儿是通过在环境中与他人共同生活来获得经验的，他们在生活中发展，在发展中生活，而不像小学生那样主要通过学科教学来获得间接知识。

第五条规定了幼儿园教育的内容原则，即幼儿园教育过程中必须遵循的基本规则，如尊重幼儿的人格和权力，尊重幼儿身心发展的规律和学习特点，以游戏为基本活动，保教并重，关注个别差异等等，并提出了"促进每个幼儿富有个性的发展"的要求。过去在"规程"已多次提到幼儿的个性发展，如"引导幼儿个性健康发展""促进幼儿能力和个性的全面发展"等。不难看到，"纲要"在"规程"的基础上继续重视发展幼儿的个性，而且进一步强调了"每个"幼儿自身发展的个性化，强调了教育应当培养每个幼儿自身发展的特色。"规程"中的"促进每个幼儿在不同水平上的发展"的提法也在"纲要"中有了进一步的深化。如果说过去对"不同水平"的注意点还较多地放在幼儿能力水平的高低上的话，那么"纲要"在今天则更加关注每个幼儿的特点，注重他们不同于他人的学习特点或能力特征。

二、"纲要"第二部分"教育内容与要求"解读

1. 背景解读

（1）五大领域的由来

"纲要"用"健康、语言、社会、科学和艺术"五个方面来描述幼儿的成长和发展，被称为"五大领域"。我国幼儿教育之父陈鹤琴先生曾将幼儿园课程用"五指活动"来代表，即健康活动、科学活动、社会活动、艺术活动和文学活动。他说这五种活动就如同人手掌上的五根手指，对幼儿的发展共同起作用。后续的发展中，将"五指活动"中的"文学活动"演变成了"语言活动"，又将"五指活动"的顺序做了调整，最后就演变成了今天的"五大领域"，因此可以说"五指活动"就是我国幼儿园教育"五大领域"的源头。

（2）五大领域的划分的理由

"纲要"的第二个部分教育内容与要求中，将幼儿学习的范畴按照学习领域划分为广大教师所熟悉的健康、语言、社会、科学和艺术五个领域，并同时强调了"各领域的内容相互渗透，从不同角度促进幼儿情感、态度、

能力、知识、技能等方面的发展"。按照学习领域划分为幼儿园教育内容的主要理由有三点：一是这是比较熟悉的科学分类。这一分类方法可以追溯到19世纪，当时就已经开始按不同知识的性质来划分学科了。一百多年来，这种划分已经非常成熟，而且被学校教育认可，并一直影响着今天学校教育的科学名称。当然幼儿园的领域不同于学校的学科，每个领域都比学科宽广得多。二是它利于教师按照知识的性质来选择相应的教法和理解幼儿的学习。幼儿园各领域知识的性质有较大的不同，因此幼儿学习这些知识时的方法也不会一样，这就决定了教师教的方法必须随之而改变。按照知识的性质进行分类的方法有利于指导教师根据教育内容的变化而更恰当地对应。三是这些领域的名称为我国幼儿园教师所熟悉，这样有利于广大教师接受"纲要"，找到感觉，特别是师资水平比较差的地区。

（3）五大领域与五种能力

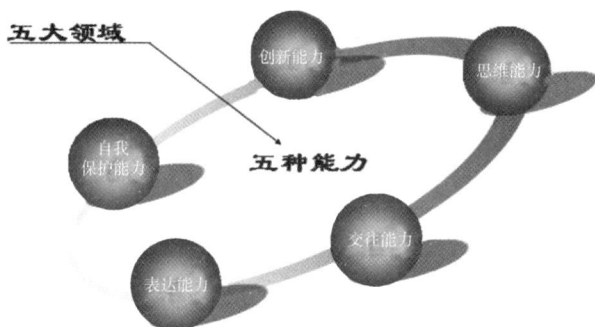

图2-2　五大领域与五种能力的对应关系

（4）"五大领域"与学科课程的关系

"五大领域"在高校中一般是分领域教学，而在幼儿园则强调课程的综合性。高校的分科教学，是根据学科性质、体现学科知识的特点和系统性使然；在幼儿园强调上综合课，是因为幼儿的发展是一个整体，五个领域是从五个方面，促进幼儿全面和谐发展的需要。即"纲要"强调"各领域的内容相互渗透"，从不同角度促进幼儿情感、态度、能力、知识、技能等方面的发展。幼儿园的领域教学与学科自20世纪50年代起，受苏联幼儿园教学思想的影响，学科教学一度成为我国幼儿园课程的唯一组织形式。随着社会的发展以及儿童观、教育观的转变，今天的学科活动已不再是过去一成不变的沿袭，它已经融入了一些新的教育理念与思想。幼儿园的"学科"活动不明显与学段特征有关。幼儿园的学科课程与中小学的学科课程是有区别的。这种区别主要表现在以下几方面：

第一，幼儿园的学科活动基本是一种广域课程或综合课程。尽管它也是以学科为中心来组织的，但学科知识分类并不严格、精细，而是把相关的知识囊括在一个相对大的"领域"之内，如幼儿园的"科学"这一领域就包括了地理、物理、环境、生物等学科的内容。因而，幼儿园课程中更多使用的是学习"领域"，而不是"科目"这个词。当然，"领域"也不是几种学科知识简单地拼凑、大拼盘，而是按知识之间的内在联系和幼儿的心理发展而组成的有机整体。比如，健康、社会、语言、科学（包括数学）、艺术这几个领域完整地反映了幼儿活动的对象世界，也共同构成了其心理发展的内容。

第二，幼儿园的学科活动基本是一种"前学科"课程。一方面，幼儿园学科内容的逻辑体系相对比较松散，只扼要地提供了某些与幼儿的生活和发展关系密切有用的知识，这些知识固然要从学科的角度考虑其系统性，但更要符合幼儿的认识规律。另一方面，也是更重要的方面，正如苏联学者所指出的那样，学前儿童所能掌握、并对其心理发展有积极促进作用的知识体系，不是以科学概念为核心组织起来的理论层次的学科体系，而是以表象或以初级概念为基础和核心组织起来的经验层次的"前学科"体系。

第三，幼儿园的学科活动仍强调与生活的联系，强调直接经验。严格的学科中心课程比较重视间接经验的传递，容易与学生的生活实际相脱离；同时，教学中又比较重视"演绎推理"，往往要求学生自己去形成和建立知识与生活的联系，以及各部分知识之间的联系。这对于年幼的儿童来说显然是不可能。因而，幼儿园的学科课程也必须具有一定的整合性，内容的组织必须结合生活，联系实际，加强有关知识之间的有机联系。

第四，幼儿园的学科活动仍是服务于幼儿的"一般"发展，即基本素质的提高，而不宜以掌握学科知识和专门的技能为主要目的。

2. 整体解读

"纲要"在对每一个领域进行阐述时，均含有"目标""内容与要求"和"指导要点"三部分。各部分侧重点各有不同。

（1）"目标"解读

"目标"部分主要表明该领域重点追求什么，它主要的价值取向何在。所有领域的目标既比较集中地体现了该领域特有的价值，也共同体现了"纲要"的基本精神。在目标表达上较多的使用了"体验""感受""喜欢""乐意"等词汇，突出了情感、兴趣、态度、个性等方面的价值取向，着眼培养终身学习的基础和动力。如"健康"的目标在将幼儿的身体健康放在首位的同时，也强调了幼儿"情绪安定、愉快"，而且将"喜欢参与体育活动"放在了动作要求之前，并在"指导要点"中明确指出要把"培养幼儿对体育活动的兴趣"作为"幼儿园体育的重要目标"，这不仅仅是因为只有幼儿喜欢参加体育活动，才能发展体质和动作，还因为这一兴趣和愉快体验将推动他们今后积极地参与体育活动，这样有利于他们一生的健康和幸福。

（2）"内容和要求"解读

"内容和要求"部分则在说明为实现教育目标，教师应该做什么、该怎么做，与此同时，将该领域的教育内容自然附在其中。"纲要"遵循基础教育改革的精神，强调幼儿的主动学习，改革教学方式，希望教师不要把关注点过分集中在具体知识或技能的教学上，不要仅仅以固定的知识点为目标来设计教学活动，而是着力组织适合幼儿的活动，创造适宜的教育环境，从幼儿的实际生活中去发现教育赖以展开的资源，通过作用于幼儿的活动来对幼儿发生实质性的影响，让他们获得体验、获得一定的知识和技能。因此，"纲要"在每个领域中都没有单独列出一个知识点或技能要求的细目，而是从活动的角度附带提出知识或技能要求。比如"语言"的"内容与要求"中，要求教师"创造一个自由、宽松的语言交往环境""鼓励幼儿大胆、清楚表达自己的想法和感受""引导幼儿接触优秀的儿童文学作品""引发幼儿对书籍、阅读和书写的兴趣"，等等。如果教师真正按照这样的要求去做了，其关注的重心的确放在创设这样的环境和开展这样的活动上了，那么，这一过程同时也就成了幼儿掌握语言的过程，其听、说、读、讲所需测绘和学习也就自然寓于其中了。实际上没有知识和技能支撑的活动是不存在的，只不过这里视知识为一个过程，而不是一大堆脱离幼儿的、仅仅要他们记住的东西。当然这一变化可能会使习惯于按照具体知识内容考虑教学的教师因"看不到"内容而不知所措，各地在贯彻"纲要"时是可以根据各地的具体情况列出领域的一些具体教学内容来供教师做抓手，但是，一定要注意的是，这样做的目的不是引导教师继续以知识为中心去组织教学，而是有利于帮助教师更新知识观、教学观，努力反思过去的教学、重视幼儿活动的基础上，继续改革幼儿园的教学模式。

（3）"指导要点"解读

"指导要点"主要的功能有二：一是点明该领域教和学的特点。因为各领域知识性质不同，幼儿的学习方式也会随之变化，教师必须根据这些特点来设计教学，以提高教与学的效果。比如社会领域中许多约定俗成的知识与科学领域中的物理知识、数理逻辑知识的性质是不同的，属于社会性知识，或者说是属于广义的知识观中的陈述性知识一类，如社会文化、共同的规则等。这就等于告诉教师，这类知识可以通过语言传授的方式来教，用接受学习的方式来学。社会领域的学习具有潜移默化的特点，这就提醒教师教学的主要形式绝不是轰轰烈烈的一两次大型活动，而是要高度重视良好人际环境的创设，重视教师的言谈举止，重视幼儿平常生活的点点滴滴等；而科学领域的知识大多是属于程序性的知识，这类知识是不能靠直接教而让幼儿获得的，它需要幼儿自身与物体、与外界世界直接地相互作用，通过活动而自我建构。因此，教师的教就应该是间接的，如创设相应的环境、提供必要的活动条件和其他支持手段等。在这两种学习中，接受学习方式和直接体验、动手操作的方式的比例显然应有所不同，教师如果能够有意识地灵活转化的话，教学就会更科学更有效，更适合幼儿的学习特点。二是点明该领域特别注意的有普遍性的问题。比如，在"健康"领域中，较严重地存在不顾幼儿身体发育特点而滥施训练、比赛的现象，因此在"指导要点"中明文加以禁止；又如在"艺术"领域中，因为过分强调技能训练而忽视幼儿的情感体验、遏制幼儿创造性的现象比较普遍，因此就有针对性地提出了相应的注意点；再比如在"语言"领域中，过去太强调语言是社会约定俗称的符合系统的一面，而过分地使用了传统的方法或训练方式来教给幼儿词汇或话语，忽视了语言的获得是一个高度个性化的过程，是需要儿童在实际运用中通过积极的自我建构来获得的。因此，"纲要"在语言的"指导要点"中特别指出要创设一个能让幼儿想说、敢说、喜欢说、有机会说并能得到积极应答的环境，要提供促进幼儿语言发展的条件，让幼儿在交流中、在实践运用的过程中去习得和发展自己的语言。

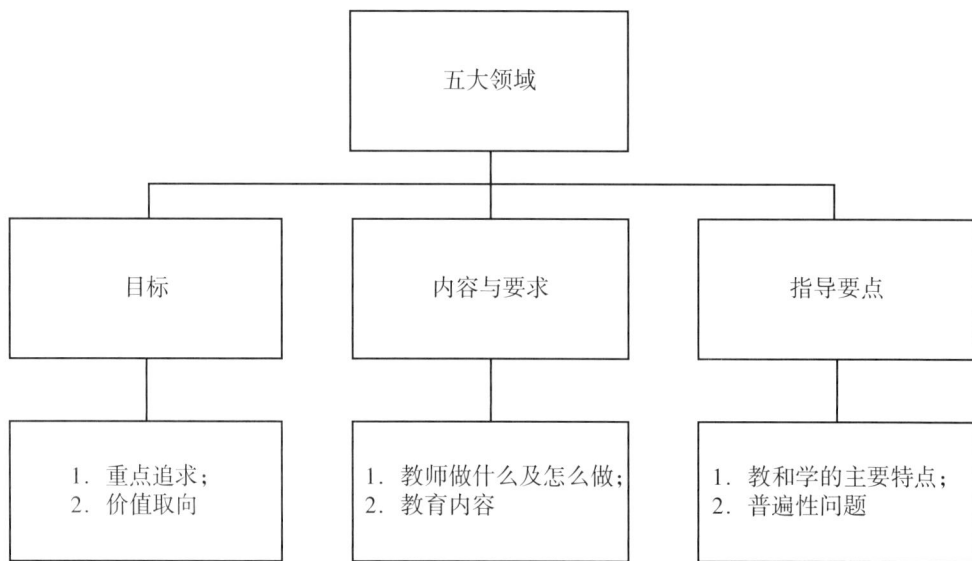

图 2-3 "纲要"第二部分知识结构图

3. 分领域解读

领域 1：健康领域解读

（1）健康领域的"目标"解读

促进幼儿身心健康发展既是幼儿教育的根本目的也是幼儿健康教育的终极目标，"纲要"由此提出四条总目标，即：第一，身体健康，在集体生活中情绪安定、愉快；第二，生活、卫生习惯良好，有基本的生活自理能力；第三，知道必要的安全保健常识，学习保护自己；第四，喜欢参加体育活动，动作协调、灵活。

上述目标表明了以下三点价值取向：第一，身心和谐。幼儿健康包括身体健康和心理健康两个主要方面，幼儿的身体健康以发育健全、具备基本的生活自理能力为主要特征；幼儿园的心理健康主要以情绪愉快、适应集体生活为主要特征。由于幼儿的身体健康与幼儿的心理健康是密不可分的两个方面，因此有的目标如"生活、卫生习惯良好"既包括日常生活中的盥洗、排泄等生理意义的卫生习惯，也包含没有吮吸手指等心理意义的问题行为，只有身心和谐发展才能真正既保证身休的健康又保证心理的健康；第二，保护和锻炼并重。目标既重视掌握必要的保健知识提高自我保护能力，又强调通过体育活动提高身体素质。其中了解必要的安全保健知识并提高相应技能是保健教育的主要目标，培养对体育活动的兴趣、增强动作的协调性和灵活性是体育锻炼的主要目标；第三，注重健康行为的形成。对于健康心理学家以及健康教育工作者而言，最大的挑战莫过于如何鼓励、说服甚至强迫使人们养成对健康有益的行为习惯。因此，虽然提高幼儿的健康认识、改善幼儿的健康态度、培养幼儿的健康行为都是幼儿健康教育的目标，但幼儿健康行为的养成被视为幼儿健康教育的核心目标，探讨健康行为的建立、改变和巩固的一般规律是幼儿教育研究的重点。[①]

（2）健康领域的"内容与要求"解读

健康领域的教育内容：健康领域包括两个模块，即健康和体育。健康活动，主要是生理健康和心理健康两个方面的内容，生理健康主要内容包括人体的结构、性别教育、人体的生长衰老等；心理健康主要内容包括情绪调节、卫生保健、自理能力培养等。体育活动，主要包括基本动作、队列队形、体育精神的培养等。健康教育的本质就是生活教育，这一点体现在整个健康领域中，体现在幼儿园教育的一日生活中。

教师做什么，该怎么做：第一，要求教师要建立好师幼关系为幼儿营造愉快的在园环境（见第1条）；第二，要求教师与家长做好沟通密切配合，培养幼儿良好的卫生习惯和生活自理能力（见第2、3、4条）；第三，要求教师开展丰富多彩的体育活动，培养幼儿对体育的兴趣、增强幼儿体质、培养良好的品质和态度（见第5、6、7条）。

（3）健康领域的"指导要点"解读

健康教领域教和学的特点：第一，健康领域注重身心并重，将保护幼儿的生命和促进幼儿的健康放在首位（见第1条）；第二，把培养幼儿对体育活动的兴趣作为幼儿园体育教育的重要目标（见第4条）。

健康领域普遍存在的问题：第一，对幼儿过度的包涵和包办代替（见第2条）；第二，不尊重幼儿身心发展的规律，进行有损于幼儿健康的比赛、表演和训练（见第3条）。

领域2：语言领域解读

（1）语言领域"目标"解读

语言领域的目标共有5条，描述了听、说、读三个方面：听，注重倾听，喜欢听和听懂等方面的要求；说，乐于交谈，说自己想说的事，说普通话等；读，喜欢看图书，即侧重阅读习惯的培养。

（2）语言领域"内容与要求"解读

语言领域教师做什么和怎么做：第一，重视语言运用能力发展的趋势。"纲要"第一次明确地提出了重视儿童语言运用的要求。"语言是在运用的过程中发展起来的"，因此认为发展幼儿语言的关键不是让幼儿强记大量的词汇，而是要引导幼儿"乐意与人交谈，讲话礼貌；注意倾听对方讲话，能理解日常用语；能清楚说出最近想说的事；喜欢听故事、看图书；能听懂和会说普通话"。这种提法明显低淡化了纯粹重视学前儿童语言形式学习的要求，强调语言教育过程中重视语言交际的功能，重视学前儿童在使用语言过程中学习语言；第二，重视学前教育早期阅读的发展趋势。学前儿童语言教育方面比较明显的新动向就是对早期阅读的提倡和重视。"纲要"第一次明确地把幼儿的早期阅读方面的要求纳入语言教育的目标体系，提出要"培养幼儿对生活中常见的简单标记和文字符号的兴趣；利用图书、绘画和其他多种方式，引发幼儿对书籍、阅读和书写的兴趣，培养前阅读能力和前书写技能"。自主阅读是早期阅读教育的关键，有关研究结果显示：人的主要阅读能力，是在3～8岁期间形成的。人的阅读发展大致可以分为两个层面的发展，即获得阅读能力的学习和通过阅读获得信息方法能力的学习。一般而言，8岁以前的儿童应当掌握的是基本阅读能力，而他们8岁后就可以通过这些基本阅读能力去进一步形成获取信息的方法技能。因此，3～8岁是儿童学习基本阅读能力的关键，家长和教师要切实把握这个发展儿童阅读能力的时机。

语言领域教育内容：倾听活动、表达活动、欣赏活动和早期阅读四大类，高校中基本是按照这四大类进行语言教育活动的设计与指导的。

---

① 教育部基础教育司组织编写. 幼儿园教育指导纲要（试行）解读［M］. 江苏教育出版社，2002:113-114.

（3）语言领域"指导要点"解读

语言领域教与学的特点：第一，语言能力是在运用的过程中发展起来的（见第一条）；第二，幼儿的语言学习具有个别化的特点（见第三条）。

语言领域普遍存在的问题：第一，能否给幼儿创造一个想说、敢说、喜欢说、有机会说并能得到积极应答的环境（见第一条）；第二，能否通过多种途径拓展幼儿的经验（见第二条）；第三，能否给予语言障碍的儿童特别关注（见第四条）。

领域3：社会领域解读

（1）社会领域"目标"解读

社会领域目标有5条，仔细分析我们会发现，"纲要"中社会领域的目标是从两个维度提出的，一是社会关系的维度：幼儿与自身的关系（自信、主动、自决、坚持等）、幼儿与他人的关系（乐群、互助、合作、分享、同情）、幼儿与群体或集体的关系（遵守规则、爱护公物和环境）、幼儿与社会的关系（社会职业、家乡、祖国、世界文化等）；二是心理结构的维度：认知、情感态度和行为技能。两个维度结合，构成了儿童社会学习的内容和社会性、个性发展的目标。

社会领域重点追求的是人际交往能力，该领域的价值取向是注重规则的习得和个性的发展。

（2）社会领域"内容与要求"解读

社会领域"内容与要求"共计有8条，相较之下是所有领域中描述最多的。核心问题包括两个，即人际交往和社会适应。8条中的前4条主要是人际交往，后4条主要是社会适应。

社会领域教师做什么和怎么做：第1～4条，分别从集体和个体两个视角，描述了教师该如何引领幼儿进行人际交往；第5～8条，要求教师从引导幼儿爱护玩具开始，到爱父母、爱家乡、爱祖国，最后到懂世界，层级性明显，便于理解。

社会领域教育内容：人际交往、社会适应

（3）社会领域"指导要点"解读

社会领域教和学的特点有两个：第一，具有潜移默化的特点（见第1条）。这是一个他律的规则，应采用的方式是"熏染"，幼儿在其中的主要任务是适应环境、内化规则；第二，幼儿与成人、同伴之间的共同生活、交往、探索、游戏等，是其社会学习的重要途径（见第2条）。这是自律规则，所采用的方法是"生成"，即共同生活中的交往活动和实践活动，其中幼儿的主要事务是在满足自己的需要的过程中生成个性和社会性。"熏染"和"生成"是社会性发展和教育上两个大的方向。前者本身是教师主导的，因此限制教师的作用；后者本身体现幼儿主体的，因此又加强教师的作用。[①]

社会领域普遍存在的问题：第一，呆板的言语说教（见第一条）；第二，社会性教育和个性的教育被认为是一蹴而就的，没有将其作为需要漫长积累的过程（见第三条）。

领域4：科学领域解读

（1）科学领域"目标"解读

科学领域的目标共计有5条，前三条是科学和数学所共有的目标，第4条是数学模块目标，第5条是科学模块模版。对该领域目标从三个维度进行分析后发现，情感目标是第1、4、5条；过程方法目标是第2、3条；没有明显的知识目标，然而知识目标却隐含在所有目标之中。

（2）科学领域"内容与要求"解读

教师做什么和怎么做：第1～4条是科学领域同性内容和做法，点明教师要从幼儿兴趣激发、环境创设、

---

① 教育部基础教育司组织编写. 幼儿园教育指导纲要（试行）解读 [M]. 江苏教育出版社，2002:126.

材料准备、交流过程等方面着手对幼儿进行科学教育。第 5～7 条则点明教师要从周围环境和身边具体生活中着手对幼儿进行科学教育。

科学领域分为科学和数学两个模块，科学的内容包括人体与心理、动物与植物、自然科学现象、生态环境、现代科学技术等，其中自然科学现象是科学领域的核心内容（见第 6 条和 7 条）。数学的内容包括集合教育、数的教育、量的教育、形的教育、空间和时间的教育等（见第 5 条）。

（3）科学领域"指导要点"解读

科学领域教与学的特点：幼儿的科学教育是科学启蒙教育，重在激发幼儿的认识兴趣和探究欲望（见第 1 条）。

科学领域普遍存在的问题："纲要"用两个实际来描述的，第一，幼儿不能实际参加探究活动（见第 2 条）；第二，科学教育不能密切联系实际生活（见第 3 条）。

领域 5：艺术领域解读

（1）艺术领域"目标"解读

重点追求：审美能力和创造能力。感受美、表现美和创造美。

价值取向：艺术领域的目标有 3 条，是所有领域中目标最少的。三条中用感受、喜欢和表现这样的词汇描述了整个目标，更多地体现了艺术领域的情感教育功能。

（2）艺术领域"内容与要求"解读

艺术领域教师做什么和怎么做：艺术领域的"内容与要求"共计 6 条。第 1～4 条没有进行分模块描述，第 5 条和第 6 条重点描述了美术模块。要求教师在艺术教育中要面向全体，注重激发幼儿艺术潜能；要求教师鼓励幼儿大胆表现和创造，用废旧物品和自己的作品美化生活。教师通过艺术活动激发情趣、体验审美感、体验成就感；让艺术活动成为幼儿自我表达的重要方式；让艺术活动成为幼儿精神创造性活动。

艺术领域包括音乐和美术两个模块。音乐模块的内容包括节奏、韵律、歌曲、舞蹈等；美术模块的内容包括绘画、剪纸、造型等。

（3）艺术领域"指导要点"解读

艺术领域教和学的特点：第一，情感教育功能（见第 1 条）；第二，幼儿艺术活动的能力是在大胆表现的过程中逐渐发展起来的（见第 3 条）。

艺术领域普遍存在的问题：第一，重视表现技能或艺术活动的结果，而忽视幼儿在活动过程中的情感体验和态度的倾向（见第 1 条）；第二，过分强调技能技巧和标准化要求的偏向（见第 2 条）。

三、"纲要"第三部分"组织与实施"解读

"纲要"的第三个部分是组织与实施。其十一个条目中贯穿着尊重幼儿的权利，尊重教师的创造，尊重幼儿在学习特点、发展水平、个性特征等方面的差异，尊重幼儿身心发展的客观规律，尊重教育、教学的客观规律等等观念与观点，突出了幼儿园教育组织实施中的教育性、互动性、开放性、针对性、灵活性等原则。

"纲要"第三部分"组织与实施"（要点）：
· 第一，幼儿园教育组织与实施的根本原则。
· 第二，幼儿园教育活动的含义。
· 第三，教育活动组织与实施的基本原则。
· 第四，组织与实施中各方面的原则、教育活动目标、内容、形式、环境、一日生活、衔接问题。
· 第五，教师在活动的组织与实施中的角色和作用。

"组织与实施"部分中 11 个条目集中回答了 5 个方面问题[①]：即第一，幼儿园教育组织与实施的根本原则；

---

① 教育部基础教育司．《幼儿园教育指导纲要（试行）》解读［Z］．江苏教育出版社，2002:46.

第二，幼儿园教育活动的含义。幼儿园的教育活动，是教师以多种形式有目的、有计划地引导幼儿生动、活泼、主动活动的教育过程（见第 2 条）；第三，教育活动组织与实施的基本原则。教育活动的组织与实施过程是教师创造性地开展工作的过程。教师要根据本"纲要"，从本地、本园的条件出发，结合本班幼儿的实际情况，制定切实可行的工作计划并灵活地执行（见第 3 条）；第四，组织与实施中各方面的原则、教育活动目标、内容、形式、环境、一日生活、衔接问题。（见第 4、5、6、7、8、9、11）；第五，教师在活动的组织与实施中的角色和作用。教师应成为幼儿学习活动的支持者、合作者、引导者（见第 10 条）。三者是有顺序的，支持者是最初角色、合作者次之、引导者最高。

"组织与实施"第八条解读：环境是重要的教育资源，应通过环境的创设和利用，有效地促进幼儿的发展。这一条具体描述了五点，分别从物理环境（见第 1 点、第 5 点）和心理环境（见第 2 点、第 3 点、第 4 点）两个方面描述的。强调了幼儿阶段两种环境对幼儿发展的重要性。

"组织与实施"第九条解读：如何科学合理地安排幼儿一日生活，该问题是当下幼儿园教育中普遍存在的问题，这一个问题的答案在"组织与实施"中的第九条，共计提出了四点做法：第一点强调了时间问题。时间安排应有相对的稳定性与灵活性，既有利于形成秩序，又能满足幼儿的合理需要，照顾到个体差异；第二点强调了教师要间接指导。教师直接指导的活动和间接指导的活动相结合，保证幼儿每天有适当的自主选择和自由活动时间。教师直接指导的集体活动要能保证幼儿的积极参与，避免时间的隐性浪费；第三点强调了注意时间的隐性浪费问题。尽量减少不必要的集体行动和过渡环节，减少和消除消极等待现象；第四点强调了良好常规的重要性。建立良好的常规，避免不必要的管理行为，逐步引导幼儿学习自我管理。

为了避免消极等待，幼儿园的老师常采用一些方法：第一，男女生分开如厕和饮水。这一点一是注重了男女有别的性别教育；第二个重要的点就是时间的叠用，避免了时间的隐性浪费。一日生活有多个环节，在每个环节转化过程中，教师经常用成语接龙、做手指操作为过渡的内容，一是等待没有完成上一个环节的幼儿，二是使时间有效利用起来，避免消极等待现象。在建立常规方面，建议新教师入班后先严后松，先立下规矩，并给幼儿讲情况为什么要立下这样的规矩，让幼儿懂规矩，执行规矩，在什么时候做什么事，直至形成自觉行为，这时候的严就是爱；当规矩慢慢建立之后，教师再给予幼儿温暖的爱，让幼儿感觉教师的良苦用心，懂得爱与感恩。

四、第四部分"教育评价"解读

"纲要"的第四部分围绕幼儿园教育评价，提出了评价发展性、合作性、标准的多元化以及多角度、多主体、多方法、重视过程、重视差异、重视质性研究等原则。明确规定了评价的目的是为了幼儿的发展、教师的反思性成长和提高教育质量。这就是说，幼儿园评价绝非用于筛选、排队，更不是用于给幼儿贴标签，伤害他们的自尊和自信，给他们的成长蒙上阴影。

"教育评价"的要点：

第一，幼儿园教育评价的功能。

第二，幼儿教育评价的主体。

第三，幼儿园教育评价实施的原则。

第四，幼儿园教育工作评价的主要内容。

第五，幼儿园发展评价的原则。

第一，幼儿园教育评价的功能。第四部分第一条描述了问题的答案，即"教育评价是幼儿园教育工作的重要组成部分，是了解教育的适宜性、有效性，调整和改进工作，促进每一个幼儿发展，提高教育质量的必要手段"。

第二，幼儿园教育评价的主体。"组织与实施"中的第二条和第四条，描述了这一问题，其中第二条描述了评价的参与者来自四个方面的人员，即"管理人员、教师、幼儿及其家长均是幼儿园教育评价工作的参与者。评价过程是各方共同参与、相互支持与合作的过程"；第四条描述了幼儿园评价的主体，即幼儿园教育工作评价实行以教师自评为主，园长以及有关管理人员、其他教师和家长等参与评价的制度。

第三，幼儿园教育评价实施的原则。"组织与实施"中的第三条至第五条描述了问题的答案，第三条描述了评价过程的实质，即是教师运用专业知识审视教育实践，发现、分析、研究、解决问题的过程，也是其自我成长的重要途径；第五条描述了评价过程要求，即评价应自然地伴随着整个教育过程进行。综合采用观察、谈话、作品分析等多种方法。

第四，幼儿园教育工作评价的主要内容。第七条描述了评价的主要内容，即教育工作评价宜重点考察以下方面，一是教育计划和教育活动的目标是否建立在了解本班幼儿现状的基础上；二是教育的内容、方式、策略、环境条件是否能调动幼儿学习的积极性；三是教育过程是否能为幼儿提供有益的学习经验，并符合其发展需要；四是教育内容、要求能否兼顾群体需要和个体差异，使每个幼儿都能得到发展，都有成功感；五是教师的指导是否有利于幼儿主动、有效地学习。

第五，幼儿园发展评价的原则。发展评价，即教师要用发展的眼光来评价幼儿当下的状况。"组织与实施"中的第八条描述了幼儿发展评价应该注意的五条原则：一是明确评价的目的是了解幼儿的发展需要，以便提供更加适宜的帮助和指导。观察和了解幼儿是教育的首要任务，而给予适宜的教育将是幼儿教育界重要追求之一。二是全面了解幼儿的发展状况，防止片面性，尤其要避免只重知识和技能，忽略情感、社会性和实际能力的倾向。教师可以借用"多元智能理论"来检测幼儿的全面发展情况，还是用当下"纲要"的五个领域八个模块的整体发展情况来评估幼儿的发展情况，将知识和技能蕴含在情感的熏陶和过程体验中，寓教于无形之中。三是在日常活动与教育教学过程中采用自然的方法进行。平时观察所获的具有典型意义的幼儿行为表现和所积累的各种作品等，是评价的重要依据。这里特别强调，尽量避免将幼儿在教师公开课上的表现以及在大型幼儿展演活动中的表现作为评价依据。四是承认和关注幼儿的个体差异，避免用划一的标准评价不同的幼儿，在幼儿面前慎用横向的比较。其中，慎用横比是使幼儿具有成功感的重要措施。五是以发展的眼光看待幼儿，既要了解现有水平，更要关注其发展的速度、特点和倾向等。该条原则体现了最近发展区理论，启示我们要用最近发展区原来来对幼儿进行教育，将教育放在幼儿可接受的范围之内，实现适宜的教育。

关于在幼儿教育中慎用横比的问题，这里要重点做一下说明。在"教育评价"的第八点中的第四条指出"承认和关注幼儿的个体差异，避免用划一的标准评价不同的幼儿，在幼儿面前慎用横向的比较。"教师常常用"比赛"的方式来鼓励幼儿参与活动的积极性，谁吃饭吃得快，谁起床起得早，谁能第一个冲出教室等等。但是教师往往只看到它功利的一面，而没有看到它的副作用，实际上这种副作用远远大于它的价值。既然是比赛，那么如果没有失败的话是不会有胜利的，但是我们往往只看到胜利的价值而没有看到失败的挫折。在有些比赛里，会产生一些经常的失败者，他们总是输，总是落在后面，从而感到灰心丧气和不满；胜利也并非总是好处，胜利者容易产生一些不恰当的优越感。比赛的本质是对抗性的，它容易在人和人之间建立分解性的关系而不是联合的关系。教师还经常使用的另一种横向比较的方式是"要和别人不一样"，有时候借此可以调动幼儿发言的积极性，调动他们的发散思维，发展他们的创造性。但是和别人不一样不仅容易导致标新立异、刻意追求特殊的心理，而且对于幼儿的社会性发展也没有好处。

与上述横向比较的方法相反，我们更推崇纵向比较的方法，即同样可以激发幼儿的动机和创造性，但不是同别人比较，而是将幼儿的过去同他的现在比较，将幼儿的现在同他的未来比较。用纵向比较的方法，既可以肯定幼儿的进步（他和以前不一样了），又可以鼓励他继续向前发展（他还可以做得更好，或者他还可以用和原来不一样的方法来完成任务）。我们并不完全否定横向比较，而是指出它存在的不足，并说明在幼儿阶段，要特别慎用这类方法。

第三节 《幼儿园教育指导纲要（试行）》在领域教学中的构想

一、在幼儿园中关于领域教学的探讨

为了提升幼儿教育教学质量，很多公办园每年都定期组织公开课活动，让每位教师出一次活动，让其他教师观摩，之后进行教研，以提升教育质量和提升专业素养。

在幼儿园领域教学中，有没有教师们最喜欢的领域和最不敢触及的领域？为了获得幼儿园实践中科学领域教学的实际情况，研究者通过对内蒙古 H 市某公立幼儿的一次自主选题公开课进行了调查，全员 30 教师中 30 节公开课做调查，看他们都选择哪个领域做本年度的公开课，调查结果显示：有 12 人选择了艺术领域，有 8 人选择了语言领域，有 7 人选择了健康领域，有 3 人选择了社会领域，没有人选择科学领域。虽然只是该园每年一次的公开课抽样，但从某种程度上反映了教师们对领域选择的倾向。本次调查结果毫无异议：艺术领域被称为"热领域"，而科学领域被称为"冷领域"。[①]

科学领域的"冷"究竟冷在哪里？艺术领域的"热"又热在哪里？最初研究者认为，是因为教师们擅长什么就会选择什么来做公开课，后来研究者通过与该园园长的访谈获得了新的信息，即这些选择了艺术领域做公开课的教师，很多都不擅长艺术。他们之所以选择艺术做公开课的真正原因是，艺术活动中幼儿的学习效果好，具体表现在艺术活动让幼儿参与的时间长、表现的内容多，这样教师犯错误的概率就会相对减少。这样在接下来的教研活动中，教师要改进的东西就少，原来选择艺术领域竟然是教师为了避免失败的心理导致的。

相较之下，科学领域的特点就是抽象、内隐，是教师教不会的，是需要孩子自主探究获得新知的，于是很多教师不愿尝试这个领域。最终，科学领域的这种学科特性最终影响了它的热度，即使其成为"冷领域"；而艺术领域重表现，外显性强，也最终成就了它的高热度，即使其成为"热领域"。

幼儿园教育五大领域就如同人的五根手指，它是从不同方面培养幼儿的五种能力：健康培养幼儿的自我保护能力、语言培养幼儿的表达能力、社会培养幼儿的社交能力、科学培养幼儿的思维能力、艺术培养幼儿的审美能力。科学领域作为幼儿园教育五大领域的第四个领域，它所担负的是培养幼儿"思维能力"的重任。然而，当下科学领域却被称为"冷领域"，变成了幼儿园教育中的一块短板，这不得不引起了研究者们的关注和深思。

根据"纲要"我们知道，每个领域都有自己的特色，在幼儿的成长中，发挥着不一样的作用，因此不能偏费任何一个。为了做到这一点，幼儿园的赛课，从任选模块，变成了指定模块，让教师们补短板，整体发展。

二、在高校中关于"纲要"教学思路的探讨

高校学前教育专业的核心课程，可以数字 351 来代替，3 即"三学"（学前卫生学、学前心理学和学前教育学）；5 即"五大领域"（健康、语言、社会、科学和艺术）；1 即"政策法规"（"规程""纲要""指南"等系列文件）。"纲要"在高校中通常被作为学前教育政策与法规中的一章的内容来呈现，为学前教育专业的五大领域的教学，提供顶层设计。

根据图 2-1《幼儿园教育指导纲要（试行）》知识结构图，我们图的内容转化成了可以填充的表。将每个领域的教学内容统一于"纲要"的总体设计之下，即每个领域都要回答六个问题：重点追求、价值取向、教育内容、教师做什么和怎么做、教和学的特点、普遍存在的问题。即将图 2-1 转化成填空题，每个领域需要回答六个问题，即六个空，五个领域共计 $5 \times 6 = 30$ 个空，详见下表"幼儿园五大领域核心问题一览表"：

---

① 孟庆玲，仲伟秀. 幼儿园"冷领域"探析 [J]. 现代中小学教育，2016（3）.

表 2-1　幼儿园五大领域核心问题操作表

序　号	三个层次	核心问题	幼儿园五大领域				
	3 个层次	6 个问题	健　康	语　言	社　会	科　学	艺　术
一	目标	1 重点追求					
		2 价值取向					
二	内容与要求	3 教师做什么和怎么做					
		4 教育内容					
三	指导要点	5 教和学的特点					
		6 普遍存在的问题					

　　备注：上表还可以作为学生对五大领域学习成果的检测之用，研究者通过对三届学生的测试获知了每届学生领域教学内容的宏观掌握情况，是对高校领域教学很好的教学反馈形式。

　　能用 20 个空描述一个学科，这是学习的更高境界。在高校学前教育专业的领域教学中，我们尝试用这个表将五个领域的内容呈现在一张表里，让学生能对领域教学有轮廓意识，对知识学习有整体感，从而培养学生的整合思维，为毕业时的毕业设计，即主题活动设计做铺垫。

　　首先，通过教研活动，让每个领域的教师尝试填写关于所教领域的核心问题，让教师在教授某个领域时，心里有问题意识，将整个领域的教学，无形之中囊括在对六个问题的解答上，这就是领域教学的统整工作，也可以说是领域教学一体化设计。其次，各个领域教学教师通过某一领域教学让学生了解该领域的六个问题及其相关结果；再次，通过高校综合课程，即类似于"幼儿园教育政策与法规"这样的课程，来统领五大领域核心内容，在课程中让学生尝试填写，五大领域的核心内容，从而检测五大领域的教育教学效果，为后期的课程"幼儿园模拟教学"[①] 做统合准备。

　　内蒙古北方某高校，正在向应用型高校转型，该校根据学生的职高生源特点，进行了学生毕业要求的改革，将传统的"毕业论文"改成了"毕业设计"，旨将学术性转化为应用性。"毕业设计"中要求学生做一个年段的主题活动，即用一个主题串起五个领域，五个领域共同服务一个中心主题，共同促进幼儿的全方位的发展。这种做法体现了五大领域的整合性，具有实用性，为后续的职业奠定基础。学生需要制定主题网络图，一般为三个层次：第一层是年段主题，第二层为五大领域或维度；第三层为八个模块具体活动内容。这种尝试将会拉近高校的"五大领域"的教学和幼儿园的"五大领域"的教学的差距，提升了高校理论教学的实践性，也提升了幼儿园实践教学的理论水平。另外，让学生高校学习中就为最后的"毕业设计"奠基，体验学以致用，提升实践能力。

课后习题

1. 简述幼儿园教育的重要价值。
2. 简述"纲要"的指导思想。
3. 绘制出"纲要"逻辑结构图。
4. 为了防止"幼儿园小学化"，"纲要"都做了哪些工作？
5. 如何学习"纲要"和在实践中践行"纲要"？

---

　　① 幼儿园模拟教学，是指高校学生通过模拟幼儿园集体教学场景，来训练自身教学技能的教学。这里指的是双模拟，即在一次活动中，有一到两名学生模拟教师（主班和副班），其他学生都来模拟该学段的幼儿。

我的说说

_____

_____

_____

_____

_____

附录原文

《幼儿园教育指导纲要（试行）》①

第一部分　总　则

一、为贯彻《中华人民共和国教育法》《幼儿园管理条例》和《幼儿园工作规程》，指导幼儿园深入实施素质教育，特制定本纲要。

二、幼儿园教育是基础教育的重要组成部分，是我国学校教育和终身教育的奠基阶段。城乡各类幼儿园都应从实际出发，因地制宜地实施素质教育，为幼儿一生的发展打好基础。

三、幼儿园应与家庭、社区密切合作，与小学相互衔接，综合利用各种教育资源，共同为幼儿的发展创造良好的条件。

四、幼儿园应为幼儿提供健康、丰富的生活和活动环境，满足他们多方面发展的需要，使他们在快乐的童年生活中获得有益于身心发展的经验。

五、幼儿园教育应尊重幼儿的人格和权利，尊重幼儿身心发展的规律和学习特点，以游戏为基本活动，保教并重，关注个别差异，促进每个幼儿富有个性的发展。

第二部分　教育内容与要求

幼儿园的教育内容是全面的、启蒙性的，可以相对划分为健康、语言、社会、科学、艺术等五个领域，也可作其他不同的划分。各领域的内容相互渗透，从不同的角度促进幼儿情感、态度、能力、知识、技能等方面的发展。

一、健康

（一）目标

1. 身体健康，在集体生活中情绪安定、愉快。

2. 生活、卫生习惯良好，有基本的生活自理能力。

3. 知道必要的安全保健常识，学习保护自己。

4. 喜欢参加体育活动，动作协调、灵活。

（二）内容与要求

1. 建立良好的师生、同伴关系，让幼儿在集体生活中感到温暖，心情愉快，形成安全感、信赖感。

2. 与家长配合，根据幼儿的需要建立科学的生活常规。培养幼儿良好的饮食、睡眠、盥洗、排泄等生活习惯和生活自理能力。

----

① 教育部. 幼儿园教育指导纲要（试行）[S]. 教基〔2001〕20号，2001.

3．教育幼儿爱清洁、讲卫生，注意保持个人和生活场所的整洁和卫生。

4．密切结合幼儿的生活进行安全、营养和保健教育，提高幼儿的自我保护意识和能力。

5．开展丰富多彩的户外游戏和体育活动，培养幼儿参加体育活动的兴趣和习惯，增强体质，提高对环境的适应能力。

6．用幼儿感兴趣的方式发展基本动作，提高动作的协调性、灵活性。

7．在体育活动中，培养幼儿坚强、勇敢、不怕困难的意志品质和主动、乐观、合作的态度。

（三）指导要点

1．幼儿园必须把保护幼儿的生命和促进幼儿的健康放在工作的首位。树立正确的健康观念，在重视幼儿身体健康的同时，要高度重视幼儿的心理健康。

2．既要高度重视和满足幼儿受保护、受照顾的需要，又要尊重和满足他们不断增长的独立要求，避免过度保护和包办代替，鼓励并指导幼儿自理、自立的尝试。

3．健康领域的活动要充分尊重幼儿生长发育的规律，严禁以任何名义进行有损幼儿健康的比赛、表演或训练等。

4．培养幼儿对体育活动的兴趣是幼儿园体育的重要目标，要根据幼儿的特点组织生动有趣、形式多样的体育活动，吸引幼儿主动参与。

二、语言

（一）目标

1．乐意与人交谈，讲话礼貌。

2．注意倾听对方讲话，能理解日常用语。

3．能清楚地说出自己想说的事。

4．喜欢听故事、看图书。

5．能听懂和会说普通话。

（二）内容与要求

1．创造一个自由、宽松的语言交往环境，支持、鼓励、吸引幼儿与教师、同伴或其他人交谈，体验语言交流的乐趣，学习使用适当的、礼貌的语言交往。

2．养成幼儿注意倾听的习惯，发展语言理解能力。

3．鼓励幼儿大胆、清楚地表达自己的想法和感受，尝试说明、描述简单的事物或过程，发展语言表达能力和思维能力。

4．引导幼儿接触优秀的儿童文学作品，使之感受语言的丰富和优美，并通过多种活动帮助幼儿加深对作品的体验和理解。

5．培养幼儿对生活中常见的简单标记和文字符号的兴趣。

6．利用图书、绘画和其他多种方式，引发幼儿对书籍、阅读和书写的兴趣，培养前阅读和前书写技能。

7．提供普通话的语言环境，帮助幼儿熟悉、听懂并学说普通话。少数民族地区还应帮助幼儿学习本民族语言。

（三）指导要点

1．语言能力是在运用的过程中发展起来的，发展幼儿语言的关键是创设一个能使他们想说、敢说、喜欢说、有机会说并能得到积极应答的环境。

2．幼儿语言的发展与其情感、经验、思维、社会交往能力等其他方面的发展密切相关，因此，发展幼儿语言的重要途径是通过互相渗透的各领域的教育，在丰富多彩的活动中去扩展幼儿的经验，提供促进语言发展的条件。

3．幼儿的语言学习具有个别化的特点，教师与幼儿的个别交流、幼儿之间的自由交谈等，对幼儿语言发展具有特殊意义。

4．对有语言障碍的儿童要给予特别关注，要与家长和有关方面密切配合，积极地帮助他们提高语言能力。

三、社会

（一）目标

1．能主动地参与各项活动，有自信心。

2．乐意与人交往，学习互助、合作和分享，有同情心。

3．理解并遵守日常生活中基本的社会行为规则。

4．能努力做好力所能及的事，不怕困难，有初步的责任感。

5．爱父母长辈、老师和同伴，爱集体、爱家乡、爱祖国。

（二）内容与要求

1．引导幼儿参加各种集体活动，体验与教师、同伴等共同生活的乐趣，帮助他们正确认识自己和他人，养成对他人、社会亲近、合作的态度，学习初步的人际交往技能。

2．为每个幼儿提供表现自己长处和获得成功的机会，增强其自尊心和自信心。

3．提供自由活动的机会，支持幼儿自主地选择、计划活动，鼓励他们通过多方面的努力解决问题，不轻易放弃克服困难的尝试。

4．在共同的生活和活动中，以多种方式引导幼儿认识、体验并理解基本的社会行为规则，学习自律和尊重他人。

5．教育幼儿爱护玩具和其他物品，爱护公物和公共环境。

6．与家庭、社区合作，引导幼儿了解自己的亲人以及与自己生活有关的各行各业人们的劳动，培养其对劳动者的热爱和对劳动成果的尊重。

7．充分利用社会资源，引导幼儿实际感受祖国文化的丰富与优秀，感受家乡的变化和发展，激发幼儿爱家乡、爱祖国的情感。

8．适当向幼儿介绍我国各民族和世界其他国家、民族的文化，使其感知人类文化的多样性和差异性，培养理解、尊重、平等的态度。

（三）指导要点

1．社会领域的教育具有潜移默化的特点。幼儿社会态度和社会情感的培养尤应渗透在多种活动和一日生活的各个环节之中，要创设一个能使幼儿感受到接纳、关爱和支持的良好环境，避免单一呆板的言语说教。

2．幼儿与成人、同伴之间的共同生活、交往、探索、游戏等，是其社会学习的重要途径。应为幼儿提供人际间相互交往和共同活动的机会和条件，并加以指导。

3．社会学习是一个漫长的积累过程，需要幼儿园、家庭和社会密切合作，协调一致，共同促进幼儿良好社会性品质的形成。

四、科学

（一）目标

1．对周围的事物、现象感兴趣，有好奇心和求知欲。

2．能运用各种感官，动手动脑，探究问题。

3．能用适当的方式表达、交流探索的过程和结果。

4．能从生活和游戏中感受事物的数量关系并体验到数学的重要和有趣。

5．爱护动植物，关心周围环境，亲近大自然，珍惜自然资源，有初步的环保意识。

（二）内容与要求

1．引导幼儿对身边常见事物和现象的特点、变化规律产生兴趣和探究的欲望。

2．为幼儿的探究活动创造宽松的环境，让每个幼儿都有机会参与尝试，支持、鼓励他们大胆提出问题，发表不同意见，学会尊重别人的观点和经验。

3．提供丰富的可操作的材料，为每个幼儿都能运用多种感官、多种方式进行探索提供活动的条件。

4．通过引导幼儿积极参加小组讨论、探索等方式，培养幼儿合作学习的意识和能力，学习用多种方式表现、交流、分享探索的过程和结果。

5．引导幼儿对周围环境中的数、量、形、时间和空间等现象产生兴趣，建构初步的数概念，并学习用简单的数学方法解决生活和游戏中某些简单的问题。

6．从生活或媒体中幼儿熟悉的科技成果入手，引导幼儿感受科学技术对生活的影响，培养他们对科学的兴趣和对科学家的崇敬。

7．在幼儿生活经验的基础上，帮助幼儿了解自然、环境与人类生活的关系。从身边的小事入手，培养初步的环保意识和行为。

（三）指导要点

1．幼儿的科学教育是科学启蒙教育，重在激发幼儿的认识兴趣和探究欲望。

2．要尽量创造条件让幼儿实际参加探究活动，使他们感受科学探究的过程和方法，体验发现的乐趣。

3．科学教育应密切联系幼儿的实际生活进行，利用身边的事物与现象作为科学探索的对象。

五、艺术

（一）目标

1．能初步感受并喜爱环境、生活和艺术中的美。

2．喜欢参加艺术活动，并能大胆地表现自己的情感和体验。

3．能用自己喜欢的方式进行艺术表现活动。

（二）内容与要求

1．引导幼儿接触周围环境和生活中美好的人、事、物，丰富他们的感性经验和审美情趣，激发他们表现美、创造美的情趣。

2．在艺术活动中面向全体幼儿，要针对他们的不同特点和需要，让每个幼儿都得到美的熏陶和培养。对有艺术天赋的幼儿要注意发展他们的艺术潜能。

3．提供自由表现的机会，鼓励幼儿用不同艺术形式大胆地表达自己的情感、理解和想象，尊重每个幼儿的想法和创造，肯定和接纳他们独特的审美感受和表现方式，分享他们创造的快乐。

4．在支持、鼓励幼儿积极参加各种艺术活动并大胆表现的同时，帮助他们提高表现的技能和能力。

5．指导幼儿利用身边的物品或废旧材料制作玩具、手工艺品等来美化自己的生活或开展其他活动。

6．为幼儿创设展示自己作品的条件，引导幼儿相互交流、相互欣赏、共同提高。

（三）指导要点

1．艺术是实施美育的主要途径，应充分发挥艺术的情感教育功能，促进幼儿健全人格的形成。要避免仅仅重视表现技能或艺术活动的结果，而忽视幼儿在活动过程中的情感体验和态度的倾向。

2．幼儿的创作过程和作品是他们表达自己的认识和情感的重要方式，应支持幼儿富有个性和创造性的表达，克服过分强调技能技巧和标准化要求的偏向。

3．幼儿艺术活动的能力是在大胆表现的过程中逐渐发展起来的，教师的作用应主要在于激发幼儿感受美、表现美的情趣，丰富他们的审美经验，使之体验自由表达和创造的快乐。在此基础上，根据幼儿的发展状况和需要，对表现方式和技能技巧给予适时、适当的指导。

第三部分 组织与实施

一、幼儿园的教育是为所有在园幼儿的健康成长服务的，要为每一个儿童，包括有特殊需要的儿童提供积极的支持和帮助。

二、幼儿园的教育活动，是教师以多种形式有目的、有计划地引导幼儿生动、活泼、主动活动的教育过程。

三、教育活动的组织与实施过程是教师创造性地开展工作的过程。教师要根据本"纲要"，从本地、本园的条件出发，结合本班幼儿的实际情况，制定切实可行的工作计划并灵活地执行。

四、教育活动目标要以《幼儿园工作规程》和本"纲要"所提出的各领域目标为指导,结合本班幼儿的发展水平、经验和需要来确定。

五、教育活动内容的选择应遵照本"纲要"第二部分的有关条款进行,同时体现以下原则:

(一)既适合幼儿的现有水平,又有一定的挑战性。

(二)既符合幼儿的现实需要,又有利于其长远发展。

(三)既贴近幼儿的生活来选择幼儿感兴趣的事物和问题,又有助于拓展幼儿的经验和视野。

六、教育活动内容的组织应充分考虑幼儿的学习特点和认识规律,各领域的内容要有机联系,相互渗透,注重综合性、趣味性、活动性,寓教育于生活、游戏之中。

七、教育活动的组织形式应根据需要合理安排,因时、因地、因内容、因材料灵活地运用。

八、环境是重要的教育资源,应通过环境的创设和利用,有效地促进幼儿的发展。

(一)幼儿园的空间、设施、活动材料和常规要求等应有利于引发、支持幼儿的游戏和各种探索活动,有利于引发、支持幼儿与周围环境之间积极的相互作用。

(二)幼儿同伴群体及幼儿园教师集体是宝贵的教育资源,应充分发挥这一资源的作用。

(三)教师的态度和管理方式应有助于形成安全、温馨的心理环境;言行举止应成为幼儿学习的良好榜样。

(四)家庭是幼儿园重要的合作伙伴。应本着尊重、平等、合作的原则,争取家长的理解、支持和主动参与,并积极支持、帮助家长提高教育能力。

(五)充分利用自然环境和社区的教育资源,扩展幼儿生活和学习的空间。幼儿园同时应为社区的早期教育提供服务。

九、科学、合理地安排和组织一日生活。

(一)时间安排应有相对的稳定性与灵活性,既有利于形成秩序,又能满足幼儿的合理需要,照顾到个体差异。

(二)教师直接指导的活动和间接指导的活动相结合,保证幼儿每天有适当的自主选择和自由活动时间。教师直接指导的集体活动要能保证幼儿的积极参与,避免时间的隐性浪费。

(三)尽量减少不必要的集体行动和过渡环节,减少和消除消极等待现象。

(四)建立良好的常规,避免不必要的管理行为,逐步引导幼儿学习自我管理。

十、教师应成为幼儿学习活动的支持者、合作者、引导者。

(一)以关怀、接纳、尊重的态度与幼儿交往。耐心倾听,努力理解幼儿的想法与感受,支持、鼓励他们大胆探索与表达。

(二)善于发现幼儿感兴趣的事物、游戏和偶发事件中所隐含的教育价值,把握时机,积极引导。

(三)关注幼儿在活动中的表现和反应,敏感地察觉他们的需要,及时以适当的方式应答,形成合作探究式的师生互动。

(四)尊重幼儿在发展水平、能力、经验、学习方式等方面的个体差异,因人施教,努力使每一个幼儿都能获得满足和成功。

(五)关注幼儿的特殊需要,包括各种发展潜能和不同发展障碍,与家庭密切配合,共同促进幼儿健康成长。

十一、幼儿园教育要与0~3岁儿童的保育教育以及小学教育相互衔接。

第四部分 教育评价

一、教育评价是幼儿园教育工作的重要组成部分,是了解教育的适宜性、有效性,调整和改进工作,促进每一个幼儿发展,提高教育质量的必要手段。

二、管理人员、教师、幼儿及其家长均是幼儿园教育评价工作的参与者。评价过程是各方共同参与、相互支持与合作的过程。

三、评价的过程,是教师运用专业知识审视教育实践,发现、分析、研究、解决问题的过程,也是其自我成长的重要途径。

四、幼儿园教育工作评价实行以教师自评为主，园长以及有关管理人员、其他教师和家长等参与评价的制度。

五、评价应自然地伴随着整个教育过程进行。综合采用观察、谈话、作品分析等多种方法。

六、幼儿的行为表现和发展变化具有重要的评价意义，教师应视之为重要的评价信息和改进工作的依据。

七、教育工作评价宜重点考察以下方面：

（一）教育计划和教育活动的目标是否建立在了解本班幼儿现状的基础上。

（二）教育的内容、方式、策略、环境条件是否能调动幼儿学习的积极性。

（三）教育过程是否能为幼儿提供有益的学习经验，并符合其发展需要。

（四）教育内容、要求能否兼顾群体需要和个体差异，使每个幼儿都能得到发展，都有成功感。

（五）教师的指导是否有利于幼儿主动、有效地学习。

八、对幼儿发展状况的评估，要注意：

（一）明确评价的目的是了解幼儿的发展需要，以便提供更加适宜的帮助和指导。

（二）全面了解幼儿的发展状况，防止片面性，尤其要避免只重知识和技能，忽略情感、社会性和实际能力的倾向。

（三）在日常活动与教育教学过程中采用自然的方法进行。平时观察所获的具有典型意义的幼儿行为表现和所积累的各种作品等，是评价的重要依据。

（四）承认和关注幼儿的个体差异，避免用划一的标准评价不同的幼儿，在幼儿面前慎用横向的比较。

（五）以发展的眼光看待幼儿，既要了解现有水平，更要关注其发展的速度、特点和倾向等。

第三章 《3～6岁儿童学习与发展指南》解读

教学目标

1. 了解《3～6岁儿童学习与发展指南》的研制背景及研究意义。
2. 理解《3～6岁儿童学习与发展指南》的基本内容及精神实质。
3. 掌握《3～6岁儿童学习与发展指南》在幼儿园教育中的运用途径。

知识结构图

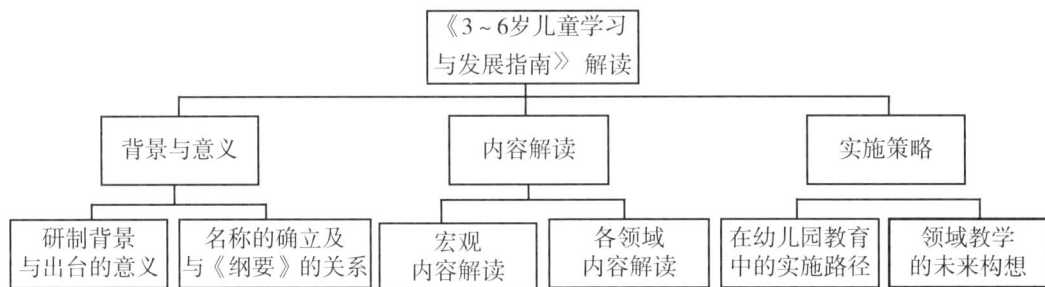

案例分析

案例 在H幼儿园的教研例会上，教研园长向大家宣布新学年本园学习《3～6岁儿童学习与发展指南》（以下简称"指南"）的计划，对此教师甲的疑惑是，"指南"21000多字不知道怎么学，不知道从哪里入手，更不知道该怎么用！教师乙对"指南"与"纲要"是什么关系很感兴趣。教师丙则觉得，"指南"就是今后幼儿教师指导幼儿学习和发展的标准，照着做就行了。

分析 2012年"指南"出台，至今已有5年的时间，被一线园长和教师称之为"新纲要"。然而幼儿园教师领会"指南"的学习还处于初级阶段，即还处于识记、理解和应用阶段；距离综合、提升和评价等高阶段的学习还有一段距离。案例中三位老师的疑惑其实很多教师都有同感。如何深入推进"指南"在幼儿园教育中的应用，变成了今后幼儿教育质量提升的重要问题。

具体内容

第一节 《3～6岁儿童学习与发展指南》概述

一、"指南"的研制背景与"指南"出台的意义

1. "指南"的研制背景

（1）"指南"的研制是我国教育发展的需要

《国家中长期教育改革和发展规划纲要（2010～2020）》（以下简称"教育规划纲要"）提出了"把提高质量作为教育改革发展的核心任务""树立以提高质量为核心的教育发展观，注重教育内涵发展"的战略目标。这不仅表现着我国教育步入了以质量为核心的新的发展阶段，也指明了我国幼儿教育在今后一段时间内必须遵

循的发展方向。据此，我国幼儿教育聚焦质量，狠抓内涵，以研制与出台"指南"的积极举措来落实"教育规划纲要"的精神，促进幼儿教育向着以提高质量为核心的方向科学地发展。

改革开放以来，我国幼儿教育取得了长足的进步。纵观这段历程，不难看出，"指南"是我国幼儿教育自身进一步深入各个和发展的需要。从 20 世纪 80 年代末开始实施《儿童权利公约》至今，我国幼儿教育领域先后实施了《幼儿园工作规程》（以下简称"规程"）、《幼儿园教育指导纲要（试行）》（以下简称"纲要"）等。十年多来，幼儿园教育的变化有目共睹，以"幼儿为本"的教育理念正在成为所有幼儿教育工作者的共识。特别是《国务院关于当前发展学前教育的若干意见》（国发〔2010〕41 号）颁布以来，各地幼儿教育的发展更是突飞猛进，形势喜人。为"保障适龄儿童接受基本的、有质量的学前教育"，在全国上下都在积极努力，其投入的力度之大可谓前所未有。然而，必须看到的是与这些成就并存的问题。从现状来看，我国幼儿园教育在满足幼儿、幼儿家庭和社会的需要上仍然面临这诸多问题，突出地表现为城乡幼教质量差距很大，教师专业水平偏低，幼儿教育小学化严重，家长的幼教观念与教育方式存在诸多误区，全社会的教育观、儿童观、发展观比较混乱，导致很多反科学、伪科学的做法大行其道，严重地损害了幼儿的身心健康等等。为了解决这些问题，除了继续深入进行教育体制的改革之外，还必须加强证券观念、正确方向的引导，切实地提高教师的专业素质水平，切实地提高家长和全社会的教育水平。为此，一个代表主流教育观的、具体明确的、可操作的教育指引是非常必要的。"指南"正是这样一个教育指引。

（2）"指南"的研制借助了联合国儿童基金会"遍及全球"项目的东风

2002 年，联合国儿童基金会启动了名为"遍及全球"（Going Global Project）的项目，旨在从保护儿童的权利出发，通过帮组发展中国家制定明确的早期儿童学习与发展标准，来促进其学前教育质量的提高，帮助幼儿做好入小学的准备，进而推动教育的"起点公平"。由于该项目针对了发展中国家学前教育普遍面临的问题与需要，不少发展中国家积极地参与这一项目，中国也是如此。

我国教育发展的实际需要与国际项目的推动，促成了教育部与联合国儿童基金会在研制中国"指南"项目上的合作。借助"遍及全球"项目的契机，教育部基础教育司从 2005 年期，组织我国幼儿发展与教育方面的专家，开始着手研制以家长和教师为主要使用对象的"指南"。

2. "指南"出台的意义

（1）向家长普及科学育儿知识，防止和纠正幼儿园教育"小学化"

近年来，广大家长对学前教育的重视程度不断提高，但普遍缺乏正确的教育观念和科学的引导，加上应试教育的影响和各种商业宣传的误导，社会上信息不对称的问题越来越突出，很多家长牺牲了孩子快乐的童年生活，盲目追求"提前学习""超前教育"，不仅对幼儿"伤"在了起跑线上，也严重地干扰了幼儿园的办园方向和正常的教育教学秩序。"指南"的出台，为广大家长育儿提供了权威性的参考和指导，对切实转变刚到家长的教育观念，提供科学育儿能，创设有利于幼儿健康成长的良好社会环境具有重要的现实意义。

近些年，很多发达国家相继出台了早期儿童学习与发展指南，OECD[1] 对发达国家学前加油政策的评估结果表明：由政府和教育部门研究制定学前儿童学习与发展指南，对于转变公众的教育观念，有针对性地指导教师、引导家长，提高学前教育机构的保教质量发挥了重要作用。从这个意义上说，"指南"的出台标志着政府学前教育管理理念的转变和管理职能的创新，是继学前教育"国十条"之后，新时期、新阶段学前教育改革发展史上又一件具有重要里程碑意义的大事。

（2）提高幼儿园教师专业素质和实践能力，全面提高学前教育质量

---

[1] OECD，Organization for Economic Co-operation and Development，简称经济合作组织（OECD），是由 35 个市场经济国家组成的政府间国际经济组织，旨在共同应对全球化带来的经济、社会和政府治理等方面的挑战，并把握全球化带来的机遇。成立于 1961 年，目前成员国总数 35 个，总部设在巴黎。

"指南"全面、系统地明确了3～6岁各个年龄幼儿园在各个学习与发展领域的合理发展期望和目标，也对实现这些目标的具体方案和途径提出了具体、可操作的建议。正确领会和理解"指南"的理念和要求，熟知3～6岁幼儿发展特点和行为表现，是每一个学前教育工作者最基本的专业知识和实践能力。"指南"的出台对全面提高放大幼儿园教师的专业素质和教育实践能力具有重要的指导意义。

三、"指南"名称的确立及与"纲要"的关系

1. "指南"名称的确立

（1）为什么叫做"指南"而不叫做"标准"

"指南"一词，寓意"指向南方"。基于此，"指南"被引申为"指导""导向""辨别正确方向的依据"之意。"标准"一般定义为衡量事物的依据和准则；可供同类事物比较核对的事物；榜样、规范等。因此，"指南"和"标准"两个概念的内涵有很多差别，这种差别给用"指南"和"标准"命名的的事物带来完全冉的本质属性。也就是说，凡事以"标准"命名的事物强调其"统一性""规定性"；而凡事以"指南"命名的事物其性质则是强调"导向""指引"。"指南"指导我国3～6岁儿童学习与发展方向，其本质属性是导向性、引领性。也就是说，"指南"是通过引导幼儿学习与发展的方向来表达国家对幼儿教育的要求，方式不正确的教育将幼儿的学习与发展带入歧途，而不是要对幼儿发展的具体水平或者发生方式、速度等作出统一规定和量化要求。

（2）为什么叫做"学习与发展指南"

首先，学习与发展都是主体变化的过程。"学习"是主题通过与环境相互作用导致能力或者倾向相对稳定变化的过程；"发展"是个体整体的有序的变化，表现为数量、质量和结构的变化。可以看到，无论学习还是发展，都是主题的积极变化的过程。因此无论是学习还是发展，都是主体积极变化的过程。其次，学习与发展的关系。学习和发展是两个过程，学习是受发展制约的，要求幼儿进行超越其发展阶段的学习显然是拔苗助长。但是学习又推动发展，而不只是消极地等待发展；发展即是学习的基础，又表现为学习的过程与结果。因此学习与发展很难截然分开，所以作为指导幼儿学习的"指南"也同时指导幼儿的发展，故称之为"学习与发展指南"。

例如，"指南"科学领域的"科学探究"目标2"具有初步的探究能力"，这一目标似乎明显地是在表达对幼儿发展结果的期望。但是，在目标下面的"各年龄阶段典型表现"中，"指南"期望3～4岁的幼儿"对感兴趣的事物能仔细观察，发现其明显特征""能用多种感官或者动作去探索物体，关注动作所产生的结果"。4～5岁的幼儿"能对事物或现象进行观察比较，发现其相同与不同""能根据观察结果提出问题，并搭档猜测答案"。5～6岁的幼儿"能通过观察、比较和分析，发现并描述不同种类物体的特征或某个物体前后的变化""能用数字、图画、图标或者其他符合记录""探究中能与他人合作与交流"等等。这些期望实际上非常明确地表达了对幼儿学习过程、学习方向的引导，希望幼儿通过这样一类的学习方式、学习经历去发展自己初步的探究能力。因此可以看到，"指南"指引着幼儿学习与发展的方向，是幼儿学习与发展共同的目标导向。

2. "指南"和"纲要"的关系

（1）"指南"不能替代"纲要"

实施"指南"并不意味着不再需要贯彻"纲要"了。因为"指南"与"纲要"在对象、层次、内容、功能等方面是不同的。"纲要"是指导和规范有人要的整个保育和教育工作的宏观指导性文件，从"总则"到"教学内容与要求""组织与实施""教育评价"等各部分内容都是针对幼儿园教育各个环节的全面指引与规范，这一功能是"指南"所不具备的，因此"指南"不能替代"纲要"。

（2）不能把"指南"简单第视为"纲要"的具体化

"指南"与"纲要"的主要内容都是通过健康、语言、社会、科学和艺术等五个领域来展开的，且二者各领域的目标均以幼儿为主语来表述的，其指向与内容也基本保持一致。不同的是"指南"目标部分增加了各年龄阶段表现的具体描述。因此，有教师认为"指南"只是"纲要"的细化。的确，"指南"对"纲要""教育

内容"的部分目标做了进一步细化，但却不宜将"指南"简单地视为"纲要"。因为正如前面所述，"纲要"是对幼儿园教育的全面指导与规范，其对幼儿园教育的一系列指导原则都是"指南"根本没有涉及的，当然就更谈不上"细化"了。另外，"指南"从幼儿学习与发展的角度出发，根据社会发展的需要和幼儿发展的实际，与时俱进地在各领域的目标上提出了许多新的内容与视点，如健康领域的"具有健康的体态"的目标，社会领域"具有初步的归属感"的目标等，都进一步丰富与发展了"纲要"领域目标。

综上所述，"指南"与"纲要"二者是不同的，它们不能相互替代；"纲要"指引"指南"的实施方向，"指南"推进"纲要"更加深入地贯彻落实，二者从不同的层面、不同的角度各司其职，共同推进我国幼儿园教育的科学发展。①

第二节 《3～6岁儿童与学习发展指南》内容解读

一、"指南"的宏观解读

1. 关于"指南"的内容结构

（1）"指南"的主体内容

"指南"由"说明"和"正文"两部分组成。说明有4条内容，正文则可用数字5113287描述。

（2）关于"说明"

"指南"中的"说明"一共有四条，分别简要地指出了"指南"制定的背景与目的、目标与作用、内容与结构以及实施原则等。"说明"中共计四条，每一条的具体作用如下：

第一条：说明了制定"指南"的背景

为深入贯彻《国家中长期教育改革和发展规划纲要（2010～2020年）》和"国务院关于当前发展学前教育的若干意见"（国发〔2010〕41号），指导幼儿园和家庭实施科学的保育和教育，促进幼儿身心全面和谐发展，制定《3～6岁儿童学习与发展指南》。

第二条：说明了制定"指南"的目的

"指南"以为幼儿后继学习和终身发展奠定良好素质基础为目标，以促进幼儿体、智、德、美各方面的协调发展为核心，通过提出3～6岁各年龄段儿童学习与发展目标和相应的教育建议，帮助幼儿园教师和家长了解3～6岁幼儿学习与发展的基本规律和特点，建立对幼儿发展的合理期望，实施科学的保育和教育，让幼儿度过快乐而有意义的童年。

第三条：说明了"指南""正文"的内容结构

"指南"从健康、语言、社会、科学、艺术五个领域描述幼儿的学习与发展。每个领域按照幼儿学习与发展最基本、最重要的内容划分为若干方面。每个方面由学习与发展目标和教育建议两部分组成。

目标部分分别对3～4岁、4～5岁、5～6岁三个年龄段末期幼儿应该知道什么、能做什么，大致可以达到什么发展水平提出了合理期望，指明了幼儿学习与发展的具体方向；教育建议部分列举了一些能够有效帮助和促进幼儿学习与发展的教育途径与方法。

第四条：实施"指南"应遵循的四项基本原则

原则1 关注幼儿学习与发展的整体性。儿童的发展是一个整体，要注重领域之间、目标之间的相互渗透和整合，促进幼儿身心全面协调发展，而不应片面追求某一方面或几方面的发展。

解读 "指南"中五个领域是分表述的，但这并不是说各领域是彼此分离、各自为阵的。相反，"指南"

39

---
① 李季湄，冯晓霞. 3～6岁儿童学习与发展指南（解读）［M］. 人民教育出版社，2013:38.

的各个领域都是相互联系、相互支撑的。我国著名幼儿园教育家陈鹤琴先生曾经把幼儿园课程划分为"健康活动、社会活动、科学活动、艺术活动和文学活动"等五个领域，并将它们比喻为"五指活动"，这也是"五大领域"的最初来源。"五指活动是一个整体，如人的手指与手掌，手指只是手掌的一个部分，其骨肉相连，血脉相通"。这生动地说明了个领域是不可分割的。同理，幼儿园各领域的学习与发展也是不能彼此分裂的。当然，不排除幼儿在个体的学习与发展上会有自己的强项和弱项，有的幼儿甚至表现出某一方面的特殊兴趣或者才能，但是引导幼儿发展"特长"也应当朱总其全面协调的发展。单方面的突进，没有其他方面发展的配合，一定是走不远的。某些方面的滞后，会影响幼儿整体的学习与发展质量。可以说，幼儿期全面发展的重要性超过了人生其他任何阶段，过早将其塑造性极强的幼儿定型化是不妥的。

遵循幼儿学习与发展的整体性规律，最重要的是应该尊重幼儿的生活与游戏。幼儿园的生活和游戏本身具有天然的整体性，没有任何一个幼儿的生活可以按照领域划分为"语言"的生活、"科学"的生活或者"艺术"的生活等，生活中的任何事件都是真实而自然地融合着各领域的知识，幼儿各领域的学习与发展在其生活和游戏中自然地发生并一体化地进行。

原则2 尊重幼儿发展的个体差异。幼儿的发展是一个持续、渐进的过程，同时也表现出一定的阶段性特征。每个幼儿在沿着相似进程发展的过程中，各自的发展速度和到达某一水平的时间不完全相同。要充分理解和尊重幼儿发展进程中的个别差异，支持和引导他们从原有水平向更高水平发展，按照自身的速度和方式到达"指南"所呈现的发展"阶梯"，切忌用一把"尺子"衡量所有幼儿。

解读 这一原则主要包含了两个层次的含义，第一是尊重幼儿发展的"连续性与阶段性"规律；第二是尊重幼儿在相似发展进程中的个别差异。幼儿发展的连续性和阶段性表现在其发展是一个交织着不断的量变和质变的过程。可以说，幼儿日复一日不断的、渐进的积累过程是一发展的"量变"，阶段性特征则标志着其发展的"质变"。也就是说，幼儿是通过不间断的"量变"而逐步达到新的发展阶段的。不同阶段的幼儿在发展水平上存在"质"的不同，如小班幼儿的思维特征主要是直觉行动思维，而中班幼儿的思维特征则主要是具体形象思维，因此，绝不能超越幼儿的发展阶段，强迫他们过早地去达到下一个阶段目标。由于不同阶段之间是通过长时间的"量"的逐步积累而被连接起来的，所以"量变"过程绝不可以认为的随便压缩、取消，否则得不到真正的"质变"，即使得到也一定是畸形的。

40

实施"指南"时，在帮助不同年龄段的幼儿学习与发展的过程中，要特别注意尊重幼儿园发展的连续性和阶段性，不急于求成、拔苗助长，要努力为幼儿创造一个可以让他们从容地从"量变"到"质变"的环境，让每一个幼儿可以按照自己的速度、自己的节奏获得实实在在的发展。

原则3 理解幼儿的学习方式和特点。幼儿的学习是以直接经验为基础，在游戏和日常生活中进行的。要珍视游戏和生活的独特价值，创设丰富的教育环境，合理安排一日生活，最大限度地支持和满足幼儿通过直接感知、实际操作和亲身体验获取经验的需要，严禁"拔苗助长"式的超前教育和强化训练。

解读 "幼儿的学习是以直接经验为基础，在游戏和日常生活中进行的。"这就点明幼儿学习的主要特点是做中学、玩中学、生活中学。幼儿的这一学习特点是由其年龄特征、认知特征、所持经验的特征等决定的，幼儿只有这样学习才能学的有趣，学的有效，学的有用。

如果要用适合幼儿发展且对幼儿有意义的方式来实施"指南"的话，最重要的就是让幼儿能像幼儿那样学习与发展。"玩中学"是幼儿最好的学习方式，是幼儿最有意义的学习。教育研究表明，幼儿学习着两种不同性质的知识，"一种是成人交给他们的现成的知识，另一种则是在游戏中自我学习的知识"[1]。成人"教"的知识幼儿往往容易忘记，而他们自己在游戏中自主学到的知识与能力却能够长久地保持并使用。

现代学习理论指出：有意义的学习一定是学习者主动建构的过程。"玩中学"就是幼儿自我建构的过程。然而遗憾的是，幼儿的这种学习特点没有被全社会认可。不少教师和家长意识深处，幼儿的游戏总被认为瞎玩，

---

① ［日］大宫勇雄著. 李季湄译、提高幼儿教育质量［M］. 上海：华东师范大学出版社，2009:109.

没有意义，学不到东西；幼儿自己的生活不过是琐碎、凌乱、无意义的玩耍或者胡乱折腾。在某些成人的头脑中，根深蒂固地认为"灌输""训练""成人讲，幼儿听"是最好的教与学的方式，成人在幼儿学习中的作用也被定位为训练和管压。显然，这些看法和做法是与"指南"格格不入的。如果不从根本转变观念，"指南"的正确实施是不可能的。

原则4 重视幼儿的学习品质。幼儿在活动过程中表现出的积极态度和良好行为倾向是终身学习与发展所必需的宝贵品质。要充分尊重和保护幼儿的好奇心和学习兴趣，帮助幼儿逐步养成积极主动、认真专注、不怕困难、敢于探究和尝试、乐于想象和创造等良好学习品质。忽视幼儿学习品质培养，单纯追求知识技能学习的做法是短视而有害的。

解读 所谓"学习的品质"，主要是指学习的态度、行为习惯、方法等与学习密切相关的基本素质，是在幼儿期开始出现与发展，并对幼儿现状与将来的学习都具有重要影响的基本素质。

"指南"中指出了幼儿期重要的学习品质"幼儿在活动过程中表现出积极态度和良好的行为倾向"；"幼儿的好期限和学习兴趣"；"积极主动、认真专注、不怕困难、敢于尝试、乐于想象和创造等"。在"指南"的"目标"和"建议建议"中，也多处提出了培养幼儿在学习态度方面（如对周围环境的好奇心、对学习的兴趣、主动性、对困难的态度等）、学习行为与习惯（如学习中的坚持性、注意力、计划性、合作性等）以及学习方法方面（如能用观察、小实验等来了解事物，能利用已有的条件来解决问题，利用自己或他人的经验进行学习等）的学习品质，不难看出这些学习品质都是非常重要的，对幼儿现实的和长远的学习与发展有着重要的影响。学习品质不同于学业知识内容，它似乎看不见、抓不着、难以评量，然而其重要性却丝毫不亚于学业知识、技能，甚至可以说比知识、技能的学习有更加深远的意义。学习品质的好坏决定了幼儿现在和今后的学习和发展质量。

（3）关于"正文"

"正文"可以用数字5113287来描述。从3～6岁儿童学习与发展的五个领域分别描述了幼儿的学习与发展。这个五个领域是"健康""语言""社会""科学""艺术"，如下图所示：

"正文"部分从健康、语言、社会、科学、艺术五个领域描述幼儿的学习与发展，每个领域按照幼儿学习与发展最基本、最重要的内容划分为若干方面，每个方面分为两部分：一部分是学习与发展目标（含"各年龄段典型表现"，以下简称"典型表现"）；另一部分是教育建议，根据幼儿的学习与发展目标，针对当前学前教育中普遍存在的问题和误区，列举了一些能够有效帮助和促进幼儿学习与发展的教育途径与方法。

通常"正文"会用数字5113287来描述，5是指五大领域，11是指11个子领域，32是指32条目标或典型表现，87是指87条建议。即"指南"通过5个领域、11个方面、32个目标（含"各年龄段典型表现"）、87条教育建议的内容构建，为幼儿的学习与发展指明了具体方向，提供了一些能够有效帮助和促进幼儿学习与发展的教育途径与方法，有助于教师和家长实施科学的保育和教育，促进幼儿体、智、德、美各方面协调发展，为幼儿后继学习和终身发展奠定良好素质基础，使幼儿度过快乐而有意义的童年。

图3-1 "指南"中的五大领域

"指南"中的目标、教育建议和说明告诉我们什么[1]："指南"中的目标告诉我们幼儿阶段应该学什么；"指南"中的教育建议告诉我们促进幼儿发展的方式是什么；"指南"中的说明部分告诉我们促进幼儿发展的方式为什么是这样的。

"指南"就幼儿发展的五大领域提出了32条目标，并列举了各年龄阶段目标达成的典型表现以供教师参考。这些目标告诉我们，在幼儿阶段，哪些东西是最值得学的，我们可以从哪些方面为幼儿创设有助于发展的物理环境，可以从哪些方面为幼儿营造健康成长的先例范围，我们可以从哪些方面关注幼儿的发展，以及如何了解

41

---

① 李季湄，冯晓霞. 3～6岁儿童学习与发展指南（解读）［M］. 人民教育出版社，2013:244.

他们的发展状况。

然而"指南"中的大部分目标的陈述方式，并非是一种具有可操作性的行为界定，因此很难像行为目标那样直接用于训练，更难直接作为评价指标用于测查。所有，"指南"通过教育建议来告诉我们，用怎么样的途径和方式来促进幼儿实现这些目标。

我们认为，"指南"中目标的表述方式本身体现了教育的价值取向。首先，目标没有做年龄分段，每一条目标适用3～6岁的所有儿童，不用年龄来一刀切，也就是允许幼儿在这个年龄段范围内信后达成目标，强调的是发展的连续性、差异性和过程性，因为"学习与发展"意味着幼儿内在自发的成长，目标的达成是一个小步递进的过程，不可能用同一种方式，让同一个年龄段的所有幼儿，在同一个时间达成同一个目标。其次，为了便于家是对目标的理解和对幼儿发展状况的了解，"指南"在每一条目标下面列举了各年龄段的典型表现。这些典型表现的陈述方式虽然已经具体到行为特征，但除了健康领域和其他领域的部分条目外，同样不具有可测量性，而是需要教师是在幼儿游戏过程中通过反复观察、才能做出判断。

（4）关于学习与发展"目标"的解读

第一，它指明了各领域的核心价值：健康的核心是自我保护能力语言的核心是表达能力，社会的核心是交往能力，科学的核心是探究能力，艺术的核心是审美能力和创造能力。

第二，它提现了指南的教育价值观和对幼儿学习与发展的见解：以游戏为主要活动；第三，针对我国幼教实践中的问题，提出了正确的理念和方向；第四，不要求每个年龄段幼儿在同一时间发展到同一水平，也不要求每个幼儿在每个目标的发展上达到同一高度，只要求幼儿朝着目标方向尽力发展，运行目标实现值因人而异。

（5）关于"典型表现"的解读

所谓典型表现，就是每个目标下面的表格里，关于3～4岁、4～5岁和5～6岁幼儿该在年段要达到的行为表现。关于这一表现，要有这样几点认识：第一，这是在该年段末该达到的要求；第二，是对幼儿合理的期望，是为了发展的趋势，成人不宜用它作为标准来衡量幼儿的优劣；第三，这些表现不是全部表现，是典型表现。

（6）关于"教育建议"

第一，使用"教育建议"的前提是了解幼儿。[①]"教育建议"是基于教育一般规律而言的，不是也不可能是针对某地区、某园甚至某个局幼儿园的情况而言的。因此，不应将"建议"视为"规定"或者包治百病的灵丹妙药，而必须在了解幼儿的基础上，根据幼儿的实际情况，选择适合的教育方法与活动。盲目地照章办事，生搬硬套地使用"教育建议"是达不到教育效果的。

第二，一条建议不仅适合一个目标。虽然在"指南"的每个目标下配有"教育建议"，提供了一些可以供教师和家长参考的活动或者方法，但是并不等于说这些活动与方法仅仅适合这个目标。不难发现，不同的目标下可能配有相同的教育建议。因为一种活动可能有多重功能，能够促进幼儿多方面的学习与发展。这正说明了"指南"各领域是相互连接和相互促进的，幼儿个体在各领域的发展是具有整体性的。

第三，"教育建议"只是典型，不可能包罗所有的教育方法或者教育活动于其中。因此，在实施"指南"时，需要成人基于当时、当地和幼儿的实际情况灵活地拓展与创造，不断丰富和发展"教育建议"的内容。

二、"指南"各领域内容解读

1. 健康领域解读

（1）健康领域对幼儿发展的价值

《幼儿园工作规程》中指出，幼儿园教育的首要原则就是"保教结合"，保在教前，这是幼儿身心发展的特点所决定的。"保"就是健康，就是安全。因此，五大领域的首要领域是"健康"。在"指南"中子领域最多的，描述最多，最具有可测量性的也是健康。

---

① 李季湄，冯晓霞. 3～6岁儿童学习与发展指南（解读）［M］. 人民教育出版社，2013:37.

幼儿在健康领域的学习与发展，对于个体而言，是幼儿身体和心理发展与健康发展的需要，是实现幼儿全面和谐发展的基础，同时，也能为其一生的健康打下良好的基础。对于社会来说，幼儿在健康领域的学习与发展是社会发展的需要，幼儿健康水平的提高，是人口素质提高的基础环节，也体现出人类的进步与社会的发展。

（2）健康领域的内容结构

表3-1 "指南"中健康领域内容结构表

领域一	子领域	目　标	建议（条数）
健康 3-9-27	子领域一：身心状况 3-9	目标1：具有健康的体态	4
		目标2：情绪安定愉快	2
		目标3：具有一定的适应能力	3
	子领域二：动作发展 3-8	目标1：具有一定的平衡能力，动作协调、灵敏	4
		目标2：具有一定的力量和耐力	2
		目标3：手的动作灵活协调	2
	子领域三：生活习惯与生活能力 3-10	目标1：具有良好的生活与卫生习惯	4
		目标2：具有基本的生活自理能力	3
		目标3：具备基本的安全知识和自我保护能力	3

健康三个子领域整体解读："指南"中健康领域分解成三个子领域，分别是身体状况、动作发展和生活习惯和生活能力。"身体状况"子领域首先表明幼儿在健康领域的学习与发展应包括身体和心理两大方面，这是正确的健康观念的重要体现，这一子领域围绕幼儿体态发育、情绪表现和适应能力三个维度提出了幼儿阶段身心发展的主要目标，集中体现了对于幼儿身体形态、技能和心理发展方面的基本要求；"动作发展"子领域中包括幼儿大肌肉动作和小肌肉动作的学习与发展目标；"生活习惯与生活能力"子领域涵盖了与幼儿健康成长有密切关联的生活习惯、卫生习惯、生活自理能力和安全生活的能力，这些都是幼儿阶段需要学习与发展的重要方面。习惯需要从小培养，幼儿阶段正式良好的行为与习惯养成的重要时期。幼儿需要从学习生活开始，为今后的独立生活打下接触。生活自理能力和安全生活的能力也都是幼儿适应社会生活必备的基本能力。这三个子领域的构建体现了幼儿在健康方面学习与发展的年龄特点，同时也是为幼儿园开展保育、教育工作以及卫生保健工作指明了基本的方向。

健康子领域一"身心状况"解读：

目标1"具有健康的体态"解读："指南"围绕"具备健康的体态"提出了个年龄段幼儿身高、体重的参照标准，以及在身体姿势方面的典型表现。身高和体重是评价幼儿生长发育状况最常见、最重要的形态指标，它在一定程度上反映了幼儿身体发育的结伴特征和幼儿的营养状况。健康的幼儿应具有健康的体态，这既包括身体形态方面的发育特征，也包括与之有直接关联的身体姿势。我国的幼儿低体重率和肥胖率不容忽视，尤其是幼儿肥胖率呈现出增长的趋势。儿童肥胖症现已经成为危害我国儿童健康的重要问题之一，这与人民生活条件的不断提高，成人片面的健康观和饮食观以及幼儿热量摄入过多、运动不足等方面有着一定的关系。应该引起幼儿家长、幼儿园以及相关部门的高度重视。

目标2"情绪安定愉快"解读："指南"依据幼儿的情绪特点与发展需要，围绕目标"情绪安定愉快"，提出了各年龄段幼儿的典型表现，如情绪稳定、保持愉快的情绪、适度表达和调节情绪等，为具体的教育引导指明了方向。良好的情绪是心理健康的重要标志，就幼儿而言，情绪的安定和愉快是基础，是健康幼儿的重要表现。

健康子领域二"动作发展"解读：

目标1"具有一定的平衡能力，动作协调、灵敏"和目标2"具有一定的力量和耐力"解读："指南"从身体素质的角度提出了幼儿在肌肉动作方面"具有一定的平衡能力，动作协调、灵敏"和"具有一定的力量和耐力"的发展目标。人体要运动，首先需要在保持身体平衡的状态下进行，否则就会摔倒。幼儿要较好地胜任和完成各种大肌肉动作，还需要具备一定的协调能力和灵敏性。幼儿阶段是平衡能力、协调能力和灵敏性发展的重要时期，这些身体素质得到一定的发展，能促进幼儿神经系统和脑功能的完善，也是今后的学习更多、更复杂的动作技能的基础。另外，力量是身体运动的基础。没有下肢部位的肌肉力量，幼儿就无法站立、行走，更无法做跑、跳等动作；没有上肢部位的肌肉力量，幼儿也无法做推、拉、搬运、攀登等动作。耐力体现了心肺耐力和肌肉耐力等方面的综合状况。幼儿心肺功能逐步增强，肌肉耐力的不断提高，才能较轻松地进行各种身体活动以及适应生活。因此，耐力是一个人进行身体运动以及更好地适应社会生活应具备的身体素质。因此可见，平衡能力、协调能力、灵敏性、力量和耐力都是最基本的身体素质。"指南"中所提出的幼儿身体素质的发展目标，就是发展这些基本素质。

目标3"手的动作灵活协调"解读："指南"围绕小肌肉的发展提出了"手的动作灵活协调"的发展目标。幼儿手部动作的发展对于适应社会生活以及实现自身发展具有重要的意义。例如，幼儿手的动作能力是实现生活自理能力（如进餐、穿脱衣服）最为重要的能力基础，也是学习使用工具（如剪刀）以及进行绘画、写字等活动的重要基础。手部动作的发展是以协调和控制两个能力的发展为主要标志的，它在很大程度上依赖于神经肌肉快速与准确的反应，这是神经控制与调节能力发展的重要表现。"指南"依据幼儿的年龄特点，以使用工具为例，从手部动作的灵活和协调的解读提出了幼儿园在各年龄段上的典型表现。使用工具是维持人类生存以及适应人类生活必备的基本能力。对于幼儿来讲，手的动作能力发展的重要内容就是学习使用工具，如用勺子和筷子吃饭、用笔绘画或写字、用剪刀剪东西等。筷子是我国主要的餐具之一，随着年龄的增长，幼儿都需要学习和练习使用，以适应社会生活，传承中华民族的优良传统。2～6岁是幼儿握笔动作技能迅速发展的阶段。幼儿早期进行的握笔活动是自由涂鸦，这种绘画练习的境遇有助于幼儿书写技能的获得，幼儿绘画技能的初步发展是书写技能发展的基础。

健康子领域三"生活习惯于生活能力"解读：

目标1"具有良好的生活和卫生习惯"解读：幼儿从小养成良好的生活与卫生习惯是维护和促进健康的积极方式和重要途径，这不仅能有效减少有害物质对幼儿机体的不良影响，更好地维护健康，而且这些良好的生活和卫生习惯一旦养成，将会对成年后的行为与习惯形成一定的积极影响。从小培养幼儿良好的生活和卫生习惯，其最终的目标就是帮助幼儿逐步学习以健康的方式来生活，这对幼儿的健康成长乃至一生的健康具有重要而深远的意义。

目标2"具有基本的生活自理能力"解读：有要成为一个独立的人，就需要从学习生活开始，生活自理能力便是人类适应社会生活最基本的能力之一。"指南"在幼儿生活自理能力上的典型表现包括了独立进餐、盥洗、排泄后的自理、穿脱衣服和袜子、整理生活用品与学习用品等。

目标3"具备基本的安全知识和自我保护能力"解读：幼儿活泼好动，对外界事物充满好奇，总想亲自动手去摆弄和尝试，这是他们的年龄特点，但由于他们缺乏对危险事物和行为的认识与判断能力，自我保护的意识薄弱，自我保护能力较差，身体动作的能力也十分有限，因而幼儿意外伤害事故常有发生。幼儿不能总在成人的保护和照顾下生活，随着幼儿年龄的逐渐增长，幼儿还需要在成人的指导下学习和掌握基本的安全知识，具备一定的自我保护能力，只有这样幼儿才能逐渐学会自己照顾自己，并在生活中安全、健康地成长。幼儿的安全生活能力是保证自身生命安全、维护自身健康必备的基本能力。"指南"结合幼儿的年龄特点，针对幼儿的生活环境与发展需要，从与他人交往的安全、对环境中危险物或事物的认识、活动与运动中的安全、交通安全以及求助、防灾等角度指出了各年龄段幼儿在安全和自护方面的典型表现。

（3）健康领域幼儿学习与发展的特点和指导要点

健康领域幼儿学习与发展的特点和指导要点主要表现在以下五个方面：第一，为幼儿提供良好的生活环境，全面地照顾和关爱幼儿。由于幼儿身心的发育与发展不够完善，身心基础较薄弱，各种能力都很欠佳，对成人具有较强的依赖性，因此需要成人为幼儿提供良好的生活环境，全面地照顾和关爱幼儿，其主要目的是满足幼儿身体和心理发展的需要，尽量减少外界不良因素对他们的伤害，这是维护和增进幼儿身心健康的重要保证；第二，在幼儿日常生活中渗透健康领域指导。健康领域的学习与发展的大部分目标都与日常生活中的吃、住、行、玩等方面有关。幼儿生活中的每一个环节都包含着许多学习与发展的机会，在此过程中渗透健康领域的指导如正确的坐姿，多走路、少坐车，看电视距离3米左右，这些提示使得幼儿可以在日常生活中通过经常反复的体验、学习、练习和实践，逐步习得有益于健康的行为，获得能力上的发展；第三，围绕某一健康主题开展幼儿健康教育活动。如在"大家一起分享情绪"的主题中，教师可以跟幼儿一起分享高兴的事和生气的事，这不仅能使幼儿认知到每个人都会有不同的情绪，学习理解他人的情绪，而且也能使幼儿学会表达自己的情绪。又如在"爱护牙齿"主题中，教师通过给幼儿讲故事，指导幼儿观看相关的音像资料，使幼儿知道为什么要爱护牙齿和刷牙的粗浅道理，并通过相互交流和讨论，分享爱护牙齿的经验；此外，教师展示刷牙动作，结合儿歌、图片，引导幼儿进行模拟刷牙的练习，可以帮助幼儿学习和练习刷牙的正确方法，从而帮助幼儿养成良好的爱护牙齿的行为和习惯；第四，开展丰富多样、适合幼儿的体育活动。提高幼儿身体素质是幼儿体育活动的核心目标。为了实现这一目标，我们可以从以下两个方面入手：首先，以幼儿身体素质为切入点，有目的、有计划地开展适合于幼儿的体育活动；其次，有目的地将幼儿基本动作的发展与身体素质的提高有机结合起来。第五，重视幼儿健康领域与其他领域教育的有机结合。幼儿是作为一个整体而发展的，幼儿健康领域的学习与发展与其他领域，特别是社会领域的学习与发展密不可分。心理健康所涵盖的范畴很广，在"指南"的健康领域中仅涉及幼儿情绪发展以及对集体生活环境的适应等方面的目标，此外还有许多有关心理健康方面的目标包含在"指南"的社会领域中，因此，健康领域与社会领域之间密切关联，相互补充，幼儿在这两个领域的学习与发展都有助于幼儿的身心健康。

（4）健康领域教育需特别注意的事项

第一，幼儿参与体育活动前应进行必要的健康检查。若发现幼儿有心脏方面的疾病，不适合参加体育活动，则要格外小心，否则将产生严重后果；第二，体育活动中要加强对幼儿的安全保护与安全指导。开展体育活动是一定要全面、认真地做好幼儿的安全保护工作，并根据活动的需要以及幼儿的个性差异做好相应的安全指导和教育；第三，体育活动中药注意幼儿的运动卫生。体育运动中要注意运动量的大小是否适宜，并要考虑幼儿的年龄差异和个体差异，确保幼儿的运动不会对幼儿身体和心理造成伤害。

2. 语言领域解读

（1）语言领域对幼儿发展的价值

"指南"在语言部分开宗明义地指出："语言是交流和思维的工具。幼儿期是语言发展，特别是口语发展的重要时期。幼儿语言的发展贯穿于各个领域，也对其他领域的学习和发展有着重要的影响：幼儿在运用语言进行交流的同时，也在发展着人机关系能力、理解他们和判断交往情境的能力、组织自己思想的能力。通过语言获取信息，幼儿的学习逐步超越个体的直接感知。"这段话非常清晰地说明了儿童语言学习和发展对全面发展的价值。

（2）语言领域内容结构

表3-2 "指南"语言领域内容结构表

领域二	子领域	目标	建议（条数）
语言2-6-15	子领域一：倾听与表达3-7	目标1：认真听并能听懂常用语言	3
		目标2：愿意讲话并能清楚地表达	2
		目标3：具有文明的语言习惯	2
	子领域二：阅读与书写准备3-8	目标1：喜欢听故事，看图书	3
		目标2：具有初步的阅读理解能力	3
		目标3：具有书面表达的愿望和初步技能	2

"指南"的幼儿语言学习与发展目标可以分为两大类型：一是幼儿口头语言的学习与发展目标，二是幼儿书面语言准备的学习与发展目标。这两大类的语言学习与发展目标共有六个目标，清楚指向幼儿在进入小学前语言学习与发展的经验具备状况。

语言子领域一"倾听与表达"解读：该子领域侧重的是口头语言学习与发展目标。3～6岁幼儿处于语言发展的关键期，口语交流能力的培养是幼儿语言学习的重中之重。幼儿需要学习不断倾听理解交流者的语言，并且在不同的社交情境中通过语言表达自己的想法。"指南"从倾听和表达两个角度提出了三个具体的目标要求。第一，语言倾听理解的目标要求。倾听是感知语言的行为表现，也是重要的理解语言的途径。只有懂得倾听、乐于倾听的人才能真正理解语言的内容。良好的倾听习惯的养成是学前阶段开始的，因此就语言学习和发展而言，倾听是不可缺少的一种行为能力。本条是通过"指南""倾听与表达"中的目标1，即"认真听并能听懂常用语言"来完成的。要求小班幼儿能够在别人对自己说话时能注意听并做出回应，能听懂日常会话；中班幼儿在群体中能有意识地听与自己有关的信息，能结合不同的情境感受不同语气、语调所表达的不同意思；大班幼儿在集体中能注意听老师或其他人讲话；听不懂或有疑问时能主动提问；能结合情境理解一些表示因果、假设等相对复杂的句子。此外，还特别要求方言地区和少数民族幼儿在4～5岁能基本听懂普通话。实际上要求幼儿在语言学习与发展中学会有意识地倾听别人所说的话，分析性地倾听交流的信息，同时形成理解性的倾听语言的能力。第二，语言表达目标的要求。语言表达是以一定的语言内容、语言形式以及语言方式进行交流的行为，是幼儿园语言学习与发展的主要表现之一。儿童语言研究早已告诉我们，只有表达语言的作用，愿意向别人表达自己的见解，并且能够清楚表达的人，才能真正与人进行语言交流。这条目标主要通过目标2来完成的，即"愿意讲话并能清楚地表达"。第三，语言文明习惯的目标要求。良好的语言行为习惯是语言交往获得成功的前提，在幼儿语言学习与发展过程中，根据交往场合、交往对象说话并且使用文明用语的交往能力，是他们需要在早期获得的非常重要的语言经验。该条目标是通过"指南""倾听与表达"中的目标3来完成的，即"具有文明的语言习惯"。

幼儿书面语言学习与发展的要求解读：在着重关注幼儿口语交流能力学习与发展的同时，"指南"对学前阶段儿童早期书面语言准备提出了一系列的目标要求。在社会和经济发展迅速的今天，人的阅读能力被视为当今社会获得成功的基础。近年来的研究结果告诉我们，3～8岁是儿童学习早期阅读和读写的关键期，教育者要切实把握这个发展的时机，在培养幼儿口语交流能力的同时，帮助幼儿做好书面语言学习准备。"指南"根据3～6岁儿童阅读与书写研究结果，提出了三个方面的早期书面语言学习与发展目标要求：第一，阅读兴趣习惯的目标要求。这一要求是通过"指南""阅读与书写"目标1来实现的，即"喜欢听故事，看图书"。第二，初步阅读理解能力的目标要求。这一要求是通过"指南""阅读与书写"目标2来实现的，即"具备初步的阅读理解能力"。第三，早期书写行为的目标要求。这一要求是通过"指南""阅读与书写"目标3来实现的，即"具有书面表达的愿望和初步技能"。这一目标需要特别注意，要求鼓励幼儿在未能集中地识字和写字之前，积极与文字互动，乐于"画字"或模仿一些简单的方块字，并能够用口头语言交流这些图形代表的意思。使用多种方式表现"非正规"的文字书写，能够帮助幼儿建立和巩固纸笔互动的经验，感知文字组成的一些基本规律，并熟悉书目文字字形，有效地提高儿童早期书面语言准备水平。

（3）幼儿语言学习的特点与教育要求

自贯彻"纲要"以来，我国幼儿教育工作者开始重视创设幼儿园语言教育环境，此次教育部制定和颁布的"指南"，更进一步明确提出："幼儿的语言能力是在交流和运用的过程中发展起来的。应为幼儿创设自由、宽松的语言交往环境，鼓励和支持幼儿与成人、同伴交流，让幼儿想说、敢说、喜欢说并能得到积极回应。为幼儿提供丰富、适宜的低幼读物，经常和幼儿一起看图书、讲故事，丰富其语言表达能力，培养阅读兴趣和良好的阅读习惯，进一步拓展学习经验。""纲要"和"指南"都强调了"幼儿的语言能力是在运用的过程中发展起来的"，在学习解读"指南"有关幼儿语言学习与发展目标内容时，我们需要认真思考幼儿语言学习与发展的这一特点，根据儿童语言发展规律创设良好的语言教育环境，有效促进幼儿的语言发展。根据我国幼儿语言教育的现状，有以下几个值得我们关注的点：

第一，关注幼儿生活中的语言交往，创造无所不在的语言教育环境。幼儿语言学习与发展的首要任务是帮助幼儿成为积极的语言运用者，在交往中逐渐学习、理解和表达。仅仅依靠每周不超过两个小时的专门的语言活动是远远不够的，要创造无所不在的语言环境，特别保护幼儿运用语言的主动性和积极性，让他们在宽松而真实的语言运用情境中获得有效的语言经验。

第二，关注幼儿语言学习的特点，采用符合学前教育规律的方式组织活动。学前儿童学习规律的三个基本特征：特征一，在活动中学习语言。幼儿园的"课"被称为活动，是以动态的形式，隐性地呈现知识的。特征二，在游戏中学习语言。游戏是幼儿园最基本的活动，2017年度中国幼教的主题就是"游戏点亮童年"，将游戏融入五大领域课程中，将"课程游戏化"作为指导思想来进行幼儿园的课程建设。特征三，在创造中学习语言。在创造中学习语言意味着要给幼儿质疑的机会，让他们大胆地思考和表达自己的想法；鼓励幼儿大胆想象，进行仿编诗句续编故事结尾和绘制自己的小书等；还要求允许幼儿表达不同于别人的意见，并且坚持观点尝试说出理由。创造性学习语言将贯穿和融合在教育过程的一切活动之中。

第三，关注高质量的早期阅读环境，帮助幼儿做好终身学习的读写准备。幼儿园的早期阅读教育活动，需要在帮助幼儿获得高质量的口语词汇、口语表达和倾听理解能力的基础上，提供机会让幼儿园获得前阅读、前识字和前书写的经验，从而为进入小学之后的正式读写学习做好经验准备。选择适合幼儿阅读需要的学习内容，是当前我国幼儿园阅读教育的一个关键问题。除了提倡让幼儿在一日生活环境中学习阅读与文字互动之外，图画书是幼儿阅读学习的最为合适的内容，因此选择高质量的图画书并将其构建成为幼儿园早期阅读教育的主要资源，是每一位教师开展早期阅读教育工作的重要内容。一本优秀的图画书应当是文字语言、美术语言和教育语言的有机结合，可以从对维度帮助幼儿在学习阅读中获得全面发展；同时一本优秀的图画书，也应为幼儿提供口头语言和书面语言统整学习和运用的机会。从多元阅读的视角来看，幼儿园提供给幼儿阅读的图画书，还应该包含儿童故事图书、儿童诗歌图书、儿童散文图书和儿童科学图书。这些不同类型的图画书在阅读内容、价值观念、文体形式和审美表现等方面具有独特功能。特别是科学知识类图画书，被国际早期阅读教育界认为是儿童阅读教育的一个新兴重点，已有研究科学知识类图画书所包含的科学性语言学习机会，对于儿童未来的学业发展具有不可忽视的作用。学前儿童阅读的书面材料主要是图画书，其中图画、符号以及文字等都是幼儿学前阅读的内容。在早期阅读过程中，特别需要我们教育工作者关注如何通过图画书阅读来培养幼儿的阅读理解能力。"指南"目标中包含的培养幼儿阅读理解能力包含以下两个方面的要求：一是幼儿在阅读中通过细致的观察逐渐读懂图画书的内容。在阅读中儿童需要学习的阅读观察经验有三点，即学习观察图画书的关键画面形象，能够从中发现人物、动作、背景；学习观察图画书关键情景变化，将之串起来理解故事情节；学习观察关键细节表情，能敏锐地观察图画中的细节。二是幼儿在观察图画书基础上进一步理解图画书内容。幼儿从理解不同图画形象之间的关系直接表现事件开始，能够用口语讲出画面内容或重点内容；他们会逐渐理解需要联系前后页图书信息进行理解的事件，并能用口语讲出加入自己想象理解的阅读内容；之后他们将进一步通过观察图书细节，初步理解图画书中人物的心理与情感，对图画书所蕴含的某个深层次概念能够获得初步认知，他们也将使用口语或者其他方式流畅地表达自己对阅读内容的理解。

当下图画书通常被称之为"儿童绘本"，伴随着对儿童阅读的重视，使得社会上的绘本馆空前盛行。不仅语言有绘本，各个领域都有绘本。前文中所提到的故事类绘本和科学类绘本，都还可以理解为绘本分类的方式。目前绘本中做得比较好的是不一样的卡梅拉系列绘本、青蛙弗洛格的故事系列绘本、贝贝熊一家系列绘本，还有蒲公英系列绘本等。系列绘本中会有儿童成长中的各类问题和事件，如死亡教育、性别教育、爱的教育、情绪调节教育、人际关系教育等等。幼儿园常采用的促进幼儿进行习惯阅读的方式，通常为亲子阅读打卡活动和图书漂流活动等，通常以阅读打卡活动为主，具体表现为"21天阅读"和"百日阅读"等，家长是培养幼儿阅读的第一责任人，也是重要参与人。在幼儿完成持续阅读后，教师在班级给幼儿颁发证书，这份证书有可能是幼儿人生的第一张奖状，给幼儿留下深刻的记忆。幼儿园阅读活动的目的是让幼儿养成阅读的习惯，同时无形中增进亲子交流程度，实现家园共育。而社会绘本馆为了吸引顾客成为会员，经常举办公益的"故事会"，给不同年段的儿童展示的舞台，还特邀相关专业的教师做故事点评，效果良好。

3. 社会领域解读

（1）社会领域对幼儿发展的价值

儿童从出生那一刻起就处于一定的社会环境和社会关系中。特定的社会环境和社会关系构成了儿童身心发展的基本条件，也构成了其身心发展的重要内容。因为人无论如何"天生是社会动物"[①]，社会是个体发展的不尽源泉和广阔舞台，社会化是个体学习与发展的基本过程。社会化有广义和狭义之分。广义的社会化指的是儿童从生物人（自然人）向社会人的转化，即获得人类所特有的具有基本特征（包括直立行走、使用工具、言语交流、抽象思维等）；狭义的社会化则是指儿童融入所在的社会环境与社会关系，接受所在社会群体认可的价值观和行为方式等一系列过程。同时，由于人"不仅是一种合群的动物，而且是只有在社会中才能独立的动物"[②]，因此社会化的过程其实也是个性化的过程。社会化是儿童学习与发展的中心任务之一，因为只有习得所在社会群体认可的价值观和行为方式才能成为合格的社会成员。

社会性领域的学习与发展，其实质在于促进儿童社会化，并在社会化的过程中逐渐形成良好的社会性和个性。幼儿园阶段是人社会性发展的重要时期。这个时期幼儿学习怎么与人相处，怎么样看待自己，怎么样对待别人；逐步认识周围的社会环境，内化社会行为规范；逐渐形成对所在群体及其文化的认同感和归属感，发展社会适应能力。这一时期将儿童将形成对人、对事、对已的态度，逐步发展出个性品质和行为风格，不仅直接影响童年生活的幸福，还影响其一生的学习、工作和生活。所谓"三岁看到，七岁看老"，其实真正反映的是人的社会性和个性特征的稳定性。

（2）社会领域内容结构

表3-3 "指南"社会领域内容结构表

领域三	子领域	目标内容	建议（条数）
社会 2-7-19	子领域一： 人际交往 4-10	目标1：愿意与人交往	2
		目标2：能与同伴友好相处	3
		目标3：具有自尊、自信、自主的表现	2
		目标4：关心尊重他人	3
	子领域二： 社会适应 3-9	目标1：喜欢并适应群体生活	3
		目标2：遵守基本的行为规范	3
		目标3：具有初步的归属感	3

"指南"将幼儿社会领域的学习与发展分为"人际交往"和"社会适应"两个子领域。"社会"从一定意义上看是一个关系系统，可粗略地分为人与人的关系和人与社会的关系。人与人的关系通过交往实现，人与社会的关系则是一个认同与适应的过程。幼儿社会领域学习与发展的实质在于促进儿童社会化，形成良好的社会性与个性。

4. 科学领域解读

（1）科学领域对幼儿学习与发展的价值

儿童自出生之日起就开始了对周围环境的探索和认识，儿童对周围自然环境和客观世界的认识简约地重演了人类的认识过程。相对而言对周围自然环境中事物和现象进行探索并形成解释的过程可以称之为儿童的"科学探究"；儿童基于对自然环境中事物和现象的认识进一步形成的对其逻辑关系的理解可以称之为"数学认知"。科学探究有助于儿童更好地认识和解释客观世界，数学认知则有助于儿童发现客观世界的规律性和有序性。总之，科学领域是发展幼儿思维能力的一门学科。

---

① ［德］马克思. 资本论［M］. 人民出版社，1972:363.
② ［德］马克思. 经济学手稿［M］. 人民出版社，1972:21.

（2）科学领域内容结构

表 3-4 "指南"科学领域内容结构表

领域四	子领域	目标内容	建议（条数）
科学 2-6-19	子领域一： 科学探究 3-9	目标1：亲近自然，喜欢探究	2
		目标2：具有初步的探究能力	4
		目标3：在探究中认识周围事物和现象	3
科学 2-6-19	子领域二： 数学认知 3-10	目标1：初步感知生活中数学的有用和有趣	4
		目标2：感知和理解数、量及数量关系	4
		目标3：感知形状与空间关系	2

科学领域，特指自然科学。基于人类自然科学发展的历程和儿童认识客观世界的特点，科学探究和数学认知成为"指南"科学领域中相互联系又相互独立的两个子领域，在具体的每一个子领域中又提出了三个方面的目标以及具体建议。

"科学探究"这一子领域以"探究"为核心。探究既是幼儿科学学习的目标，也是幼儿科学学习的方法。"数学认知"子领域以"问题解决"为核心。发现问题、分析问题和解决问题既是幼儿数学学习的中点，也是幼儿数学学习的基本途径。在科学研究中，科学探究和发现往往是数学发展的基础，而数学在科学探究中的应用能够使证据更加精确，解释更加清晰，两者相得益彰。幼儿阶段的科学探究和数学认知常常有相同的认识对象和活动情境，可以自然地相互关联。如幼儿在观察探究和记录植物的生长变化时要用到数学中的测量，要记录种子种下的时间和到发芽的所用的时间；在观察和记录天气时也要用到数学，发现温度高低的变化；在探索斜坡和物体滚动之间的关系时要用到长短、高低和快慢等数学知识和经验。应该说，就幼儿科学探究目标3所涉及的事物和现象，幼儿在探索中都会用到数学目标2和数学目标3中的数与量及其关系、形状与空间关系，更重要的是，幼儿科学探究问题的本身就是真实有趣、贴近幼儿生活的问题，幼儿在探索这些问题时用到数学能让幼儿切实感受到数学的有用和有趣。因此，在很大程度上说，科学探究就是幼儿数学学习真实而生动的情境。

科学探究的目标解析："指南"中幼儿科学探究的目标包括三个维度：情感态度、方法能力和知识经验。三个目标相互依存，是一个探究过程中的不同方面和不同表现，有着不同的性质和特点。目标1"亲近自然，喜欢探究"。好奇心和兴趣是幼儿科学探究中的首要目标和前提性目标。这一核心目标体现了对幼儿好奇心和探究兴趣的高度重视，可以用"好奇""好问""好探究"三个关键词来概括。好奇是态度、好问是说、好探究是操作。目标2"具有初步的探究能力"。这是幼儿科学探究的重要目标或称为关键性目标。这一目标包括经理探究过程和获得探究能力两个层面。幼儿教育是一种"慢"的教育，教师要有足够的耐心，等待幼儿自我的成长，不能拔苗助长，而应静待花开，这就是探究过程的价值；探究能力是综合运用各种方法的综合表现。观察探索、思考猜测、调查验证、收集信息、得出结论、合作交流，这是幼儿探究能力逐渐完善的一套体系。目标3"在探索中认识周围的事物和现象"。幼儿对周围事物和现象的认识包括六个方面的主要内容：一是常见的动物和植物；二是常见的物体和材料（自然物和人造物）；三是常见的物理现象；四是天气和季节的变化；五是科技产品与人们生活的关系；六是人们生活与自然环境的关系。

"指南"中数学认知子领域的内容侧重于我们常说的数和形，这是儿童早期数学学习的核心内容。对数和数量关系的初步理解是儿童早期数学学习的第一步，也是最重要的一步。对数和数量关系的理解也能促进儿童的逻辑思维和推理能力的发展。同样，形状和空间知识是儿童认识和了解周围世界的一项重要指标，也是几何学习的重要基础。该子领域提出了三个目标，第一个是有关数学感知体验和态度，第二个是有关数、量和数量关系，第三个是形状和空间。目标1"初步感知生活中的数学的有用和有趣"。这一目标尽管与数学内容联系，如涉及形状和模式，但它最后并没有落实到数学内容上，而是体现了对数学的态度以及对数学学习过程性能力方面的期望。发现数学与日常生活的关系、在生活中解决数学问题、强调感性经验和兴趣在数学学习中的重要性。就如同"小学数学课程标准"中描述的那样，要实现人人学有价值的数学；人人都能获得必需的数学；不同人在数学上得到不同的发展。目标2"感知和理解数、量及数量关系"。这个目标涉及一些重要的数学知识技能和能力，包括量的比较、基数概念、集合比较、序数、加减运算；涉及的数学学习的过程性能力包括数的表达、数的表征。数的学习相对而言是儿童数学认知能力发展中的一个难点，因为数与数之间的关系看不见摸不着，它涉及对数的抽象逻辑关系的理解，也涉及学习和运用人类发明的抽象的阿拉伯数字符号系统。目标3"感知形状与空间关系"。形状和空间是几何数学的初级形态，它涉及对几何形状的名称、特征和简单的组合关系的理解，也涉及对空间概念、方位、运动方向和空间表征的理解。儿童空间感的发展不仅有助于他们理解自己所处的空间世界，还有利于学习数学的其他内容。

（3）幼儿科学领域的学习特点与指导要点

第一，注意避免数学学习中常见的误区。幼儿数学学习中很容易出现的误区有两个，一个误区是认为幼儿可以通过语言的模仿和记忆来理解数和数量关系。如，幼儿会数到100，有的成人就误以为幼儿已经理解这些数的意义，但事实上口头的模仿和记忆较容易，对这些书以及数量关系的真正理解和熟练运用要等到进入小学以后。另一个误区是认为学习数学就是做加减运算的习题练习。一提到数学学习，有些成人只会想到让孩子坐下来做数学加减运算的题目，包括口头和书面题，有的甚至一味提高难度，或者提高运算速度的要求，在上小学之前适当接触加减运算是可行和必要的，但一般是实物水平包括运用手指进行的加减运算或简单的心算，且最好结合日常生活活动进行；其次要根据幼儿的实际情况而定，如果幼儿已经熟练地掌握了基数概念，并对加减运算表现出兴趣，可以引导他们关注周围生活中涉及加减运算的真实数学问题，如教师为幼儿创设"银行游戏"和"购物游戏"，用缩小版的人民币来呈现交换，用为班级做事来挣得工资；家长可以为幼儿创设用数学的真实情境，让幼儿参与简易的超市购物结算工作。

第二，观察了解幼儿的数学认知能力。幼儿的个性差异很大，因此在数学教育中尤其重要的一件事就是观察和了解幼儿的数学认知能力，以便促进有效的师幼互动和有效的教学。对幼儿数学学习的观察包括对幼儿在活动区、集体活动以及一日生活环节中的观察。"指南"的数学认知子领域的目标为教师的观察提供了一个框架。一方面先横看目标，即熟悉"指南"对本年段幼儿数学学习与发展方面的具体要求，这样在日常活动中就会有意识地观察和了解本班幼儿与"指南"要求之间的距离，判断是属于正常、超前还是滞后。另一方面是纵看目标，即教师还要熟悉每一个目标对三个年龄组幼儿的不同要求，这样能帮助教师了解幼儿在某一方面的技能或者能力发展的连续性，从而知道幼儿的技能或者能力进一步发展的方向。当教师熟悉了"指南"对不同年龄幼儿的期望以及与这些发展水平有关的可观察的行为之后，教师在观察幼儿时就会较快地捕捉道他们的长处和不足之处了。

第三，根据幼儿的发展水平确定学习的内容与目标。儿童的发展水平是设计教育活动的重要依据，因而对儿童的观察和评价是确定集体活动计划和活动区活动的重要前提。集体教育活动的内容和目标要依据儿童发展水平、"指南"和主题这三个方面来确定；在益智区中材料的投放，一要参考"指南"对该年龄幼儿的目标来进行，二要符合幼儿数学发展水平的游戏材料，另外活动的内容要随着幼儿兴趣点的变化而改变，教师可以结合幼儿活动兴趣制定相应的数学教育活动目标。总之，教学要力争做到在生活情境中促进幼儿数学认知能力的发展。

5. 艺术领域解读

（1）艺术领域对幼儿学习与发展的价值

第一，艺术活动是幼儿精神生命活动的表现。人的生命活动有身体活动（吃饭、睡觉），也有精神活动（人的社会、文化活动）。艺术活动是幼儿的一种精神成长性需要的满足，是一种没有直接功利性的、以活动过程本身为目的的活动。

第二，艺术是幼儿感性地把握世界的一种方式，是表达对世界的认识的一种"语言"。人类把握世界的方式有感性和理性两种，幼儿在艺术活动中所呈现的是一种感性地对世界的把握，它主要包括想象、幻想、直觉、灵感、猜测等方法，其特点是非逻辑的、无固定秩序和操作步骤的。

第三，艺术具有促进幼儿向善与益智等价值。艺术对于幼儿来说除了其本体的审美价值之外，还有衍生价值，这主要是通过艺术活动使幼儿获得其他领域发展所需要的态度、能力和知识技能，从而获得多方面的全面发展。手段性的艺术教育更强调其服务性功能，它可以让幼儿在其他各领域中利用绘画、唱歌、舞蹈、戏剧等艺术方式来表达自己对该领域的探索及其对探索结果的理解。成人也可以用艺术的方式引起幼儿的兴趣以及进一步地加深他们的理解。

从艺术本身来看，其价值有审美、认识、娱乐等，但审美是它最主要、最基本的价值，即艺术家通过艺术创作来表现和传达自己的审美意识和审美理想，欣赏者通过欣赏来获得美感，并满足自己的审美需要。艺术的其他价值始终都是以审美价值为基础而发挥作用的。同时，艺术具有典型的创造性，独创是艺术的根本。从艺术本身的发展轨迹来看，当代艺术实践越来越重视观念的表达，表现手法越来越多元化、个性化，艺术家从传统的"艺术工匠"变成了思想家，成为传统艺术概念的突破者。相对艺术观念和表现媒介正推动着艺术创作从以技法为中心转变为以艺术观念和艺术思维为中心。而在儿童那里，"差不多每一个孩子到了4～7岁时，在有合适环境的鼓励下，都是极富有创造性的。对于所有孩子来说，这个阶段正是最自由的阶段①。

我们需要正确认识儿童艺术与儿童艺术教育的价值，认识到儿童的艺术活动是他们内容在的生命活动，是一种感性地把握世界的方式。认识到儿童艺术教育既要关注其作为手段的"辅德育益智"等价值，更好关注其本体性的审美感受与艺术创造的价值。更进一步地说，在艺术活动中，要把儿童的创造意识与创造能力的培养和儿童对审美对象的感知能力、想象能力和审美能力的培养放在核心的地位。

（2）艺术领域内容结构

表3-5　"指南"艺术领域内容结构表

领域五	子领域	目标内容	建议（条数）
艺术 2-6-19	子领域一：感受与欣赏 3-9	目标1：喜欢自然界与生活中美的事物	2
		目标2：喜欢欣赏多种多样的艺术形式和作品	4
	子领域二：表现与创造 3-10	目标1：喜欢进行艺术活动并大胆表现	4
		目标2：具有初步的艺术表现与创造能力	4

"指南"所传达的一种价值观念就是改变幼儿园艺术教育领域的小学化、学科化倾向，改变重技能训练、轻感受表现的幼儿艺术教育现状。因为，幼儿的艺术学习没有按照音乐、美术的学科逻辑来划分，因此幼儿还没有到专门的进行知识技能训练的阶段，而艺术的审美感受和审美表现则是音乐、美术共同指向的目标，审美的教育也不仅仅局限于音乐和美术的教育。"感受与欣赏"和"表现与创造"这两个子领域之间的逻辑结构，主要就在于"感受"和"表现"的关系上，因为欣赏也是一种感受，是一种更为深刻的感受，而创造是一种表现，是更为独特的表现。"感受与欣赏"是"表现与创造"的前提，艺术教育就应该从"感受和欣赏"入手，在此基础上进行"表现与创造"

"指南"将3～6岁的幼儿艺术学校与发展划分为感受与欣赏、表现与创造两个子领域。具体地以幼儿对艺术的积极态度即艺术兴趣和艺术能力（感受能力和表现能力）两个方面为发展目标。在四个目标中有三个目标用"喜欢"，表述了该领域对艺术兴趣的注重；有一个目标表现了艺术能力。四个目标相辅相成，尤其强调了幼儿艺术兴趣的养成，因为积极的艺术学习态度是开展艺术活动的内在动力，是艺术感受能力与表现能力的前提，而艺术感受能力和艺术表现能力的提高（欣赏、创造）又进一步加强了幼儿对艺术的兴趣，为幼儿的发展奠定基础。

艺术领域的目标强调了幼儿对艺术的"情感态度"，在四个目标中有三个用了"喜欢"这个词，这说明幼儿的艺术教育重在艺术兴趣的培养。"指南"中各个年龄所列的典型的表现，正是我们用以观察幼儿是否具有艺术兴趣的表现特征。长期以来，幼儿园的艺术教育对此是忽略的，尽管所有教师在进行音乐、美术时，都不会漏写激发兴趣这一条目标，但事实上一旦教学和评价的过程中强调了"技能"的时候，幼儿的兴趣就已经丧失了。教什么，幼儿不喜欢什么，这就是教育的负效应。

① ［美］H. 加登纳著. 兰金仁译. 艺术与人的发展［M］. 光明日报出版社，1988:332-333.

51

"指南"艺术领域的建议建议指出，让幼儿"用自己喜欢的方式去模仿或创作，成人不做过多的要求""幼儿绘画时，不宜提供范画，特别不应该要求幼儿完全按照范画来画"。反思现实，幼儿美术教育实践中简笔画的模仿教学的做法恰恰是与这一思想相违背的。究其原因，除了教师和家长急功近利地希望很快看到孩子学习艺术的结果外，教师对艺术的观念及儿童学习艺术还存在认知误区。客观地说，简笔画本身很好地描述了某些事物的基本结构和主要特征，这是无可厚非的，但问题在于这种描绘是简笔画创作者的概括与抽象。儿童学习简笔画，学到的是别人已经"嚼过"的东西，这使他们失去了独立的视觉思考与体验审美心理意向的机会。在这一过程中，儿童要做的就是通过自己的手把别人已经构思的东西临摹出来，也只有单纯的手的动作的训练，而没有运用自己的视觉艺术思维能力去概括、抽象对象的审美特征，更谈不上自己的思想和情感的表达。这种成人替代式的学习，使儿童失去了自主学习的机会。同时，运用简笔画所画出的画面是模式化的，缺乏儿童独立的个性，它只会让儿童产生一种"绘画就是要画得越来越像老师"的想法，而这与艺术倡导的独创性背道而驰。因此，也必须清楚地知道，简笔画教学中的临摹对儿童创造力的发展只会起到消极作用，它从来都不是唯一的，更不是最佳的美术教学方法，尤其是这一阶段的幼儿。把技能学习当作幼儿美术学习的中心目标的简笔画教学，是百害而无一利的。

幼儿范画临摹实验：教师让幼儿画蝴蝶，有两种选择，一是提供空白纸，让幼儿自己画蝴蝶，另一种是让幼儿模仿教师已经画好的蝴蝶的左半边来完成右半边。结果大部分幼儿宁愿选择白纸自己画，也不愿意临摹教师的半边蝴蝶。而让所有的幼儿都用教师半边蝴蝶作参照来完成另半边蝴蝶时，结果让我们意识到，范画临摹在使幼儿丧失信心，因为各半边的作品差别太大了，看来幼儿还没有达到能够临摹范画的水平。正如幼儿在结构游戏中照图搭建要晚于自由搭建一样，因为前提是幼儿的认知水平要达到能否看懂二维平面图，而绘画临摹不仅与认知水平，及是否看懂范画中的构图有关，还与幼儿控制画笔的精细动作水平有关。①

关于美术活动："指南"指出，成人不简单用"像不像""好不好"等成人标准来评价幼儿作品。成人看不懂幼儿的画，有两点原因值得成人思考。首先，幼儿的画看不懂正表明幼儿是用自己独特的方式来表达自己对外部世界认识和理解，表达自己的情感和意愿。其次，幼儿的画看不懂，意味着他们的画"形"不似，但只要听他们解释自己的作品，立即会让人感到一种"神"似。这里的"神"就是幼儿内心世界的一种"灵性"。如果为了幼儿画得像而教技能，我们担心会削弱幼儿的表现力，变得"形似而神不似"了，因为大家画的都一样了。所以，只要我们理解了幼儿艺术表现特点，我们就能宽容地对待幼儿的任何一个表现性行为。毕加索说过这样一句话："我能用很短的时间就画得像一位大师，却要用一生去学习画得像一个儿童。"所以，我们为什么要通过教学让一个本来画画就充满纯真的儿童，快速地变成成人那样画画呢！

关于音乐活动：很多教师有这样的疑惑，美术不提倡模仿范画也就算了，但音乐活动没有模仿怎么进行教学？就此我们思考一下，我们经常唱的那些歌曲有人教吗？幼儿经常唱的那些歌曲也都是教师教的吗？那是反复听并跟着一起唱而学会的，这就是为什么幼儿常常记不住教师教过的歌，而熟悉动画片连续剧里的歌了，这是过程带来的结果。有这样一个案例：幼儿园有一个"快乐15分钟"②的时间，小、中、大班各有两段音乐律动，老师在前面示范，幼儿在后面模仿，短短15分钟让幼儿跟着老师欢快地舞动，不在乎幼儿跳得怎么样和跳的对不对。每天重复同样的音乐歌曲和动作，一个月更换一段音乐律动。结果显示：每次月初更换新的音乐幼儿动作生疏，但只要跟着音乐奏舞动就行，幼儿很快乐。而随着每天的重复，幼儿的动作会越来越熟练，会这个音乐唱歌了，到了月末时能跟着节奏自己创造新的动作。三年下来，幼儿学会了不少歌舞，每次节日的庆典，他们无需排练只要换上演出服就能上台表演，节目就来自"快乐15分钟"。因此可见，我们不是不教幼儿，而是用什么方法来教，急功近利式的教育，虽然学的快，但忘记的也快，而且在追求即时效应的过程中，还会挫伤幼儿的兴趣。因此，"指南"所要求的方法，一是取决于幼儿的学习特点，二是取决于我们的教育理念。

模仿的确是幼儿的天性，幼儿往往通过模仿来学习，尤其是艺术领域的学习更离不开模仿，然而"指南"

---

① 李季湄，冯晓霞. 3～6岁儿童学习与发展指南［M］. 人民教育出版社，2013:174-175.

② 李季湄，冯晓霞. 3～6岁儿童学习与发展指南［M］. 人民教育出版社，2013:177-178.

鼓励的是幼儿感受和体验基础上的自发模仿，并且这种模仿是个性化的模仿，是在幼儿自主自愿基础上的跟随学习，这跟强调技巧的艺术教学理念完全不同。由此看来，艺术教育中的美术活动不宜提供范画，是因为幼儿美术教育不是使幼儿越来越像教师的教育，而是让教师越来越像幼儿的教育；艺术教育中的音乐教育不宜让幼儿过于精细地模仿，因为幼儿音乐教育是一种"善歌者，使人继其声"[①]的教育。因此，"指南"中的艺术领域被堪称是最直接地培养幼儿个性的领域，是培养幼儿审美能力和创造能力表现最突出的领域。

（3）幼儿艺术领域的学习特点与指导要点

当下幼儿艺术领域教育出现的误区有以下几点：第一，艺术教育与目标定位上忽视艺术本体能力的培养。首先，当下的艺术教育中，常常把艺术技能的习得、艺术知识的积累看作是艺术教育的主要目标；把审美教育仅仅作为德育、智育的工具和手段，忽视了幼儿的感知与体验、想象与创造等本体的艺术能力的培养。第二，艺术教育内容选择上重技巧学习。在艺术教育内容的选择上，强调学科知识体系的逻辑性，重视艺术模仿教育，把技能技巧的训练放在首要位置，忽视幼儿自身特定的生活经验、愿望与情趣。第三，艺术教育方法运用上忽视幼儿内在的体验。在艺术教育方法上，艺术欣赏活动以艺术作品为中心，强调创作者原义或者教师观点的权威性，强调对作品内容的记忆；忽略幼儿自主的感知与体验，使得对审美素养的培养成为一句空话。在艺术创作的过程中，强调教师示范和幼儿模仿，美术学习运用简笔画进行示范模仿，舞蹈学习只是一遍又一遍地模仿教师的动作，把对幼儿对审美对象的体验、想象与表现等同于科学事实的准确呈现，忽略幼儿的艺术个性和艺术创造力的培养，导致艺术教育成为"艺术工匠训练"，幼儿成为"缪斯天性意义上的残疾人"[②]。

针对艺术教育以上存在的问题，根据幼儿学习艺术的特点，在进行幼儿艺术领域的指导中，教师应注意以下几点：

第一，创设丰富的艺术环境。首先，创设富有审美情感色彩的一日生活环境。其次，让幼儿融入到大自然与周围环境中，去感受、发现和欣赏自然环境和人文景观中美的事物。最后，关注幼儿其他领域学习中所蕴含的艺术美。

第二，引导幼儿欣赏时关注事物的外在形式特征，注重幼儿自身的自主感知、想象与感受，鼓励幼儿发现一个属于自己的意义世界。艺术活动不同于科学活动中的感知。科学活动中感知的目的在于观察客观事实，形成科学概念，强调的是"真"。而审美感知是对事物的各个外在形式特征，如形状、色彩、节奏、旋律等要素及其完整形象的把握，是一种区别于日常感知的，能够揭示事物的审美属性的特殊的感知。因此，在引导幼儿对外界事物进行观察时，除了引导幼儿探究事物的属性、用途、习性等科学事实，还要关注事物的形状、色彩、空间、节奏等形式因素，以及这些形式和内容所表现出来的情感因素。

第三，创设宽松的心理环境和丰富的物质材料环境，尊重幼儿自发的、有个性的艺术表现与创造。首先，宽松的心理环境是人们发挥创造力的前提。研究表明，在心情良好的状态下工作，人的思路开阔，思维敏捷，解决问题迅速；心情低落时，则恰好相反。对于幼儿来说，一个宽松的心理环境，包括以下三个基本因素，即信任、减少规定、提供一段不受评价的时期。其次，创设问题情境，激发幼儿探索解决问题。艺术创作中尽可能不给幼儿提供直接而明确的解决问题的途径，而是注重问题情境的创设，让幼儿在目标和问题情境之间通过自己的思考寻求解决问题的策略。

总之，艺术教育在幼儿阶段，其表现能力比表现技能更重要，这是幼儿的年龄特点决定的。因为艺术是幼儿的一种语言，当幼儿还不能或者不善于运用口语和书面语言的时候，他们天生会用肢体动作、用声音和图画来表达自己的意愿和感受；艺术也是幼儿的游戏，艺术的材料和工具是幼儿的玩具，他们用把玩这些材料和工具时的肢体动作、声音和图形进行想象，反映他们所见、所闻、所感，象征性地实现显示中不能实现的愿望，

[①]　该句出自"学记"，下一句为"善教者，使人继其志"。其含义是善于唱歌的人，能够感动人心，使听者随着歌声唱起来；善于教学的人，能够启发人心，使学者随着他的意愿来学习。

[②]　[挪威]让罗尔布约克沃尔德著. 王毅译. 本能的缪斯：激活潜在的艺术灵性［M］. 上海人民出版社，1997:123.

因此他们感兴趣的是过程而不在乎结果，幼儿艺术的创造能力，就是在大量游戏化的表现机会中发展起来的。呵护最纯真的天性，培养艺术表现的兴趣，才是早期艺术教育的重点，因为幼儿还不需要进入到专业训练阶段。

三、"指南"在幼儿园教育中的实施策略

1. "指南"在幼儿园教育中的实施

"指南"在幼儿园教育中的运用，通常会通过以下四个方面来实现：第一，运用"指南"观察了解幼儿；第二，将"指南"融入幼儿的一日生活中；第三，用"指南"指导活动区游戏；第四，用"指南"指导集体教学活动。

2. 运用"指南"观察和了解幼儿

（1）把"指南"作为观察、了解幼儿的框架

第一，完整地熟悉和掌握"指南"的各个领域和目标。幼儿是一个整体，这是我们在观察、了解幼儿时必须牢记的观念。"指南"为了帮助我们更好地认识和了解幼儿的学习和发展，从健康、语言、社会、科学和艺术五个方面对幼儿的整体学习和发展做了全面而深入的分析，分领域提出了合理的目标期望。但是我们不能因为分领域描述幼儿的学习与发展，就割裂地看待幼儿。

在应用"指南"观察、了解幼儿的时候，需要熟记其中的领域及其目标，在头脑中建立一个完整幼儿的学习与发展的整体形象。熟悉和掌握"指南"要熟记其结构及其组成。每个领域包括几个子领域，每个子领域包括几个目标，并且要综合地应用和理解。这要求我们在对幼儿行为进行评价时，不能只从一个领域的来对幼儿的行为做解读，要综合考虑各个领域，整体看待。

第二，深入理解目标下的具有关键意义的典型表现。"指南"中每一个领域目标指明了幼儿学习与发展的价值，而目标下的比较典型的、重要的、具有关键意义的典型表现以距离的方式揭示了目标价值的内涵，帮助我们观察、了解幼儿的时候把握方向和纬度，使观察更具有目的性，更有意义。

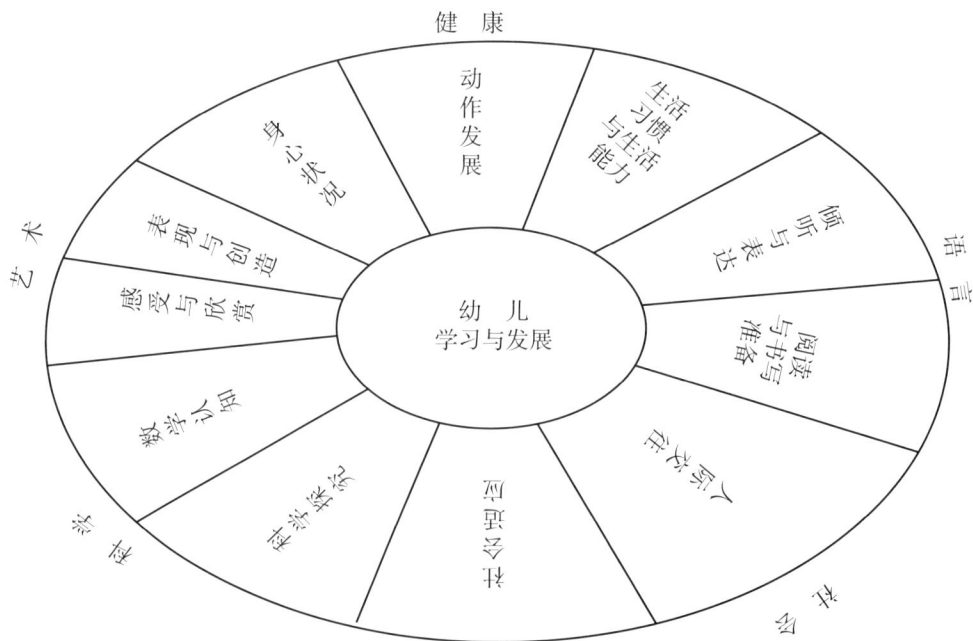

图3-2　《3～6岁儿童学习与发展指南》正文结构

注重幼儿年段的纵向不同，发现幼儿发展的梯度，这一点很重要。用数学认知子领域目标2举例说明，如下表所示：

表3-6　数学认知子领域目标2 "感知和理解数、量及数量关系"

3—4	4—5	5—6
1. 能感知和区分物体的大小、多少、高矮长短等量方面的特点，并能用相应的词表示。	1. 能感知和区分物体的粗细、厚薄、轻重等量方面的特点，并能用相应的词语描述。	1. 初步理解量的相对性。
2. 能通过一一对应的方法比较两组物体的多少。	2. 能通过数数比较两组物体的多少。	2. 借助实际情境和操作（如合并或拿取）理解"加"和"减"的实际意义。
3. 能手口一致地点数5个以内的物体，并能说出总数。能按数取物。	3. 能通过实际操作理解数与数之间的关系，如5比4多1；2和3合在一起是5。	3. 能通过实物操作或其他方法进行10以内的加减运算。
4. 能用数字描述事物或动作。如我有4本图书。	4. 会用数词描述事物的排列顺序和位置。	4. 能用简单的记录表、统计图等表示简单的数量关系。

如3～4岁中的典型表现2"能通过一一对应的方式比较两组物体的多少"；4～5岁中典型表现2"能通过数数的方式比较两组物体的多少"这两者就是典型的特征对比。再如，4～5岁中的典型表现3"能通过实际操作理解数与数之间的关系，如5比4多1，2和3合在一起实5"，这就是数的组成教育；而5～6岁中典型表现2"借助实际情境和操作（如合并或者拿取）理解'加'和'减'的实际意义"和典型表现3"能通过实物操作或者其他方式进行10以内的加减运算"，这两条是数的加减教育。数的组成教育是数的加减教育的基础，这也明显体现了学段学习的持续性，给我们观察和了解幼儿提供了依据。

（2）在全面了解幼儿的基础上进行有目的的观察

第一，对每个幼儿都有一个比较完整的了解。通过观察和了解，给幼儿进行水平评估，教师可以运用图3-1，对幼儿的发展水平，以涂色的方式、等级的方式、打分的方式等进行评估，看看幼儿的长项在哪里，短项在哪里，在学期末的家长会或者下学期的家长会上，给每个幼儿出一份水平发展报告。需要指出的是，评估的目的不是为了定位，而是找到幼儿下一步的发展重点和方向，要求教师和家长要用发展的眼光看待幼儿的成长。

第二，我们可以把"指南"的结构图作为提升幼儿区域活动质量的重要措施。当下幼儿教育界倡导"区域活动"，并将"区域活动"作为幼儿园和其他学段相互区别的重点来看待，然而当下区域活动的质量并不高，被誉为是无目的的玩，因此我们可以借鉴"指南"的这个结构图，对幼儿的区域活动进行观察。

（3）观察幼儿要有一定的计划性

第一，要有目的地观察。观察总要带有一定的目的性，落实在一个具体的观察中，我们需要很清楚地知道"我想要了解什么"，有了清晰的意向，才有可能在幼儿活动的过程中看到你的观察对象和目标，才能有效记录到能反映你观察期望的有益的行为和经验。观察的目的性可能有两种，一种是我们由于不了解幼儿的某些情况而要观察，另一种是我们看到了幼儿的某些情况，预测可能还会有其他的情况而要观察。无论什么情况都需要注意：观察要有一定的目的性，观察前很清楚我们自己想要知道的是什么。尽量避免无目的地为观察而观察，记录了幼儿的很多活动而其中有很多没有意义的内容。抱着一颗真正想了解幼儿的心，我们能减少无目的的观察。

第二，有重点的观察。"指南"将幼儿的全面学习与发展分成了5个领域，11个子领域、32个目标和87条建议，我们做重点观察的计划可能是多方面的和多层次的。对于个体幼儿来说，就目前的状况你想要了解什么？对于全班幼儿来说，你又想重点观察哪一个方面？两者结合起来很复杂，任重而道远。因此，确定观察的重点尤其重要。

总之，客观、真实地观察和了解幼儿，需要在日常生活和游戏中观察、了解幼儿，不被约束的情境，幼儿才能更真实地表现自己，教师才能获得更真实的观察结果；需要客观地记录和描述幼儿有意义的表现，这一点中特别强调做描述性比较的重要性；需要积极评价幼儿学习与发展的进步。

3. 将"指南"融入幼儿的一日生活中

（1）幼儿园一日生活的价值

一日生活是幼儿在幼儿园一天的全部经历，是幼儿生命充实与展现的历程，是个体在参与、体验与创造中，利用环境自我更新的过程。[①] 一日生活的内容即幼儿在园的全部生活。如果从作息的角度，可视为幼儿在园生活安排的所有环节，详见一日生活环节表：

表3-7　作息视角下的幼儿园一日生活基本环节

序　号	基本环节	主要教育任务
1	入园/离园环节	教师和幼儿及家长沟通，轻松入园教师和幼儿共同总结一日生活内容，愉快离园。
2	生活活动环节	餐点、饮水、如厕、盥洗、午睡等在五个小环节中注重将健康领域教育融入其中。
3	转换活动环节	教师避免幼儿的消极等待及时间的隐形浪费让幼儿进行男女生分组如厕和饮水。
4	户外活动环节	每日户外活动不少于2小时，其中包括1个小时的体育活动；户外环节注意幼儿安全。
5	集体教学环节	该注重五大领域内容的融合，一般会以周课程和月主题活动形式来呈现；注重教师的指导性和幼儿的参与性。
6	区域活动环节	七大区域涵盖五大领域是教师有余力进行观察和了解幼儿的重要环节。

在生活中学习与发展是幼儿的一个显著特点，融教育于一日生活中也因此成为幼儿教育的一个显著特点。如"指南""说明"所述，"幼儿的学习是以直接经验为基础，在游戏和日常生活中进行的"。幼儿通过生活来学习生活，学习与生活互相交融，学习、生活和发展三位一体，乃为幼儿学习最大的独特之处，是与中小学生的学习不同的地方。也正是因为这一点，一日生活中的哪段时间属于纯粹的学习，哪段时间属于纯粹的生活，对幼儿来说是没法清楚划分的。因此，珍视幼儿生活的独特价值显得尤其重要。OECD报告中指出"幼儿时代，作为人生的一个阶段，是一个其本身就拥有极高价值的时代。对儿童的生活、学习、发展的投资，不是指望未来他们会给我们什么回报，而是认为今天生活在这里儿童本身是非常宝贵的。一个儿童早期保教经历就是他的人生经历，也同时是面向未来人生的准备。保障每一个生活在当下的儿童过着有意义的生活，将让他们未来的人生充实而精彩"。[②]

另外，幼儿园的一日生活和家庭教育中的生活不同，即一日生活的教育价值不是自然而然地实现的，是需要通过教师的专业指导才能完成的。教师能够敏锐地反应，合理地利用这些价值。

表3-8　活动视角下的幼儿园一日生活的四个部分

序　号	类　型	时　间	教育侧重点
1	生活	3小时	注重常规
2	运动	2小时	注重协调
3	游戏	2小时	注重自主
4	学习	1小时	注重有效

一日生活内容如果从活动角度划分，可以划分为四个部分，即生活、运动、游戏和学习，这四个部分也散落在一日生活的各环节中。幼儿在园按照一日8小时计算，按照顺序生活、运动、游戏和学习，四者所占的时间约为3221。生活活动时间位居第一，学习活动时间位居第四。这样是不了解幼儿教育的家长说，幼儿园学不到东西的重要原因。因为他们认为幼儿只有学习才是学习，其他的三个部分不是学习，其实幼儿的学习是融合在四个部分中的，如在生活中养成良好的饮食习惯、卫生习惯等；在运动中，发展大肌肉和小肌肉，以及运动中的思维能力等；在游戏中，发展交际能力和解决问题的能力等；在学习中，发展智力和集体活动中的规范等。总之，一日生活的各个活动都是学习，是广义的学习，仅仅认为集体活动才是学习的观点是对学习的狭隘理解，是不符合幼儿教育发展规律的。

---

① 李季湄，冯晓霞. 3～6岁儿童学习与发展指南［M］.人民教育出版社，2013:216.

② OECD是世界经合组织的简称，该句摘自OECD保教制度的调查报告书，2011年.

（2）"指南"指导幼儿一日生活的策略

第一，转变观念，以幼儿为本。转变观念需要一个漫长而艰苦的过程。教育观、儿童观、知识观、学习观、价值观等观念形态的东西，仅仅"知道"是远远不够的，"知道什么"并不等于"相信什么""追求什么"。如不少成人都知道游戏是幼儿的天性，但是在实践中却总是压缩幼儿游戏的时间，迷信成人的"教"的效果，这就证明他们其实并不相信幼儿生活的教育理论和游戏的作用。在他们的内心深处还有一套教育价值观在左右着他们的教育行为、思考和判断。成人如果不从根本上转变这种功利主义的教育观念，让幼儿在生活和游戏中学习和发展是不可能实现的。

第二，重视研究幼儿的生活。长期以来，在"教为中心"的幼教范式下，关于幼教的研究偏重研究课程的客观体系、重教参、重教案、重教学组织形式与预定目标的达成等。而幼儿的生活、生活中的意义建构、生活中的需要、问题、困难等，却没有或者很少有人去认真细致的研究。幼儿在对生活世界和知识世界的探究过程中，他们怎样获得体验？怎样产生思想？怎样进行探究？对于这些我们知之甚少，研究的甚少。当下的高校教育中，对于未来幼儿园教师的培养中，过于注重课程，更值得反思。

纵观幼儿教育的世界，陈鹤琴先生在生活中通过对自己孩子的观察和记录，最后写成了《家庭教育》[1]，而今值得多少父母去反思自己对孩子的教育？蒙台梭利弃医从教育，写成《童年的秘密》[2]，童年的秘密答案究竟是什么，又有多少幼儿教育者去真正关注过？甘第尼、福尔曼、爱德华兹写的《儿童的一百种语言》[3]，有多少人研究过这种语言究竟是一种怎样的语言？我们应当承认儿童所在的生活世界，是他们用眼睛所观察到的、用他们的心灵所感受到的生活世界，这是一个和成人的世界很不相同的世界。因此，在"指南"实施中，展开对幼儿生活的深入研究是十分紧迫而重要的课题。

4. 用"指南"指导幼儿活动区游戏

（1）活动区游戏对幼儿发展的价值

幼儿园要以"游戏为基本活动"，这是我国学前教育改革中的一个重要命题，也是我国幼儿园课程改革的重要指导思想，目的在于幼儿教育的"去小学化"和"去学科化"。从《幼儿园工作规程》到《幼儿园教育指导纲要（试行）》，再到《国务院关于当前发展学前教育的若干意见》，"以游戏为基本活动"的提法一字不变地在文本中给予强调。为什么国家文件中要一再强调这一命题呢？无非说明两点：一是重要，二是没有做到。对于教师来说，学前教育和学校教育最大的专业性区别在于游戏，而不是上课，游戏最能体现学前教育的专业特殊性。因为组织和指导儿童游戏的专业技能，通过游戏促进幼儿发展的专业能力，是其他学段教师难以取代的。如果幼儿园提前教小学的内容，用小学的方法来教，那么幼儿园教师就会被小学教师取代，而幼儿园教师在人们心目中的地位也将成为学段中最低的。因此，对幼儿游戏的把握，才是学前教育专业教师的拿手好戏和看家本领，也是幼儿园教师专业地位的重要体现。

在此，我们不仅要问：幼儿为什么要提前教授小学的内容？为什么要用小学的方法而不是用幼儿园的方法来教？或者教师会提到价值的诉求，会提到小学学习压力的严酷性，会提到应试教育的大背景，等等。这固然可以作为一种理由，但我们认为这不是根本的理由，因为对于"上课"和"组织指导游戏"哪个更容易的问题，大部

---

① 《家庭教育》是陈鹤琴出版于1925年，是中国现代家庭教育的奠基之作，也是迄今为止的巅峰之作。共分12章，立家庭教育原则101条。前两章述儿童心理及普通教导法，为提纲挈领之讨论；后10章都是拿具体的事实来解释各项建议之含义。

② 《童年的秘密》是一本了解儿童发育和成长秘密的最生动的著作。在书中，蒙台梭利详细而生动地描绘了儿童的生理和心理特征，揭开儿童成长奥秘的革命性观念。

③ 《儿童的一百种语言》是由甘第尼、福尔曼、爱德华兹写的，罗雅芬、连英式、金乃琪译的。讲述了："孩子有一百种语言，一百双手，一百个想法，一百种思考、游戏、说话的方式。一百种倾听、惊奇、爱的方式，一百种歌唱与了解的喜悦。"

分教师的回答是"上课"，而认为"游戏"比较难。[①] 可见很多教师对学前教育特有的专业本领没有把握，事实上他们并不知道有别于小学的方法该如何实践，还没有真正从实践层面上理解过游戏对儿童发展的价值，没有真正体会过游戏对幼儿发展包括今后学业的魅力。如今"指南"提示了有别于小学的幼儿园教育的内容和方法。

（2）"指南"指导活动区游戏活动的策略

第一，根据活动区的类型和功能进行运用"指南"。幼儿园活动区是根据活动内容的类别对空间进行划分后的区域。一般来说，每个班级活动室根据空间大小和课程需要，可分割成若干个小型的功能区角，有时这些区角会延伸到走廊、大厅和户外等公共区域，由多个班级幼儿共享。有条件的幼儿园还会根据课程的特色，将某个功能去扩展为专门的功能室，除了班级每天进行的区角活动完，还会组织各班幼儿轮流到功能室去活动。有些幼儿园会把功能较差的活动区合并，有的会把某种功能的材料分散到各个区角。但无论如何安排空间，不外乎有四大类型的区域功能，即表现性活动区、探索性活动区、运动性活动区、欣赏性活动区，具体内容见下表：

表3-9　幼儿园四大类活动区介绍

序　号	类　型	区域功能和价值	典型区域
1	表现性活动区	以幼儿已有经验为导向的，通过各种开放性材料的投放，为幼儿提供自我表现与表达的机会。	角色区、表演区、建构区、美工区
2	探索性活动区	探索是以未知为导向的，目的是使幼儿通过活动对未来世界有所发现，从而获得新知，以充实自己的认知结构，即通过环境的创设让幼儿自己发现新知识。	益智区、科学区、沙水区、种植饲养区
3	运动性活动区	在户外场地引发的，以粗大动作练习为主要内容的活动区域，目的是通过自发练习，促进幼儿的全面发展。	固定运用器械区、可移动运动器械区、自然游戏区
4	欣赏性活动区	主要包括图书阅览区和事物展览区，是通过用眼用脑进行理解和接受的区域，是幼儿增长见识，获得自主发展的重要区域。	阅读区、展示区

第二，以"指南"为依据适时适宜地介入幼儿的活动区游戏。当下活动区游戏是盲点。教师们不知道该怎么介入和指导。"指南"给我们提供了建议——活动区游戏指导应先观察和了解幼儿。一个好的教师应该确立两种意识：发展意识和课程意识。发展意识指教师对幼儿的日常行为所表现出来的发展水平和发展需要，能够随时做出准确的分析和判断；课程意识指教师在日常生活中，能够随时发现和利用可以影响幼儿发展的教育因素。然而，只有当一个教师非常清楚幼儿阶段应该学习什么，幼儿是怎么学习和发展的，他才会对幼儿的发展需要和行为水平，以及影响幼儿发展的因素十分敏感。幼儿园教师之所以认为"游戏"比"上课"难，主要就难在看不懂幼儿的游戏行为，不会分析幼儿在游戏中表现出来的发展水平，也就无从推进幼儿的游戏行为了。"指南"中列出了五大领域的学习与发展的目标，以及这些目标的行为表现，给广大教师观察和分析幼儿行为提供了抓手。一个教师是否熟悉和理解"指南"，可以有两条判断标准[②]：一是能够将五个领域进行融会贯通，也就是能够在一个游戏行为中看到多个领域的目标和表现；二是能够将目标与幼儿的多种行为建立联系，也就是能够在多个游戏行为中看到同一个领域的同一条目标。

在用"指南"观察和分析幼儿游戏行为时，也是在介入和指导幼儿游戏。但只有在观察和分析幼儿游戏行为的前提下，才能获得介入和指导游戏的依据。教师对幼儿区域游戏的指导常常表现为两种极端态度，要么放任不管，要么过度干预。前者是教师没有把握，而后者又表现为两种情况，一是盲目的干预，二是功利化干预。盲目干预是指教师只是参与幼儿的游戏，而并不清楚自己参与的目的，这要求教师要心中有目标，将"指南"中五大领域的目标烂熟于心，这样才能随时调用，以此来推进幼儿的学习与发展。所谓功利化的干预，是指教

---

① 李季湄，冯晓霞．3～6岁儿童学习与发展指南［M］．人民教育出版社，2013:243-244.

② 李季湄，冯晓霞．3～6岁儿童学习与发展指南［M］．人民教育出版社，2013:259.

师过于在乎预设的目标，只要幼儿的行为与教师所期望的行为不一致，马上就进行纠正。或者在游戏中捕风捉影式地寻找出入个别化指导的机会，将教学目标强加于幼儿游戏。结果，教师所到之处，就是幼儿自己的游戏终止之时，这就是缺乏观察和分析时，教师直接干预幼儿游戏所导致的不适宜介入。游戏是幼儿自主的活动，因此"指南"对活动区游戏的使用原则，就是观察和分析在先，加入和指导在后。其次，指导幼儿活动区有效要选择好介入时机，使介入有效。教师判断自己的介入是否有效，有三个衡量指标，一是是否尊重了幼儿的游戏意愿；二是是否让幼儿获得了新的经验，提升了有效水平；三是是否获得了幼儿的积极响应。

5. 用"指南"指导幼儿的集体教学活动

（1）集体教学对幼儿发展的价值

当前我国幼儿园集体教学活动中存在的问题[①]：第一，各领域的教育目标定位不准确，与日常生活和游戏的关系不清楚；第二，各领域的教育目标定位不清，核心价值难以体现；第三，教学目标或高或低，比较空泛，而且重知识技能类目标，轻情感态度类目标；第四，教学内容的"含金量"不大，难易程度不适当，"含金量"较大的内容其价值也往往得不到充分的挖掘；第五，教学过程缺乏师幼互动，"启发引导"不足，"灌输控制"有余，幼儿多处于被动学习状态；第六，教学方法单一，与幼儿学习特点不符，或者虽然花样翻新，但华而不实，不能有效地促进学习，等等。以上从目标、内容、过程、方法四个关键点出发，描述了当下幼儿园集体教育中存在的问题。未来幼儿园教育将向着质量和内涵方向发展。

（2）"指南"指导集体教学活动的策略

第一，准确定位各个领域的目标。与日常生活、游戏相比，幼儿园集体教学活动由于是教师有目的、有计划地组织的教育活动，因此，对幼儿的学习与发展应该具有更加积极促进和引导作用，集中体现"教育要走在发展的前面，引领发展"的思想。这是幼儿园集体教学应该有的基本定位。精选教学内容，突出核心概念或问题，发挥集体教学"点睛"的作用。如果这个内容能在日常生活和游戏中学习，就没有必要用集体教学，如果不能则需要集体教学，并将深度挖掘。这也与"纲要"第三部分中所提倡的"尽量减少集体教学活动"一脉相承。

第二，运用"指南"提升教学质量。教师可以从"指南"中获得集体教学中所需要的重要信息。首先，"指南"可以帮助教师理解各个领域教育的核心价值。"指南"在每个领域开始的部分有三个自然段，这三个自然段用最概况的语言简要说明了该领域对幼儿学习与发展的基本价值、教育要点和特别注意的问题。文中又通过每个领域所包含的子领域及其基本目标来表示该领域中幼儿学习与发展的最基本内容，为教师理解和把握各学习领域的核心价值提供了重要的支持。其次，帮助教师了解幼儿各个领域、各种类型学习的特点和教育教学的途径和方法，有效支持幼儿的学习。"指南"中的教育建议列举了一些能够有效帮助和促进达成目标的教育途径和方法，可供教师作为教学策略的参考。但教师不应该把它作为一种具体技术的支持，而应该看到它背后所反映的幼儿学习的基本方式和特点，以及不同领域、不同类型学习的特殊性。或许很多教育建议并不直接指向集体教学，但通过这些建议了解幼儿各个领域、各种性质学习的特点，对教师思考集体教学的方法和策略也是大有裨益的。

"指南"作为新时期幼儿教育界的顶层设计，它能给教师们提供一些具体的教育教学的建议，为高质量的幼儿教育提供保障。

四、领域教学的未来构想

1. 幼儿园领域教学时序表的制定背景及含义

如何在教育教学中推进"指南"，特别是在一日生活的第四个模块——学习模块中推进"指南"，从而促进学习的有效性，对此有的研究者们建议运用"指南"制作各领域教学的时序表。幼儿园领域教学时序表，是幼儿园五大领域教学的宏观规划表，它能让教师简单明确地知道，一届幼儿三年六个学期在五大领域中都应关

59

---

① 李季湄，冯晓霞. 3～6岁儿童学习与发展指南［M］. 人民教育出版社，2013:267.

注哪些情感、培养哪些能力、获得哪些核心知识。研究采用行动研究法，对各领域教学的核心素养进行提炼，并将所获得的领域核心素养，按照幼儿年段特征分布在每个学期中，形成幼儿园领域教学时序表。研究将以数学认知子领域做范本，最后推广到其他领域。研究力图规范当下幼儿园五大领域的教学内容，为实施有质量的幼儿园教育做奠基。①

时序表，具体是指幼儿园三年六个学期里关于"五大领域"教学内容的总体安排，是幼儿园教育的四大版块中"学习版块"的宏观计划。时序表试图回答以下四个问题：第一，"五大领域"在幼儿园三年六个学期中的每个学期都最应该关注的问题是什么？第二，六个学期之间领域教学的逻辑线索是什么？第三，幼儿的年龄段心理特征在领域教学中是如何体现的？第四，每个领域在每个学期中自身的学科逻辑线索又是如何体现的？这四个问题的答案也是时序表研究的最终结果，研究者将用一个张 A4 纸呈现幼儿园三年六个学期五大领域教学时序表。

幼儿园的一日生活皆课程。为了便于研究学者们将幼儿园的一日生活人为的分成四个部分，即生活、运动、游戏和学习。在幼儿一日生活的八小时中，学习活动约占一个小时，因此对学习活动的要求就是"有效"。幼儿园的学习活动主要是指五大领域教育活动；"幼儿园工作规程"中指出：幼儿园一般是三年制，一年两个学期，一届幼儿的在园时间可用三年六个学期来表示。幼儿园领域教学时序表的实质就是一个大计划，是一个关系到一届幼儿三年六个学期的大的教学计划；幼儿园领域教学时序表的研制，就是将幼儿园五大领域的核心素养，纵向分布在幼儿园的三年六个学期这个时间序列中。实际上是一个计划，可以是每个领域在每个学期中即将要进行哪些活动的顺序表，可以是一届幼儿三年六个学期五大领域教学顺序表。

2. 幼儿园领域教学时序表的研制意义

第一，幼儿园领域教学时序表对高校的意义。幼儿园领域教学时序表的研制，有利于高校学前教育专业的领域教师，重新思考每个领域的学科逻辑，并将这一逻辑用领域整合的思想进行排列，从而形成单领域单学期的教学时序表和单领域三年六个学期的教学时序表，为幼儿园五大领域三年六个学期的教学时序表的制定做奠基，最终实现从源头上为一线提供优质的学前教育师资。

第二，幼儿园领域教学时序表对幼儿园的意义。幼儿园领域教学时序表对幼儿园的意义，主要表现在以下三个方面：一它是幼儿园三年六个学期领域教学的宏观计划，因此能为幼儿园教学园长提供课表制定依据；二它是五大领域每个领域核心思想的体现，因此能为幼儿教师提供五大领域单个学期的主题活动设计思路；三它是用一个 A4 纸版面呈现的幼儿园三年六个学期的领域教学计划表，因此能为幼儿园教师和家长提供一个可视化的、明确的"领域教学愿景图"。

第三，幼儿园领域教学时序表对教育行政部门的意义。幼儿园领域教学时序表能推动新纲要《3～6岁儿童学习与发展指南》在高校和幼儿园中的实际运用，从而实现它的真正价值。《3～6岁儿童学习与发展指南》颁布距今已经整整五年，据研究者在内蒙古 H 市的调研发现，无论是公办园还是民办园，《3～6岁儿童学习与发展指南》的实施情况不容乐观，教师们学习该文件的程度总体偏低，基本上停留在"识记、理解、应用"等"低水平"的学习中，距离"分析、综合和评价"等"高水平"学习，还有一段距离。因此，如何在幼儿园的教育教学中高水平的学习《3～6岁儿童学习与发展指南》，便成了当下幼儿教育界的重要的教研课题。从某种程度上来说，时序表的研制就是根据《3～6岁儿童学习与发展指南》，进行领域核心思想的提炼的，因此时序表的研制将推进《3～6岁儿童学习与发展指南》在高校和幼儿园中的学习和运用。

3. 幼儿园领域教学时序表的研制过程

（1）幼儿园数学认知子领域教学时序表的雏形

《3～6岁儿童学习与发展指南》中将五大领域又细化成十一个子领域，其中科学领域中的数学认知子领域，被称是最具有逻辑性的子领域，因此本研究以数学认知子领域作为样板，率先制作该领域的教学时序表，以供

---

① 孟庆玲，李阳. 幼儿园领域教学时序表的研制方案［J］. 呼伦贝尔学院学报，2018（4）.

其他领域参考。根据《3～6岁儿童学习与发展指南》中关于数学认知子领域的三个目标及其典型表现，将数学认知子领域的六大内容（集合、数、量、形、空间、时间），按照幼儿的年段特征（小、中、大），横向分布在三年六个学期中，形成该子领域的教学时序表。详见表3-10：

表3-10　幼儿园科学领域数学认知子领域时序表的雏形

三　年	六个学期	集　合	数	量	形	空　间	时　间
小　班	第一学期						
	第二学期						
中　班	第三学期						
	第四学期						
大　班	第五学期						
	第六学期						

表1是单领域三年六个学期的教学时序表，在幼儿园实施起来如果有难度，建议在操作该表之前，先组建教研团队尝试制定单领域单个学期的领域教学时序表，从而为表1的制定做铺垫。

（2）幼儿园五大领域教学时序表的雏形

表1是单个领域三年六个学期的领域教学时序表，是为制定出幼儿园领域五大领域三年六个学期的领域教学时序表做准备的。本研究中，幼儿园领域教学时序表，就是要将幼儿园一届幼儿三年六个学期，要学习的五大领域的核心内容，呈现在一张A4纸上，让教师们根据"幼儿园教育指导纲要（试行）"中描述的关于五大领域的核心思想和《3～6岁儿童学习与发展指南》中各领域目标和建议，做填空题。每个领域需要填写六个学期，共计五大领域，因此时序表需要填写三十个空。填完了这些空，领域教学时序表也就完成了。详见表3-11：

表3-11　幼儿园五大领域教学时序表的雏形

三　年	六个学期	健　康	语　言	社　会	科　学	艺　术
小　班	第一学期					
	第二学期					
中　班	第三学期					
	第四学期					
大　班	第五学期					
	第六学期					

表2是幼儿园五个领域三年六个学期的宏观规划表，是幼儿园领域教学领域时序表的终极版。需要指出的是：首先，五大领域六个学期三十个空，将根据幼儿各年段的特征来设定，是对《3～6岁儿童学习与发展指南》典型表现的高度抽离，是幼儿该年龄段、该领域的核心素养；其次，幼儿园领域教学时序表的研制是个长期的、艰巨的任务，它需要高校教师和幼儿园教师经过多次教研才能完成；最后，该表的制定如果有难度，则可以考虑每个领域，在年段上先用主题活动的方式来呈现，每个年段再用学期的方式呈现主题，学期之间主题思想紧密相合，年段之间主题思想相合，最终才能实现三年六个学期整个幼儿园教育的整体相合。

4. 幼儿园领域教学时序表的研究结语

十九大提出，要办人民满意的学前教育，办有质量的学前教育。可见，关于学前教育人们关注的热点已经从入园难、入园贵这个层面，转移到了质量是否过关这个层面上了。研究者认为，加强高校学前教育专业的师资培养、严把出口关，将是提升学前教育质量的重要措施。同时，幼儿园应该除了有自己三年的发展的宏观计划外，还有应该设立一届幼儿三年六个学期的领域教学计划，让幼儿园变成一个用系统的观点培养幼儿的地方，变成一个让幼儿教师和家长能目测未来三年幼儿发展前景的地方，变成一个有明确的日目标、周目标、月目标、学期目标、学年目标，甚至三年六个学期宏观领域教学目标的地方。这是当下研究者关于未来幼儿园教育的一种理想。要实现这种理想，就要力争做到以下几点：第一，要明晰幼儿园三年六个学期领域教育教学计划；第二，要将三年六个学前的教育教学计划，按照幼儿的年段特征，科学地分散在每个学期的课表中；第三，每个学期的课表中的月计划、周计划要做到一目了然，甚至每次活动都上什么内容都要具体可见。需要指出的是仅允许三分之一的内容有变动，以保证整体内容的系统性和连续性；第四，找试点幼儿园先做一个学期单个领域的教学时序表的研制，为幼儿园五大领域三年六个学期的领域教学时序表的制定做奠定。

总之，幼儿园领域教学时序表的研制，是以当下幼儿园领域教学中存在的问题为出发点，想通过规范每个领域教学内容的时序，来实现对幼儿园领域教学的科学化管理，从而提升幼儿园教育教学的质量；幼儿园领域教学时序表的研制，是一个关于幼儿园领域教学的未来构想，需要高校教师到幼儿园去做调研，需要幼儿园教师有科研教研意识，需要教育行政部门给予政策上的支持并提供调研上的便利条件。

课后习题

1. 简述"指南"研制的背景及实施的意义。
2. 在实施"指南"应遵循的四项基本原则中，哪一项最重要？谈一谈你的理解。
3. 简述"指南"的内容及各领域教育实质。
4. 举例说明当前幼儿教育中普遍存在的错误做法及其危害，教师和家长应当如何做？谈谈你的建议。
5. 在各领域的数字比例表中，哪个领域所占的比例最大，哪个领域所占的比例最小，这说明了什么？谈谈你的理解。

我的说说

附录原文

《3～6岁儿童学习与发展指南》[①]
教育部
2012年9月
说　明

一、为深入贯彻"国家中长期教育改革和发展规划纲要（2010～2020年）"和"国务院关于当前发展学前教育的若干意见"（国发〔2010〕41号），指导幼儿园和家庭实施科学的保育和教育，促进幼儿身心全面和谐发展，制定《3～6岁儿童学习与发展指南》（以下简称"指南"）。

二、"指南"以为幼儿后继学习和终身发展奠定良好素质基础为目标，以促进幼儿体、智、德、美各方面的协调发展为核心，通过提出3～6岁各年龄段儿童学习与发展目标和相应的教育建议，帮助幼儿园教师和家长了解3～6岁幼儿学习与发展的基本规律和特点，建立对幼儿发展的合理期望，实施科学的保育和教育，让幼儿度过快乐而有意义的童年。

三、"指南"从健康、语言、社会、科学、艺术五个领域描述幼儿的学习与发展。每个领域按照幼儿学习与发展最基本、最重要的内容划分为若干方面。每个方面由学习与发展目标和教育建议两部分组成。

目标部分分别对3～4岁、4～5岁、5～6岁三个年龄段末期幼儿应该知道什么、能做什么，大致可以达

---

① 教育部. 3～6岁儿童学习与发展指南［S］. 教育部，2012.

到什么发展水平提出了合理期望，指明了幼儿学习与发展的具体方向；教育建议部分列举了一些能够有效帮助和促进幼儿学习与发展的教育途径与方法。

四、实施"指南"应把握以下几个方面：

1．关注幼儿学习与发展的整体性。儿童的发展是一个整体，要注重领域之间、目标之间的相互渗透和整合，促进幼儿身心全面协调发展，而不应片面追求某一方面或几方面的发展。

2．尊重幼儿发展的个体差异。幼儿的发展是一个持续、渐进的过程，同时也表现出一定的阶段性特征。每个幼儿在沿着相似进程发展的过程中，各自的发展速度和到达某一水平的时间不完全相同。要充分理解和尊重幼儿发展进程中的个别差异，支持和引导他们从原有水平向更高水平发展，按照自身的速度和方式到达"指南"所呈现的发展"阶梯"，切忌用一把"尺子"衡量所有幼儿。

3．理解幼儿的学习方式和特点。幼儿的学习是以直接经验为基础，在游戏和日常生活中进行的。要珍视游戏和生活的独特价值，创设丰富的教育环境，合理安排一日生活，最大限度地支持和满足幼儿通过直接感知、实际操作和亲身体验获取经验的需要，严禁"拔苗助长"式的超前教育和强化训练。

4．重视幼儿的学习品质。幼儿在活动过程中表现出的积极态度和良好行为倾向是终身学习与发展所必需的宝贵品质。要充分尊重和保护幼儿的好奇心和学习兴趣，帮助幼儿逐步养成积极主动、认真专注、不怕困难、敢于探究和尝试、乐于想象和创造等良好学习品质。忽视幼儿学习品质培养，单纯追求知识技能学习的做法是短视而有害的。

一、健康

健康是指人在身体、心理和社会适应方面的良好状态。幼儿阶段是儿童身体发育和机能发展极为迅速的时期，也是形成安全感和乐观态度的重要阶段。发育良好的身体、愉快的情绪、强健的体质、协调的动作、良好的生活习惯和基本生活能力是幼儿身心健康的重要标志，也是其他领域学习与发展的基础。

为有效促进幼儿身心健康发展，成人应为幼儿提供合理均衡的营养，保证充足的睡眠和适宜的锻炼，满足幼儿生长发育的需要；创设温馨的人际环境，让幼儿充分感受到亲情和关爱，形成积极稳定的情绪情感；帮助幼儿养成良好的生活与卫生习惯，提高自我保护能力，形成使其终身受益的生活能力和文明生活方式。

幼儿身心发育尚未成熟，需要成人的精心呵护和照顾，但不宜过度保护和包办代替，以免剥夺幼儿自主学习的机会，养成过于依赖的不良习惯，影响其主动性、独立性的发展。

（一）身心状况

目标1　具有健康的体态

3～4岁	4～5岁	5～6岁
1．身高和体重适宜。参考标准： 　　　　男　孩： 身高：94.9～111.7厘米 体重：12.7～21.2公斤 　　　　女　孩： 身高：94.1～111.3厘米 体重：12.3～21.5公斤 2．在提醒下能自然坐直、站直。	1．身高和体重适宜。参考标准： 　　　　男　孩： 身高：100.7～119.2厘米 体重：14.1～24.2公斤 　　　　女　孩： 身高：99.9～118.9厘米 体重：13.7～24.9公斤 2．在提醒下能保持正确的站、坐和行走姿势。	1．身高和体重适宜。参考标准： 　　　　男　孩： 身高：106.1～125.8厘 体重：15.9～27.1公斤 　　　　女　孩： 身高：104.9～125.4厘米 体重：15.3～27.8公斤 2．经常保持正确的站、坐和行走姿势。

注：身高和体重数据来源：《2006年世界卫生组织儿童生长标准》4、5、6周岁儿童身高和体重的参考数据。

教育建议：

1．为幼儿提供营养丰富、健康的饮食。如：

参照"中国孕期、哺乳期妇女和0～6岁儿童膳食指南"，为幼儿提供谷物、蔬菜、水果、肉、奶、蛋、豆制品等多样化的食物，均衡搭配。

烹调方式要科学，尽量少煎炸、烧烤、腌制。

2．保证幼儿每天睡 11～12 小时，其中午睡一般应达到 2 小时左右。午睡时间可根据幼儿的年龄、季节的变化和个体差异适当减少。

3．注意幼儿的体态，帮助他们形成正确的姿势。如：

提醒幼儿要保持正确的站、坐、走姿势；发现有八字脚、罗圈腿、驼背等骨骼发育异常的情况，应及时就医矫治。

桌、椅和床要合适。椅子的高度以幼儿写画时双脚能自然着地、大腿基本保持水平状为宜；桌子的高度以写画时身体能坐直，不驼背、不耸肩为宜；床不宜过软。

4．每年为幼儿进行健康检查。

目标 2　情绪安定愉快

3～4 岁	4～5 岁	5～6 岁
1．情绪比较稳定，很少因一点小事哭闹不止。 2．有比较强烈的情绪反应时，能在成人的安抚下逐渐平静下来。	1．经常保持愉快的情绪，不高兴时能较快缓解。 2．有比较强烈情绪反应时，能在成人提醒下逐渐平静下来。 3．愿意把自己的情绪告诉亲近的人，一起分享快乐或求得安慰。	1．经常保持愉快的情绪。知道引起自己某种情绪的原因，并努力缓解。 2．表达情绪的方式比较适度，不乱发脾气。 3．能随着活动的需要转换情绪和注意。

教育建议：

1．营造温暖、轻松的心理环境，让幼儿形成安全感和信赖感。如：

保持良好的情绪状态，以积极、愉快的情绪影响幼儿。

以欣赏的态度对待幼儿。注意发现幼儿的优点，接纳他们的个体差异，不简单与同伴做横向比较。

幼儿做错事时要冷静处理，不厉声斥责，更不能打骂。

2．帮助幼儿学会恰当表达和调控情绪。如：

成人用恰当的方式表达情绪，为幼儿做出榜样。如生气时不乱发脾气，不迁怒于人。

成人和幼儿一起谈论自己高兴或生气的事，鼓励幼儿与人分享自己的情绪。

允许幼儿表达自己的情绪，并给予适当的引导。如幼儿发脾气时不硬性压制，等其平静后告诉他什么行为是可以接受的。

发现幼儿不高兴时，主动询问情况，帮助他们化解消极情绪。

目标 3　具有一定的适应能力

3~4 岁	4~5 岁	5~6 岁
1．能在较热或较冷的户外环境中活动。 2．换新环境时情绪能较快稳定，睡眠、饮食基本正常。 3．在帮助下能较快适应集体生活。	1．能在较热或较冷的户外环境中连续活动半小时左右。 2．换新环境时较少出现身体不适。 3．能较快适应人际环境中发生的变化。如换了新老师能较快适应。	1．能在较热或较冷的户外环境中连续活动半小时以上。 2．天气变化时较少感冒，能适应车、船等交通工具造成的轻微颠簸。 3．能较快融入新的人际关系环境。如换了新的幼儿园或班级能较快适应。

教育建议：

1．保证幼儿的户外活动时间，提高幼儿适应季节变化的能力。

幼儿每天的户外活动时间一般不少于两小时，其中体育活动时间不少于 1 小时，季节交替时要坚持。

气温过热或过冷的季节或地区应因地制宜，选择温度适当的时间段开展户外活动，也可根据气温的变化和幼儿的个体差异，适当减少活动的时间。

2．经常与幼儿玩拉手转圈、秋千、转椅等游戏活动，让幼儿适应轻微的摆动、颠簸、旋转，促进其平衡机能的发展。

3．锻炼幼儿适应生活环境变化的能力。如：

注意观察幼儿在新环境中的饮食、睡眠、游戏等方面的情况，采取相应的措施帮助他们尽快适应新环境。

经常带幼儿接触不同的人际环境，如参加亲戚朋友聚会，多和不熟悉的小朋友玩，使幼儿较快适应新的人际关系。

（二）动作发展

目标1 具有一定的平衡能力，动作协调、灵敏

3～4岁	4～5岁	5～6岁
1．能沿地面直线或在较窄的低矮物体上走一段距离。 2．能双脚灵活交替上下楼梯。 3．能身体平稳地双脚连续向前跳。 4．分散跑时能躲避他人的碰撞。 5．能双手向上抛球。	1．能在较窄的低矮物体上平稳地走一段距离。 2．能以匍匐、膝盖悬空等多种方式钻爬。 3．能助跑跨跳过一定距离，或助跑跨跳过一定高度的物体。 4．能与他人玩追逐、躲闪跑的游戏。 5．能连续自抛自接球。	1．能在斜坡、荡桥和有一定间隔的物体上较平稳地行走。 2．能以手脚并用的方式安全地爬攀登架、网等。 3．能连续跳绳。 4．能躲避他人滚过来的球或扔过来的沙包。 5．能连续拍球。

教育建议：

1．利用多种活动发展身体平衡和协调能力。如：走平衡木，或沿着地面直线、田埂行走。玩跳房子、踢毽子、蒙眼走路、踩小高跷等游戏活动。

2．发展幼儿动作的协调性和灵活性。如：鼓励幼儿进行跑跳、钻爬、攀登、投掷、拍球等活动。玩跳竹竿、滚铁环等传统体育游戏。

3．对于拍球、跳绳等技能性活动，不要过于要求数量，更不能机械训练。

4．结合活动内容对幼儿进行安全教育，注重在活动中培养幼儿的自我保护能力。

目标2 具有一定的力量和耐力

3～4岁	4～5岁	5～6岁
1．能双手抓杠悬空吊起10秒左右。 2．能单手将沙包向前投掷2米左右。 3．能单脚连续向前跳2米左右。 4．能快跑15米左右。 5．能行走1公里左右（途中可适当停歇）。	1．能双手抓杠悬空吊起15秒左右。 2．能单手将沙包向前投掷4米左右。 3．能单脚连续向前跳5米左右。 4．能快跑20米左右。 5．能连续走1.5公里左右（途中可适当停歇）。	1．能双手抓杠悬空吊起20秒左右。 2．能单手将沙包向前投掷5米左右。 3．能单脚连续向前跳8米左右。 4．能快跑25米左右。 5．能连续行走1.5公里以上（途中可适当停歇）。

教育建议：

1．开展丰富多样、适合幼儿年龄特点的各种身体活动，如走、跑、跳、攀、爬等，鼓励幼儿坚持下来，不怕累。

2．日常生活中鼓励幼儿多走路、少坐车；自己上下楼梯、自己背包。

目标3 手的动作灵活协调

3～4岁	4～5岁	5～6岁
1．能用笔涂涂画画。 2．能熟练地用勺子吃饭。 3．能用剪刀沿直线剪，边线基本吻合。	1．能沿边线较直地画出简单图形，或能沿边线基本对齐地折纸。 2．会用筷子吃饭。 3．能沿轮廓线剪出由直线构成的简单图形，边线吻合。	1．能根据需要画出图形，线条基本平滑。 2．能熟练使用筷子。 3．能沿轮廓线剪出由曲线构成的简单图形，边线吻合且平滑。 4．能使用简单的劳动工具或用具。

教育建议：

1．创造条件和机会，促进幼儿手的动作灵活协调。如：

提供画笔、剪刀、纸张、泥团等工具和材料，或充分利用各种自然、废旧材料和常见物品，让幼儿进行画、剪、折、粘等美工活动。

引导幼儿生活自理或参与家务劳动，发展其手的动作。如练习自己用筷子吃饭、扣扣子，帮助家人择菜叶、做面食等。

幼儿园在布置娃娃家、商店等活动区时，多提供原材料和半成品，让幼儿有更多机会参与制作活动。

2．引导幼儿注意活动安全。如：

为幼儿提供的塑料粒、珠子等活动材料要足够大，材质要安全，以免造成异物进入气管、铅中毒等伤害。提供幼儿用安全剪刀。

为幼儿示范拿筷子、握笔的正确姿势以及使用剪刀、锤子等工具的方法。

提醒幼儿不要拿剪刀等锋利工具玩耍，用完后要放回原处。

（三）生活习惯与生活能力

目标1　具有良好的生活与卫生习惯

3～4岁	4～5岁	5～6岁
1．在提醒下，按时睡觉和起床，并能坚持午睡。 2．喜欢参加体育活动。 3．在引导下，不偏食、挑食。喜欢吃瓜果、蔬菜等新鲜食品。 4．愿意饮用白开水，不贪喝饮料。 5．不用脏手揉眼睛，连续看电视等不超过15分钟。 6．在提醒下，每天早晚刷牙、饭前便后洗手。	1．每天按时睡觉和起床，并能坚持午睡。 2．喜欢参加体育活动。 3．不偏食、挑食，不暴饮暴食。喜欢吃瓜果、蔬菜等新鲜食品。 4．常喝白开水，不贪喝饮料。 5．知道保护眼睛，不在光线过强或过暗的地方看书，连续看电视等不超过20分钟。 6．每天早晚刷牙、饭前便后洗手，方法基本正确。	1．养成每天按时睡觉和起床的习惯。 2．能主动参加体育活动。 3．吃东西时细嚼慢咽。 4．主动饮用白开水，不贪喝饮料。 5．主动保护眼睛。不在光线过强或过暗的地方看书，连续看电视等不超过30分钟。 6．每天早晚主动刷牙，饭前便后主动洗手，方法正确。

教育建议：

1．让幼儿保持有规律的生活，养成良好的作息习惯。如：早睡早起、每天午睡、按时进餐、吃好早餐等。

2．帮助幼儿养成良好的饮食习惯。如：

合理安排餐点，帮助幼儿养成定点、定时、定量进餐的习惯。

帮助幼儿了解食物的营养价值，引导他们不偏食不挑食、少吃或不吃不利于健康的食品；多喝白开水，少喝饮料。

吃饭时不过分催促，提醒幼儿细嚼慢咽，不要边吃边玩。

3．帮助幼儿养成良好的个人卫生习惯。如：

早晚刷牙、饭后漱口。

勤为幼儿洗澡、换衣服、剪指甲。

提醒幼儿保护五官，如不乱挖耳朵、鼻孔，看电视时保持3米左右的距离等。

4．激发幼儿参加体育活动的兴趣，养成锻炼的习惯。如：

为幼儿准备多种体育活动材料，鼓励他选择自己喜欢的材料开展活动。

经常和幼儿一起在户外运动和游戏，鼓励幼儿和同伴一起开展体育活动。

和幼儿一起观看体育比赛或有关体育赛事的电视节目，培养他对体育活动的兴趣。

目标2　具有基本的生活自理能力

3～4岁	4～5岁	5～6岁
1．在帮助下能穿脱衣服或鞋袜。 2．能将玩具和图书放回原处。	1．能自己穿脱衣服、鞋袜、扣纽扣。 2．能整理自己的物品。	1．能知道根据冷热增减衣服。 2．会自己系鞋带。 3．能按类别整理好自己的物品。

教育建议：

1．鼓励幼儿做力所能及的事情，对幼儿的尝试与努力给予肯定，不因做不好或做得慢而包办代替。

2．指导幼儿学习和掌握生活自理的基本方法，如穿脱衣服和鞋袜、洗手洗脸、擦鼻涕、擦屁股的正确方法。

3．提供有利于幼儿生活自理的条件。如：

提供一些纸箱、盒子，供幼儿收拾和存放自己的玩具、图书或生活用品等。

幼儿的衣服、鞋子等要简单实用，便于自己穿脱。

目标3 具备基本的安全知识和自我保护能力

3～4岁	4～5岁	5～6岁
1．不吃陌生人给的东西，不跟陌生人走。 2．在提醒下能注意安全，不做危险的事。 3．在公共场所走失时，能向警察或有关人员说出自己和家长的名字、电话号码等简单信息。	1．知道在公共场合不远离成人的视线单独活动。 2．认识常见的安全标志，能遵守安全规则。 3．运动时能主动躲避危险。 4．知道简单的求助方式。	1．未经大人允许不给陌生人开门。 2．能自觉遵守基本的安全规则和交通规则。 3．运动时能注意安全，不给他人造成危险。 4．知道一些基本的防灾知识。

教育建议：

1．创设安全的生活环境，提供必要的保护措施。如：

要把热水瓶、药品、火柴、刀具等物品放到幼儿够不到的地方；阳台或窗台要有安全保护措施；要使用安全的电源插座等。

在公共场所要注意照看好幼儿；幼儿乘车、乘电梯时要有成人陪伴；不把幼儿单独留在家里或汽车里等。

2．结合生活实际对幼儿进行安全教育。如：

外出时，提醒幼儿要紧跟成人，不远离成人的视线，不跟陌生人走，不吃陌生人给的东西；不在河边和马路边玩耍；要遵守交通规则等。

帮助幼儿了解周围环境中不安全的事物，不做危险的事。如不动热水壶，不玩火柴或打火机，不摸电源插座，不攀爬窗户或阳台等。

帮助幼儿认识常见的安全标识，如：小心触电、小心有毒、禁止下河游泳、紧急出口等。

告诉幼儿不允许别人触摸自己的隐私部位。

3．教给幼儿简单的自救和求救的方法。如：

记住自己家庭的住址、电话号码、父母的姓名和单位，一旦走失时知道向成人求助，并能提供必要信息。

遇到火灾或其他紧急情况时，知道要拨打110、120、119等求救电话。

可利用图书、音像等材料对幼儿进行逃生和求救方面的教育，并运用游戏方式模拟练习。

幼儿园应定期进行火灾、地震等自然灾害的逃生演习。

二、语言

语言是交流和思维的工具。幼儿期是语言发展，特别是口语发展的重要时期。幼儿语言的发展贯穿于各个领域，也对其他领域的学习与发展有着重要的影响：幼儿在运用语言进行交流的同时，也在发展着人际交往能力、理解他人和判断交往情境的能力、组织自己思想的能力。通过语言获取信息，幼儿的学习逐步超越个体的直接感知。

幼儿的语言能力是在交流和运用的过程中发展起来的。应为幼儿创设自由、宽松的语言交往环境，鼓励和支持幼儿与成人、同伴交流，让幼儿想说、敢说、喜欢说并能得到积极回应。为幼儿提供丰富、适宜的低幼读物，经常和幼儿一起看图书、讲故事，丰富其语言表达能力，培养阅读兴趣和良好的阅读习惯，进一步拓展学习经验。

幼儿的语言学习需要相应的社会经验支持，应通过多种活动扩展幼儿的生活经验，丰富语言的内容，增强理解和表达能力。应在生活情境和阅读活动中引导幼儿自然而然地产生对文字的兴趣，用机械记忆和强化训练的方式让幼儿过早识字不符合其学习特点和接受能力。

（一）倾听与表达

目标1 认真听并能听懂常用语言

3～4岁	4～5岁	5～6岁
1．别人对自己说话时能注意听并做出回应。 2．能听懂日常会话。	1．在群体中能有意识地听与自己有关的信息。 2．能结合情境感受到不同语气、语调所表达的不同意思。 3．方言地区和少数民族幼儿能基本听懂普通话。	1．在集体中能注意听老师或其他人讲话。 2．听不懂或有疑问时能主动提问。 3．能结合情境理解一些表示因果、假设等相对复杂的句子。

教育建议：

1．多给幼儿提供倾听和交谈的机会。如：经常和幼儿一起谈论他感兴趣的话题，或一起看图书、讲故事。

2．引导幼儿学会认真倾听。如：

成人要耐心倾听别人（包括幼儿）的讲话，等别人讲完再表达自己的观点。

与幼儿交谈时，要用幼儿能听得懂的语言。

与对幼儿提要求和布置任务时要求他注意听，鼓励他主动提问。

3．对幼儿讲话时，注意结合情境使用丰富的语言，以便于幼儿理解。如：

说话时注意语气、语调，让幼儿感受语气、语调的作用。如对幼儿的不合理要求以比较坚定的语气表示不同意；讲故事时，尽量把故事人物高兴、悲伤的心情用不同的语气、语调表现出来。

根据幼儿的理解水平有意识地使用一些反映因果、假设、条件等关系的句子。

目标2　愿意讲话并能清楚地表达

3～4岁	4～5岁	5～6岁
1．愿意在熟悉的人面前说话，能大方地与人打招呼。 2．基本会说本民族或本地区的语言。 3．愿意表达自己的需要和想法，必要时能配以手势动作。 4．能口齿清楚地说儿歌、童谣或复述简短的故事。	1．愿意与他人交谈，喜欢谈论自己感兴趣的话题。 2．会说本民族或本地区的语言，基本会说普通话。少数民族聚居地区幼儿会用普通话进行日常会话。 3．能基本完整地讲述自己的所见所闻和经历的事情。 4．讲述比较连贯。	1．愿意与他人讨论问题，敢在众人面前说话。 2．会说本民族或本地区的语言和普通话，发音正确清晰。少数民族聚居地区幼儿基本会说普通话。 3．能有序、连贯、清楚地讲述一件事情。 4．讲述时能使用常见的形容词、同义词等，语言比较生动。

教育建议：

1．为幼儿创造说话的机会并体验语言交往的乐趣。

每天有足够的时间与幼儿交谈。如谈论他感兴趣的话题，询问和听取他对自己事情的意见等。

尊重和接纳幼儿的说话方式，无论幼儿的表达水平如何，都应认真地倾听并给予积极的回应。

鼓励和支持幼儿与同伴一起玩耍、交谈，相互讲述见闻、趣事或看过的图书、动画片等。

方言和少数民族地区应积极为幼儿创设用普通话交流的语言环境。

2．引导幼儿清楚地表达。如：

与幼儿讲话时，成人自身的语言要清楚、简洁。

当幼儿因为急于表达而说不清楚的时候，提醒他不要着急，慢慢说；同时要耐心倾听，给予必要的补充，帮助他理清思路并清晰地说出来。

目标3　具有文明的语言习惯

3～4岁	4～5岁	5～6岁
1．与别人讲话时知道眼睛要看着对方。 2．说话自然，声音大小适中。 3．能在成人的提醒下使用恰当的礼貌用语。	1．别人对自己讲话时能回应。 2．能根据场合调节自己说话声音的大小。 3．能主动使用礼貌用语，不说脏话、粗话。	1．别人讲话时能积极主动地回应。 2．能根据谈话对象和需要，调整说话的语气。 3．懂得按次序轮流讲话，不随意打断别人。 4．能依据所处情境使用恰当的语言。如在别人难过时会用恰当的语言表示安慰。

教育建议：

1．成人注意语言文明，为幼儿做出表率。如：

与他人交谈时，认真倾听，使用礼貌用语。

在公共场合不大声说话，不说脏话、粗话。

幼儿表达意见时，成人可蹲下来，眼睛平视幼儿，耐心听他把话说完。

2．帮助幼儿养成良好的语言行为习惯。如：

结合情境提醒幼儿一些必要的交流礼节。如对长辈说话要有礼貌，客人来访时要打招呼，得到帮助时要说谢谢等。

提醒幼儿遵守集体生活的语言规则，如轮流发言，不随意打断别人讲话等。

提醒幼儿注意公共场所的语言文明，如不大声喧哗。

（二）阅读与书写准备

目标1 喜欢听故事，看图书

3～4岁	4～5岁	5～6岁
1．主动要求成人讲故事、读图书。 2．喜欢跟读韵律感强的儿歌、童谣。 3．爱护图书，不乱撕、乱扔。	1．反复看自己喜欢的图书。 2．喜欢把听过的故事或看过的图书讲给别人听。 3．对生活中常见的标识、符号感兴趣，知道它们表示一定的意义。	1．专注地阅读图书。 2．喜欢与他人一起谈论图书和故事的有关内容。 3．对图书和生活情境中的文字符号感兴趣，知道文字表示一定的意义。

教育建议：

1．为幼儿提供良好的阅读环境和条件。如：

提供一定数量、符合幼儿年龄特点、富有童趣的图画书。

提供相对安静的地方，尽量减少干扰，保证幼儿自主阅读。

2．激发幼儿的阅读兴趣，培养阅读习惯。如：

经常抽时间与幼儿一起看图书、讲故事。

提供童谣、故事和诗歌等不同体裁的儿童文学作品，让幼儿自主选择和阅读。

当幼儿遇到感兴趣的事物或问题时，和他一起查阅图书资料，让他感受图书的作用，体会通过阅读获取信息的乐趣。

3．引导幼儿体会标识、文字符号的用途。如：

向幼儿介绍医院、公用电话等生活中的常见标识，让他知道标识可以代表具体事物。

结合生活实际，帮助幼儿体会文字的用途。如买来新玩具时，把说明书上的文字念给幼儿听，了解玩具的玩法。

目标2 具有初步的阅读理解能力

3～4岁	4～5岁	5～6岁
1．能听懂短小的儿歌或故事。 2．会看画面，能根据画面说出图中有什么，发生了什么事等。 3．能理解图书上的文字是和画面对应的，是用来表达画面意义的。	1．能大体讲出所听故事的主要内容。 2．能根据连续画面提供的信息，大致说出故事的情节。 3．能随着作品的展开产生喜悦、担忧等相应的情绪反应，体会作品所表达的情绪情感。	1．能说出所阅读的幼儿文学作品的主要内容。 2．能根据故事的部分情节或图书画面的线索猜想故事情节的发展，或续编、创编故事。 3．对看过的图书、听过的故事能说出自己的看法。 4．能初步感受文学语言的美。

教育建议：

1．经常和幼儿一起阅读，引导他以自己的经验为基础理解图书的内容。如：

引导幼儿仔细观察画面，结合画面讨论故事内容，学习建立画面与故事内容的联系。

和幼儿一起讨论或回忆书中的故事情节，引导他有条理地说出故事的大致内容。

在给幼儿读书或讲故事时，可先不告诉名字，让幼儿听完后自己命名，并说出这样命名的理由。

鼓励幼儿自主阅读，并与他人讨论自己在阅读中的发现、体会和想法。

2．在阅读中发展幼儿的想象和创造能力。如：

鼓励幼儿依据画面线索讲述故事，大胆推测、想象故事情节的发展，改编故事部分情节或续编故事结尾。

鼓励幼儿用故事表演、绘画等不同的方式表达自己对图书和故事的理解。

鼓励和支持幼儿自编故事，并为自编的故事配上图画，制成图画书。

3．引导幼儿感受文学作品的美。如：

有意识地引导幼儿欣赏或模仿文学作品的语言节奏和韵律。

给幼儿读书时，通过表情、动作和抑扬顿挫的声音传达书中的情绪情感，让幼儿体会作品的感染力和表现力。

目标3 具有书面表达的愿望和初步技能

3~4岁	4~5岁	5~6岁
1．喜欢用涂涂画画表达一定的意思。	1．愿意用图画和符号表达自己的愿望和想法。 2．在成人提醒下，写写画画时姿势正确。	1．愿意用图画和符号表现事物或故事。 2．会正确书写自己的名字。 3．写画时姿势正确。

教育建议：

1．让幼儿在写写画画的过程中体验文字符号的功能，培养书写兴趣。如：

准备供幼儿随时取放的纸、笔等材料，也可利用沙地、树枝等自然材料，满足幼儿自由涂画的需要。

鼓励幼儿将自己感兴趣的事情或故事画下来并讲给别人听，让幼儿体会写写画画的方式可以表达自己的想法和情感。

把幼儿讲过的事情用文字记录下来，并念给他听，使幼儿知道说的话可以用文字记录下来，从中体会文字的用途。

2．在绘画和游戏中做必要的书写准备，如：

通过把虚线画出的图形轮廓连成实线等游戏，促进手眼协调，同时帮助幼儿学习由上至下、由左至右的运笔技能。

鼓励幼儿学习书写自己的名字。

提醒幼儿写画时保持正确姿势。

三、社会

幼儿社会领域的学习与发展过程是其社会性不断完善并奠定健全人格基础的过程。人际交往和社会适应是幼儿社会学习的主要内容，也是其社会性发展的基本途径。幼儿在与成人和同伴交往的过程中，不仅学习如何与人友好相处，也在学习如何看待自己、对待他人，不断发展适应社会生活的能力。良好的社会性发展对幼儿身心健康和其他各方面的发展都具有重要影响。

家庭、幼儿园和社会应共同努力，为幼儿创设温暖、关爱、平等的家庭和集体生活氛围，建立良好的亲子关系、师生关系和同伴关系，让幼儿在积极健康的人际关系中获得安全感和信任感，发展自信和自尊，在良好的社会环境及文化的熏陶中学会遵守规则，形成基本的认同感和归属感。

幼儿的社会性主要是在日常生活和游戏中通过观察和模仿潜移默化地发展起来的。成人应注重自己言行的榜样作用，避免简单生硬的说教。

（一）人际交往

目标1 愿意与人交往

3~4岁	4~5岁	5~6岁
1．愿意和小朋友一起游戏。 2．愿意与熟悉的长辈一起活动。	1．喜欢和小朋友一起游戏，有经常一起玩的小伙伴。 2．喜欢和长辈交谈，有事愿意告诉长辈。	1．有自己的好朋友，也喜欢结交新朋友。 2．有问题愿意向别人请教。 3．有高兴的或有趣的事愿意与大家分享。

教育建议：

1．主动亲近和关心幼儿，经常和他一起游戏或活动，让幼儿感受到与成人交往的快乐，建立亲密的亲子关系和师生关系。

2．创造交往的机会，让幼儿体会交往的乐趣。如：

利用走亲戚、到朋友家做客或有客人来访的时机，鼓励幼儿与他人接触和交谈。

鼓励幼儿参加小朋友的游戏，邀请小朋友到家里玩，感受有朋友一起玩的快乐。

幼儿园应多为幼儿提供自由交往和游戏的机会，鼓励他们自主选择、自由结伴开展活动。

目标2 能与同伴友好相处

3～4岁	4～5岁	5～6岁
1．想加入同伴的游戏时，能友好地提出请求。 2．在成人指导下，不争抢、不独霸玩具。 3．与同伴发生冲突时，能听从成人的劝解。	1．会运用介绍自己、交换玩具等简单技巧加入同伴游戏。 2．对大家都喜欢的东西能轮流、分享。 3．与同伴发生冲突时，能在他人帮助下和平解决。 4．活动时愿意接受同伴的意见和建议。 5．不欺负弱小。	1．能想办法吸引同伴和自己一起游戏。 2．活动时能与同伴分工合作，遇到困难能一起克服。 3．与同伴发生冲突时能自己协商解决。 4．知道别人的想法有时和自己不一样，能倾听和接受别人的意见，不能接受时会说明理由。 5．不欺负别人，也不允许别人欺负自己。

教育建议：

1．结合具体情境，指导幼儿学习交往的基本规则和技能。如：

当幼儿不知怎样加入同伴游戏，或提出请求不被接受时，建议他拿出玩具邀请大家一起玩；或者扮成某个角色加入同伴的游戏。

对幼儿与别人分享玩具、图书等行为给予肯定，让他对自己的表现感到高兴和满足。

当幼儿与同伴发生矛盾或冲突时，指导他尝试用协商、交换、轮流玩、合作等方式解决冲突。

利用相关的图书、故事，结合幼儿的交往经验，和他讨论什么样的行为受大家欢迎，想要得到别人的接纳应该怎样做。

幼儿园应多为幼儿提供需要大家齐心协力才能完成的活动，让幼儿在具体活动中体会合作的重要性，学习分工合作。

2．结合具体情境，引导幼儿换位思考，学习理解别人。如：

幼儿有争抢玩具等不友好行为时，引导他们想想"假如你是那个小朋友，你有什么感受？"让幼儿学习理解别人的想法和感受。

3．和幼儿一起谈谈他的好朋友，说说喜欢这个朋友的原因，引导他多发现同伴的优点、长处。

目标3 具有自尊、自信、自主的表现

3～4岁	4～5岁	5～6岁
1．能根据自己的兴趣选择游戏或其他活动。 2．为自己的好行为或活动成果感到高兴。 3．自己能做的事情愿意自己做。 4．喜欢承担一些小任务。	1．能按自己的想法进行游戏或其他活动。 2．知道自己的一些优点和长处，并对此感到满意。 3．自己的事情尽量自己做，不愿意依赖别人。 4．敢于尝试有一定难度的活动和任务。	1．能主动发起活动或在活动中出主意、想办法。 2．做了好事或取得了成功后还想做得更好。 3．自己的事情自己做，不会的愿意学。 4．主动承担任务，遇到困难能够坚持而不轻易求助。 5．与别人的看法不同时，敢于坚持自己的意见并说出理由。

教育建议：

1．关注幼儿的感受，保护其自尊心和自信心。如：

能以平等的态度对待幼儿，使幼儿切实感受到自己被尊重。

对幼儿好的行为表现多给予具体、有针对性的肯定和表扬，让他对自己优点和长处有所认识并感到满足和自豪。

不要拿幼儿的不足与其他幼儿的优点作比较。

2．鼓励幼儿自主决定，独立做事，增强其自尊心和自信心。如：

与幼儿有关的事情要征求他的意见，即使他的意见与成人不同，也要认真倾听，接受他的合理要求。

在保证安全的情况下，支持幼儿按自己的想法做事；或提供必要的条件，帮助他实现自己的想法。

幼儿自己的事情尽量放手让他自己做，即使做得不够好，也应鼓励并给予一定的指导，让他在做事中树立自尊和自信。

71

鼓励幼儿尝试有一定难度的任务，并注意调整难度，让他感受经过努力获得的成就感。

目标4　关心尊重他人

3～4岁	4～5岁	5～6岁
1．长辈讲话时能认真听，并能听从长辈的要求。 2．身边的人生病或不开心时表示同情。 3．在提醒下能做到不打扰别人。	1．会用礼貌的方式向长辈表达自己的要求和想法。 2．能注意到别人的情绪，并有关心、体贴的表现。 3．知道父母的职业，能体会到父母为养育自己所付出的辛劳。	1．能有礼貌地与人交往。 2．能关注别人的情绪和需要，并能给予力所能及的帮助。 3．尊重为大家提供服务的人，珍惜他们的劳动成果。 4．接纳、尊重与自己的生活方式或习惯不同的人。

教育建议：

1．成人以身作则，以尊重、关心的态度对待自己的父母、长辈和其他人。如：

经常问候父母，主动做家务。

礼貌地对待老年人，如坐车时主动为老人让座。

看到别人有困难能主动关心并给予一定的帮助。

2．引导幼儿尊重、关心长辈和身边的人，尊重他人劳动及成果。如：

提醒幼儿关心身边的人，如妈妈累了，知道让她安静休息一会儿。

借助故事、图书等给幼儿讲讲父母抚育孩子成长的经历，让幼儿理解和体会父爱与母爱。

结合实际情境，提醒幼儿注意别人的情绪，了解他们的需要，给予适当的关心和帮助。

利用生活机会和角色游戏，帮助幼儿了解与自己关系密切的社会服务机构及其工作，如商场、邮局、医院等，体会这些机构给大家提供的便利和服务，懂得尊重工作人员的劳动，珍惜劳动成果。

3．引导幼儿学习用平等、接纳和尊重的态度对待差异。如：

了解每个人都有自己的兴趣、爱好和特长，可以相互学习。

利用民间游戏、传统节日等，适当向幼儿介绍我国主要民族和世界其他国家民族的文化，帮助幼儿感知文化的多样性和差异性，理解人们之间是平等的，应该互相尊重，友好相处。

（二）社会适应

目标1　喜欢并适应群体生活

3～4岁	4～5岁	5～6岁
1．对群体活动有兴趣。 2．对幼儿园的生活好奇，喜欢上幼儿园。	1．愿意并主动参加群体活动。 2．愿意与家长一起参加社区的一些群体活动。	1．在群体活动中积极、快乐。 2．对小学生活有好奇和向往。

教育建议：

1．经常和幼儿一起参加一些群体性的活动，让幼儿体会群体活动的乐趣。如：参加亲戚、朋友和同事间的聚会以及适合幼儿参加的社区活动等，支持幼儿和不同群体的同伴一起游戏，丰富其群体活动的经验。

2．幼儿园组织活动时，可以经常打破班级的界限，让幼儿有更多机会参加不同群体的活动。

3．带领大班幼儿参观小学，讲讲小学有趣的活动，唤起他们对小学生活的好奇和向往，为入学做好心理准备。

目标2　遵守基本的行为规范

3～4岁	4～5岁	5～6岁
1．在提醒下，能遵守游戏和公共场所的规则。 2．知道不经允许不能拿别人的东西，借别人的东西要归还。 3．在成人提醒下，爱护玩具和其他物品。	1．感受规则的意义，并能基本遵守规则。 2．不私自拿不属于自己的东西。 3．知道说谎是不对的。 4．知道接受了的任务要努力完成。 5．在提醒下，能节约粮食、水电等。	1．理解规则的意义，能与同伴协商制定游戏和活动规则。 2．爱惜物品，用别人的东西时也知道爱护。 3．做了错事敢于承认，不说谎。 4．能认真负责地完成自己所接受的任务。 5．爱护身边的环境，注意节约资源。

教育建议：

1．成人要遵守社会行为规则，为幼儿树立良好的榜样。如：答应幼儿的事一定要做到、尊老爱幼、爱护公共环境、节约水电等。

2. 结合社会生活实际，帮助幼儿了解基本行为规则或其他游戏规则，体会规则的重要性，学习自觉遵守规则。如：

经常和幼儿玩带有规则的游戏，遵守共同约定的游戏规则。

利用实际生活情境和图书故事，向幼儿介绍一些必要的社会行为规则，以及为什么要遵守这些规则。

在幼儿园的区域活动中，创设情境，让幼儿体会没有规则的不方便，鼓励他们讨论制定规则并自觉遵守。

对幼儿表现出的遵守规则的行为要及时肯定，对违规行为给予纠正。如：幼儿主动为老人让座时要表扬；幼儿损害别人的物品或公共物品时要及时制止并主动赔偿。

3. 教育幼儿要诚实守信。如：

对幼儿诚实守信的行为要及时肯定。

允许幼儿犯错误，告诉他改了就好。不要打骂幼儿，以免他因害怕惩罚而说谎。

小年龄幼儿经常分不清想象和现实，成人不要误认为他是在说谎。

发现幼儿说谎时，要反思是否是因自己对幼儿的要求过高过严造成的。如果是，要及时调整自己的行为，同时要严肃地告诉幼儿说谎是不对的。

经常给幼儿分配一些力所能及的任务，要求他完成并及时给予表扬，培养他的责任感和认真负责的态度。

目标3　具有初步的归属感

3～4岁	4～5岁	5～6岁
1. 知道和自己一起生活的家庭成员及与自己的关系，体会到自己是家庭的一员。 2. 能感受到家庭生活的温暖，爱父母、亲近与信赖长辈。 3. 能说出自己家所在街道、小区（乡镇、村）的名称。 4. 认识国旗，知道国歌。	1. 喜欢自己所在的幼儿园和班级，积极参加集体活动。 2. 能说出自己家所在地的省、市、县（区）名称，知道当地有代表性的物产或景观。 3. 知道自己是中国人。 4. 奏国歌、升国旗时能自动站好。	1. 愿意为集体做事，为集体的成绩感到高兴。 2. 能感受到家乡的发展变化并为此感到高兴。 3. 知道自己的民族，知道中国是一个多民族的大家庭，各民族之间要互相尊重，团结友爱。 4. 知道国家一些重大成就，爱祖国，为自己是中国人感到自豪。

教育建议：

1. 亲切地对待幼儿，关心幼儿，让他感到长辈是可亲、可近、可信赖的，家庭和幼儿园是温暖的。如：

多和孩子一起游戏、谈笑，尽量在家庭和班级中营造温馨的氛围。

通过和幼儿一起翻阅照片、讲幼儿成长的故事等，让幼儿感受到家庭和幼儿园的温暖，老师的和蔼可亲，对养育自己的人产生感激之情。

2. 吸引和鼓励幼儿参加集体活动，萌发集体意识。如：

幼儿园和班级里的重大事情和计划，请幼儿集体讨论决定。

幼儿园应经常组织多种形式的集体活动，激发幼儿的集体荣誉感。

3. 运用幼儿喜闻乐见和能够理解的方式激发幼儿爱家乡、爱祖国的情感。如：

和幼儿说一说或在地图上找一找自己家所在的省、市、县（区）名称。

和幼儿一起外出游玩，一起看有关的电视节目或画报等；和他们一起收集有关家乡、祖国各地的风景名胜、著名的建筑、独特物产的图片等，在观看和欣赏的过程中激发幼儿的自豪感和热爱之情。

利用电视节目或参加升旗等活动，向幼儿介绍国旗、国歌以及观看升旗、奏国歌的礼仪。

向幼儿介绍反映中国人聪明才智的发明和创造，激发幼儿的民族自豪感。

四、科学

幼儿的科学学习是在探究具体事物和解决实际问题中，尝试发现事物间的异同和联系的过程。幼儿在对自然事物的探究和运用数学解决实际生活问题的过程中，不仅获得丰富的感性经验，充分发展形象思维，而且初步尝试归类、排序、判断、推理，逐步发展逻辑思维能力，为其他领域的深入学习奠定基础。

幼儿科学学习的核心是激发探究兴趣，体验探究过程，发展初步的探究能力。成人要善于发现和保护幼的好奇心，充分利用自然和实际生活机会，引导幼儿通过观察、比较、操作、实验等方法，学习发现问题、分析问题和解决问题；帮助幼儿不断积累经验，并运用于新的学习活动，形成受益终身的学习态度和能力。

幼儿的思维特点是以具体形象思维为主，应注重引导幼儿通过直接感知、亲身体验和实际操作进行科学学习，不应为追求知识和技能的掌握，对幼儿进行灌输和强化训练。

（一）科学探究

目标1　亲近自然，喜欢探究

3～4岁	4～5岁	5～6岁
1．喜欢接触大自然，对周围的很多事物和现象感兴趣。 2．经常问各种问题，或好奇地摆弄物品。	1．喜欢接触新事物，经常问一些与新事物有关的问题。 2．常常动手动脑探索物体和材料，并乐在其中。	1．对自己感兴趣的问题总是刨根问底。 2．能经常动手动脑寻找问题的答案。 3．探索中有所发现时感到兴奋和满足。

教育建议：

1．经常带幼儿接触大自然，激发其好奇心与探究欲望。如：

为幼儿提供一些有趣的探究工具，用自己的好奇心和探究积极性感染和带动幼儿。

和幼儿一起发现并分享周围新奇、有趣的事物或现象，一起寻找问题的答案。

通过拍照和画图等方式保留和积累有趣的探索与发现。

2．真诚地接纳、多方面支持和鼓励幼儿的探索行为。如：

认真对待幼儿的问题，引导他们猜一猜、想一想，有条件时和幼儿一起做一些简易的调查或有趣的小实验。

容忍幼儿因探究而弄脏、弄乱、甚至破坏物品的行为，引导他们活动后做好收拾整理。

多为幼儿选择一些能操作、多变化、多功能的玩具材料或废旧材料，在保证安全的前提下，鼓励幼儿拆装或动手自制玩具。

目标2　具有初步的探究能力

3～4岁	4～5岁	5～6岁
1．对感兴趣的事物能仔细观察，发现其明显特征。 2．能用多种感官或动作去探索物体，关注动作所产生的结果。	1．能对事物或现象进行观察比较，发现其相同与不同。 2．能根据观察结果提出问题，并大胆猜测答案。 3．能通过简单的调查收集信息。 4．能用图画或其他符号进行记录。	1．能通过观察、比较与分析，发现并描述不同种类物体的特征或某个事物前后的变化。 2．能用一定的方法验证自己的猜测。 3．在成人的帮助下能制定简单的调查计划并执行。 4．能用数字、图画、图表或其他符号记录。 5．探究中能与他人合作与交流。

教育建议：

1．有意识地引导幼儿观察周围事物，学习观察的基本方法，培养观察与分类能力。如：

支持幼儿自发的观察活动，对其发现表示赞赏。

通过提问等方式引导幼儿思考并对事物进行比较观察和连续观察。

引导幼儿在观察和探索的基础上，尝试进行简单的分类、概括。如：根据运动方式给动物分类，根据生长环境给植物分类，根据外部特征给物体分类等等。

2．支持和鼓励幼儿在探究的过程中积极动手动脑寻找答案或解决问题。如：

鼓励幼儿根据观察或发现提出值得继续探究的问题，或成人提出有探究意义且能激发幼儿兴趣的问题。如：皮球、轮胎、竹筒等物体滚动时都走直线吗？怎样让橡皮泥球浮在水面上？

支持和鼓励幼儿大胆联想、猜测问题的答案，并设法验证。如：玩风车时，鼓励幼儿猜测风车转动方向及速度快慢的原因和条件，并实际去验证。

支持、引导幼儿学习用适宜的方法探究和解决问题，或为自己的想法收集证据。如：想知道院子里有多少种植物，可以进行实地调查；想知道球在平地还是在斜坡上滚得快，可以动手试一试；想证明影子的方向与太阳的位置有关，可以做个小实验进行验证等。

3．鼓励和引导幼儿学习做简单的计划和记录，并与他人交流分享。如：

和幼儿共同制定调查计划，讨论调查对象、步骤和方法等，也可以和幼儿一起设法用图画、箭头等标识呈现计划。

鼓励幼儿用绘画、照相、做标本等办法记录观察和探究的过程与结果，注意要让记录有意义，通过记录帮助幼儿丰富观察经验、建立事物之间的联系和分享发现。

支持幼儿与同伴合作探究与分享交流，引导他们在交流中尝试整理、概括自己探究的成果，体验合作探究和发现的乐趣。如一起讨论和分享自己的问题与发现，一起想办法收集资料和验证猜测。

4．帮助幼儿回顾自己探究过程，讨论自己做了什么，怎么做的，结果与计划目标是否一致，分析一下原因以及下一步要怎样做等。

目标3　在探究中认识周围事物和现象

3～4岁	4～5岁	5～6岁
1．认识常见的动植物，能注意并发现周围的动植物是多种多样的。 2．能感知和发现物体和材料的软硬、光滑和粗糙等特性。 3．能感知和体验天气对自己生活和活动的影响。 4．初步了解和体会动植物和人们生活的关系。	1．能感知和发现动植物的生长变化及其基本条件。 2．能感知和发现常见材料的溶解、传热等性质或用途。 3．能感知和发现简单物理现象，如物体形态或位置变化等。 4．能感知和发现不同季节的特点，体验季节对动植物和人的影响。 5．初步感知常用科技产品与自己生活的关系，知道科技产品有利也有弊。	1．能察觉到动植物的外形特征、习性与生存环境的适应关系。 2．能发现常见物体的结构与功能之间的关系。 3．能探索并发现常见的物理现象产生的条件或影响因素，如影子、沉浮等。 4．感知并了解季节变化的周期性，知道变化的顺序。 5．初步了解人们的生活与自然环境的密切关系，知道尊重和珍惜生命，保护环境。

教育建议：

1．支持幼儿在接触自然、生活事物和现象中积累有益的直接经验和感性认识。如：

和幼儿一起通过户外活动、参观考察、种植和饲养活动，感知生物的多样性和独特性，以及生长发育、繁殖和死亡的过程。

给幼儿提供丰富的材料和适宜的工具，支持幼儿在游戏过程中探索并感知常见物质、材料的特性和物体的结构特点。

2．引导幼儿在探究中思考，尝试进行简单的推理和分析，发现事物之间明显的关联。如：

引导5岁以上幼儿关注和思考动植物的外部特征、习性与生活环境对动植物生存的意义。如兔子的长耳朵具有自我保护的作用；植物种子的形状有助于其传播等。

引导幼儿根据常见物质、材料的特性和物体的结构特点，推测和证实它们的用途。如：带轮子的物体方便移动；不同用途的车辆有不同的结构等等。

3．引导幼儿关注和了解自然、科技产品与人们生活的密切关系，逐渐懂得热爱、尊重、保护自然。如：

结合幼儿的生活需要，引导他们体会人与自然、动植物的依赖关系。如：动植物、季节变化与人们生活的关系、常见灾害性天气给人们生产和生活带来的影响等。

和幼儿一起讨论常见科技产品的用途和弊端，如：汽车等交通工具给生活带来的方便和对环境的污染等。

（二）数学认知

目标1　初步感知生活中数学的有用和有趣

3～4岁	4～5岁	5～6岁
1．感知和发现周围物体的形状是多种多样的，对不同的形状感兴趣。 2．体验和发现生活中很多地方都用到数。	1．在指导下，感知和体会有些事物可以用形状来描述。 2．在指导下，感知和体会有些事物可以用数来描述，对环境中各种数字的含义有进一步探究的兴趣。	1．能发现事物简单的排列规律，并尝试创造新的排列规律。 2．能发现生活中许多问题都可以用数学的方法来解决，体验解决问题的乐趣。

教育建议：

1．引导幼儿注意事物的形状特征，尝试用表示形状的词来描述事物，体会描述的生动形象性和趣味性。如：

参观游览后，和幼儿一起谈论所看到的事物的形状，鼓励幼儿产生联想，并用自己的语言进行描述。如：熊猫的身体圆圆的，全身好像是一个个的圆形组成的。

和幼儿交谈或读书讲故事时，适当地运用一些有关形状的词汇来描述事物，如看图片时，和幼儿讨论奥运会场馆的形状，体会为什么有的场馆叫"水立方"，有的叫"鸟巢"。

2．引导幼儿感知和体会生活中很多地方都用到数，关注周围与自己生活密切相关的数的信息，体会数可以代表不同的意义。如：

和幼儿一起寻找发现生活中用数字作标识的事物，如电话号码、时钟、日历和商品的价签等。

引导幼儿了解和感受数用在不同的地方，表示的意义是不一样的。如天气预报中表示气温的数代表冷热状况；钟表上的数表明时间的早晚等。

鼓励幼儿尝试使用数的信息进行一些简单的推理。如知道今天是星期五，能推断明天是星期六，爸爸妈妈休息。

3．引导幼儿观察发现按照一定规律排列的事物，体会其中的排列特点与规律，并尝试自己创造出新的排列规律。如：

和幼儿一起发现和体会按一定顺序排列的队形整齐有序。

提供具有重复性旋律和词语的音乐、儿歌和故事，或利用环境中有序排列的图案（如按颜色间隔排列的瓷砖、按形状间隔排列的珠帘等），鼓励幼儿发现和感受其中的规律。

鼓励幼儿尝试自己设计有规律的花边图案、创编有一定规律的动作，或者按某种规律进行搭建活动。

引导幼儿体会生活中很多事情都是有一定顺序和规律的，如一周七天的顺序是从周一到周日，一年四季按照春夏秋冬轮回等。

4．鼓励和支持幼儿发现、尝试解决日常生活中需要用到数学的问题，体会数学的用处。如：

拍球、跳绳、跳远或投沙包时，可通过数数、测量的方法确定名次。

讨论春游去哪里玩时，让幼儿商量想去哪里玩？每个想去的地方有多少人？根据统计结果做出决定。

滑滑梯时，按照"先来先玩"的规则有序地排队玩。

目标 2　感知和理解数、量及数量关系

3～4岁	4～5岁	5～6岁
1．能感知和区分物体的大小、多少、高矮长短等量方面的特点，并能用相应的词表示。 2．能通过一一对应的方法比较两组物体的多少。 3．能手口一致地点数5个以内的物体，并能说出总数。能按数取物。 4．能用数词描述事物或动作。如我有4本图书。	1．能感知和区分物体的粗细、厚薄、轻重等量方面的特点，并能用相应的词语描述。 2．能通过数数比较两组物体的多少。 3．能通过实际操作理解数与数之间的关系，如5比4多1；2和3合在一起是5。 4．会用数词描述事物的排列顺序和位置。	1．初步理解量的相对性。 2．借助实际情境和操作（如合并或拿取）理解"加"和"减"的实际意义。 3．能通过实物操作或其他方法进行10以内的加减运算。 4．能用简单的记录表、统计图等表示简单的数量关系。

教育建议：

1．引导幼儿感知和理解事物"量"的特征。如：

感知常见事物的大小、多少、高矮、粗细等量的特征，学习使用相应的词汇描述这些特征。

结合具体事物让幼儿通过多次比较逐渐理解"量"是相对的。如小亮比小明高，但比小强矮。

收拾物品时，根据情况，鼓励幼儿按照物体量的特征分类整理。如整理图书时按照大小摆放。

2．结合日常生活，指导幼儿学习通过对应或数数的方式比较物体的多少。如：

鼓励幼儿在一对一配对的过程中发现两组物体的多少。如，在给桌子上的每个碗配上勺子时，发现碗和勺多少的不同。

鼓励幼儿通过数数比较两样东西的多少。如数一数有多少个苹果，多少个梨，判断苹果和梨哪个多，哪个少。

3．利用生活和游戏中的实际情境，引导幼儿理解数的概念。如：

结合生活需要，和幼儿一起手口一致点数物体，得出物体的总数。

通过点数的方式让幼儿体会物体的数量不会因排列形式、空间位置的不同而发生变化。如鼓励幼儿将一定数量的扣子以不同的形式摆放，体会扣子的数量是不变的。

结合日常生活，为幼儿提供"按数取物"的机会，如游戏时，请幼儿按要求拿出几个球。

4．通过实物操作引导幼儿理解数与数之间的关系，并用"加"或"减"的办法来解决问题。如：

游戏中遇到让4个小动物住进两间房子的问题，或生活中遇到将5块饼干分给两个小朋友问题时，让幼儿尝试不同的分法。

鼓励幼儿尝试自己解决生活中的数学问题。如家里来了5位客人，桌子上只有3个杯子，还需要几个杯子等。

购少量物品时，有意识地鼓励幼儿参与计算和付款的过程等。

目标3 感知形状与空间关系

3～4岁	4～5岁	5～6岁
1．能注意物体较明显的形状特征，并能用自己的语言描述。 2．能感知物体基本的空间位置与方位，理解上下、前后、里外等方位词。	1．能感知物体的形体结构特征，画出或拼搭出该物体的造型。 2．能感知和发现常见几何图形的基本特征，并能进行分类。 3．能使用上下、前后、里外、中间、旁边等方位词描述物体的位置和运动方向。	1．能用常见的几何形体有创意地拼搭和画出物体的造型。 2．能按语言指示或根据简单示意图正确取放物品。 3．能辨别自己的左右。

教育建议：

1．用多种方法帮助幼儿在物体与几何形体之间建立联系。如：

引导幼儿感受生活中各种物品的形状特征，并尝试识别和描述。如感受和识别盘子、桌子、车轮、地砖等物品的形状特征。

鼓励和支持幼儿用积木、纸盒、拼板等各种形状材料进行建构游戏或制作活动。如用长方形的纸盒加两个圆形瓶盖制作"汽车"。

收拾整理积木时，引导幼儿体验图形之间的转换。如两个三角形可组合成一个正方形，两个正方形可组合成一个长方形。

引导幼儿注意观察生活物品的图形特征，鼓励他们按形状分类整理物品。

2．丰富幼儿空间方位识别的经验，引导幼儿运用空间方位经验解决问题。如：

请幼儿取放物体时，使用他们能够理解的方位词，如把桌子下面的东西放到窗台上，把花盆放在大树旁边等。

和幼儿一起识别熟悉场所的位置。如超市在家的旁边，邮局在幼儿园的前面。

在体育、音乐和舞蹈活动中，引导幼儿感受空间方位和运动方向。

和幼儿玩按指令找宝的游戏。对年龄小的幼儿要求他们按语言指令寻找，对年龄大些的幼儿可要求按照简单的示意图寻找。

五、艺术

艺术是人类感受美、表现美和创造美的重要形式，也是表达自己对周围世界的认识和情绪态度的独特方式。

每个幼儿心里都有一颗美的种子。幼儿艺术领域学习的关键在于充分创造条件和机会，在大自然和社会文化生活中萌发幼儿对美的感受和体验，丰富其想象力和创造力，引导幼儿学会用心灵去感受和发现美，用自己的方式去表现和创造美。

幼儿对事物的感受和理解不同于成人，他们表达自己认识和情感的方式也有别于成人。幼儿独特的笔触、动作和语言往往蕴含着丰富的想象和情感，成人应对幼儿的艺术表现给予充分的理解和尊重，不能用自己的审美标准去评判幼儿，更不能为追求结果的"完美"而对幼儿进行千篇一律的训练，以免扼杀其想象与创造的萌芽。

（一）感受与欣赏

目标 1　喜欢自然界与生活中美的事物

3～4 岁	4～5 岁	5～6 岁
1．喜欢观看花草树木、日月星空等大自然中美的事物。 2．容易被自然界中的鸟鸣、风声、雨声等好听的声音所吸引。	1．在欣赏自然界和生活环境中美的事物时，关注其色彩、形态等特征。 2．喜欢倾听各种好听的声音，感知声音的高低、长短、强弱等变化。	1．乐于收集美的物品或向别人介绍所发现的美的事物。 2．乐于模仿自然界和生活环境中有特点的声音，并产生相应的联想。

教育建议：

1．和幼儿一起感受、发现和欣赏自然环境和人文景观中美的事物。如：

让幼儿多接触大自然，感受和欣赏美丽的景色和好听的声音。

经常带幼儿参观园林、名胜古迹等人文景观，讲讲有关的历史故事、传说，与幼儿一起讨论和交流对美的感受。

2．和幼儿一起发现美的事物的特征，感受和欣赏美。如：

让幼儿观察常见动植物以及其他物体，引导幼儿用自己的语言、动作等描述它们美的方面，如颜色、形状、形态等。

让幼儿倾听和分辨各种声响，引导幼儿用自己的方式来表达他对音色、强弱、快慢的感受。

支持幼儿收集喜欢的物品并和他一起欣赏。

目标 2　喜欢欣赏多种多样的艺术形式和作品

3～4 岁	4～5 岁	5～6 岁
1．喜欢听音乐或观看舞蹈、戏剧等表演。 2．乐于观看绘画、泥塑或其他艺术形式的作品。	1．能够专心地观看自己喜欢的文艺演出或艺术品，有模仿和参与的愿望。 2．欣赏艺术作品时会产生相应的联想和情绪反应。	1．艺术欣赏时常常用表情、动作、语言等方式表达自己的理解。 2．愿意和别人分享、交流自己喜爱的艺术作品和美感体验。

教育建议：

1．创造条件让幼儿接触多种艺术形式和作品。如：

经常让幼儿接触适宜的、各种形式的音乐作品，丰富幼儿对音乐的感受和体验。

和幼儿一起用图画、手工制品等装饰和美化环境。

带幼儿观看或共同参与传统民间艺术和地方民俗文化活动，如皮影戏、剪纸和捏面人等。

有条件的情况下，带幼儿去剧院、美术馆、博物馆等欣赏文艺表演和艺术作品。

2．尊重幼儿的兴趣和独特感受，理解他们欣赏时的行为。如：

理解和尊重幼儿在欣赏艺术作品时的手舞足蹈、即兴模仿等行为。

当幼儿主动介绍自己喜爱的舞蹈、戏曲、绘画或工艺品时，要耐心倾听并给予积极回应和鼓励。

（二）表现与创造

目标 1　喜欢进行艺术活动并大胆表现

3～4 岁	4～5 岁	5～6 岁
1．经常自哼自唱或模仿有趣的动作、表情和声调。 2．经常涂涂画画、粘粘贴贴并乐在其中。	1．经常唱唱跳跳，愿意参加歌唱、律动、舞蹈、表演等活动。 2．经常用绘画、捏泥、手工制作等多种方式表现自己的所见所想。	1．积极参与艺术活动，有自己比较喜欢的活动形式。 2．能用多种工具、材料或不同的表现手法表达自己的感受和想象。 3．艺术活动中能与他人相互配合，也能独立表现。

教育建议：

1．创造机会和条件，支持幼儿自发的艺术表现和创造。

提供丰富的便于幼儿取放的材料、工具或物品，支持幼儿进行自主绘画、手工、歌唱、表演等艺术活动。

经常和幼儿一起唱歌、表演、绘画、制作，共同分享艺术活动的乐趣。

2.营造安全的心理氛围，让幼儿敢于并乐于表达表现。如：

欣赏和回应幼儿的哼哼唱唱、模仿表演等自发的艺术活动，赞赏他独特的表现方式。

在幼儿自主表达创作过程中，不做过多干预或把自己的意愿强加给幼儿，在幼儿需要时再给予具体的帮助。

了解并倾听幼儿艺术表现的想法或感受，领会并尊重幼儿的创作意图，不简单用"像不像""好不好"等成人标准来评价。

展示幼儿的作品，鼓励幼儿用自己的作品或艺术品布置环境。

目标2　具有初步的艺术表现与创造能力

3～4岁	4～5岁	5～6岁
1.能模仿学唱短小歌曲。 2.能跟随熟悉的音乐做身体动作。 3.能用声音、动作、姿态模拟自然界的事物和生活情景。 4.能用简单的线条和色彩大体画出自己想画的人或事物。	1.能用自然的、音量适中的声音基本准确地唱歌。 2.能通过即兴哼唱、即兴表演或给熟悉的歌曲编词来表达自己的心情。 3.能用拍手、踏脚等身体动作或可敲击的物品敲打节拍和基本节奏。 4.能运用绘画、手工制作等表现自己观察到或想象的事物。	1.能用基本准确的节奏和音调唱歌。 2.能用律动或简单的舞蹈动作表现自己的情绪或自然界的情景。 3.能自编自演故事，并为表演选择和搭配简单的服饰、道具或布景。 4.能用自己制作的美术作品布置环境、美化生活。

教育建议：

尊重幼儿自发的表现和创造，并给予适当的指导。如：

鼓励幼儿在生活中细心观察、体验，为艺术活动积累经验与素材。如，观察不同树种的形态、色彩等。

提供丰富的材料，如图书、照片、绘画或音乐作品等，让幼儿自主选择，用自己喜欢的方式去模仿或创作，成人不做过多要求。

根据幼儿的生活经验，与幼儿共同确定艺术表达表现的主题，引导幼儿围绕主题展开想象，进行艺术表现。

幼儿绘画时，不宜提供范画，特别不应要求幼儿完全按照范画来画。

肯定幼儿作品的优点，用表达自己感受的方式引导其提高。如，"你的画用了这么多红颜色，感觉就像过年一样喜庆""你扮演的大灰狼声音真像，要是表情再凶一点就更好了"等。

第四章 《幼儿园教师专业标准（试行）》解读

教 学 目 标

1. 了解《幼儿园教师专业标准（试行）》的出台背景及意义。
2. 理解《幼儿园教师专业标准（试行）》的内容结构及指导思想。
3. 能对《幼儿园教师专业标准（试行）》的"基本内容"进行解读。

知 识 结 构 图

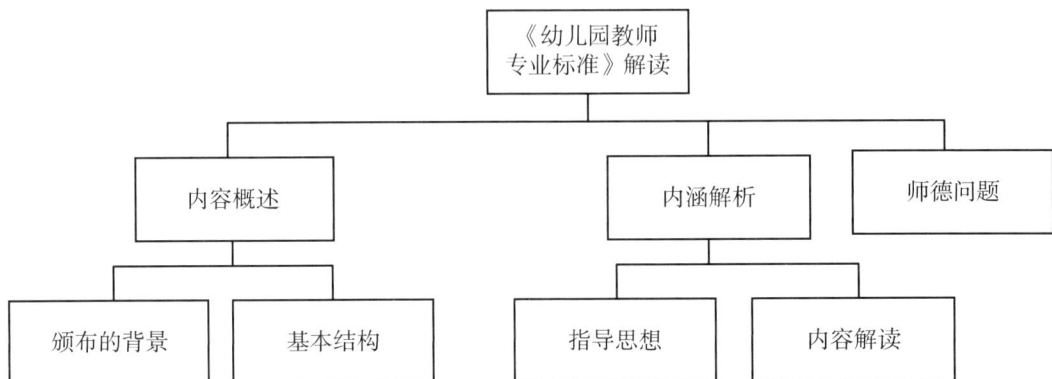

案例分析

案例 转岗教师张丽虽然经过了一轮岗前培训，而且还是国家级培训，但心中还是忐忑不安，她对自己的幼儿园教师新岗位很困惑，不知道从哪里开始着手自己的职业生涯。园长建议让每个新入职的教师研读《幼儿园教师专业标准》，并安排了一次关于该文件的深度教研。此后，张丽对自己的幼儿教师职业有了宏观的了解，为今后的工作指明了方向。

分析 园长的举措值得借鉴，针对转岗教师和新教师一样，都需要对自己的职业角色和本职工作有宏观的了解，而《幼儿园教师专业标准》明确了从事幼儿园教育教学工作所要求达到的基本专业要求，是幼儿教师的基本专业素养和教师开展保教活动的基本规范，是幼儿园教师专业发展的起点。

具体内容

第一节 《幼儿园教师专业标准》概述

一、《幼儿园教师专业标准》颁布的背景

为贯彻党的十七届六中全会精神，落实教育规划纲要，构建教师专业标准体系，建设高素质专业化教师队伍，2012 年 2 月中华人民共和国教育部颁布了《幼儿园教师专业标准（试行）》，这标志着我国幼儿园教师向专业化迈上一个新台阶，对于促进我国学前教育事业的蓬勃发展有重要意义和价值。《幼儿园教师专业标准（试行）》

（以下简称"专业标准"）是国家对合格幼儿园教师专业素质的基本要求，是幼儿园教师实施教育教学行为的基本规范，是引领幼儿园教师专业发展的基本准则，也是幼儿园教师培养、准入、培训、考核等工作的重要依据。我国的幼儿教师经历了人人能从事的"阿姨"、初高中学历、专业学历到各地区的大专学历硬件资格条件，到至今学历背景下的专业标准，经历了艰难的发展道路。"专业标准"的颁布不仅是教育改革和教育困境的需要，更是众多学前教育者自身发展的原动力和标杆。

1. 我国学前教育事业发展的现实需要

有人很形象的将我国学前教育比拟为"早产儿"，受社会背景影响在孕育过程中学前教育经历过较多磨难，但作为一门重要学科，其始终以顽强的毅力为国家的教育事业发展奠基献力，这离不开我国一代又一代领导人的努力。面对学前教育"入园难，入园贵"，普及率低于世界发展中国家，一些农村留守儿童接受不到优质的学前教育，幼师虐童事件的频发，幼教师资短缺等众多现实薄弱问题，2010 年温家宝总理亲自考察幼儿园，并在中南海接见听取了幼儿家长的意见。随后《国务院关于当前发展学前教育的若干意见》（以下简称《若干意见》）颁发，各地以县为单位《学前教育三年行动计划》项目纷纷启动，形成整个学前教育波澜壮阔之势，这体现了国家高层"强国必须强教"的卓越政治远见。2012 年《幼儿园教师专业标准》《3 ～ 6 岁儿童学习与发展指南》等的颁布实施，形成了我国学前教育普惠性、公平性、标准化、科学性为一体的学前教育态势。这些政策完成及实施离不开学前教师全体，因此，建设一批高水平、高素质的学前教师是保障学前教育稳步提升的重要保障。《幼儿园教师专业标准》是保障学前教师质量的引领性文件，是提升我国整个学前教育师资水平重要的保障。

2. 国际幼儿园教师专业发展的运动趋势

世界各国幼儿教师专业标准运动在很大程度上推动了我国学前教师专业标准的制定和出台实施。我们知道，世界各教育大国一直以来都在积极致力于幼儿教师专业工作，美、英、日等国均早于我国制定了本国特色的幼儿教师专业标准，这些专业标准的出台也确实是提升本国幼儿教师水平的重要参考。1966 年联合国教科文组织发布《关于教师地位的建议》，提出了教师职业的专业化议题，以此来提升教师的地位和保障教师权益的实现，轰轰烈烈的"教师专业成长"运动全面铺开而来。其中教师专业标准制定是教师专业化水平的重要一环，诸多国家将其作为教师专业化的指标。例如美国于 20 世纪 80 年代制定和修订了《美国幼儿教师职业准备专业标准》《新教师许可、评估与发展的模型标准》和《优秀幼儿教师专业标准》等一系列教师专业标准的文件，澳大利亚从《初任教师能力框架》《国家教师专业标准》以及各州比较细致化有针对性的专业标准的出台，都从诸多方面提出了教师专业化的标准及评价体系，这在很大程度上对于我国教师专业标准的出台有着重要影响。国际教师专业化的变革从客观上推动了我国教师专业标准的出台，我国的教师专业化水平应与国际接轨，紧跟国际发展的脚步，制定符合本国特点的教师专业标准。这也是我国作为教育大国，推动世界教师专业化的重要贡献力量。

3. 落实各项学前教育政策的紧迫任务

师资是学前教育健康、可持续发展的重要因素，若没有素质过硬、队伍稳定的幼儿教师群体，提高学前教育质量的目标就无法实现，高学历、高素质幼教师资的培养是摆在我们面前的重要课题。近年来，我国政府十分关注幼儿教师这一职业群体，学前教师队伍不断扩充。《国家中长期教育改革和发展规划纲要》（2010–2020 年）指出，我们要严格执行幼儿教师资格标准，切实加强幼儿教师培养培训，提高幼儿教师队伍整体素质，依法落实幼儿教师地位和待遇，《若干意见》要求加快建设一支师德高尚、热爱儿童、业务精良、结构合理的幼儿教师队伍。要求各地按照需要合理配备幼儿教师，通过转岗、招编等多途径扩充幼儿教师队伍，通过完善幼儿师资培养培训体系提升幼儿教师质量，通过评价机制健全幼儿教师准入制度。这是近些年我国关于幼儿教师队伍建设又一重要决策，诸多政策的出台在很大程度上体现了我国对于幼儿教师队伍建设的决心，是对幼儿教师地位价值的肯定。此前，我国幼儿教师地位在很长一段时间都被视为"保姆""哄娃儿"，由于社会地位、工资待遇难以和幼儿教师工作量成正比，所以学前教育领域在较长一段时间无法吸引真正高素质的教师。《若干意见》的颁布从制度层面上制定教师专业标准，是对幼儿教师专业化的肯定，对严格实施教师准入制度，提高幼儿教师专业素养有着极大的作用。

言而总之，无论是从幼儿教师专业化发展，还是整个学前教育质量的提升，幼儿教师专业标准都具有指引性和标杆性的作用。专业标准的出台不仅是我国幼教师资培养重要的依据，更是从业一线教师应努力遵循的纲领性文件。《幼儿园教师专业标准》历经8年之久，先后经历了十余次的修订，是我国幼儿教师发展的专业准绳。

二、《幼儿园教师专业标准》的知识结构

"专业标准"共计包括三个部分：基本理念、基本内容、实施建议。基本理念有三条，即"师德为先、幼儿为本、能力为重、终身学习"；基本内容包括三个维度、十四个领域和六十二个基本要求，可以用数字31462表示。其中三个维度是专业理念与师德（4个）、幼儿教师的专业知识（3个）、专业能力（7个）；实施建议包括四点，分别对教育行政部门、开展幼儿园教师教育的院校、幼儿园和幼儿教师提出了实施"专业标准"的具体要求。

"专业标准"的基本特点。"专业标准"的基本内容构架包含了专业理念与师德、专业知识和专业能力3个维度。14个领域，框架结构与中、小学教师专业标准基本一致，但在具体内容上有所不同。尤其在专业能力方面，充分体现了幼儿园教育的突出特点和保教工作的基本任务，特别强调了幼儿园教师所必须具备的良好环境的创设与利用、幼儿一日生活的合理组织与保育、游戏活动的支持与引导、教育活动的恰当计划与实施能力等。在基本要求层面，更是充分反映了幼儿园教师必须具备的专业态度、知识与能力。如，特别强调了幼儿园教师要将幼儿的生命安全和身心健康放在首位并具有相应的专业知识和能力；要掌握和尊重幼儿身心发展的年龄特点和个体特点，重视生活对幼儿健康成长的重要价值，重视环境和游戏对幼儿发展的独特作用，掌握幼儿园环境创设、一日生活安排、游戏与教育活动、班级管理的知识与方法等等。"专业标准"具有以下五个突出特点：

1. 对幼儿园教师的师德与专业态度提出了特别要求

师德与专业态度是教师职业的基准线。尤其幼儿园教师的教育对象是身心发展迅速、可塑性大、同时易受伤害的幼儿，更需要师德高尚，具有良好的职业道德修养，富有爱心、责任心、耐心和细心，热爱幼儿，并给予幼儿精心的呵护和教育培养。

2. 要求幼儿园教师高度重视幼儿的生命与健康

充分考虑幼儿发展的身心特点和社会对幼儿安全与健康的热切关注，"专业标准"明确提出要高度重视幼儿的生命与健康，并从专业态度、知识和能力三个层面相互呼应，全面提出了具体要求。如教师要将保护幼儿生命安全放在首位；能有效保护幼儿，危险情况下优先救护幼儿。

3. 充分体现幼儿园保教结合的基本特点

幼儿身心发展的特点和需要决定了保教结合是幼儿园教育的基本原则，也是对幼儿园教师的基本专业要求。"专业标准"明确提出要"注重保教结合"，不仅将"一日生活的组织与保育"作为重要的专项领域要求，而且对教师提出了多项具体要求，要能合理安排和组织一日生活的各个环节，科学照料幼儿的日常生活，将教育灵活地渗透到一日生活中；能充分利用一日生活中的各种教育契机，对幼儿进行随机教育，以将保教结合原则落到实处。

4. 强调幼儿园教师必须具备的教育教学实践能力

教育实践能力是教师对幼儿施以积极影响、引导幼儿发展的基础。"专业标准"对幼儿园教师必须具备的教育教学能力提出了明确要求，特别强调幼儿园教师要具有观察了解幼儿、掌握不同年龄幼儿身心发展特点和个体差异的能力；要具有环境的创设与利用、一日生活的组织与保育、游戏的支持与引导、教育活动的计划与实施、对儿童的激励与评价等基本专业能力；能根据幼儿的特点和需要，给予适宜的指导，并能引发和支持幼儿的主动活动，引导幼儿在游戏活动中获得多方面的发展。

5. 重视幼儿园教师的反思与自主专业发展能力

"专业标准"强调幼儿园教师要具有不断进行专业化学习、实践、反思和提高的意识与能力。这既是现代社会发展、教育改革对教师的必然要求，也是幼儿不断成长的必然要求。"专业标准"特别在"基本理念"和"专业能力"中均提出了对教师反思与自主发展的要求，明确指出幼儿园教师在教育工作中应"主动收集分析相关

信息，并不断进行反思，改进保教工作"；同时，应制定个人专业发展规划，通过不断的学习、实践、反思，不断提高自身专业素质，从而为学前教育质量的提升和幼儿一生的健康发展打下良好的基础。

第二节 《幼儿园教师专业标准》内容解读

一、指导思想

《幼儿园教师专业标准》（以下简称"专业标准"）是广大学前教育研究者、幼教行政管理人员、学前师资培养培训者、一线园长和教师等人员共同研究的成果。"专业标准"在研制过程中始终坚持和体现了以下指导思想。

1. 专业导向，师德为先

幼儿园教师是对幼儿实施保育和教育职责的专业人员，需要具有特定的专业素质，具有良好的职业道德与态度、专业的教育知识和技能。因此，"专业标准"奉行明确的专业导向，坚持严格的职业道德规范，明确规定幼儿园教师从事幼儿园教育教学工作必须达到的基本专业要求。

2. 基本规范，前瞻引领

"专业标准"是国家对合格幼儿园教师专业素质的基本要求，规定的是幼儿园教师必须达到的基本素养和教师开展保教活动的基本规范，同时是引领幼儿园教师专业标准发展的基本准则，能够为教师专业发展提供方向性的指引和导航。幼儿园教师应按照标准中提出的专业要求，不断提升自己的专业水平。

3. 全面要求，突出重点

"专业标准"将专业理念与师德、专业知识和专业能力三个方面作为幼儿园教师必备的基本素质和条件，尤其注重专业理念与师德，认为它是整个"专业标准"的灵魂和核心。"专业标准"强调合格的幼儿园教师必须富有爱心、责任心、耐心和细心，必须关爱幼儿，尊重幼儿，做幼儿健康成长的启蒙者和引路人。同时，对当前社会反映的教师专业意识或行为中的薄弱、不足方面，予以了关注与强调。

4. 共同准则，体现独特

"专业标准"既要充分反映教师职业所应具有的普遍性专业性特点，同时又要适应幼儿身心发展需求和幼儿园教师阶段的特殊性，充分体现幼儿园教师素质的独特性。因此特别强调幼儿园教师要保教结合，适宜安排幼儿的一日生活；重视环境和游戏对幼儿发展的独特价值，积极支持与引导幼儿游戏，将教育灵活地渗透于幼儿一日生活和活动中。

5. 立足国情，国际视野

"专业标准"是引领我国幼儿园教师专业发展的基本准则，因此要充分考虑满足我国社会和学前教育事业改革发展的需要，并充分考虑我国国情与教师专业发展和教育观现状，同时要积极分析与借鉴国际上有关儿童发展、教育改革，特别是教师专业标准和专业化发展等方面的最新研究成果，以制定更加符合世界教育改革与教师专业发展趋势又适合我国国情的幼儿园教师专业标准。

二、《幼儿园教师专业标准》内容解读

1. "基本理念"解读

"专业标准"的基本理念主要包含"幼儿为本""师德为先""能力为重""终身学习"四部分，其中涉及的专业教育理念一直是我们遵循和倡导的。专业理念指专业人员对自身专业的性质、标准、价值等的理解、判断、期待与认同，指引着专业人员的思考方式和行为举止。幼儿园教师的专业理念指幼儿园教师"在理解教育工作

83

本质的基础上形成的关于教育的观念和理性认识"①。"专业标准"首次将师德放在首要位置，能够看出我们将幼儿教师德行作为从事本专业的理论支点和根基。同时提倡以幼儿为出发点，幼儿是自理能力和自卫能力相对较弱的个体，幼儿园教师对幼儿的关爱应是一种带有特殊教育意蕴的"母亲之爱"，幼儿园的所有工作均应以幼儿为出发点。强调幼儿教师应树立能力提升及终身学习的理念。

为促使幼儿园教师成为专业人员，构建符合我国国情的高素质幼儿教师队伍，结合《中华人民共和国教师法》《幼儿园教育指导纲要》，我国制定了《幼儿园教师专业标准(试行)》，以更好推动和完善幼儿教师的教育活动。《中国学前教育百科全书·教育理论卷》中指出，"幼儿教师主要是指受社会的委托，在幼儿园或其他幼教机构中对儿童的身心发展施加影响、从事教育和保育工作的相关人员"②。从古至今，对于幼儿教师的理解一直在发生着变化，但一个亘古不变的共同点就是幼儿教师承担着保教幼儿的责任，是儿童人生成长的导师，担负着对幼儿身心发展、思维培养等方面引导的重要职责，陶行知曾说过："在教师手里操着幼年人的命运，便操着民族和人类的命运"。幼儿园教师是履行幼儿园教育工作职责的专业人员，必须经过严格的专业培养与培训，系统掌握学前教育专业相关的专业知识和技能，同时具有良好的职业道德，看似简单却很复杂，很多专业人士认为，从事与幼儿打交道的幼儿教师行业需要有一定的天赋。时代烙印下，隔代教育、留守儿童、独生子女、保姆代育等一系列问题，使作为担负着培养幼儿这一特殊工作的幼儿园教师教育复杂化，他们不能没有正确价值理念的指引。"专业标准"是国家对合格幼儿园教师专业素质的基本要求，是幼儿园教师开展保教活动的基本规范，是引领幼儿园教师专业发展的基本准则，是幼儿园教师培养、准入、培训、考核等工作的重要依据。是幼儿教师专业发展的重要标志和关键维度。

（1）师德为先

习近平总书记在多次重要讲话中提出"教师是立教之本、兴教之源""合格的老师首先应该是道德上的合格者，好老师首先应该是以德施教、以德立身的楷模"。所谓师德，即教师的职业道德，是教师在教育教学工作中必须遵循的各种行为准则和道德规范的总和。师德是社会主义核心价值体系在教育活动中的具体体现，社会主义核心价值体系对师德具有引领和指导作用。幼儿教师作为特殊的教师群体，其师德问题一直是大家关注的焦点问题，师德也是我国制定幼儿教师专业标准和筛选幼儿教师的重要考量标准。"专业标准"明确指出师德为先，同时认为良好的师德应为，"热爱学前教育事业，具有职业理想，践行社会主义核心价值体系，履行教师职业道德规范；关爱幼儿，尊重幼儿人格，富有爱心、责任心、耐心和细心；为人师表，教书育人，自尊自律，做幼儿健康成长的启蒙者和引路人"。

我们一直强调，师德是幼儿教师从事工作的前提，没有了师德作为底线，我们幼儿教师整个专业素质的提升则荡然无存。因此，作为幼儿教师应努力践行社会主义核心价值体系，热爱幼儿、有爱心，同时务必自尊自立。有自我德行约束的思想，不仅要从人的低级层面去满足自我，应具有较高的道德追求，提升自我道德的信心，做有德行的新时代幼儿教师。这也是"专业标准"对每一位幼儿教师提出的角色要求。

（2）幼儿为本

第一，关于对"幼儿为本"的释义。以"幼儿为本"是"以人为本"的科学发展观在幼儿教育上的直接体现，是幼儿园教师应秉持的核心理念。作为幼儿教师应尊重幼儿的个体差异，理解幼儿的心理需求，保障幼儿的合法权益，倾听幼儿的独特想法，以幼儿为出发点，科学合理的设置幼儿园课程，有针对性地进行教育，以幼儿为本原作为进行一切活动的基础，这乃是"幼儿为本"的真谛。

以"幼儿为本"涉及多个方面，也需要多种条件的保证。真正的"幼儿为本"并非是指毫无条件的宠爱奉献，将幼儿作为唯一。众多实践已经证明，脱离了成人良好正确的引导和教育，幼儿的完美发展难以实现。近些年，我们往往走入了一个误区，"幼儿为本"导致了众多泛滥的溺爱，使很多幼儿在人生的早期找不到自我人格的独立，

① 叶澜. 新世纪教师专业素养培养初探［J］.教育研究与实验，1998，（1）：43.
② 卢乐山，林崇德，王德胜主编. 中国学前教育百科全书——教育理论卷［M］.沈阳出版社，1995：157.

发展成为自私自利的成人。真正的"幼儿为本"是在主要教养者与幼儿的互动关系中产生的，教养者良好的亲和力、宽容肯定的教养态度、积极乐观的精神、良好的环境质量是实现"幼儿为本"的根本前提。中国有句"龙生龙、凤生凤、老鼠儿子会打洞"的俗语，是遗传决定论的典型代表。但我们也应从一些谚语中看到很多成人对幼儿发展影响深远的影子，这种影响并非指的是生物学上的遗传，而是指教养方式。因此，我们说主要教养者的理念是是否能够实现以"幼儿为本"的主要参与因素，是基本前提。我们是否将幼儿作为一个独立的个体，是否将幼儿看成是有能力有想法的个体，是否尊重幼儿是独立的个人，是否将其作为独立的个人来与我们互动交流，这应该是"幼儿为本"的重要体现。娇惯纵容并不能与幼儿为本画等号。

第二，关于"幼儿为本"的教育行为准则。"幼儿为本"理念在"专业标准"中的表述是："尊重幼儿权益，以幼儿为主体，充分调动和发挥幼儿的主动性；遵循幼儿身心发展特点和保教活动规律，提供适合的教育，保障幼儿快乐健康成长。""专业标准"中具体规定了在学前教育实践中幼儿教师应遵循的规则，也确保了幼儿在活动中的地位，是主体，应该被尊重，这改变了许多教师以往应"管教，约束"幼儿的观念。

首先，尊重幼儿，以其为本，视其为"人"。"幼儿为本"，首先要做到的是尊重幼儿的权利。"纲要"指出："教育应与幼儿学习特点，身心发展水平相适应，激发幼儿积极主动的学习。"让幼儿变得主动，最重要的是幼儿园的活动要符合幼儿兴趣和发展水平。要让幼儿有"说话"的权利，遇到不喜欢的活动时有说"不"的权利。如果一味按照教师的喜好安排活动，即使取得了良好的活动效果，那幼儿又能得到什么呢？巴学园有一句著名的话："教育是鞋，孩子是脚。"这是李跃儿经过多年的教学实践总结出来的，这充分说明是教育应该适应孩子，而不是孩子应该适应教育。幼儿园活动的制定，应该考虑的是幼儿的兴趣，而不只是美观和所谓的活动效果。

其次，尊重幼儿的独特性和价值。《教师教育课程标准》明确表示幼儿具有极强的想象能力和创造能力，幼儿以游戏的方式来感知外部世界，并在游戏的同时在头脑中形成自己关于周围世界的认知，是人生中极为重要的时期。但是幼儿与成人相比，在抵御外界侵害方面明显能力不足，需要家长，教师，及社会的关注和呵护。幼儿教师应为幼儿提供一个可以任幼儿的思维和想象能力发展的环境，捕捉幼儿发展的关键期，为幼儿适时的提供适当的环境，做一个真正了解幼儿的教师。

最后，促进幼儿和谐，全面地发展。我国教育的根本目的就是使受教育者全面发展，全面发展包括德育，智育，体育，美育等方面的发展。"幼儿为本"的思想引导着我们的教育朝着使每一个幼儿都能得到全面、和谐的发展前景。不能走中小学只重视智育的老路，在幼儿发展最关键的时期，引导幼儿朝着多方面发展努力。幼儿教师应该相信，每一个幼儿都有巨大的潜力，也有全面发展的能力和愿望。当然，全面发展指的并不是像有的家长做的那样，盲目地为孩子报各种兴趣班，最后导致孩子没有兴趣，起到事倍功半的效果。遵循幼儿身心发展规律，把握幼儿兴趣爱好，不灌输，不拔苗助长，而是在幼儿成长的道路上施一点肥，浇一些水。

（3）能力为重

国际教育改革的步伐从没有停歇，人类始终追寻着教育到底应该教会学生什么或是使学生成为什么样的人。教师到底应该具备什么能力始终是我们不断探索并极尽追求的。不同价值取向衍生多元教育理念背景下，我们对教师能力的探讨一直在继续着。"能力为重"在"专业标准"中占有很重要的地位，那么"能力为重"是基于一个什么样的背景下提出的呢？一方面，1996 年提出的教育的四大支柱中有一项是"学会做事""学会做事"越来越被国际重视，这也成了各个国家选拔教师的重要因素之一，身处教师队伍的人们也越来越重视培养自己的能力，以适应瞬息万变的世界；另外一个背景是我国幼儿教师的能力严重欠缺，提出"能力为重"，让各个教师拥有努力提高自己能力的意识迫在眉睫。《纲要》的推行让很多拥有多年教学实践经验的一线幼儿园教师的观念发生转变，这一转变也推动着我国幼儿园课程改革。以往的"孩子围着老师转"的时代已经一去不复返了，转变成为"老师围着孩子转"，切实了解幼儿真正想要的是什么样的教育，从幼儿的角度出发考虑问题，从幼儿的角度出发设置活动。然而，什么才是幼儿教师应该具备的能力呢，每个幼儿园对"能力"的看法也各不相同。有的园所把讲好课，能在活动中有效的"控制"住幼儿视为一种能力；有的幼儿园把弹琴、跳舞等视为一种能力；也有的幼儿园把拥有先进的教育理念，有一颗热爱幼儿的心视为一种能力……可想而知，深化幼儿教育改革的强大阻力之一就是幼儿教师的能力。"专业标准"中提出的"能力为重"是具有重要的意义的，提高幼儿教师能力任重而道远，需要学前教育工作者共同的努力。

（4）终身学习

"终身学习"也是"专业标准"中极为重要的理念之一，幼儿教师应该永远保持着好学之心，不仅要提高自身的知识水平和专业素质，更应该保持国际眼光，把握国内外关于学前教育的先进理念，不断更新自己的观念，以先进的理念和科学的方法进行幼儿教学实践。教师是一个需要不断学习，保持新鲜理念的职业，"终身学习"理念也适应了国际教师发展的大趋势。

终身学习从 20 世纪 80 年代以来被世界各主要国家作为教育改革和发展的基本原则，也有越来越多的人有了"终身学习"的理念，并且能够把"终身学习"的理念付诸实践。它不仅作为一种潮流存在，更作为一种理念深深地植入教育者的灵魂。《国家中长期教育改革与发展规划纲要（2010-2020）》指出，要在 2020 年前建设学习型社会。我们生活的世界日新月异，作为教育者应该保持爱乐之心，乐学之心，向受教育者传递的不应该只是知识，而是这种"终身学习"的精神。2011 年颁布的我国《教师教育课程标准》以"终身学习"为理念，指出"教师是终身学习者"。这是由教师的职业特点决定的，特别是对于幼儿教师来说，我们生活的世界每天都在发生巨大的变化，幼儿接触的新鲜事物也越来越多，智能手机网、平板、电话手表……许多老师要讲授的内容幼儿可能比老师更熟悉，所以幼儿教师更要时刻把握时代前进的方向，紧跟教育发展的指针，树立终身学习理念，树立正确的儿童观，努力提高自身专业化水平和道德素质，才能成为一个无愧于时代的优秀幼儿教师。

2. "基本内容"解读

（1）基本理念与师德

"专业标准"中关于"基本理念与师德"共描述了四个领域、十五个基本要求（以下简称"要求"）：领域一是"职业理解与认识"（1～5 条）。该领域首先从教师整体职业出发进行了描述，如要求 1"贯彻党和国家教育方针政策，遵守教育法律法规"、要求 3"具有良好职业道德修养，为人师表"和要求 5"具有团队合作精神，积极开展协作与交流"；其次，从幼儿教师特有的专业特点出发进行了描述，如基本要求 3"理解幼儿保教工作的意义，热爱学前教育事业，具有职业理想和敬业精神"和要求 4"认同幼儿园教师的专业性和独特性，注重自身专业发展"。领域二是"对幼儿的态度与行为"（6～9 条）。该领域主要从科学儿童观的视角进行了描述。如关爱幼儿、尊重幼儿人格、信任幼儿等，还着重描述了生活教育对幼儿的重要价值。领域三是"幼儿保育和教育的态度与行为"（10～15 条）。该领域从幼儿园教育的基本原则的视角进行的描述。突出了良好行为习惯的养成、好奇心的激发、对环境的作用、实践活动、成人榜样和家园合作等方面做了具体要求。领域四是"个人修养与行为"（16～20 条）。该领域要求幼儿教师要做到内外兼修，内修（见要求 16～19）"四心"（即爱心、责任心、耐心和细心）、乐观的品格、平和的心态、勤于学习的精神；外修得体的衣着、规范的语言和文明的举止（见要求 20）。

（2）专业知识

"专业标准"中关于"专业知识"共计描述了三个领域、十五个要求：领域一是"幼儿发展的知识"。该领域描述了一般幼儿的发展知识和特殊需要幼儿的发展知识。在一般幼儿的发展知识中从大到小进行的描述，首先要求教师了解幼儿生存、发展和保护的相关法律法规（见要求 21）；其次，要求教师了解不同年段，即小班、中班和大班幼儿的身心发展规律和促进其全面发展的策略和方法（见要求 22）；再次，要求教师掌握同一年段幼儿的不同发展水平和速度，了解个人差异，做到因材施教，给予幼儿适宜的教育（见要求 23～24）；最后，要求教师要了解特殊幼儿的身心发展特点，如残疾儿童、单亲家庭儿童，甚至对班级中有特别需要的幼儿，给予适宜的教育（见要求 25）。领域二是"幼儿保育和教育的知识"。该领域从两个方面进行的描述，一个是幼儿园内部教育（见要求 26～29），另一个幼儿园与外部衔接教育（见要求 31）。其中内部教育首先包含了三学和五大领域的教育，即"熟悉幼儿园教育的目、任务、内容要求和基本原则"（见要求 26）和"掌握幼儿园各领域教育的学科特点与基本知识"（见要求 27）。其次，还涉及环境创设、一日生活指导、游戏指导（见要求28）、安全应急预案（见要求29）、了解幼儿的基本方法（见要求30）。外部衔接教育，包括两个方面的衔接，一个是幼儿园与0～3岁婴儿教育的衔接，另一个是幼儿园与小学教育的衔接。要求教师注重衔接意识，了解衔接有关的知识和基本方法。领域三是"通识性知识"。该领域共计描述了四个要求（见要求32～35），首先，是要具备基本的自然科学和人文科学知识，这一点要求教师有学科知识的广度；其次，是了解中国教育的基本情况，这一点要求教师要有国家视野，不能局限在幼儿教育本身；再次，是具有相应的艺术欣赏与表现知识，这一要求注重教师"审美"，从而潜移默化地带动幼儿会表现、会生活；最后，是具有一定的现代信息技术知识，这一点要求教师具备基本的信息检索、课件制作、软件使用的知识。

（3）专业能力

"专业标准"中关于"专业能力"共描述了七个领域、二十七条要求：领域一（总领域八）是"环境的创设与利用"。环境包括心理环境和物理环境两种，其中以心理环境为主。良好的师幼关系的建立、良好的班级秩序的形成、有利于幼儿成长的教育环境都是心理环境的体现（见要求36～39）。物理环境主要体现在玩教具和学习材料的创设能力上（见要求40），该能力作为幼儿教师的显性能力一直备受青睐。领域二（总领域九）是"一日生活的组织与保育"（见40～43）。该领域凸显了一日生活各环节的安排、一日生活的科学照料、生活中的随机教育，还提出了在危险情况下优先救护幼儿。关于如何科学合理的安排幼儿的一日生活，该内容在《幼儿园教育指导纲要（试行）》有实施策略，详见其第三部分第九条。领域三（总领域十）是"游戏活动的支持与引导"。游戏是幼儿最基本的活动，但如何指导幼儿游戏，确实一个难题。"专业标准"中从游戏的依据、游戏的条件、游戏的内容、游戏的目的四个方面做了具体要求。游戏依据是"提供符合幼儿兴趣需要、年龄特点和发展目标的游戏条件"（见要求44）；游戏条件是"充分利用与合理设计游戏活动空间，提供丰富、适宜的游戏材料，支持、引发和促进幼儿的游戏"（见要求45）；游戏内容是"鼓励幼儿自主选择游戏内容、伙伴和材料，支持幼儿主动地、创造性地开展游戏，充分体验游戏的快乐和满足"（见要求46）；游戏目标是"引导幼儿在游戏活动中获得身体、认知、语言和社会性等多方面的发展"（见要求47）。领域四（总领域十一）是"教育活动的计划与实施"。该领域强调教育活动计划的制定和实施情况。其中阶段性教育活动计划（见要求48）目前幼儿园中仅限于有学期计划、月计划、周计划和周计划里的日计划，没有年段计划和三年六个学期的宏观计划。[①]教育计划的实施要求教师给予适宜的指导、提供适宜的教育方式、促进幼儿主动学习。（见要求49～51）。领域五（总领域十二）是"激励与评价"。该领域呈现了激励和评价两个方面的内容。激励幼儿如"关注幼儿日常表现，及时发现和赏识每个幼儿的点滴进步，注重激发和保护幼儿的积极性、自信心"（见要求52）；评价幼儿时，要求教师要在全面了解幼儿的基础上进行，如"有效运用观察、谈话、家园联系、作品分析等多种方法，客观地、全面地了解和评价幼儿"（见要求53），并指出评价的结果是为了更好地开展下一步的教育活动，如"有效运用评价结果，指导下一步教育活动的开展"（见要求54）。领域六（总领域十三）是"沟通与合作"（见要求55～59）。该领域要求教师要同幼儿、同事、家长、社区进行沟通。其中与幼儿的沟通包括说和听两个方面，说是要"使用符合幼儿年龄特点的语言进行保教工作"，听是要"善于倾听，和蔼可亲，与幼儿进行有效沟通"。另外，"专业标准"还要求教师与同事进行经验和资源的分享，与家长进行有效的沟通，协助幼儿园与社区建立良好的关系。领域七（总领域十四）是"反思与发展"。该领域有三个基本要求（见要求60～62），一是要求对教师自己曾经的教学进行"回头看"，总结经验改进保教；二是针对保教中的现实问题，进行探索和研究；三是通过制定专业发展规划和参加培训等方式提高自身的专业素养。

"专业标准"在上述"专业能力"中所描述的七个领域，其实质是合格的幼儿教育应该具备的七种能力。

3. "实施建议"解读

"专业标准"在"实施建议"中提到了四个责任人：第一个是各级行政部门。要求各级行政部分要做好"专业标准"推行的相传和督导工作。具体表述为"各级教育行政部门要将"专业标准"作为幼儿园教师队伍建设

---

① 孟庆玲，李阳.幼儿园领域教学时序表的研制策略［J］.呼伦贝尔学院学报，2018（4）.

的基本依据。根据学前教育改革发展的需要，充分发挥"专业标准"引领和导向作用，深化教师教育改革，建立教师教育质量保障体系，不断提高幼儿园教师培养培训质量。制定幼儿园教师准入标准，严把幼儿园教师入口关；制定幼儿园教师聘任（聘用）、考核、退出等管理制度，保障教师合法权益，形成科学有效的幼儿园教师队伍管理和督导机制"。第二个责任人是高等院校。要求高等院校要以"专业标准"为依据进行幼儿教师的职前培养和职后培训。具体表述为"开展幼儿园教师教育的院校要将"专业标准"作为幼儿园教师培养培训的主要依据。重视幼儿园教师职业特点，加强学前教育学科和专业建设。完善幼儿园教师培养培训方案，科学设置教师教育课程，改革教育教学方式；重视幼儿园教师职业道德教育，重视社会实践和教育实习；加强从事幼儿园教师教育的师资队伍建设，建立科学的质量评价制度"。第三个人责任是幼儿园。要求幼儿园要以"专业标准"为依据进行教师管理。具体表述为"幼儿园要将"专业标准"作为教师管理的重要依据。制定幼儿园教师专业发展规划，注重教师职业理想与职业道德教育，增强教师育人的责任感与使命感；开展园本研修，促进教师专业发展；完善教师岗位职责和考核评价制度，健全幼儿园教师绩效管理机制"。第四个责任人为幼儿教师本身。要求幼儿园教师要将"专业标准"作为自身专业发展的基本依据。如"幼儿园教师要将"专业标准"作为自身专业发展的基本依据。制定自我专业发展规划，爱岗敬业，增强专业发展自觉性；大胆开展保教实践，不断创新；积极进行自我评价，主动参加教师培训和自主研修，逐步提升专业发展水平"。

第三节　幼儿园教师师德教育

"专业理念与师德"是"专业标准"的灵魂。因此文中对幼儿教师师德问题进行了深度梳理。近年来，我们党和政府高度重视学前教育，教育主管部门先后颁布了《幼儿园管理条例》《幼儿园工作规程》《幼儿园教师专业标准（试行）》《国务院关于当前发展学前教育的若干意见》等相关政策法规，为学前教育领域培养大批合格师资提供了良好保证，极大地促进了学前教育事业的健康发展。但是，幼儿教师体罚、虐童等不良的新问题也频繁出现，社会舆论的谴责给学前教育事业发展带来极其不良的影响。由于我国尚缺乏统一、强制性的《幼儿教师职业道德规范》，无形中给部分幼儿教师作出"越规"行为提供了土壤，导致诸多不应发生的事情。相较于其他教学阶段，幼儿教育有其独特性，一日生活中，幼儿教师与幼儿整日待在一起，幼儿年龄小，并无太多自保能力，因此，对于幼儿教师的职业道德及行为就必须严格。国外的诸多经验值得我们借鉴，这些经验对于规范幼儿教师的工作行为及态度，提高幼儿教师职业道德素养具有指导作用。

一、幼儿教师职业道德概述

1. 幼儿教师职业道德的内涵

良好的职业道德，是每位幼儿教师必备的重要素质。幼儿教师的职业因其教育对象、内容、方式的不同具有一定特殊性，作为幼儿教师，在复杂的本职工作中会逐渐产生与其职业相关的道德责任感，由此形成了幼儿教师所应具备的职业道德。这种对于职业的道德情怀、理想与准则，能够使幼儿教师更好地胜任学前教育工作。[1] 幼儿教师的职业道德是随着幼儿教师这一行业的产生和发展而来，尽管都是教师，但各层次教师又各有各的职业道德。"职业道德是指从事一定职业的人们在履行其职责的过程中，在思想和行为上所应当遵循的行为规范及心理意识、行为活动的总和。"[2] "教师职业道德是指教师在从事教育劳动和履行其职责时必须遵守的行为准则和规范的总和。"[3] 幼儿教师的职业道德与其专业修养息息相关，是这一行业社会价值及人类伦理道德的重要体现。幼儿教育具体实践涉及不同的相关利益关系，幼儿教师必须善于并有能力调整教育过程中的多种关系，师幼关系、师师关系、家园关系等。在"爱"和"给予"的基础上，用良好的人格特质与职业操守，尽心尽力、无私地为幼

---

① 楚翘. 当前幼儿教师职业道德研究［D］. 齐齐哈尔大学，2015.

② 张耀灿. 思想政治教育学原理［M］. 高等教育出版社，2001：150.

③ 李燕杰，王殿卿. 德育辞典［M］. 湖北辞书出版社，1987:107.

儿发展和成长奉献。同时还要树立崇高的职业目标，以为祖国建设接班人奠基为己任，理性、客观、正确地处理教育工作中的多种道德关系，并自觉地遵守幼儿教师的职业道德规范，不断地提升自身的职业道德水平。

2. 幼儿教师职业道德的特征

职业特性使幼儿教师职业道德有其自身独有的特征，主要体现在示范性、自觉性以及广泛性三个方面。首先，道德行为的示范性。陈鹤琴老先生曾指出"热爱儿童是做一个优秀教师的起码条件，教师的一言一语、一举一动，无形之中都会深刻地影响儿童的。"教师的言行对学前儿童具有重要的示范作用，学前儿童认知能力和思维能力发展水平较低，辨别是非的能力较弱，同时又具备模仿能力强和向师性的特点。在日常的师幼活动中，幼儿会潜意识地将教师作为自己的榜样来加以模仿，作为自己行为的标杆。因此，幼儿教师的示范性尤为重要，良好端正的行为是树立幼儿教师职业道德的重要考量，作为幼儿教师要言传身教、以身作则，在工作中为幼儿树立良好的榜样示范作用，促进幼儿让良好道德的培养。其次，道德意识的自觉性。幼儿教师并非只有传道、授业、解惑那么简单，更应是文化传承的重要桥梁。太阳底下最光辉的职业，这对于幼儿教师来说准确而又责任重大。因为，幼儿教师不仅应肩负起培养幼儿能力、开发智力潜能。更应是儿童人生路的指向标，是幼儿树立正确人生观、健康的道德意识的重要他人。幼儿教师要能将人之初的幼儿向社会人转变的平稳过渡，在教育过程中，是幼儿获得良好正确的道德价值观念，良好的道德品质。在这里，作为幼儿教师必须具备自主培养和传播良好道德的意识，并为此付诸行动。在日常活动中时刻注意自身的角色定位，自觉维护幼儿教师职业道德，主动地践行应有的职业道德。

再次，道德影响的广泛性。职业道德伴随社会职业而生，是某一职业与社会互动关系冲突时，形成的符合社会规范独特准则。形形色色的职业对社会有不同的影响。学前教育做基础教育的奠基部分，教育对象的低龄化，因此对于人的一生成长具有重要的影响，对个体道德的形成和发展起到基础作用。同时，幼儿教师几乎每年都要接触不同职业类型的家长，其职业行为规范具有很大的扩散效应，对社会的影响具有辐射作用。相较于现今中国家庭学龄前儿童数量较少的情况，家长更倾向于去关注幼儿教师的道德规范和行为，社会媒体对此也尤为热衷。作为幼儿教师应时刻注意自己的言行，因自己的言行在幼小儿童和整个社会都在传递，其影响具有很强的广泛性。

3. 幼儿教师职业道德规范的内涵

目前，对幼儿教师职业道德规范概念的探讨较多，幼儿教师的师德、专业伦理、职业道德等字眼总是和幼儿教师职业道德规范同时出现。对于幼儿教师职业道德规范尚无统一的概念，部分学者认为，幼儿教师职业道德规范是指幼儿教师在日常的教学工作中应遵循的道德准则和行为规范。还有的学者认为幼儿教师职业道德规范是从事学前教育职业的人所应当遵循的准则和必备品德的总和。它是幼儿教师行业的特殊道德要求，是调整幼儿教师与幼儿、幼儿教师与同事、领导、家长，幼儿及幼儿教师与社会其他方面关系的行为准则；他从道义上规定了幼儿教师在教育过程中应该以什么样的态度、思想、情感和待人接物、处理问题，为社会尽职尽责。[①]总体而言，其概念涉及以下几个方面：首先，幼儿教师职业道德规范与幼儿教育工作性质紧密相连，教育及教育对象的特殊性要求教师应具备的道德行为和榜样示范；其次，幼儿教师职业道德规范与整个社会道德紧密相连，职业道德规范符合社会道德规范，同时具有深远性和扩散性的特点。

二、幼儿教师职业道德规范发展沿革

1. 国外幼儿教师职业道德规范理论发展沿革

关于幼儿教师职业道德规范的问题，国外诸多教育家、思想家、哲学家进行过较深层次的探讨，很多观点和论述都很有见地，并具有较强的实践性。一些理念和思想时至今日仍然具有重要的借鉴意义。

第一，近代幼儿教师职业道德规范的理论发展。近代教育主要反映资产阶级的意志。这一时期，在关注人

---

① 陈冬梅.我国幼儿教师职业道德规范研究.武汉工程大学，2014:4.

的自由的同时，教育者们倡导"儿童中心"的理念，秉承以幼儿为本、为主体的观点，这使得幼儿教师的教学及承担的任务发生了很大变化，要求一名教师的专业素质更加系统和全面。同时，幼儿教师职业道德规范的要求则更为严格、细致、具体，一名幼儿教师要保证幼儿学习知识的同时，能更好地促进学生的全面发展。对于这一观点，各国教育学者都有思考，例如美国教育家杜威提出我们应以儿童为中心，关注儿童的想法，关注儿童的生活，重点培养儿童生活的知识和技能，使儿童具备生存的基本技能。英国受传统教育和文化的影响，更加强调绅士的培养，同时促进社会性、语言交流与读写、创造性等方面的发展。瑞士教育学家斐斯塔洛齐指出对于幼儿的教育应该更加贴近自然法则，教育的目的就是引导儿童向善，在善的前提下，促进幼儿全面的发展。法国教育学家卢梭提倡自然主义教育，他认为，对于幼儿的教育应该顺其自然，让幼儿在自然中按照自然的规律茁壮成长。德国教育学家福禄培尔也赞同自然教育，教育就是依据幼儿的天性自然地成长。

近代西方强调儿童自身价值和儿童中心的地位，提出遵循自然、适应自然的教育理念，总体而言，对幼儿教师职业道德规范方面要求教师更多倾向于儿童中心，但实际上，这一时期在幼儿教师职业道德规范方面缺少严格规制，诸多教育理念操作性并不强，因此，较难形成系统的规范条文。另外，资产阶级的多样性特征来看，也有部分学者认为，对于儿童应该采取一些强制的手段，否则一些良好习惯及行为的形成，就会比较困难，因此，这一时期的幼儿教师职业道德规范不够具体。

第二，现代幼儿教师职业道德规范的理论发展。现代以来，国外幼儿教师职业道德规范的阐述散落在伦理学中，更准确地说，一些关于幼儿教师职业道德规范的内容我们能够在教育伦理学中参见，而教育伦理学著述相对较晚。日本关于幼儿教师职业道德明确要求较早，明治维新后，日本对幼儿教师的要求除重视学历标准外，重点强调幼儿教师对儿童人格的熏陶，提出了对幼儿教师职业道德的较高要求，社会各界将幼儿教师职业作为专业性职业。苏联的幼儿教师职业道德规范更加注重教师的集体主义奉献精神，关注教师本身的道德素养，要求幼儿教师日常应注重自身的言行举止，认为幼儿教师的言行影响幼儿一生。同时，还注重对待幼儿一视同仁的平等思想，要求教师具备丰富的幼儿教育知识，从而保证良好的学前教育力量。美国现代幼儿教师职业道德规范的发展可以追溯到 20 世纪初，总体而言侧重实践，提出幼儿教师应具备的人格特质，教育机构提出了诸多幼儿教师的道德规范，来规范幼儿教师的职业行为。到了 20 世纪 60 年代，美国对于幼儿教师的职业道德要求已经形成了正式的文件，即《教育职业伦理准则》，这一规范是当时评估幼儿教师道德的重要行规。之后，在幼儿教师职业道德规范方面的研究又有了诸多的突破，是比较早制定幼儿教师职业道德标准的国家。总体而言，国外的教育学者及教育主管部门对于幼儿教师职业道德规范的阐述较丰富，对于幼儿教师的职业道德规范或是伦理很是重视，同时对于师幼关系，教师自身内在品质素养等都有较多的关注，这就为其本国幼儿教师职业道德规范建设，整个学前教育的质量提供了重要保障。

2. 国内幼儿教师职业道德规范理论发展沿革

第一，近代幼儿教师职业道德理论发展。近代以来，我国诸多学者对于幼儿教师职业道德规范的理论进行了论述，比较有代表性的有梁启超、鲁迅、陶行知、陈嘉庚等教育家。其中众所熟知的梁启超先生十分重视幼儿教师的职业道德，他在长沙任总教习时，制定了一个《湖南时务学堂学约》，提出了十条对幼儿教师职业道德规范的要求，"立志、养德、治身、读书、穷理、学文、乐群、摄生、经世、传教"。鲁迅先生则主张一名幼儿教师除教授儿童知识之外，更应该是儿童人格的熏陶者，良好道德的引导者、优良精神的塑造者，作为教师应该是幼儿着力模仿的对象。而教育家陶行知则认为，幼儿教师应具有为自己与国家事业奉献的精神，承担教育的使命，这个过程中的种种行为无疑对儿童也是一种精神的熏陶。华侨陈嘉庚在自己创办的幼稚园中强调，幼儿教师应该把教育的精神全部集中在儿童身上，做儿童的灵魂伴侣，给予儿童爱的教育，与儿童一起完成成长，做一名走进儿童心里的教师。

第二，现代幼儿教师职业道德理论发展。徐特立根据马克思主义的基本原理，辩证地继承发扬了诸多教育家的先进思想，高度重视儿童的教育，特别注重教师的品格培养，关注师幼关系中教师尊重、理解幼儿的理念。教育家叶圣陶先生认为，幼儿教师除应有专业的理论基础知识外，更应学高为师，身正为范，积极修习自己的品德修养，做到德才兼备，才能胜任儿童教育的工作，才能做到良好的师生互动，才能发挥教育的力量，才能提升教育的质量，正是"其身正，不令而行，其身不正，虽令不从"。这些幼儿教师道德规范，是在原有历史基础之上，传递、交流、舍弃、选择、创新等多次的遴选中继承下来的，既离不开原有幼儿教师职业道德的基底，也离不开新的幼儿教师道德理念，这都是新时期幼儿教师所应该遵守的道德标准和道德规范。

研究者对幼儿教师职业道德规范的理解仁者见仁、智者见智。部分学者把幼儿教师职业道德作为幼儿教师应该遵循的原则和规范，比如顾明远教授等；还有部分学者认为道德品质、道德修养幼儿教师必备的职业道德，甚至把具有价值取向的教育观、儿童观、世界观等纳入幼儿教师职业道德。也有人认为幼儿教师职业道德规范应是上述两种相互融合，既是准则规范又是必备的情操和品质。纵观学者研究，我们发现关于幼儿教师职业道德的研究有其时代的烙印，有局限性，也有共通性。笔者认为，各时代对幼儿教师职业道德的研究关注点稍有差异，但总体的走向是，对幼儿教师职业道德规范的内容在逐渐拓宽，对幼儿教师的职业道德要求越来越严格。

三、美国 NAEYC 幼儿教师伦理操守准则的特点及启示

1. 美国 NAEYC 幼儿教师伦理操守准则概述

全美幼教协会（National Association for the Ed-ucation of Young Children ，简称 NAEYC）是世界具有较大规模和影响力的儿童教师专业组织，它成立于 1926，旨在通过个体和团体的努力，使每一位儿童健康的发展。自 20 世纪 70 年代起，该组织就致力于制定幼儿教师伦理操守准则，经过多次修订补充颁布了《伦理操守准则与承诺声明》，该文本由三个主要部分组成，分别是核心价值观、理想目标和原则、承诺声明。

2. 美国 NAEYC 幼儿教师伦理操守准则的特点

（1）多维度的文本结构。经过多次修缮，美国 NAEYC 幼儿教师伦理操守准则的文本结构更加细致全面。其基于人际关系划分了四个维度维，分别是对儿童的伦理责任、对家庭的伦理责任、对同事的伦理责任以及对社区和社会的伦理责任。

表 4-1 NAEYG 幼儿教师伦理操守准则的内容维度 [1]

内容维度	对儿童的伦理责任
NAEYC 幼儿教师伦理操守准则	对儿童的伦理责任
	对家庭的伦理责任
	对同事的伦理责任
	对社区和社会的伦理责任
	对儿童的伦理责任
项目管理人员的伦理责任	对家庭的伦理责任
	个人的伦理责任
	对支持赞助商和主管部门的伦理责任
教师教育工作者的伦理规范	对成人教育者的伦理责任
	对实习站点的伦理责任
	教师教育工作者的伦理规范 对提供培训的高等学校培训机构的伦理责任
	对同事的伦理责任
	儿童和家庭的伦理责任
	对社区、社会和早期儿童教育领域的伦理责任

（2）多层次严谨的内容。NAEYC 的幼儿教师伦理操守准则与承诺声明中，依据不同的关系分为两个层面，均有"理想目标"与"原则"的划分。顾名思义，就是伦理规范中我们想要达到的终极目标，也是最理想的状态，是对幼儿教师道德规范很高的精神追求，反映人们期望的幼儿教师德行规范。如在"理想目标"当中就有很多这样的表述："认识和尊重每一个儿童独特的品质、能力和潜能"（理想目标第 3 条）；又如，"支持每一个儿

---

[1] 姬生凯. NAEYC 幼儿教师伦理操守准则与承诺声明的演进与启示 [D] . 浙江师范大学，2014:39.

童在融合环境中游戏和学习的权利，满足正常或是残疾儿童的需要"（理想目标第6条），这其实是一些想要抵达的方向①。与理想目标相对应的就是原则问题，主要用于指导实践，也就是提出了在实践过程中遇到真实的问题时，幼儿教师要有一条"基准线"，这条线是幼儿教师通常情况下需要达到和应该完成的。如"当我们有充足的理由来怀疑儿童受到虐待和忽视时，我们应该向有关社区机构报告，并且持续关注，来确保是否已经采取了合适的行动"。必要情况下，家长、监护人应该被告知此事准备或者已经向有关部门报告。②"原则"往往具有很强的可操作性，指明幼儿教师应该做什么，如何去做？不应该做什么，如何避免？比如，原则中第一条强调："无论如何，我们不能伤害儿童"③，这就为幼教工作者设置了一条伦理底线。

表4-2　NAEYC幼儿教师伦理操守准则的层次分析④

规范层次	主要功能	常用词	最终指向	操作程度	评价难度	文字表达
理想目标	激励	提倡、需要	个人思想、情感态度	难操作	难评价	较抽象
原则	指导	必须、应该	具体行为标准	易操作	易评价	较具体

再者，这些原则极好理解，在实践中容易与教师的实践相结合，也易于考核评价。

（3）多渠道大力宣传。NAEYC的幼儿教师伦理操守准则作为全美幼教协会的最著名的声明之一，除了准则本身严格细致以外，与它的大力宣传密不可分。为此文的推广，美国特为其制作了相应的网站，民众可到网站随意下载，同时网站推送诸多与之相关的文件资料宣传，即时新闻等也随时更新，正是因为大力的宣传，幼儿教师伦理操守准则在能够如此成功地为众人所知。除了电子网站，全美幼教协会还利用实体图书及实体店来推广和分享，杂志《儿童》（Young Children）就对每次对幼儿教师伦理操守准则进行宣传，这种宣传，除了文本以外，还会向读者提出一些问题，引发讨论。为了操守准则更好的为人们熟知，全美幼教协会做了大量的工作。

（4）多次精细化修缮。NAEYC的幼儿教师伦理操守准则的制定还有一个极其显著的特点，就是在实践中不断的多次修缮和补充。可以说，"准则"是一个"活文本"，每次在文本制定之后，网站推广或是实践运用中，都是其不断完善的开始。参与完善的人群由最初的制定者、到后来的幼儿、社会团体、家长等等全社会各界人士，众人的意见通过讨论之后若是合理并科学就会在文本中增减或是修改。全美幼教协会还会依托全球教育的新趋势、新理念，逐步调整准则。比如：在全美幼教协会专业伦理准则2011年的版本中第一部分，原则第三条就提到："我们不应该因为性别、种族、国籍、移民地位、首选的家庭语言、宗教信仰、治疗状态、残疾程度或是婚姻地位、家庭结构、性取向或是宗教信仰和其他的家庭联盟是否相同将他们排除在活动之外。"⑤为了适应社会变化和教育需求，增加了移民地位、首选的家庭语言这两项内容；在2005年，全美幼教协再一次对准则进行了21世纪最大的一次修订，基于早期教育的新形势和挑战，将"尊重儿童、家庭和同事的多样性"加了进来。后期又根据一些实地调研，增加了很多具有伦理特性的精神层面的东西，这一准则类似于一个教师的保教行为指南，教师可以利用它找准自己的前进方向，指导自己有所为有所不为。

3. 对我国幼儿教师专业伦理规范制定的启示

（1）幼儿教师专业组织应该作为行业的引领

专业组织要在制定教师专业伦理规范的工作中发挥更大作用，其首先应该意识到伦理规范与道德要求对幼儿教师专业组织的重要意义，因为凡是称之为教育的活动，就已经将伦理道德的评价内含于其中，⑥作为一个有

---

①　姬生凯. NAEYC幼儿教师伦理操守准则与承诺声明的演进与启示［D］.浙江师范大学，2014:40.

②　NAEYC（2011）. Code of ethical conduct&statement of commitment ［EB/OL］. www. naeyc. org/positionstatements/ethical conduct. ，2013－10－20.

③　NAEYC（2006）. NAEYC'S Code of Ethical Conduct ［J］.Young Children，2006（3）:56－60.

④　姬生凯.NAEYC幼儿教师伦理操守准则与承诺声明的演进与启示［D］.浙江师范大学，2014:41.

⑤　NAEYC（2011）. Code of ethical conduct&statement of commitment［EB/OL］. www. naeyc. org/positionstatements/ethical conduct.，2013－10－20.

⑥　Peters R S. Ethics and education［M］. Scott，Foresman，1967: 23－45.

特殊意义的行业，必须要有自己的"行规"，也就是要有自己的行业制度和规范。某一行业的规章制度严密程度与本行业的发展层次极度相关，"每一个致力于获得专业地位的行业都尝试发展出一套专业伦理守则"。[1]所以，幼儿教师的相关专业组织必须建立自己的完善制度与规范。同时在专业规范制定时要争取组织内部群体的一致意见，只有内部人员自身参与的，那么在实践过程中大家才会自律，去遵守，去践行。因此，我们首先应该成立相应专业组织，然后严控组织成员，并对成员进行培训，实现共同的追求目标。专业组织要做诸多的工作，首先作为一个部分推动政府的决策。以专业组织之名，争取政府的重视，使组织制定的规范更有效力；其次，基于一线或是调研，获取更丰富的资料，引领全行业来分析解决现实存在的诸多伦理问题，群策群力，展开大范围讨论，使全行业形成一股劲儿，带动本行业的发展。

（2）准则文本应该具有较强可操作性

事实告诉我们，把幼儿教师的专业伦理当作口号似的，放在一个空泛的文本中没有什么实际意义，不从幼儿教师的实际出发，不考虑现实幼儿园的基本情况，单纯论述伦理问题，是很难走入幼儿教师的个体，也就很难实施。纵观全美幼教协会幼儿教师伦理操守准则与承诺声明，他们把解决实践中的现实问题放在了准则的首位，把能够解决实际问题放在最重要的位置。我们知道，伦理作为一种高的伦理品质的形成是经过由认识到认同、由观念到信念、由行为到习惯的过程，特别需要把伦理准则与规范从悬在半空中的空洞说教落实到幼儿教师实际操性的实践当中[2]，因此，准则的操作性就显得尤为重要，这也是全美幼教协会的特点，准则将诸多内在品质通过外在行为显现来考察，是很多伦理"看得见，摸得着"，以此来加强实操性，做到真正的解决实际问题。

我国尚缺乏独立的幼儿教师专业准则和伦理规范，大部分相关要求见于《中小学教师职业道德规范》。从规范的制定部门、参与人员来讲，确实有些专业特性和实践特性突出不明显，因此一些"爱岗敬业""教书育人""为人师表""终身学习"等字眼在实际的幼儿教师工作中并不具备极强的可分化的可操作性，因此这些极好的号召不能作为实际的指令来引导教师朝向好的伦理行为迸发，也起不到应有的约束作用，对于规范教师的职业道德也欠缺。因此，一个好的幼儿教师专业伦理规范，一定要基于幼儿教师的实践，基于幼儿教师的考虑。总而言之，我国幼儿园教师专业伦理规范的建设要从"理想"状态回归"现实"状态，从高号召转向亲实践。

（3）文本内容严密全面

伦理规范的内容，本身就应该是严谨细致的，全美幼教协会颁布的准则条目相对清晰，各种关系明确，内容阐释全面。相对而言，国内的相关规范层次不清、条目重叠、主体不一等现象就比较多。另外，我国部分教师规范表述空泛，高而远，但离实际较远。因此，学习和借鉴全美幼教协会针对不同的"关系维度"设置不同的目标，强化理想状态和现实近况的结合，规范的细致、层次、可操作性局有着重要的意义。

（4）积极推广和宣传

一则专业伦理规范，只有能够使"所有人感觉到其内容表达了自己的理想和情感"的时候，它才能被人们维护。[3]伦理规范制定后，并不代表着结束，相反地，这仅仅是规范得以发挥作用的开始。因为只有一个规范能够被幼儿教师所遵守和应用的时候，才代表着伦理规范起到了本该起的作用，约束教师行为、保护对象利益、指导教师行为实践，这才是一个伦理规范最大的使命。要让一则伦理规范、道德规范完成这一使命，就需要所有的幼儿园老师都能够了解这一规范最终的内容；能运用类似的规范指导实践。这就对后续规范的宣传教育提出了要求。全美幼教协会在对自己专业伦理规范的宣传方面做得很好，最早在1977年就开始尝试着把最初的《声明》印在每一个会员名片的背面。[4]这样一种宣传的方式方便每个会员及时查看，并且随时随地就做了宣传。印在会

① 拉尔夫·多戈夫等著，隋玉沾译.社会工作伦理：实务工作指南［M］.中国人民大学出版社，2005:32.
② 姬生凯.NAEYC幼儿教师伦理操守准则与承诺声明的演进与启示［D］.浙江师范大学，2014:49.
③ 爱弥尔·涂尔干著.渠东，付德根译.职业伦理与公民道德［M］.上海人民出版社.2006:33.
④ hecney S. Freeman N K. Hthics and the earh'childhood educator: Using the NAHYC Codel［M］. National Association for ihe Education Young Children，1999.

员名片上的举动一直维持到 1992 年，在后来宣传的途径被大大拓展。全美幼教协会的专业会刊《儿童》（young children），全美幼教协会的官方网站（www.naeyc.org）在特定的时间与专题内均用大量的篇幅来对新公布、新讨论的专业伦理规范进行宣传。另外，在全美幼教协会的官方网站，伦理规范的还用不同的文字来呈现，以让不同文化背景下的受众都能看到并看懂。

我们在对已经制定好的幼儿教师专业伦理规范进行宣传之时，可以借鉴全美幼教协会一系列的宣传方法，在教师专业组织的各种刊物上、网站上都可以刊登相应的规范及文件。更可以制定小的宣传册，发放到一线幼儿教师的手中，这样更便于幼教工作者在遇到"两难"问题时随时翻阅。同时，在伦理规范制定完了之后，幼儿教师专业组织需要有针对地开展各类型的教育活动。这样的教育活动可以分为多种，如可以对新入职的幼儿教师进行专门内容的介绍与培训，也可以就幼儿教师实际保教活动中遇到的各种伦理问题进行案例剖析与疑难解答。

（5）制定过程中要在关注实证的基础上积极交流互动

首先，伦理规范的制定要关注实证研究。纵观国内对幼儿教师专业伦理的探索，绝大部分内容均是关于理论的讨论，大部分都把关注的焦点放在了幼儿教师专业伦理规范在理想"应然"状态的讨论，而真正专业伦理规范的研究本应该关注幼儿教师实然的状态。NAEYC 的幼儿教师伦理操守准则与承诺声明在制定、实施、完善修订之前无一不是进行了大量的实证研究，同时我们也需要通过自己的专业平台（网站和杂志）进行广泛调查。实证的研究与广泛宣传主要有两个方面的作用：其一，搜集尽可能多的数据信息，可以为后续伦理规范的草拟与制定提供充足的数据支撑。其二，搜集的本身也是宣传规范、号召参与的过程。试想当一个准则大家都了解了它的来龙去脉的时候，在情感上也更愿意去接受、更愿意去践行。

其次，关注与行业内外各层人员的交流与互动。在集思广益，接纳各方意见之后，更应该使自己制定出来的规范更具科学性与可接受性。同时，这样更能够在讨论交流环节及早发现准则中存在的问题，以及时纠正，提高效率。全美幼教协会幼儿教师专业伦理规范制定过程中囊括了多方精英，既有像丽莲·凯兹（Lilian Kate）这样的幼教权威，也有像肯尼斯（Kenneth Kjnis）这样的专业伦理学家作为研究顾问；既有广大一线的全美幼教协会的会员，也有层层董事会、伦理委员会的参与。在集思广益、广泛探讨的过程中既使伦理规范能代表各方的意见，又让整个协会内部联系更加紧密。后续规范的宣传之所以能够在多平台、多部门的通力合作下完成，与前期各部分的彼此交流密切相关。同时，有关伦理规范的互动与交流更要疏通渠道，让上下沟通更加方便。可在专业期刊上开拓专题，专门对相关伦理问题及规范准则文本进行讨论，更可定期在年会上组织专业的伦理问题研究小组深入讨论，倾听更多来自一线的声音，汲取更生动鲜活的实践经验。

课后习题

1. 描述《幼儿园教师专业标准（试行）》出台的背景及其知识结构。
2. 《幼儿教师专业标准（试行）》的"基本内容"包括哪几个维度？
3. 如何理解"专业理念与师德"维度中的四个领域？
4. 作为一个幼儿园教师应具备哪些专业知识和专业能力？
5. 描述美国 NAEYC 幼儿教师伦理操守准则带给我们的启示。

我的说说

附录原文

《幼儿园教师专业标准（试行）》①

为促进幼儿园教师专业发展，建设高素质幼儿园教师队伍，根据《中华人民共和国教师法》，特制定《幼儿园教师专业标准（试行）》（以下简称"专业标准"）。

幼儿园教师是履行幼儿园教育教学工作职责的专业人员，需要经过严格的培养与培训，具有良好的职业道德，掌握系统的专业知识和专业技能。"专业标准"是国家对合格幼儿园教师专业素质的基本要求，是幼儿园教师实施保教行为的基本规范，是引领幼儿园教师专业发展的基本准则，是幼儿园教师培养、准入、培训、考核等工作的重要依据。

一、基本理念

1．师德为先

热爱学前教育事业，具有职业理想，践行社会主义核心价值体系，履行教师职业道德规范，依法执教。关爱幼儿，尊重幼儿人格，富有爱心、责任心、耐心和细心；为人师表，教书育人，自尊自律，做幼儿健康成长的启蒙者和引路人。

2．幼儿为本

尊重幼儿权益，以幼儿为主体，充分调动和发挥幼儿的主动性；遵循幼儿身心发展特点和保教活动规律，提供适合的教育，保障幼儿快乐健康成长。

3．能力为重

把学前教育理论与保教实践相结合，突出保教实践能力；研究幼儿，遵循幼儿成长规律，提升保教工作专业化水平；坚持实践、反思、再实践、再反思，不断提高专业能力。

4．终身学习

学习先进学前教育理论，了解国内外学前教育改革与发展的经验和做法；优化知识结构，提高文化素养；具有终身学习与持续发展的意识和能力，做终身学习的典范。

二、基本内容

维　度	领　域	基本要求
专业理念与师德	（一）职业理解与认识	1．贯彻党和国家教育方针政策，遵守教育法律法规。 2．理解幼儿保教工作的意义，热爱学前教育事业，具有职业理想和敬业精神。 3．认同幼儿园教师的专业性和独特性，注重自身专业发展。 4．具有良好职业道德修养，为人师表。 5．具有团队合作精神，积极开展协作与交流。
专业理念与师德	（二）对幼儿的态度与行为	6．关爱幼儿，重视幼儿身心健康，将保护幼儿生命安全放在首位。 7．尊重幼儿人格，维护幼儿合法权益，平等对待每一位幼儿。不讽刺、挖苦、歧视幼儿，不体罚或变相体罚幼儿。 8．信任幼儿，尊重个体差异，主动了解和满足有益于幼儿身心发展的不同需求。 9．重视生活对幼儿健康成长的重要价值，积极创造条件，让幼儿拥有快乐的幼儿园生活。

① 教育部．幼儿园园长专业标准［S］．教师〔2015〕2号，2012.

95

维 度	领 域	基本要求
专业理念与师德	（三）幼儿保育和教育的态度与行为	10. 注重保教结合，培育幼儿良好的意志品质，帮助幼儿养成良好的行为习惯。 11. 注重保护幼儿的好奇心，培养幼儿的想象力，发掘幼儿的兴趣爱好。 12. 重视环境和游戏对幼儿发展的独特作用，创设富有教育意义的环境氛围，将游戏作为幼儿的主要活动。 13. 重视丰富幼儿多方面的直接经验，将探索、交往等实践活动作为幼儿最重要的学习方式。 14. 重视自身日常态度言行对幼儿发展的重要影响与作用。 15. 重视幼儿园、家庭和社区的合作，综合利用各种资源。
专业理念与师德	（四）个人修养与行为	16. 富有爱心、责任心、耐心和细心。 17. 乐观向上、热情开朗，有亲和力。 18. 善于自我调节情绪，保持平和心态。 19. 勤于学习，不断进取。 20. 衣着整洁得体，语言规范健康，举止文明礼貌。
专业知识	（五）幼儿发展知识	21. 了解关于幼儿生存、发展和保护的有关法律法规及政策规定。 22. 掌握不同年龄幼儿身心发展特点、规律和促进幼儿全面发展的策略与方法。 23. 了解幼儿在发展水平、速度与优势领域等方面的个体差异，掌握对应的策略与方法。 24. 了解幼儿发展中容易出现的问题与适宜的对策。 25. 了解有特殊需要幼儿的身心发展特点及教育策略与方法。
专业知识	（六）幼儿保育和教育知识	26. 熟悉幼儿园教育的目标、任务、内容、要求和基本原则。 27. 掌握幼儿园各领域教育的学科特点与基本知识。 28. 掌握幼儿园环境创设、一日生活安排、游戏与教育活动、保育和班级管理的知识与方法。 29. 熟知幼儿园的安全应急预案，掌握意外事故和危险情况下幼儿安全防护与救助的基本方法。 30. 掌握观察、谈话、记录等了解幼儿的基本方法和教育心理学的基本原理和方法。 31. 了解 0～3 岁婴幼儿保教和幼小衔接的有关知识与基本方法。
专业知识	（七）通识性知识	32. 具有一定的自然科学和人文社会科学知识。 33. 了解中国教育基本情况。 34. 具有相应的艺术欣赏与表现知识。 35. 具有一定的现代信息技术知识。
专业能力	（八）环境的创设与利用	36. 建立良好的师幼关系，帮助幼儿建立良好的同伴关系，让幼儿感到温暖和愉悦。 37. 建立班级秩序与规则，营造良好的班级氛围，让幼儿感受到安全、舒适。 38. 创设有助于促进幼儿成长、学习、游戏的教育环境。 39. 合理利用资源，为幼儿提供和制作适合的玩教具和学习材料，引发和支持幼儿的主动活动。
专业能力	（九）一日生活的组织与保育	40. 合理安排和组织一日生活的各个环节，将教育灵活地渗透到一日生活中。 41. 科学照料幼儿日常生活，指导和协助保育员做好班级常规保育和卫生工作。 42. 充分利用各种教育契机，对幼儿进行随机教育。 43. 有效保护幼儿，及时处理幼儿的常见事故，危险情况优先救护幼儿。
专业能力	（十）游戏活动的支持与引导	44. 提供符合幼儿兴趣需要、年龄特点和发展目标的游戏条件。 45. 充分利用与合理设计游戏活动空间，提供丰富、适宜的游戏材料，支持、引发和促进幼儿的游戏。 46. 鼓励幼儿自主选择游戏内容、伙伴和材料，支持幼儿主动地、创造性地开展游戏，充分体验游戏的快乐和满足。 47. 引导幼儿在游戏活动中获得身体、认知、语言和社会性等多方面的发展。
专业能力	（十一）教育活动的计划与实施	48. 制定阶段性的教育活动计划和具体活动方案。 49. 在教育活动中观察幼儿，根据幼儿的表现和需要，调整活动，给予适宜的指导。 50. 在教育活动的设计和实施中体现趣味性、综合性和生活化，灵活运用各种组织形式和适宜的教育方式。 51. 提供更多的操作探索、交流合作、表达表现的机会，支持和促进幼儿主动学习。

维 度	领 域	基本要求
专业能力	（十二）激励与评价	52．关注幼儿日常表现，及时发现和赏识每个幼儿的点滴进步，注重激发和保护幼儿的积极性、自信心。 53．有效运用观察、谈话、家园联系、作品分析等多种方法，客观地、全面地了解和评价幼儿。 54．有效运用评价结果，指导下一步教育活动的开展。
	（十三）沟通与合作	55．使用符合幼儿年龄特点的语言进行保教工作。 56．善于倾听，和蔼可亲，与幼儿进行有效沟通。 57．与同事合作交流，分享经验和资源，共同发展。 58．与家长进行有效沟通合作，共同促进幼儿发展。 59．协助幼儿园与社区建立合作互助的良好关系。
	（十四）反思与发展	60．主动收集分析相关信息，不断进行反思，改进保教工作。 61．针对保教工作中的现实需要与问题，进行探索和研究。 62．制定专业发展规划，积极参加专业培训，不断提高自身专业素质。

三、实施建议

1．各级教育行政部门要将"专业标准"作为幼儿园教师队伍建设的基本依据。根据学前教育改革发展的需要，充分发挥"专业标准"引领和导向作用，深化教师教育改革，建立教师教育质量保障体系，不断提高幼儿园教师培养培训质量。制定幼儿园教师准入标准，严把幼儿园教师入口关；制定幼儿园教师聘任（聘用）、考核、退出等管理制度，保障教师合法权益，形成科学有效的幼儿园教师队伍管理和督导机制。

2．开展幼儿园教师教育的院校要将"专业标准"作为幼儿园教师培养培训的主要依据。重视幼儿园教师职业特点，加强学前教育学科和专业建设。完善幼儿园教师培养培训方案，科学设置教师教育课程，改革教育教学方式；重视幼儿园教师职业道德教育，重视社会实践和教育实习；加强从事幼儿园教师教育的师资队伍建设，建立科学的质量评价制度。

3．幼儿园要将"专业标准"作为教师管理的重要依据。制定幼儿园教师专业发展规划，注重教师职业理想与职业道德教育，增强教师育人的责任感与使命感；开展园本研修，促进教师专业发展；完善教师岗位职责和考核评价制度，健全幼儿园教师绩效管理机制。

4．幼儿园教师要将"专业标准"作为自身专业发展的基本依据。制定自我专业发展规划，爱岗敬业，增强专业发展自觉性；大胆开展保教实践，不断创新；积极进行自我评价，主动参加教师培训和自主研修，逐步提升专业发展水平。

第五章 《幼儿园园长专业标准》解读

教学目标

1. 了解《幼儿园园长专业标准》出台的背景及意义。
2. 理解《幼儿园园长专业标准》的内容体系和精神实质。
3. 熟练掌握《幼儿园园长专业标准》的"专业要求"并能对其进行解读。

知识结构图

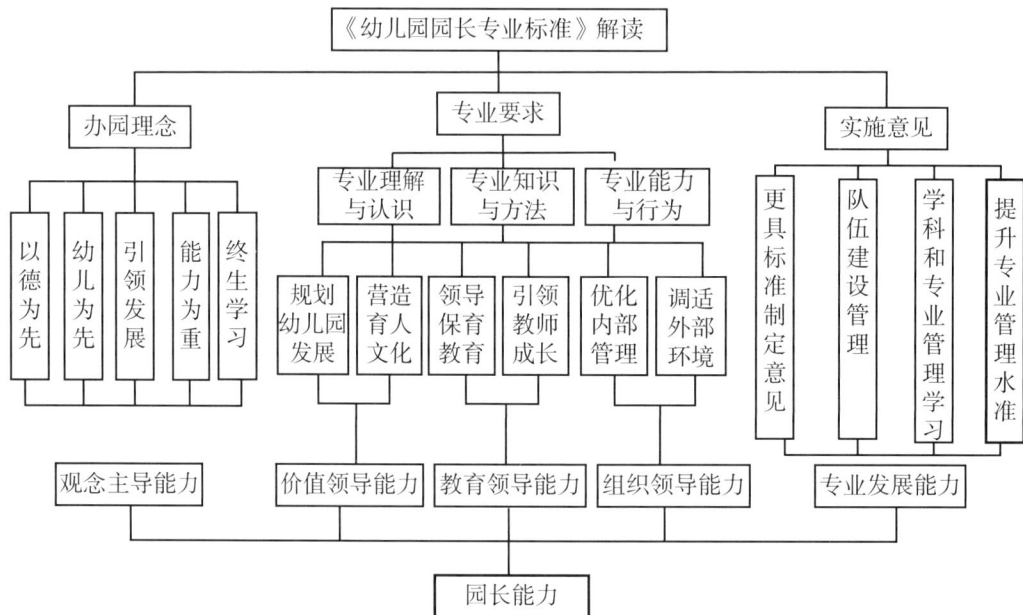

案例分析

案例 众人拾柴火焰高①。某幼儿园李老师，为人正直，活泼大方，热爱幼教事业，精通业务，深得家长和小朋友们喜欢。李老师还有一个特点，就是敢于向领导转达群众的意见，为园工作献计献策，因此也深度教职工的尊敬和喜爱，年年被评为优秀员工。在一次幼儿园教职工代表大会上，有些代表不同意园长的方案，李老师正要说出理由，被园长强行制止了，怕她的话有导向作用。随后，李老师对幼儿园的工作无精打采，沉默不语，她认为园长霸道、专横、工作没有人情味，不讲民主，此时在本园职工中影响很大。

分析 一所好的幼儿园必然有一位好的园长，一个专业素质强的园长必然能够带出一所优秀的幼儿园。在新时期，人们对幼儿教育提出了更高的要求，园长专业发展对幼儿园的发展起着举足轻重的作用。如何做园长？园长应该具备怎样的专业素质？学前教育的质量应该从园长的专业建构开始。幼儿园园长在管理幼儿园时，应该多听、善听教职工的意见，提高教职工的主人翁地位，做到以情生威，以才制胜，成为一个令人信服的好园长，让教职工看到希望，在快乐的工作环境中努力工作，积极向上。那么，我国幼儿园园长的地位是怎么样的呢？园长应该具备什么样的任职资格、职责级岗位要求？本章将对这些问题进行解答。

① 李红霞，朱萍，周玲玲.幼儿教育政策法规［M］.高等教育出版社，2015:197-198.

第一节 《幼儿园园长专业标准》概述

一、《幼儿园园长专业标准》出台的背景

我国幼儿园实施园长负责制，幼儿园教育的特殊地位和重要性对幼儿园园长的素质提出了更高的要求。2015年1月，教育部颁发了我国《幼儿园园长专业标准》（以下简称"标准"）。"标准"是一名合格园长的基本专业要求，也是引领园长专业发展的基本准则，同时还是园长专业发展核心三维标准"任职资格标准、培训课程标准、考核评价标准"制定标准的重要依据。

1. 《幼儿园园长专业标准》出台的背景

（1）我国学前教育的发展进入了一个繁荣发展的新时期，需要园长专业水准的提升。我国拥有独立事业法人资格的幼儿园已超过20万所，还有好多小学附属下的幼儿园和托教机构。形成了公办园、民办园、共建民营园和民建公助园等多元化办园体系，初步解决了入园难贵问题，但是还不能满足新时期人们对高质量幼儿园教育的需求。幼儿园教育快速壮大时，需要有强有力的专业认同和规范，更需要有专业的期待和标杆。园长专业标准是评价园长职业成熟与否的重要指标，园长专业标准的成熟程度会影响幼教行业的整体成熟水平。规范幼儿园园长管理和专业成长的基本标准，是引导幼教事业健康、高质量的现实保证。

（2）专业化的园长是幼儿园教育质量与特色的重要保障。近10年来，学前教育研究的重要成果表明，提高学前教育有效性，收获学前教育高回报的前提是提供高质量的学前教育。今年来，各国都不断加强幼儿园园长专业化发展的路径及制度建设，确保幼儿园管理领导力的加强。幼儿园管理领导力来源于幼儿教育专业性的独特特征需求：一是对园长领导专业性的认识，即认识到园长具有独立性和不可替代性。二是通过长期的发展，幼儿园的保健、保育、教育三大功能日益相互融合，使其既有别于中小学，又有别于单纯的儿童福利机构。三是幼儿园的专业功能日益凸显，具有独立性和不可替代性。对学前教育领导专业性、复杂性的认识，是推进专业化的前提。

（3）园长职业规范性发展需要制度依据。《幼儿园工作规程》中明确规定，我国幼儿园实行园长负责制，园长在举办者和教育行政部门领导下，依据本规程负责领导全园的工作。园长负责制是指幼儿园在上级宏观领导下，一园长对园内工作全面负责为核心，同党支部保证监督、教职工民族管理有机结合，为实现幼儿园的工作目标，充分发挥领导职能的三位一体管理格局。实施园长负责制的目的是增强幼儿园的办园自主权，使幼儿园成为独立的办园实体。

二、《幼儿园园长专业标准》构建原则

1. "标准"具有纲领性指导园长，是幼儿园园长专业发展的最基础的要求和园长准入的基本标准。各地结合当地学前教育发展水平，因地制宜制定当地标准，但是不能低于"标准"的基本要求。

2. "标准"的专业化准入原则。"标准"的专业化功能体现为专业准入、规范和发展功能。准入功能凸显专业准入的强制性，规范功能体现专业化程序（培养培训）的规范性和严密性，发展功能彰显专业发展的自主性和终身性，以及专业群体的自我意识与自律性，成为园长专业发展的基本准则，同时还是园长专业发展核心三维标准"任职资格标准、培训课程标准、考核评价标准"制定标准的重要依据。

3. 规范园长从业的科学性原则。"标准"从规划幼儿园发展、营造育人文化、领导保育教育、引领教师成长、优化内部管理、调适外部环境六个方面规定了园长的培养、培训以及后备选拔导向，从专业理解与认识、专业知识与方法、专业能力与行为三个层面指明了园长领导力获得的方式，以及培养、成长、历练的基本途径。从对象指向来看，"标准"可以用于指导各级政府、托幼机构制定园长队伍建设规划，严格园长任职资格标准，

完善园长选拔任用制度，建立园长培养培训质量保障体系，形成科学有效的园长队伍建设与管理机制，从而为促进学前教育事业发展提供制度保障。

第二节 《幼儿园园长专业标准》内容解读

一、《幼儿园园长专业标准》"办园理念"解读（20 字要求，5 关键词"德本引能学"）

1. 以师德为先

园长的品行是一所幼儿园无形的金字招牌。没有家长愿意将自己的孩子交给一所园长道德品行口碑极差的幼儿园。以德为首，要求园长的道德素养要高于幼儿园教师，才能够起到对全园教师的引领和示范。一要"坚持社会主义办园方向和党对教育的领导，贯彻党和国家的教育方针政策，将社会主义核心价值观融入幼儿园工作，履行法律赋予园长的权利和义务，主动维护儿童合法权益"；二要"热爱学前教育事业和幼儿园管理工作，具有服务国家、服务人民的社会责任感和使命感"；三要"践行职业道德规范，立德树人，关爱幼儿，尊重教职工，为人师表，勤勉敬业，公正廉洁"。从国家高度、社会责任和个人品德要求三个维度提出园长的专业道德素养标准。

2. 幼儿为本

园长的儿童观是幼儿教育的出发点，关爱和尊重每一位孩子是园长应当具备的基本教育理念。具有儿童视角、蹲下身子、还儿童的游戏权利、构建儿童参与的幼儿园教学环境等等观念应该深深植入园长的思想中，将"一切为了孩子、为了孩子的一切"落实到幼儿园一日生活的方方面面。园长必须把促进幼儿快乐健康成长作为幼儿园工作的出发点和落脚点，让幼儿度过快乐而有意义的童年，以幼儿为本才能做到科学保育。

3. 引领发展

园长是幼儿园发展的领头羊，幼儿园长期发展规划、保教质量提升、教师专业成长、课程建设园共育、园本文化等决定幼儿发展的软实力都要依托园长的引领。合格的园长需要具备组织领导力、教育领导力和价值领导力，而这些领导力最终需要通过行动力、执行力来实现。一个合格的园长引导把握正确办园方向，坚持依法办园，建立健全幼儿园各项规章制度，实施科学管理、民主管理，推动幼儿园可持续发展。

4. 能力为重

"标准"全方位确立园长的六大领域的能力：规划幼儿园发展、营造育人文化、领导保育教育、引领教师成长、优化内部管理和调适外部环境等方面的能力。全面落实"标准"就是检查和对照园长能力的具备程度，也是园长自我专业发展、管理能力提升的推动器。

5. 终身学习

新世纪信息时代的到来，全面引发幼儿教育理念的科学发展。园长只有不断自我学习、参加专门培训、不断丰富和充实自己的知识储备和专业知识结构，提高科学文化艺术素养，才能做到与时俱进，做到及时了解国内外学前教育改革与发展的趋势。一个思想保守、不善于学习的园长必将被时代淘汰。

二、《幼儿园园长专业标准》"专业要求"解读（专业六要求，规营保教重，引优外环适）

"标准"中园长的六大专业要求分别为：规划幼儿园发展、营造育人文化、领导保育教育、引领教师成长、优化内部管理、调适外部环境等六个方面，具体明确了园长工作的六个方面的核心能力构成。依据园长专业发展的经验和成长过程，从专业理解与认识、专业知识与方法、专业能力与行为三个层面作了规定，从三个维度制定了具体的 60 条要求。这些要求从园长办园的指导思想、知识储备和实践行为方面做了要求。

1. 规划幼儿园发展

幼儿园的发展必须有一个长远的规划，才能科学高效发展。园长是幼儿园的绝对责任人，建设怎么样的幼儿园和如何建设管理科学、保教水平一流的幼儿园是园长首要解决的问题。幼儿园的规划有近期规划，也有长远规划，两者要相互结合，既要有规划的科学引领作用，更要符合园所实际，走阶段发展、逐渐提升的发展。一个优秀幼儿园的成长需要几十年的发展和积累，都要经历初级入门发展、规范发展和追求品质三个阶段。对于建设怎样的幼儿园一方面受限于当地的社会教育资源环境，一方面取决于园长的办园理念。该"标准"提出的园长要具有规划幼儿园发展能力的核心是，强调园长要从价值观层面规划幼儿园的发展方向，坚持公益性、普惠性办园思想，建设能够保障幼儿身心健康、习惯养成、智力发展的合格幼儿园。在幼儿园发展规划的制定和实施，重视凝聚全园教职工的智慧和建议、积极邀请家长和幼儿、社会幼教专家的参与，做到尊重幼儿教育规律，继承优良办园传统，立足幼儿园实际，因地制宜地办好幼儿园。

在幼儿园的规划过程中，园长要懂法知规，引入优质幼儿园的经验对自己办园取长补短，规划要科学可行，全面论证。

园长在规划的执行方面统一全园认识，借助家长及社会资源，借助政策红利，全方位集中人财物的供给，按学期分阶段有机会地实施。如在园所硬件建设布局方面，要争取地方政府的大力支持，专业建设设计机构和学前发展评估体系的要求相结合，及时调整规划的不足，调整工作计划，完善行动方案。

2. 营造育人文化

营造育人文化的核心是幼儿园文化环境的构建。园长要重视文化环境对幼儿潜移默化的教育和熏陶，促进幼儿体、智、德、美各方面的协调发展。坚持文化育人、坚持将中华优秀传统文化融入幼儿园文化建设，实现尊重和关爱师幼、体现人格尊严、感受和谐快乐作为幼儿园育人文化建设的核心，陶冶幼儿情操、启迪幼儿智慧的园本文化氛围。

幼儿园营造育人文化对园长的知识能力储备要求较高：具备一定的自然科学、人文社会科学知识，具有良好的品德和艺术修养；了解幼儿园文化建设的基本理论，掌握促进优秀文化融入幼儿园教育的方法和途径；掌握幼儿身心发展特点，理解和欣赏幼儿的特有表达方式。此外，园长还要具备对区域性特色民族文化的学习理解，融入教学当中，打造有特色文化的幼儿园。

园长在行为上做到营造积极向上、宽松和谐的人文环境和充满爱心、健康活泼的园风园貌，打造陶冶教师和幼儿情操的育人氛围，依据幼儿发展的不同阶段，将爱学习、爱劳动、爱祖国教育融入幼儿园一日生活和游戏活动之中；积极形成幼儿参与、教师主导、家庭社区共同参与的文化育人体系。

3. 领导保育教育

领导保育教育的核心是园长的专业引领和示范作用。园长首先具备优秀的幼儿园教师的素养，对幼儿保健、保育、教育的知识体系和实操技能非常过硬，具有专家型的理论体系和良好的威望，能够指导其他教师在园工作，带领他们专业成长；同时园长应当敢于担当，积极改进幼儿园的保教水平，大胆带领全园教师创新教育方法、主动开展幼儿园科研活动。园长应当坚持保教结合的基本原则，把幼儿的安全与健康放在首位、珍视游戏和生活的独特价值，尊重和保护幼儿的好奇心和学习兴趣，重视幼儿良好的学习品质培养；将人际交往和社会适应作为幼儿良好社会性发展的重要内容。不得以任何形式提前教授小学内容，防止和克服幼儿园教育"小学化"倾向。

在能力储备方面，园长自己应当做好三个方面。一要懂行，掌握国家关于幼儿不同年龄阶段的发展目标和幼儿园保育教育目标、熟悉幼儿园环境创设、幼儿园一日生活、游戏活动等教育活动组织与实施的知识和方法，建立园长深入班级指导保育教育活动制度，利用日常观察、观摩活动等方式，及时了解、评价保育教育状况并给予建设性反馈；二要了解国内外幼儿园保育教育的发展动态和改革经验，了解教育信息技术在幼儿园管理和保育教育活动中应用的一般原理和方法，和幼儿教育发展保持共向，有积极主动参与幼儿教育的培训、会议研讨的意识，带领全园教师共同提升专业水准，领导和保障保育教育研究活动的开展，提升保育教育水平；三要具备较强的课程领导和管理能力，指导幼儿园教师根据每个幼儿的发展需要，制定个性化的教育方案，组织开展灵活多样的教育活动。同时，根据每位教师的专业特长，激励和领导教师专业成长，是保教质量的提升永葆活力。

101

三、引领教师成长

引领教师成长是办好幼儿园的重要环节，是提高保教质量的关键。园长是教师团队的组织者和管理者，是教改和科研团队的领路人。一个好园长定能带出一个积极进取、团结协作的教师团队。高成长的教师团队是幼儿园发展的基石。打造精品的幼儿园教师队伍是园长的工作职责之一，也是提升幼教质量的捷径。园长应当尊重、信任、团结和赏识每一位保教人员，促进保教人员的团结合作。要在引领教师成长的道路上舍得投入情感、精力、时间和财力，规划好每一位教师的专业成长和职业发展，建立长效激励机制，将园方的支持与教师个人上进相结合，让幼儿园教师有获得感、荣誉感和职业尊严。

园长应当具有把握保教人员的职业素养要求，明确幼儿园教师的权利和义务；熟悉幼儿园教师专业发展各阶段的规律和特点，掌握指导教师开展保育教育实践与研究的方法；掌握园本教研、合作学习等学习型组织建设的方法以及激励教师主动发展的策略。

园长要在人性化管理和人文关怀方面给教师更多的投入，让每位老师在专业成长方面有目标、有奔头、有收获。园长首先要了解教师专业发展的需求，鼓励支持教师积极参加在职能力提升培训，为教师创造并提供专业发展的条件和环境；其次，要建立健全教师专业发展激励和评价制度，构建教研训一体的机制，落实每位教师五年一周期不少于 360 学时的培训要求；再次，园长要带头培养优良的师德师风，落实教师职业道德规范要求和违反职业道德行为处理办法，引导支持教师坚定理想信念、提高道德情操、掌握扎实学识、秉持仁爱之心，不断提升教师的精神境界，增强保教人员法治意识，严禁歧视、虐待、体罚和变相体罚等损害幼儿身心健康的行为；最后，园长要维护和保障教职工合法权益和待遇，关爱教职工身心健康，建立优教优酬的激励制度。

四、优化内部管理

在"标准"中，园长的第二个职能就是管理职能，也是园长有别于其他学校职位的职能，园长管理的对象不仅有教师，还有保育人员、做饭厨师、保健人员等。一个幼儿园井然有序、干净舒适的园所环境反映出园长的内部管理水平。园长的专业魅力体现在是幼儿教育的佼佼者、优秀的教学能手、管理经验丰富的管理者；优化幼儿园内部管理要求。园长具有坚持依法办园，自觉接受教职工、家长和社会的监督、崇尚以德治园，注重园长榜样示范、人格魅力、专业引领在管理中的积极作用、尊重幼儿园管理规律，实行科学管理与民主管理。

为了管理好幼儿园，对园长的管理能力提出了更高的标准，除具有熟悉幼儿园管理的基本知识、学习了解国内外幼儿园管理的先进经验外，必须懂得掌握幼儿园园舍规划、卫生保健、安全保卫、教职工管理、财务资产等管理方法与实务，坚持依法治园。为了加强幼儿园的内部管理，园长一应激励园内所有教职工的热情和爱园如家的个人情感，建立教职工大会或教职工代表会议制度，推行园务公开，尊重和保障教职工参与幼儿园管理的民主权利，有条件具备的幼儿园可根据需要建立园务委员会；二要建立强有力的管理班子，认真听取党组织对幼儿园重大决策的意见，充分发挥党组织的政治核心作用；三要制度管理。建立健全幼儿园管理的各项规章制度，严格落实教师、保育员、保健医、保安、厨师等岗位职责，提高幼儿园管理规范化、科学化水平；四要安全管理放在首位，做到有预案、有演练、有检查、有保障。

五、调适外部环境等方面的能力

幼儿园与家庭、社区建立良好协作的合作育人的关系能够和谐的育人环境，提高幼儿园教育的效能。调适外部环境、建立与相关部门顺畅的关系也是园长管理的关键，要求园长具有较高的语言沟通能力、社交公关能力、人际关系协调能力及较高的情商，能够自如处理和应对幼儿园有关的外部各种事物的影响，才能有更多的时间和精力投入到幼儿园教育领导方面。如果处理不当，园长就会陷入忙于外部事务应对的尴尬境地，无暇顾及幼儿园品质的提升方面，因此园长要不断加强学习，做好以下几个方面：

1. 秉持"生活既教育"的观念，重视家庭社会的协同育人作用。充分认识家庭是幼儿园重要的合作伙伴，积极争取家长的理解、支持和主动参与，促进家园共育；重视利用自然环境和社会（社区）的教育资源，扩展幼儿生活和学习的空间；注重引导幼儿适当参与社会生活，丰富生活经验，发展社会性。

2. 掌握正确的知识和方法。掌握幼儿园与家长、相关社会机构及部门有效沟通的策略与方法；熟悉社会（社区）教育资源的功能与特点；指导教师了解幼儿家庭教育的基本情况，掌握家园共育的知识与方法。

3. 建立幼儿园与家庭、社区、社会各部门合作共育的良好合作机制和平台，定期共同开展有利于提高幼儿对现实生活的教育效果。建立幼儿园对外合作与交流机制，开放办园，形成幼儿园与家庭、社会（社区）及园际间的良性互动；面向家庭和社会（社区）开展公益性科学育儿的指导和宣传，利用家长学校、家长会、家长开放日等形式，帮助家长了解幼儿园保教情况；开展家庭教育指导，注重通过多种途径，转变家长教育观念，提高家长科学育儿能力；加强幼儿园与社会（社区）的联系，利用文化、交通、消防等部门的社会教育资源，建立长效教育交流体系，丰富幼儿园的教育活动。

4. 充分发挥家长委员会的功能，集中家长能量共同管理幼儿园。引导家长委员会及社会有关人士参与幼儿园教育、管理工作，吸纳合理建议，引导和激励家长主动参与幼儿园的一些事务，做到园务公开透明，赢得家长的信任。

六、实施意见解读

作为教育部统一制定的面相全国幼儿园园长的专业标准，具有一定的法规性质的体现，是"对幼儿园合格园长专业素质的基本要求，是引领幼儿园园长专业发展的基本准则，是制定幼儿园园长任职资格标准、培训课程标准、考核评价标准的重要依据"，应该在各类幼儿园全面实施，促进园长专业素质的综合提升，进而推动幼教事业向着高质量放心发展。

1. 实施范围是幼儿园的正副园长。"标准"明确规定在适用于国家和社会力量举办的幼儿园正、副职园长，所以副园长也是实施对象，实施的主体教育行政部门。但是标准也允许因地制宜地由各省、自治区、直辖市教育行政部门可以依据本标准制定符合本地区实际情况的实施意见。

2. "标准"是各级教育各级教育行政部门要将本标准作为幼儿园园长队伍建设和管理的重要依据。园长根据学前教育改革发展的需要，充分发挥本标准的引领和导向作用，制定幼儿园园长队伍建设规划。严格幼儿园园长任职资格标准，完善幼儿园园长选拔任用制度。建立幼儿园园长培养培训质量保障体系，形成科学有效的幼儿园园长队伍建设与管理机制，为促进学前教育发展提供制度保障。

3. "标准"是园长培训的主要依据。今后各类园长培训机构在培训方案制定、培训课程设置、培训模式选用、培训方式方法的使用、培训师资队伍建设等有关园长培训事宜，都要以"标准"为依据，提高培训质量，科学促进园长专业发展。

4. "标准"是园长自身专业发展的准则，园长要自我对照，制定自我专业发展规划，增强专业发展的自觉性。自动参加园长培训和自主研修，不断提升专业发展水平，努力成为学前教育和幼儿园管理专家。

5. "标准"为园长职业要求设定标准、为园长专业成长制定准则、为教育行政部门加强对幼儿园管理确立依据、为幼儿园教育品质的提升制定了规范，是学前教育事业发展的重要里程碑。

课后习题

1. 简述《幼儿园园长专业标准》的出台背景及意义。
2. 描述《幼儿园园长专业标准》的知识结构。
3. 根据《幼儿园园长专业标准》简述幼儿园应具备的能力。
4. 如何理解《幼儿园园长专业标准》中关于"办园理念"？
5. 如何理解《幼儿园园长专业标准》中对幼儿园园长提出的"专业要求"？

我的说说

_____

_____

_____

_____

附录原文

《幼儿园园长专业标准》①

教师〔2015〕2号

教育部 2015 年 1 月 10 日

为促进幼儿园园长专业发展，建设高素质幼儿园园长队伍，深入推进学前教育改革与发展，根据《中华人民共和国教育法》等有关法律法规，特制定本标准。

园长是履行幼儿园领导与管理工作职责的专业人员。本标准是对幼儿园合格园长专业素质的基本要求，是引领幼儿园园长专业发展的基本准则，是制定幼儿园园长任职资格标准、培训课程标准、考核评价标准的重要依据。

一、办学理念

1. 以德为先

坚持社会主义办园方向和党对教育的领导，贯彻党和国家的教育方针政策，将社会主义核心价值观融入幼儿园工作，履行法律赋予园长的权利和义务，主动维护儿童合法权益；热爱学前教育事业和幼儿园管理工作，具有服务国家、服务人民的社会责任感和使命感；践行职业道德规范，立德树人，关爱幼儿，尊重教职工，为人师表，勤勉敬业，公正廉洁。

2. 幼儿为本

坚持幼儿为本的办园理念，把促进幼儿快乐健康成长作为幼儿园工作的出发点和落脚点，让幼儿度过快乐而有意义的童年；面向全体幼儿，平等对待不同民族、种族、性别、身体状况及家庭状况的幼儿；尊重个体差异，提供适宜教育，促进幼儿富有个性地全面发展；树立科学的儿童观与教育观，使每个幼儿都能接受有质量的教育。

3. 引领发展

园长作为幼儿园改革与发展的带头人，担负引领幼儿园和教师发展的重任。把握正确办园方向，坚持依法办园，建立健全幼儿园各项规章制度，实施科学管理、民主管理，推动幼儿园可持续发展；尊重教师专业发展规律，激发教师自主成长的内在动力。

4. 能力为重

秉承先进教育理念和管理理念，突出园长的领导力和执行力。不断提高规划幼儿园发展、营造育人文化、领导保育教育、引领教师成长、优化内部管理和调适外部环境等方面的能力；坚持在不断的实践与反思过程中，提升自身的专业能力。

5. 终身学习

牢固树立终身学习的观念，将学习作为园长专业发展、改进工作的重要途径；优化专业知识结构，提高科学文化艺术素养；与时俱进，及时了解国内外学前教育改革与发展的趋势；注重学习型组织建设，使幼儿园成为园长、教师、家长与幼儿共同成长的家园。

---

① 教育部.幼儿园教师专业标准（试行）〔S〕.教育部〔2015〕1号文件，2015.

二、专业要求

专业职责		专业要求
一 规划幼儿园发展	专业理解与认识	1. 坚持学前教育的公益性、普惠性，充分认识学前教育对幼儿身心健康、习惯养成、智力发展具有重要意义。 2. 重视幼儿园发展规划的制定和实施，凝聚教职工智慧，建立共同发展愿景，明确发展目标，形成办园合力。 3. 尊重幼儿教育规律，继承优良办园传统，立足幼儿园实际，因地制宜办好幼儿园。
	专业知识与方法	4. 掌握国家的教育方针和相关的法律法规，熟悉《幼儿园工作规程》《幼儿园教育指导纲要（试行）》《3～6岁儿童学习与发展指南》等学前教育的相关政策。 5. 了解国内外学前教育改革发展的基本趋势，学习优秀幼儿园的成功经验。 6. 掌握幼儿园发展规划制定、实施与测评的理论、方法与技术。
	专业能力与行为	7. 把握幼儿园发展现状，分析幼儿发展面临的问题和挑战，形成幼儿园发展思路。 8. 组织专家、教职工、家长、社区人士等多方力量参与制定幼儿园发展规划。 9. 依据发展规划指导教职工制定并落实学年、学期工作计划，提供人、财、物等条件支持。 10. 监测幼儿园发展规划实施过程与成效，根据实施情况修正幼儿园发展规划，调整工作计划，完善行动方案。
二 营造育人文化	专业理解与认识	11. 把文化育人作为办园的重要内容与途径，促进幼儿体、智、德、美各方面的协调发展。 12. 重视幼儿园文化潜移默化的教育功能，将中华优秀传统文化融入幼儿园文化建设。 13. 将尊重和关爱师幼、体现人格尊严、感受和谐快乐作为幼儿园育人文化建设的核心，陶冶幼儿情操、启迪幼儿智慧。
	专业知识与方法	14. 具备一定的自然科学、人文社会科学知识，具有良好的品德和艺术修养。 15. 了解幼儿园文化建设的基本理论，掌握促进优秀文化融入幼儿园教育的方法和途径。 16. 掌握幼儿身心发展特点，理解和欣赏幼儿的特有表达方式。
二 营造育人文化	专业能力与行为	17. 营造体现办园理念的自然环境和人文环境，形成积极向上、宽容友善、充满爱心、健康活泼的园风园貌。 18. 营造陶冶教师和幼儿情操的育人氛围，向教师推荐优秀的精神文化作品和幼儿经典读物，防范不良文化的负面影响。 19. 根据幼儿身心发展特点和接受能力，将爱学习、爱劳动、爱祖国教育融入幼儿园一日生活和游戏活动之中。 20. 凝聚幼儿园文化建设力量，鼓励幼儿积极参与，发挥教师的主导作用，鼓励社会（社区）和家庭参与幼儿园文化建设。
三 领导保育教育	专业理解与认识	21. 坚持保教结合的基本原则，把幼儿的安全与健康放在首位，对幼儿发展有合理期望。 22. 珍视游戏和生活的独特价值，尊重和保护幼儿的好奇心和学习兴趣，重视幼儿良好的学习品质培养。将人际交往和社会适应作为幼儿良好社会性发展的重要内容。不得以任何形式提前教授小学内容，防止和克服幼儿园教育"小学化"倾向。 23. 尊重教师的保育教育经验和智慧，积极推进保育教育改革。
	专业知识与方法	24. 掌握国家关于幼儿不同年龄阶段的发展目标和幼儿园保育教育目标。 25. 熟悉幼儿园环境创设、幼儿园一日生活、游戏活动等教育活动组织与实施的知识和方法。 26. 了解国内外幼儿园保育教育的发展动态和改革经验，了解教育信息技术在幼儿园管理和保育教育活动中应用的一般原理和方法。
	专业能力与行为	27. 落实国家关于保育教育的相关规定，立足本园实际，组织制定并科学实施保育教育活动方案。 28. 具备较强的课程领导和管理能力，指导幼儿园教师根据每个幼儿的发展需要，制定个性化的教育方案，组织开展灵活多样的教育活动。 29. 建立园长深入班级指导保育教育活动制度，利用日常观察、观摩活动等方式，及时了解、评价保育教育状况并给予建设性反馈。 30. 领导和保障保育教育研究活动的开展，提升保育教育水平。

专业职责		专业要求
四引领教师成长	专业理解与认识	31.尊重、信任、团结和赏识每一位保教人员，促进保教人员的团结合作。 32.重视园长在教师专业发展过程中的引领作用，积极创设条件，激励教师的专业发展。 33.具有明确的建立教师专业发展共同体的意识。
	专业知识与方法	34.把握保教人员的职业素养要求，明确幼儿园教师的权利和义务。 35.熟悉幼儿园教师专业发展各阶段的规律和特点，掌握指导教师开展保育教育实践与研究的方法。 36.掌握园本教研、合作学习等学习型组织建设的方法以及激励教师主动发展的策略。
	专业能力与行为	37.了解教师专业发展的需求，鼓励支持教师积极参加在职能力提升培训，为教师创造并提供专业发展的条件和环境。 38.建立健全教师专业发展激励和评价制度，构建教研训一体的机制，落实每位教师五年一周期不少于360学时的培训要求。 39.培养优良的师德师风，落实教师职业道德规范要求和违反职业道德行为处理办法，引导支持教师坚定理想信念、提高道德情操、掌握扎实学识、秉持仁爱之心，不断提升教师的精神境界。增强保教人员法治意识，严禁歧视、虐待、体罚和变相体罚等损害幼儿身心健康的行为。 40.维护和保障教职工合法权益和待遇，关爱教职工身心健康，建立优教优酬的激励制度。
五优化内部管理	专业理解与认识	41.坚持依法办园，自觉接受教职工、家长和社会的监督。 42.崇尚以德治园，注重园长榜样示范、人格魅力、专业引领在管理中的积极作用。 43.尊重幼儿园管理规律，实行科学管理与民主管理。
	专业知识与方法	44.掌握国家对幼儿园管理的法律法规、政策要求和园长的职责定位。 45.熟悉幼儿园管理的基本知识，了解国内外幼儿园管理的先进经验。 46.掌握幼儿园园舍规划、卫生保健、安全保卫、教职工管理、财务资产等管理方法与实务。
	专业能力与行为	47.形成幼儿园领导班子的凝聚力，认真听取党组织对幼儿园重大决策的意见，充分发挥党组织的政治核心作用。 48.建立健全幼儿园管理的各项规章制度，严格落实教师、保育员、保健医、保安、厨师等岗位职责，提高幼儿园管理规范化、科学化水平。 49.建立教职工大会或教职工代表会议制度，推行园务公开，尊重和保障教职工参与幼儿园管理的民主权利，有条件具备的幼儿园可根据需要建立园务委员会。 50.建立和完善幼儿园应急机制，制定相应预案，定期实施安全演练，指导教职工正确应对和妥善处置各类自然灾害、公共卫生、意外伤害等突发事件。
六调适外部环境	专业理解与认识	51.充分认识家庭是幼儿园重要的合作伙伴，积极争取家长的理解、支持和主动参与，促进家园共育。 52.重视利用自然环境和社会（社区）的教育资源，扩展幼儿生活和学习的空间。 53.注重引导幼儿适当参与社会生活，丰富生活经验，发展社会性。
	专业知识与方法	54.掌握幼儿园与家长、相关社会机构及部门有效沟通的策略与方法。 55.熟悉社会（社区）教育资源的功能与特点。 56.指导教师了解幼儿家庭教育的基本情况，掌握家园共育的知识与方法。
	专业能力与行为	57.建立幼儿园对外合作与交流机制，开放办园，形成幼儿园与家庭、社会（社区）及园际间的良性互动。 58.面向家庭和社会（社区）开展公益性科学育儿的指导和宣传，利用家长学校、家长会、家长开放日等形式，帮助家长了解幼儿园保教情况。开展家庭教育指导，注重通过多种途径，转变家长教育观念，提高家长科学育儿能力。 59.加强幼儿园与社会（社区）的联系，利用文化、交通、消防等部门的社会教育资源，丰富幼儿园的教育活动。 60.引导家长委员会及社会有关人士参与幼儿园教育、管理工作，吸纳合理建议。

三、实施意见

1.本标准适用于国家和社会力量举办的幼儿园正、副职园长。各省、自治区、直辖市教育行政部门可以依据本标准制定符合本地区实际情况的实施意见。

2.各级教育行政部门要将本标准作为幼儿园园长队伍建设和管理的重要依据。根据学前教育改革发展的需要，充分发挥本标准的引领和导向作用，制定幼儿园园长队伍建设规划。严格幼儿园园长任职资格标准，完善幼儿园园长选拔任用制度。建立幼儿园园长培养培训质量保障体系，形成科学有效的幼儿园园长队伍建设与管理机制，为促进学前教育发展提供制度保障。

3.幼儿园园长培训机构要将本标准作为园长培训的主要依据。重视园长职业特点，加强相关学科和专业建设。根据园长专业发展阶段的不同需求，完善培训方案，科学设置培训课程，改革培训模式和方法。加强园长培训的师资队伍建设，开展园长专业成长的科学研究，促进园长专业发展。

4.幼儿园园长要将本标准作为自身专业发展的基本准则。制定自我专业发展规划，爱岗敬业，增强专业发展自觉性。主动参加园长培训和自主研修，不断提升专业发展水平，努力成为学前教育和幼儿园管理专家。

第六章 《幼儿园管理条例》解读

教学目标

1. 了解《幼儿园管理条例》的出台背景和意义。
2. 理解《幼儿园管理条例》的基本内容和精神实质。
3. 掌握《幼儿园管理条例》中关于保教工作的管理内容及程序。

知识结构图

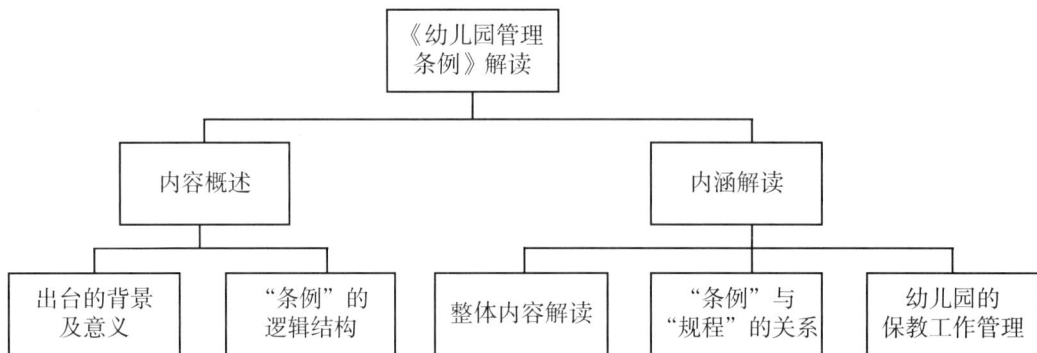

案例分析

案例 刘岚毕业于内蒙古北方一所高校的学前教育专业，在自己的职业梦想里她写下"毕业后回老家自主创业梦想"。在这样的梦想的指引下，她用心学习专业理论课和专业技能课，四年中她将学前教育专业的"三学""五大领域"和"政策法规"学得不错，钢琴、舞蹈和绘画也没落下。临近毕业她问自己的老师，"老师你说我离自主创业还有多远？"老师诚恳地告诉她："想要创立一所幼儿园除了学习专业知识，懂保育和教育之外，还要学幼儿园管理方面的知识，要懂管理才行。"她迷惑了，幼儿园管理该从哪开始着手呢，于是老师向她推荐了《幼儿园管理条例》，让她先从这个文件开始，逐步了解关于创办幼儿园的相关信息。

分析 老师对刘岚的点评的方向是对的，事实上创办一个幼儿园除了具备保育和教育知识和能力之外，还要具备幼儿园管理方面的知识和能力，这是一个幼儿园创办者应该具备的基本素质。《幼儿园管理条例》可以作为幼儿园创办者的入门首选素材，管理的核心是人与人的行为，管理的实质是追求效率，本章我们就将带领学习者走进《幼儿园管理条例》，了解它的内容结构，深度解析其精神实质，为学习者打开通往幼儿园管理学的大门。

具体内容

第一节 《幼儿园管理条例》概述

一、《幼儿园管理条例》出台的背景及意义

新中国成立后幼儿教育事业得到迅速的发展，出现了多种形式的托幼机构。但是随着我国幼教事业的迅速

发展和托幼机构多样化的出现，也就产生了一系列的问题：如在行政管理方面，各级行政管理部门对自己的责任不够明确；在收费问题方面，有些幼儿园存在乱收费的问题；在保教质量方面，出现保教分离、还有幼儿游戏及体罚和变相体罚幼儿等现象。为了加强幼儿园管理，促进学前教育事业的健康发展，1989 年国务院批准发布了《幼儿园管理条例》（以下简称"条例"），并规定与 1990 年 2 月 1 日起施行。

"条例"是政府加强对幼儿教育管理和指导的重要行政法规，将使我国幼儿教育逐步走上依法治教的轨道，推动幼教事业的健康发展和管理工作的科学化、推动和深化幼儿教育改革的过程。"条例"规定了国家对幼儿园的基本要求和管理的基本原则，如幼儿园审批、注册办法，幼儿园园长、教师资格审定、进修和考核制度，幼儿园编制标准，幼儿园经费标准和管理办法，幼儿园收费办法，幼儿教育督导、评估制度等。当前幼儿园保育、教育和管理工作普遍存在忽视幼儿身心发展特点和违背教育规律的现象，因此必须从断种教育思想入手，要求广大幼教工作者、幼儿家长以及社会人士认真学习贯彻"条例"精神，明确幼儿园保育和教育的指导思想、培养目标和应该遵循的基本原则，建立正确的儿童观和教育观。"条例"的发布促进了中国幼儿教育事业的健康发展和管理工作的科学化，推动了中国幼儿教育的法制化过程。

二、《幼儿园管理条例》的逻辑结构

表 6-1 《幼儿园管理条例》的逻辑结构

章　序	各章名称	内容范围（条）	条数统计（条）
第一章	总　则	1～6	6
第二章	创办幼儿园的基本条件和审批程序	7～12	6
第三章	幼儿园的保育和教育工作	13～21	9
第四章	幼儿园的行政事务	22～24	3
第五章	奖励与处罚	26～29	4
第六章	附　则	30～32	3

"条例"分六章共三十二条。第一章为总则，第二章是举办幼儿园的基本条件和审批程序，第三章是幼儿园的保育和教育工作，第四章是幼儿园的行政事务，第五章是奖励和惩罚，第六章为附则，内容全面、涵盖了幼儿园管理工作的各个方面。整个"条例"以第三章"幼儿园的保育和教育工作"内容最多，共计 9 条，可见该问题是"条例"中的重点问题；其次，内容较多是第二章"举办幼儿的基本条件和审批程序"和第一章"总则"。

从规范大角度来看，一是规定了幼儿园的性质和任务（"条例"第二条，第三条）；二是规定了幼教事业的发展方针（"条例"第四条，第五条）；三是规定了幼儿园教育的领导管理机制（"条例"第四条，第五条，第六条）；四是规定了幼儿园设置管理规范（"条例"第一章第六条，第二章第七条至第十二条）；五是规定了幼儿园的保育教育规范（"条例"第三章第十三条到第十七条）；六是规定了幼儿园卫生保健规范（"条例"第三章第十八条至第二十一条）；七是规定了幼儿园的内部管理规范（"条例"第二十三条）；八是规定了幼儿条件保障规范（"条例"第五条，第二十四条，第二十五条）。[①]

第二节　《幼儿园管理条例》内容解读

一、整体内容解读

1. 举办幼儿园的基本条件和审批程序

（1）合格幼儿园教师、保育员、医务人员

"条例"第九条规定，幼儿园园长，教师应当具有幼儿师范学校（包括职业学校幼儿教育事业）毕业程度，

---

① 雷春国，曹才力，李重庚．学前教育政策法规解读［M］．湖南大学出版社，2014:32-33.

或者经教育行政部门考核取得相应教师资格；医师应当具有医学院校毕业程度，医士和护士应当具有中等卫生学校毕业程度，或者取得卫生行政部门的资格认可；保健员应当具有高中毕业程度，并受过幼儿保健培训；保育员应当具有初中毕业程度，并受过幼儿保育职业培训。慢性传染病、精神病患者，不得在幼儿园工作。如果上述人员不具备相应资格，或是数量低于规范的要求，都不符合法律规定的幼儿园设立的条件。

（2）必须有符合规定标准的保育教育场所及设施、设备等幼儿园根据性质、层次和规模的不同要求，必须具备相应的园舍、场地、教学仪器、设备、图书资料等硬件。"条例"第八条规定：举办幼儿园必须具有与保育、教育的要求相适应的园舍和设施。幼儿园的园舍和设施必须符合国家的卫生标准和安全标准。

（3）审批和管理

"条例"第十二条规定，城市幼儿园的举办、停办，由所在区、不设区的市的人民政府教育行政部门登记注册；农村幼儿园的举办、停办，由所在乡、镇人民政府登记注册，并报县人民政府教育行政部门备案。还指出，由于学前班在幼儿教育事业上的重要地位，今后举办学前班，同样学院建立学前班登记制度，未经登记注册，任何单位和个人不得举办学前班。学前班登记注册后在行政上由主办单位及其上级部门管理。农村学前班可实行乡办乡管，附设在小学的，可实行乡（村）办校管，在业务上归当地教育行政部门统一管理，教育行政部门应由主管幼儿教育的机构负责此项工作。

2. 幼儿园的卫生保健制度和安全防护制度

（1）幼儿园应当建立卫生保健制度

"条例"第十八条和第二十条规定，"幼儿园应当建立卫生保健制度，防止发生食物中毒和传染病的流行"；"幼儿园发生食物中毒、传染病流行时，举办幼儿园的单位或者个人应当立即采取紧急救护措施，并及时报告当地教育行政部门或卫生行政部门"。这两条都提到了对食物中毒和传染病流行的防范，必须靠建立卫生保健制度防范和紧急救护措施，特别是传染病流行期间，幼儿园发生情况后的隔离消毒等措施。

（2）幼儿园应当建立安全防护制度

"条例"第七条明确规定，"举办幼儿园必须将幼儿园设置在安全区域内。严禁在污染区和危险区内设置幼儿园"；第十九条"幼儿园应当建立安全防护制度，严禁在幼儿园内设置威胁幼儿安全的危险建筑物和设施，严禁使用有毒、有害物质制作教具、玩具"。还规定，凡"园舍、设施不符合国家卫生标准、安全标准，妨害幼儿身体健康或者威胁幼儿生命安全的"（"条例"第二十七条）、"在幼儿园周围设置有危险、有污染或影响幼儿园采光的建筑和设施"（"条例"第二十五条），将由教育行政部门或者由教育行政部门建议有关部门对责任人进行行政处分，情节严重构成犯罪的依法追究刑事责任。

3. 幼儿园保育和教育工作

（1）贯彻保教结合的原则，促进幼儿全面和谐发展

"条例"第三章"幼儿园保育和教育工作"的第十三条中指出"幼儿园应当贯彻保育与教育相结合的原则，创设与幼儿的教育和发展相适应的和谐环境，引导幼儿个性的健康发展"。因此，以幼儿为教育、服务对象的幼儿园所有工作人员，都要学习掌握，并在各岗位上贯彻这一原则。特别是幼儿园教师，要注意把保育意识渗透在教育活动的每个环节里。保育员也应该积极配合幼儿园教师在活动中，在幼儿一日生活中，在做保育工作的同时实现教育要求，逐步达到幼儿园的保育和教育的主要目标，促进幼儿身心的全面发展。

（2）幼儿园的招生、编班规定

"条例"第十四条指出"幼儿园的招生、编班应当符合教育行政部门的规定"。幼儿园的适龄儿童为三岁到入小学前的儿童，幼儿园一般设置为三年制，也可以设置为一年制或两年制。一般按照年龄编班，也可以采用混龄编班。一般分为小、中、大三个年级，各班人数规模为：小班（3～4岁）为25人，中班（4～5岁）30人，大班（5～6岁）35人，学前班不超过40人。寄宿制幼儿园每班幼儿酌减。

（3）游戏应成为幼儿园的基本活动形式

"条例"第十六条规定"幼儿园应当以游戏为基本活动形式"，突出了游戏在幼儿活动中的重要地位。第三章"幼儿园保育和教育工作"的第十六条指出"幼儿园应当以游戏为基本活动形式。幼儿园可以根据本园的实际，安排和选择教育内容与方法，但不得进行违背幼儿教育规律，有损于幼儿身心健康的活动"。实现游戏作为幼儿园的基本活动，需要做到以下两点：第一，正确理解幼儿游戏活动的价值。这是开展幼儿游戏的前提条件。教师要认识到幼儿最喜欢游戏，游戏是幼儿的生命，是幼儿的主要活动；幼儿通过游戏进行学习，获得成长；幼儿园的各项活动只有寓于游戏之中，才能取得最佳教育效果，才能促进幼儿在体力、智力、语言、情感、社会性和审美等方面的和谐发展。第二，通过多种形式丰富幼儿游戏活动。教师要通过不同的形式，拓展幼儿的生活范围，增长幼儿的见识。教师既要自己多带领幼儿走出幼儿园，让幼儿到大自然、社会中去探索、去发现，也要鼓励家长多带孩子走出家庭，到不同的社区天地、社会场所中去观察、去体验，帮助幼儿积累丰富的知识经验，为幼儿开展游戏活动提供素材。

（4）培养良好的生活卫生习惯

"条例"第三章"幼儿园的保护和教育工作"的第十三条指出"幼儿园应当保障幼儿的身体健康，培养幼儿的良好生活、卫生习惯"。习惯指的是逐步养成而不易改变的行为。它是经过长期的复习或者练习而逐步形成的，不易改变且经常重复的行为方式；它是一种心理动力定型，是个性心理特征的一种表征，是一种比较固定、机械地完成自动化动作的倾向。幼儿良好的生活卫生习惯包括饮食习惯、睡眠习惯、卫生习惯以及个人与个人生活的健康意识与行为习惯等。

（5）体罚幼儿的危害及防护措施

"条例"第三章"幼儿园保育和教育工作"第十七条中指出"严禁体罚和变相体罚幼儿"。在第五章"奖励与惩罚"的第二十八条指出："违反本条例，具有下列情形之一的单位或者个人，由教育行政部门对直接责任人员给予警告、罚款的行政处罚，或者由教育行政部门建议有关部门对责任人员给予行政处分：体罚或者变相体罚幼儿等，前款所列情形，情节严重，构成犯罪的，由司法机关依法追究刑事责任"。因此幼儿教师要正确理解"体罚和变相体罚"，还要知道关于不准体罚和变相体罚的具体规定。体罚是一种惩罚形式，它采用的是暴力手段，对幼儿的身体进行惩罚或者击打，使幼儿的身体受到某种程度的伤害。例如，用手打幼儿的头部，用脚踢幼儿的屁股，用尺子打幼儿的手心等。变相体罚也是一种惩罚形式，它虽然没有使用暴力手段，没有接触到幼儿的肢体，但却是以非人道的方式强迫幼儿做某些行为，使幼儿在身体上或者心理上感到痛苦。例如，把幼儿单独关在某件房子里，要求幼儿长时间地对着墙壁站立，不允许幼儿喝水小便等。关于体罚和变相体罚的具体规定。我国颁布《中华人民共和国教师法》《中华人民共和国未成年人保护法》以及《教育行政处罚暂行实施办法》中对于这一问题都有规定，大体观点是体罚幼儿是要承担法律责任的，我国政府试图通过罚款和刑事责任的追究来给予这类不良保教人员在经济上的制裁和法律上的惩戒。因此，幼儿教育工作者要尊重幼儿的人格，不能歧视幼儿、虐待幼儿、不能对幼儿实施体罚和变相体罚，不能侵犯幼儿的合法利益。

4. 幼儿行政事务

（1）教育行政部门的职责

"条例"第二十二条规定"各级教育行政部门应当负责监督、评估和指导幼儿园的保育、教育工作，组织培训幼儿园的师资，审定、考核幼儿园教师的资格，并协助卫生行政部门检查和指导幼儿园的卫生保健工作，会同建设行政部门制定幼儿园园舍、设施的标准"。教育行政部门作为政府管理教育的职能部门，担负着当地政府对有关幼儿教育角色的参谋者及贯彻执行的组织者的作用，其职能是综合管理、社会协调和业务指导。

（2）园长负责制

"条例"第二十三条规定"幼儿园园长负责幼儿园的工作。幼儿园园长由举办幼儿园的单位或个人聘任，并向幼儿园的登记注册机关备案。幼儿园的教师、医师、保健员、保育员及其他工作人员，由幼儿园园长聘任，

111

也可由举办幼儿园的单位或个人聘任。"可见,幼儿园试行幼儿园园长负责制,并指出了幼儿园教职工的聘任方式。

（3）幼儿园收费及财务管理

"条例"第二十四条对幼儿园的收费和财务管理作了规定,即"幼儿园可以依据本省、自治区、直辖市人民政府制定的收费标准,向幼儿家长收取保育费、教育费"。可见,幼儿园收取的费用包括两种,一类是保育费、一类是教育费。该条第二点指出"幼儿园应当加强财务管理,合理使用各项经费,任何单位和个人不得克扣、挪用幼儿园经费"。

二、"条例"与"规程"的关系

1. 两者的联系

（1）"条例"和"规程"（《幼儿园工作规程》的简称）是政府加强对幼儿教育管理和指导的两个重要行政法规和部门规章。两个法规的施行,将使我国幼儿教育逐步走上依法治教的轨道,推动幼教事业的健康发展和管理工作的科学化。各级教育行政部门作为政府管理教育的职能部门,必须把实施"条例"和《规程》的工作认真抓紧、抓好。要调查研究,分析本地区幼儿教育事业发展和幼儿园各方面的基本情况,制定具体的实施办法或细则,报请当地人民政府审定后,组织实施。

（2）"条例"和"规程"是举办、管理和评估幼儿园的基本依据。各地应通过电视、广播、报刊等媒介,并采用报告会、讲座、培训班等形式,广泛宣传两个法规,使各有关部门、广大幼教工作者、幼儿家长以及社会人士都能知晓。宣传、学习两个法规,对不同对象应有不同要求。在当前,应重点组织各级教育行政部门负责幼教工作的行政人员、教研人员,各类幼儿园主办单位的有关人员或公民个人,以及幼儿园园长、教师进行学习。通过学习,使他们了解幼儿园的任务,管理体制与原则,举办幼儿园的基本条件,保育、教育工作的目标和应遵循的基本原则,以及法律责任和执法、监督等,树立以法治教的观念,做到依法办事。

（3）实施两个法规,要从我国的具体国情出发,坚持因地制宜、实事求是的原则。要采取积极态度,努力创造条件,但不要搞"一刀切""齐步走"。在办园条件和水平上,应在坚持基本要求的前提下,对不同地区、不同类型、不同条件的幼儿园,分别提出不同要求。省、自治区、直辖市教育行政部门也可制定不同类型幼儿园的具体工作规程。在实施步骤上,应本着积极、稳步、扎实的精神,依据可能条件,逐步实施。各地教育行政部门还应选择基础较好的地方和幼儿园,先行试点,待取得经验后,再依实施规划逐步推开,使本地区的幼儿园分期分批达到"规程"的基本要求。对现有幼儿园中办园条件差的,要采取措施推动他们积极改善办园条件,调整、充实、提高保教人员,逐步提高保教质量,一般不要采取关、停办等简单办法处理。

（4）"条例"和"规程"规定了国家对幼儿园的基本要求和管理的基本原则,各地应根据需要,按照职责、权限,制定相应的地方性行政法规和必要的规章、制度。如:幼儿园审批、注册办法,幼儿园园长、教师资格审定、进修和考核制度,幼儿园编制标准,幼儿园经费标准和管理办法,幼儿园收费办法,幼儿园教育督导、评估制度等。制定地方行政法规、规章,应通盘考虑,区别轻重缓急,有先有后,统一安排。

（5）实施"条例"和"规程"是推动和深化幼儿教育改革的过程。当前幼儿园保育、教育和管理工作较普遍存在忽视幼儿身心发展特点和教育规律的现象,因此必须从端正教育思想入手,使广大幼教工作者、幼儿家长以及社会人士明确幼儿园保育和教育的指导思想、培养目标和应该遵循的基本原则,建立正确的儿童观和教育观。各地可选择基础较好的幼儿园进行试点,鼓励幼儿园教师和专家、学者相结合进行教育改革实验。要办好示范性幼儿园和农村中心幼儿园。这些幼儿园应坚持正确的办园方向,教育思想端正,锐意改革,有创新精神,能真正发挥示范和骨干作用。要积极开展各种形式的教研活动。建立督导、评估制度,研究和探索一套科学的幼儿教育评估体系,保证改革的顺利进行。

2. 两者的区别

（1）两者的实施的时间不同。1989年8月20日,《幼儿园管理条例》经国务院批准,1989年9月11日中华人民共和国国家教育委员会令第 4 号发布，自 1990 年 2 月 1 日起施行。"规程"已经 2015 年 12 月 14 日第 48 次部长办公会议审议通过，自 2016 年 3 月 1 日起施行。"规程"是比较新的幼儿教育法规，囊括了更多新时期幼教的新动向和新思想。

（2）"规程"是"条例"管理范围不同。"条例"是为了加强幼儿园的管理，促进幼儿教育事业的发展而制定的法规。"规程"是为加强幼儿园的科学管理，规范办园行为，提高保育和教育质量，促进幼儿身心健康而制定的法规。"条例"相较之下比较宏观，包括幼儿园的内部管理和外部管理两个层面；"规程"比较细致，主要涉及幼儿园的内部管理，是我国第一部规范幼儿园内部管理的规章。

三、幼儿园的保教工作管理

1. 幼儿园保教工作管理概述

（1）幼儿园保教工作管理的含义

"保"即保育，就是保护婴幼儿的健康和安全，是指通过建立合理的胜过制度，照料婴幼儿的生活，提供均衡的营养，预防疾病和事故，开展多种多样的体育活动，增强婴幼儿体质，促进其健康成长，"教"即教育，就是根据《幼儿园管理条例》《幼儿园工作规程》《幼儿园教育指导纲要》等政策法规，有目的、有计划地对婴幼儿实施素质教育。所谓保教工作管理，就是为了实现保育与教育目标，遵循学前教育的规律和特点，对保育和教育的过程进行全面管理。保教工作要求管理者运用有效的管理手段，对学前教育机构的保育和教育工作进行科学的计划、组织、实施、检查与评价，规范日常保教工作秩序，积极开展保教工作研究，不断提升学前教育机构的保教质量。

（2）幼儿园保教工作管理的地位

保教工作是学前教育机构的中心工作，保教工作管理是学前教育机构中最重要、最核心的管理内容。

第一，保教工作管理在学前教育机构中占据核心地位。《幼儿园工作规程》第三条指出："幼儿园的任务是实行保育和教育相结合的原则，对幼儿实施体、智、德、美全面发展的教育，促进其身心和谐发展。幼儿园同事为家长参加工作、学习提供便利条件。"可见，学前教育机构承担着保育与教育幼儿以及服务家长的双重任务，而保教工作在双重任务中处于核心地位。因此，保教工作管理在学前机构的整体管理中占据着核心地位。保教工作管理水平的高低直接反映出学前机构的整体管理水平。

第二，保教工作管理是幼儿园管理的中心工作。"一切为了孩子"是保教工作的准则，保教工作直接指向学前教育机构中的婴幼儿发展、教师配置、班级建设、教育评价等，是整个学前教育机构管理的中心工作。保教工作管理最直接的目的就是协调学前教育机构中的各项教育教学资源，优化保育、教育过程和环节，促进婴幼儿身心健康发展。

2. 幼儿园常规保教工作管理的内容和程序

学前教育机构必须以保教工作为主，从自身特点出发，把保教工作管理作为整个学前教育机构的主体部分，充分运用保教工作管理职能，采取行之有效的措施和方法，对保教工作实施科学的管理。常规保教工作管理从内容上大致可以划分为课程管理、保教质量管理、保教日常管理、教育科研管理。

（1）课程管理

第一，课程管理的含义。它是指以课程为对象所施加的决策、规划、开发、组织、协调、实施等管理活动和管理行为的总称。根据课程管理范围的大小，管理性质、目的和任务的不同，可划分为课程宏观管理和课程微观管理。课程宏观管理是关于一个国家或地区的课程管理活动和管理行为；课程微观管理是一个教育机构以课程实施为重点的管理活动与管理行为。当今课程改革的多元价值取向使学前教育机构课程模式呈现多元化发展趋势，几乎每个学前教育机构都作为实践主体面临着对课程的抉择与重组。学前教育机构课程改革的实践表明，课程改革的预期目标和理想境界的实现取决于学前教育机构课程管理的实际成效。因此，保教工作管理者肩负着课程管理的责任，增强课程管理意识，提升课程管理能力，是每一个保教工作管理者必须思考和实践的重要命题。

第二，课程管理的意义。课程承载着一所学前教育机构最核心的教育理念，课程管理是课程实施的保证，是课程实施成败的关键所在。管理者通过对课程的决策、组织，监督学前教育机构的教育理念转化为婴幼儿的发展，同时保教管理者通过课程管理既能使本园的课程与国家的课程标准保持一致，又能更好地提高本园课程的适应性，形成各自的教育特色。课程管理还有助于教师专业化水平的提升，课程管理的过程也是教师参与课程决策、编制课程方案、审议课程内容、实施教育实践的过程，能够很好地发挥教师的主动性和创造性。

第三，课程管理的内容。首先，编制课程方案。学前教育机构课程方案是按照教育目标、婴幼儿发展的特点与需要，根据机构的实际状况和课程资源条件，对本机构的课程内容、课程方法、课程编制和课程管理等方面的认识和文本表达。课程方案是学前教育机构的编制是指学前教育机构根据课程方案的目标、课程理念对课程在选择、重组、创新和策划的基础上所进行的课程策划和课程设计的管理活动。在编制课程方案时要注意思路清晰、结构完整，应包括学前教机构课程的基本理念、课程依据、课程目标、课程特点、课程结构、课程内容与方法、课程功能与价值等方面内容。同时在教育内容的选择上要平衡配比，使领域间内容保持平衡，科学合理安排婴幼儿游戏、学习、生活、运动各类活动，避免顾此失彼。其次，建立教育教学秩序。建立良好的教育教学秩序是课程管理最基本的任务。作为保教工作管理者要重视一日活动实施中各个环节的管理，使教师明确一日生活中的各个环节的教育意义和作用，科学合理地安排婴幼儿的一日活动，协调各类或从所占的时间比例，使各类活动有效开展。再次，完善课程管理制度。管理者要通过制定完善的管理制度规范保教工作的制定、教学内容的审议、保教质量的评价与分析、教师课程的培训等相关工作内容和工作程序，使保教工作管理走向科学规范的轨道。

（2）保教质量管理

第一，保教质量管理的价值。保教质量的高低是保教管理水平的综合反映，所以，保教质量管理要在正确的质量观的指导下，比照一定的质量标准，对保教工作中婴幼儿的发展与教师教育行为进行观察、分析、控制，以保证保教工作任务的全面完成和保教质量的全面提高。

第二，保教管理的策略。首先，树立正确的保教工作质量观。保教工作质量是对保教工作优劣程度的总体性认识和看法，他集中反映了管理者的教育思想水平，对整个保教工作起着重要的导向作用，管理者的保教质量观不同，检查评价保教工作的质量标准就不同，对教师的保教工作就会产生不一样的影响。因此，管理者要以《幼儿园教育指导纲要（试行）》等法律法规为指导，树立正确的保教质量观，实施科学的保教工作管理。其次，建立多维度的保教工作标准体系。在全面保教工作质量观的指导下，保教工作的质量标准就不是单一纬度的，而应是一个多维度的标准体系，这样的标准体系是全体保教人员共同追求的发展方向和具体目标，也是管理者检查和评定保教工作质量的依据。制定保教工作质量标准体系是一项难度较大的工作，必须以《幼儿园教育指导纲要（试行）》等政策法规为依据，充分考虑学前教育机构自身的条件和基础，在保教管理中不断尝试、不断总结。同时，保教质量标准也不是一成不变的。再次，保教质量的检查与分析。保教质量的检查是根据一定的质量标准对保教工作的各个环节、各个阶段的质量进行鉴定、判断的管理手段。通过保教工作的检查，管理者可以将教师的教育行为与相应标准相对照，及时发现问题、分析问题、解决问题。最后，保教质量的控制。保教质量的控制是保教质量管理的重要内容，它是在保教工作质量检查与分析的基础上，对影响保教质量的不良因素加以限制和排除，对能够提升保教质量的因素加以推广和普及。保教质量的有效控制关键在于通过检查获得有效的第一手资料，依据保教工作现状作出准确的分析，切实将由分析结果而得出的改进意见付诸实施，真正解决保教工作的问题和不足。

（3）保教日常管理

保教日常管理即常规管理，主要包括保教工作运行管理、保教工作例行管理和保教档案资料管理。它是保教管理的基础性工作，其职能是通过对各项保教工作的合理组织、指挥、调度和监督，建立稳定的、有活力的保教工作秩序，以保证保教工作的顺利进行。

第一，保教工作运行管理。科学合理地安排好学前教育机构的活动日程表、婴幼儿一日生活作息表、保教人员工作作息表，并严格执行，是学前教育机构中保教工作运行管理的重要内容。

第二，保教工作例行管理。按照学前教育机构的学期、学年进程，保教工作例行管理主要有以下四项内容：

表6-2 幼儿园保教工作例行管理的时段及内容

序 号	时 段	幼儿园保教日程管理中例行管理内容
1	开学前	制定学期保教工作例行管理计划： 第一，编排"三表"（活动日程表、幼儿一日生活作息表、保教人员工作作息表）。 第二，组织教师进行开学前教材培训。 第三，组织安排幼儿编班、入班。 第四，检查图书资料的配备，作好开学的全面准备。
2	开学初	向全体保教人员宣布保教工作计划，制定教研计划、科研计划。
3	学期中	组织保教工作质量检查和分析。
4	学期末	全面检查婴幼儿发展，评价保教质量，总结学期保教工作，做好幼小衔接工作。

第三，保教档案资料管理。保教工作档案能够全面反映幼儿园教育机构中保教工作的真实情况。认真做好保教档案的管理，将大量有参考价值的保教资料收集整理、完好保存，有助于园所总结经验，改进工作，提高管理水平和保教质量，也为开展教学研究提供依据，还有利于园所形成自己的园所管理特色，为其他园所提供借鉴。

（4）教育科研管理

为推动学前教育走向科学发展的轨道，加强教育科研是必不可少的工作。作为学前教育的管理者应该注重对学前教育机构教育教学规律的研究，这不仅能够很好地提升管理者的科学管理意识，还能有效地促进保教工作的改革，提升教师的教育能力和科研水平，促进教师队伍的专业化成长。当下幼儿园的教育科研管理是弱项，建议该项活动与本地高校相结合，聘请高校学前教育专业高级职称教师，入园指导、与高校进行联合教研，提升幼儿园教育科研质量。

3. 幼儿园的班级管理

幼儿园教育机构中的班级是进行保教活动的基本单位。班级管理是指管理者或班级教师通过组织、计划、实施、调整，充分运用各种资源，以达到提高工作效率、促进婴幼儿发展的目的。班级管理分为管理者对班级的管理和班主任对本班的管理。

（1）班级管理的原则

第一，整体性原则。班级管理不但涉及班级一日生活流程的正常运行、人员的分工合作、班级物品的保管，更涉及班级的课程管理、班集体整体氛围即文化建设等深层次的管理。对班级的管理要遵循整体性原则，坚持以幼儿发展为主线，以课程实施为核心，全面整体地实施班级管理。第二，系统性原则。班级是幼儿园最基层的管理单位，班级不是一个封闭的系统，班级也不是一个独立的小王国，管理者要将班级放在幼儿园教育机构大系统的背景中实施保教管理，要保证一个班级的工作与年级组工作相一致，保证班级工作与全园工作相一致。第三，科学性原则。学前教育机构的班级工作有自身独特的规律和特点，班级管理要统筹兼顾幼儿生活、学习、游戏和运动等各类活动，要科学规范班级中教师之间的合作分工，使其各司其职。整个班级工作的质量不能简单地追求"秩序井然"，而应将班级看成是婴幼儿与教师共同成长的场所，要运用科学的方法研究、改进班级工作，不断提升保教质量。

（2）班级管理的内容

第一，生活管理。班级中的生活管理是为了保证幼儿身体的正常发育，心理的健康成长，保教人员围绕婴幼儿的起居、饮食、盥洗等生活方面的需要而从事的管理工作。生活管理是园所保育工作的重要内容，既是课程实施的前提和基础，又是课程实施的内容和途径。第二，教育管理。班级教育管理是在管理者的指导下对班级所实施的课程方案进行过程优化，对课程实施的结果予以评价分析，以提升班级管理教育质量的管理行为。教育管理是班级管理的核心内容。第三，人员管理。班级的人员管理主要是指对班级内教师、家长及婴幼儿的管理。对本内管理者重在协调人员之间的分工与合作，对本班家长的管理重在相互理解、彼此尊重，班级人员要主动联系家长，将孩子在园的表现通过各种方式及时反馈给家长，对婴幼儿的管理重在建立一套科学合理的生活常规制度，引导幼儿养成良好的生活、卫生、行为和学习习惯。

（3）班主任角色定位及工作内容

第一，班主任的地位。在幼儿园班级工作中，班主任扮演多重的角色。班主任是班级工作的负责人，是班级课程管理、班级常规管理、班级生活管理、班级家长工作的第一负责人。第二，班主任工作的内容。实施班级工作的计划管理、负责班级教育管理、完善班级制度建设。

4. 园本教研活动的组织与管理

（1）园本教研的含义

学前教育机构的园本教研是一种开展教研活动的途径和方法，它强调的是以园所自身的力量为基础，以园所自己搭建的教研平台为依托，以全体保教人员为教研一体，借助一定的外部力量，解决本园教师工作中面临的真实问题。

（2）园本教研的管理

第一，管理者是园本教研的重要负责人。园本教研虽是"自下而上"的教研，但管理者一直起着核心、引领与支持、合作、参与的双重作用。管理者通过看活动，与教师对话，掌握教师专业成长的速度、方向和水平，从而给予每位教师有针对性的帮助。第二，园本教研的核心是创建教研文化。教研文化来自于学前教育机构文化。学前教育机构文化作为一所园所内部成员多共同具有的思想作风、行为态度，不但对每位教师的教育行为产生重要的影响，更对本教研产生重要的影响。第三，园本教研管理的重点是建立并实施稳固的园本教研制度。园本教研是教师工作的常态，而不是轰轰烈烈的教育"运动"，更不是学前教育机构中光鲜的"门面""饰物"，需要管理者以务实的心态做好园本教研工作，要从制度层面上保证园本教研的实施与落实。

5. 幼儿园总务工作管理

总务工作是幼儿园管理工作的重要组成部分，是办好教育的必要条件。幼儿园总务工作管理与其他各项工作的管理相互制约。因此，幼儿园管理者要按照总务工作的任务和基本要求，实行科学的总务工作管理。

（1）幼儿园总务工作管理的意义

第一，幼儿园总务工作管理的各个环节需要通过总务工作来体现。幼儿园管理中的各个要素，如人、财、物、时间、空间、信息等都要通过总务管理输送大批各个工作岗位。总务工作与各个部门联系是最为广泛的，它是所有工作的后勤保障。后勤支持跟不上，一线的教育质量就会打折扣。因此，高效的后勤服务体现了学前教育机构的整体管理质量。第二，总务工作管理质量直接影响保教中心任务的完成。学前教育机构中保教工作是中心，但是这个"中心"离不开总务工作的支持与保障。保教工作所需的房舍、教玩具配置、运动场地、游戏环境的创设、活动时的车辆安排、饮食等无一不与总务相联系。教师备课条件的改善及生活中后顾之忧的解除也需要总务工作的参与。因此，总务工作管理质量直接影响保教中心工作的完成。第三，总务工作管理的水平关系到能否调动教职工的积极性。学前教育机构总务工作管理是否拥有较好的服务教育教学的意识，总务管理人员是否做到勤俭办学，总务工作管理是否能改善保教人员的生活等都会对教职工的工作积极性产生较大影响。因此，总务工作质量如何，对教职工积极性的调动、保教质量的提高和园容校貌的改变发挥着突出作用。

（2）幼儿园总务工作管理的特点

第一，服务性。总务工作就其在学前教育机构的地位与任务来说，是一项服务性工作，即为保教服务、为婴幼儿服务、为教职工服务、为家长服务。这就要求总务工作管理者车里好人与人之间的关系、物与物之间的关系，把服务功能贯穿在教育教学过程中的各个环节，保证学前教育机构这台机器的正常运转。第二，先行性。总务工作是学前教育机构其他工作的物质保障，所以必须先行一步，平时要把握好各项工作的轻重缓急，对工作做出异常性的预见，主动配合保教工作的开展。第三，全局性。总务工作是物质保障，与人、财、物等方面联系密切、接触面广，其做得如何关系到全园各项工作的进展，关系到每个成员的工作、学习和生活。是涉及面最广的一项全局性工作。第四，教育性。总务工作要通过为保教工作服务来体现它的教育性。为保教工作提供条件越好，其教育性越大。因此，必须把握教育教学的规律和特点来安排总务工作。如掌握教育教学的季节性，放假前进行全面检查，假期全面维修并添足设备，开学前及时作好各项物质准备等。

（3）幼儿园总务工作管理的内容

第一，事务管理。幼儿园事务管理可分为行政性事务管理和后勤事务管理两大类。第一类，行政性事务管理。幼儿园行政性管理的目标是使园所各个部门间信息通畅，步调一致，为整体工作的顺利进行提供沟通、协调、统筹及服务。行政性事务管理的主要内容有以下几点：一是管理园所档案。在办园过程中，园所会积累大量的资料，这些资料能够真实地反映其发展历程，是园所宝贵的精神财富。保管好这些珍贵的原始资料，形成有价值的档案资料是行政事务管理工作的重要内容。幼儿园管理者应安排专人负责此项工作，对历年来的工作计划、总结、开展的活动、赢得荣誉以及参加的活动、领导的重要批示等大事都要按照专业的档案管理发那个发予以统一、规范的管理。二是完善各项规章制度。没有规矩不成方圆。幼儿园管理者要重视规章制度的建设，行政事务管理要遵守各个岗位、各项工作的制度和要求，使全体人员明确工作标准，自觉地以制度、要求来规矩自己的工作。三是处理公共关系。幼儿园工作开展离不开社会生活这个大环境，要接受教育、卫生、工商及财政、人事、物价等政府部门的指导与监督，同时幼儿园还会大量的与社会服务机构产生各种工作联系，这都需要行政性事务管理者做好公共关系工作，为园所创设良好的发展环境，促进保教质量的提高。四是日常行政性事务的处理。幼儿园的工作时间具有自身的特点，行政性事务管理者要安排好各项值班，如节假日、寒暑假值班等。此外，还要做好出勤情况统计、各类行政文书的撰写、各类文件的上传下达等日常工作。

第二类，是后勤事务管理。后勤事务管理涉及学前教育机构里婴幼儿的吃、喝、拉、撒、睡以及学习等所需要的一切物质条件，同时还涉及教职工的工作环境、生活水平的改善，是一项内容繁杂的重要工作。主要包括以下三个方面的管理内容：一是基本建设。学前教育机构是婴幼儿学习、生活、游戏的场所，他们年龄小，对环境的质量要求相对较高，所以，学前教育机构要为其创设良好的物质环境，满足其生长发育的基本要求。学前教育机构在创设园舍、设备维修的过程中要严格按照国家的建筑设计规范，使房舍、设施达到国家标准，尤其在室内装修过程中所使用的材料要环保，确保室内空气质量达到国家标准，为婴幼儿的健康负责。二是物品管理。学前教育机构对物品的管理要遵循科学管理、物尽其用的节俭之道，对公共财物要登记注册，对各类物品的使用情况及时检查，对消耗、损坏的物品要及时维修，尽量延长其使用时间。同时要对全体教职工做好必要的宣传与培训工作，进行节俭教育。三是后勤日常事务性工作。后勤工作要结合季节特点，做好常规的夏季防暑、冬季防寒工作，对生活保障中出现的各类问题都要积极努力，本着高度的服务意识为教职工排忧解难。

第二，财务管理。科学规范的财务管理要做到以下三点：一是增强经营意识，合理使用经费。幼儿园的财务管理主要是合理使用经费，以有限的投入取得最大的效益。幼儿园的经费收入的项目主要包括婴幼儿热源管理费、保育费、杂费、政府或主办单位拨款、个人或团体的建筑款项等。财务管理人员应了解各项经费数目及占全部经费来源的比例。幼儿园经费支出项目主要是人员经费和公用经费两大项，详情如下：

表 6-3　幼儿园经费支出项目及用途

序　号	类　型	幼儿园经费支出项目用途
1	人员经费	职工工资、奖金和福利费等。
2	公用经费	第一，办公费、业务培训费、水电气暖费用、玩教具材料和设备购置费，以及小型房屋修缮费等。 第二，幼儿的伙食费必须专款专用，全部用于他们的伙食费用支出。

二是建立健全财务管理制度，严格财务纪律。幼儿园必须建立健全财务管理制度，包括表册制度、会计制度。

117

要按照国家的财务工作制度、财务纪律，严格执行财务工作程序，账目、现金分开管理，严格实行财会人员工作制度等。三是实行民主管理，定期公布收支情况。财务工作要遵循民主管理的要求，每年向教职工代表待会汇报预算及决算情况，定期公布收支情况。

第三，膳食管理。幼儿园膳食管理是总务工作的一个重要组成部分。总务部门要与卫生保健部门协作配合，共同做好这两项工作，以使婴幼儿获得全面的营养，增强体质，促进其健康成长。保障膳食管理的质量要做到以下五点：一是科学指定食谱，保证平衡膳食。要计划膳食。总务部门要与保健医生一起编制代量食谱，要以婴幼儿年龄、健康状况和活动强度为依据，参考婴幼儿每日膳食中供给量标准，确定婴幼儿每日所需的热量和营养素。

二是计量制作，烹制合理。每日根据孩子实际出勤人数计算出当日主副食品的供给量，再根据食谱确定出每餐主副食品用料的分配量进行烹制。三是严格执行操作制度。要严格执行国家卫生部、商业部有关饮食卫生规范要求，做到责任到人、措施到位。四是科学管理，民主监督。幼儿膳食资金要做到专款专用，及时调节盈亏，将伙食费用足用好。五是定期进行膳食分析，不断提高膳食质量。膳食分析是为了了解婴幼儿没人每日从膳食中摄取的营养量与比例是否能够满足其生长发育的要求。膳食分析主要分析各类食品摄入总量、各类营养素的一日摄取总量以及热量、营养素、营养素来源分析、营养素比例分析，并将这些分析与定期体格检查、生化检查相比对，为膳食计划的制定与营养状况的改善提供依据和指导。

（4）幼儿园总务工作管理的基本要求

幼儿园总务工作事无巨细，如处理不当会影响教职工的积极性，所以，总务工作者要有极大的耐心和细心、较高的责任心。总务工作管理实践中务必做到以下几点：第一，树立服务意识。总务工作为保教工作一线服务，总务人员的每项工作都是实实在在的服务性工作。因此，总务工作管理者要树立较强的服务意识，明确管理就是服务的思想，处理好前勤人员与后勤人员的关系，将保教工作的需要和婴幼儿生活的需要置于工作中的头等大事，对教职工的后顾之忧予以关心，创造条件排忧解难。第二，勤奋工作，提高效益。总务工作管理要算好经济账，做到合理使用经费，杜绝浪费，精打细算，少花钱多办事。第三，提高素质，完善制度。幼儿园中的总务工作既是一项理财管物、带有技术性的工作，又是一项执行财务制度、维护财政纪律的政策性与原则性很强的工作，没有一定的政治思想水平和过硬的业务能力是不能胜任的。因此，管理者要加强人员素质的提高，培养一批链接奉公、勤俭节约的总务工作队伍。在加强队伍建设的同时，还要完善总务工作的相关制度，对总务工作实施科学、严格、规范的管理。

课后习题

1. 创办幼儿园的基本条件和审批程序是什么？
2. 幼儿园的教职工都有哪些，都应分别具备什么样的条件？
3. 如何理解体罚和变相体罚，我国相关法律法规对这一行为是如何处理的？
4. "条例"对幼儿园的保育和教育工作作了哪些规定？
5. 幼儿园保教工作管理的内容和程序是什么？

我的说说

原文附录

《幼儿园管理条例》①
中华人民共和国国家教育委员会令第4号
1989年9月11日发布

第一章 总则

第一条 为了加强幼儿园的管理，促进幼儿教育事业的发展，制定本条例。

第二条 本条例适用于招收三周岁以上学龄前幼儿，对其进行保育和教育的幼儿园。

第三条 幼儿园的保育和教育工作应当促进幼儿在体、智、德、美诸方面和谐发展。

第四条 地方各级人民政府应当根据本地区社会经济发展状况，制定幼儿园的发展规划。

幼儿园的设置应当与当地居民人口相适应。

乡、镇、市辖区和不设区的市的幼儿园的发展规划，应当包括幼儿园设置的布局方案。

第五条 地方各级人民政府可以依据本条例举办幼儿园，并鼓励和支持企业事业单位、社会团体、居民委员会、村民委员会和公民举办幼儿园或捐资助园。

第六条 幼儿园的管理实行地方负责、分级管理和各有关部门分工负责的原则。

国家教育委员会主管全国的幼儿园管理工作；地方各级人民政府的教育行政部门，主管本行政辖区内的幼儿园管理工作。

第二章 举办幼儿园的基本条件和审批程序

第七条 举办幼儿园必须将幼儿园设置在安全区域内。严禁在污染区和危险区内设置幼儿园。

第八条 举办幼儿园必须具有与保育、教育的要求相适应的园舍和设施。幼儿园的园舍和设施必须符合国家的卫生标准和安全标准。

第九条 举办幼儿园应当具有符合下列条件的保育、幼儿教育、医务和其他工作人员：

（一）幼儿园园长、教师应当具有幼儿师范学校（包括职业学校幼儿教育专业）毕业程度，或者经教育行政部门考核合格。

（二）医师应当具有医学院校毕业程度，医士和护士应当具有中等卫生学校毕业程度，或者取得卫生行政部门的资格认可。

（三）保健员应当具有高中毕业程度，并受过幼儿保健培训。

（四）保育员应当具有初中毕业程度，并受过幼儿保育职业培训。

慢性传染病、精神病患者，不得在幼儿园工作。

第十条 举办幼儿园的单位或者个人必须具有进行保育、教育以及维修或扩建、改建幼儿园的园舍与设施的经费来源。

第十一条 国家实行幼儿园登记注册制度，未经登记注册，任何单位和个人不得举办幼儿园。

第十二条 城市幼儿园的举办、停办，由所在区、不设区的市的人民政府教育行政部门登记注册。

农村幼儿园的举办、停办，由所在乡、镇人民政府登记注册，并报县人民政府教育行政部门备案。

第三章 幼儿园的保育和教育工作

第十三条 幼儿园应当贯彻保育与教育相结合的原则，创设与幼儿的教育和发展相适应的和谐环境，引导幼儿个性的健康发展。

---

① 国家教育委员会.幼儿园管理条例［S］.中华人民共和国国家教育委员会令第4号，1989.

幼儿园应当保障幼儿的身体健康，培养幼儿的良好生活、卫生习惯；促进幼儿的智力发展；培养幼儿热爱祖国的情感以及良好的品德行为。

第十四条　幼儿园的招生、编班应当符合教育行政部门的规定。

第十五条　幼儿园应当使用全国通用的普通话。招收少数民族为主的幼儿园，可以使用本民族通用的语言。

第十六条　幼儿园应当以游戏为基本活动形式。

幼儿园可以根据本园的实际，安排和选择教育内容与方法，但不得进行违背幼儿教育规律，有损于幼儿身心健康的活动。

第十七条　严禁体罚和变相体罚幼儿。

第十八条　幼儿园应当建立卫生保健制度，防止发生食物中毒和传染病的流行。

第十九条　幼儿园应当建立安全防护制度，严禁在幼儿园内设置威胁幼儿安全的危险建筑物和设施，严禁使用有毒、有害物质制作教具、玩具。

第二十条　幼儿园发生食物中毒、传染病流行时，举办幼儿园的单位或者个人应当立即采取紧急救护措施，并及时报告当地教育行政部门或卫生行政部门。

第二十一条　幼儿园的园舍和设施有可能发生危险时，举办幼儿园的单位或个人应当采取措施，排除险情，防止事故发生。

第四章　幼儿园的行政事务

第二十二条　各级教育行政部门应当负责监督、评估和指导幼儿园的保育、教育工作，组织培训幼儿园的师资，审定、考核幼儿园教师的资格，并协助卫生行政部门检查和指导幼儿园的卫生保健工作，会同建设行政部门制定幼儿园园舍、设施的标准。

第二十三条　幼儿园园长负责幼儿园的工作。

幼儿园园长由举办幼儿园的单位或个人聘任，并向幼儿园的登记注册机关备案。

幼儿园的教师、医师、保健员、保育员和其他工作人员，由幼儿园园长聘任，也可由举办幼儿园的单位或个人聘任。

第二十四条　幼儿园可以依据本省、自治区、直辖市人民政府制定的收费标准，向幼儿家长收取保育费、教育费。

幼儿园应当加强财务管理，合理使用各项经费，任何单位和个人不得克扣、挪用幼儿园经费。

第二十五条　任何单位和个人，不得侵占和破坏幼儿园园舍和设施，不得在幼儿园周围设置有危险、有污染或影响幼儿园采光的建筑和设施，不得干扰幼儿园正常的工作秩序。

第五章　奖励与处罚

第二十六条　凡具备下列条件之一的单位或者个人，由教育行政部门和有关部门予以奖励：

（一）改善幼儿园的办园条件成绩显著的。

（二）保育、教育工作成绩显著的。

（三）幼儿园管理工作成绩显著的。

第二十七条　违反本条例，具有下列情形之一的幼儿园，由教育行政部门视情节轻重，给予限期整顿、停止招生、停止办园的行政处罚：

（一）未经登记注册，擅自招收幼儿的。

（二）园舍、设施不符合国家卫生标准、安全标准、妨害幼儿身体健康或者威胁幼儿生命安全的。

（三）教育内容和方法违背幼儿教育规律，损害幼儿身心健康的。

第二十八条　违反本条例，具有下列情形之一的单位或者个人，由教育行政部门对直接责任人员给予警告、罚款的行政处罚，或者由教育行政部门建议有关部门对责任人员给予行政处分：

（一）体罚或变相体罚幼儿的。

（二）使用有毒、有害物质制作教具、玩具的。

（三）克扣、挪用幼儿园经费的。

（四）侵占、破坏幼儿园园舍、设备的。

（五）干扰幼儿园正常工作秩序的。

（六）在幼儿园周围设置有危险、有污染或者影响幼儿园采光的建设和设施的。

前款所列情形，情节严重，构成犯罪的，由司法机关依法追究刑事责任。

第二十九条　当事人对行政处罚不服的，可以在接到处罚通知之日起十五日内，向作出处罚决定的机关的上一级机关申请复议，对复议决定不服的，可在接到复议决定之日起十五日内，向人民法院提起诉讼。当事人逾期不申请复议或者不向人民法院提起诉讼又不履行处罚决定的，由作出处罚决定的机关申请人民法院强制执行。

第六章　附则

第三十条　省、自治区、直辖市人民政府可根据本条例制定实施办法。

第三十一条　本条例由国家教育委员会解释。

第三十二条　本条例自一九九零年二月一日起施行。

第七章 《托儿所幼儿园卫生保健工作规范》解读

教 学 目 标

1. 了解并掌握《托儿所幼儿园卫生保健工作规范》的基本内容。
2. 熟悉托幼机构的卫生保健工作规范。

知 识 结 构 图

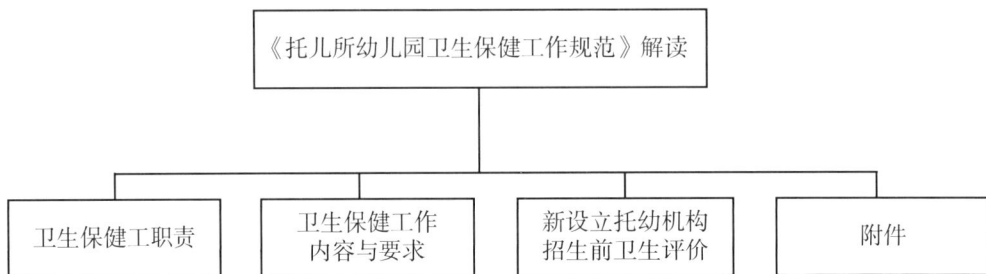

```
          《托儿所幼儿园卫生保健工作规范》解读
   ┌──────────┬──────────────┬──────────────┬──────────┐
 卫生保健工职责   卫生保健工作      新设立托幼机构       附件
              内容与要求        招生前卫生评价
```

案例分析

案例 辞职的李大妈。李大妈家庭经济条件不太好,去年春天好容易应聘到一家幼儿园后厨工作,这里活也不累,她高兴极了。这家幼儿园是当地还算比较受家长欢迎的幼儿园。李大妈人干净利落,勤快踏实性格又好,厨房里的人都很喜欢李大妈,有什么也不瞒着李大妈。但李大妈发现表面上该幼儿园公布的宝宝每日食谱搭配科学,但其实后厨不堪入目,后厨的事情是家长们根本看不到的,幼儿园也想方设法不让家长们看到。通常情况下,幼儿园的蔬菜采购者每天下午去菜市场买菜,什么菜便宜买什么菜,买到的几乎都是菜贩卖剩的蔬菜,李大妈发现买回的好多菜叶子都烂了,她就细心挑出去,有一次园长看见了,批评李大妈说挑出去的太多,太浪费了。还有一次,幼儿园批发了一个菜贩很多洋芋,于是接下来几天幼儿园几乎顿顿吃洋芋。李大妈在那负责洗菜和洗碗,为了节约用水,厨房的大厨要求洗菜只洗一遍,洗碗也尽量少用水。李大妈太担心小朋友们吃了会出问题,一个月后对儿女说实在受不了良心谴责,辞职了。

分析 案例中,李大妈的"新发现"实质上是该幼儿园存在已久的"大问题",这个所谓比较受家长欢迎的幼儿园实质上根本就不是一个合格的幼儿园。购买的蔬菜不是新鲜蔬菜,洗菜洗碗清洁程度堪忧,这样肮脏而又没有食品质量保障的厨房,怎么会做出营养的饭菜,这哪里是培育祖国的花朵,说是毒害也不过分。幼儿的营养与健康是幼儿成长的基本条件,厨房与幼儿的营养和健康密切相关,不清洁不新鲜的食物怎么能够保证幼儿的健康与营养。该幼儿园根本就没有贯彻执行国家在相关文件中的保健规定,还采用各种方法进行隐瞒,这种行为令人不齿,相关部门应该加强幼儿营养膳食相关工作的检查力度与深度,对这样的幼儿园应该给予相关处罚,责令其整改或停业。本章将就《托儿所幼儿园卫生保健工作规范》做全面的解读,让学习者深度了解托儿所幼儿园卫生保健工作的重要性、内容及基本要求。

第一节 《托儿所幼儿园卫生保健工作规范》概述

健康是幼儿身心和谐发展的前提条件。根据幼儿的生长发育规律,《幼儿园教育指导纲要(试行)》明确要求:"幼儿园必须把保护幼儿的生命和促进幼儿的健康放在工作的首位。"因此,幼儿园要积极采取措施保证幼儿身心正常发育和健康成长。在幼儿园采取的这一系列保证幼儿身心正常发育和健康成长的措施,就是幼儿园的卫生保健工作。在幼儿园,开展卫生保健工作具有重要意义。首先,幼儿期是儿童生长发育的关键阶段,幼儿园要合理安排幼儿一日生活,提供合理营养膳食,促进幼儿的健康成长;其次,这个阶段的幼儿没有很好的自我控制能力和同成人一样的免疫能力,常会出现健康安全事件,需要幼儿园做好防范措施;最后,幼儿园的集居环境极易引起疾病传播和流行。因此,在幼儿园做好各项卫生保健工作,才能给幼儿提供健康成长的良好环境。

如何实施和评估托儿所、幼儿园的保健工作呢?国家为此制定了《托儿所幼儿园卫生保健管理办法》(卫生部、教育部令第 76 号),为贯彻落实《托儿所幼儿园卫生保健管理办法》,加强托儿所、幼儿园卫生保健工作,切实提高托幼机构卫生保健工作质量,卫生部组织专家对 1985 年印发的《托儿所幼儿园卫生保健制度》进行了修订,形成了《托儿所幼儿园卫生保健工作规范》。2012 年 5 月 9 日,卫生部以卫妇社发〔2012〕35 号印发《托儿所幼儿园卫生保健工作规范》。

修订后的《托儿所幼儿园卫生保健工作规范》(以下简称"规范")将原来的《托儿所幼儿园卫生保健制度》(以下简称"制度")调整细化为四部分,该"工作规范"分卫生保健工作职责、卫生保健工作内容与要求、新设立托幼机构招生前卫生评价、附件 4 部分。

原"制度"内容列为第二部分"卫生保健工作内容与要求",包括十方面内容。同时依据新修订的《托儿所幼儿园卫生保健管理办法》(以下简称"管理办法")要求,新增加第一部分"卫生保健工作职责"和第三部分"新设立托幼机构招生前卫生评价",包括卫生评价流程和卫生评价标准,并补充完善了第四部分的相关表格附件。与 1985 年颁布的《托儿所幼儿园卫生保健制度》相比,将原有"预防疾病制度"细化为现"传染病"和"常见病"内容;原"安全制度"修订完善为现"伤害预防";原"卫生保健登记、统计制度"修订为现"信息收集",删除"家长联系制度",根据新形势发展要求,增加"健康教育"内容。修订后的"工作规范"内容得到更新补充,条理更清晰,实际工作可行性、操作性更强。

一、卫生保健工作职责(第一部分)

依据新修订的"规范"要求,该部分明确了托幼机构、妇幼保健机构以及相关职能部门的工作职责,增加本部分。对妇幼保健机构在托幼机构卫生保健工作管理上的职责明确细化,方便各级妇幼保健机构和托幼机构在实际工作中进行操作。同时,对托幼机构在卫生保健工作中的职责细化,有利于规范各级各类托幼机构卫生保健工作实施开展,更好地促进群体儿童卫生保健工作开展。

1. 托幼机构工作职责

修订的"管理办法"中托幼机构的工作职责有十个方面。

(1)托幼机构要设立保健室或卫生室。

按照"管理办法"要求,托幼机构要设立保健室或卫生室,其设置应当符合"规范"保健室设置的基本要求。根据接收儿童数量配备符合相关资质的卫生保健人员。

"规范"中对托幼机构保健室设置基本要求规定十分具体,要求保健室房屋面积至少在 12 平方米以上,有观察床、桌椅、药品柜、资料柜、流动水等设施。体检设备要有儿童体重计(杠杆式)、身高坐高计(供 3 岁以上儿童使用)、卧式身长计(供 3 岁以下儿童使用)、软皮尺、灯光对数视力箱、体温计。常用消毒药品要配置消毒液、紫外线消毒灯或其他空气消毒装置。常用药可配备非处方药。

"规范"中对卫生保健人员的要求是卫生保健人数≥1:150(卫生保健人员:幼儿)。在资质上也明确作了规定,

123

要求医师、护士、保健员必须具有高中以上学历，经过卫生保健专业知识培训，具有托幼机构卫生保健基础知识，掌握卫生消毒、传染病管理和营养膳食管理技能。

（2）新设立的托幼机构要出具卫生评价报告。

新设立的托幼机构，应当按照"规范"卫生评价的要求进行设计和建设，招生前应当取得县级以上卫生行政部门指定的医疗卫生机构出具的符合本"规范"的卫生评价报告。

新园（所）选址、建筑设计以及老园（所）改建、扩建工程方案，应事先经县级以上卫生部门进行科学论证。查阅有关资料，向有关部门了解情况。托幼机构建筑布局合理、流程科学，装潢符合卫生安全的要求，并经卫生部门验收合格；环境绿化面积不少于户外场地总面积的50%，人工草坪不超过户外场地面积的1/3。

（3）托幼机构必须制订卫生保健工作制度和计划。

托幼机构必须制定适合本园（所）的卫生保健工作制度和年度工作计划，定期检查各项卫生保健制度的落实情况。年度卫生保健工作计划应具体到每个月的工作任务。以下是某幼儿园卫生年度保健工作计划中9月和10月卫生保健工作计划的范例。

表7-1　幼儿园卫生年度保健工作计划范例

	1	认真做好各方面卫生、消毒工作，迎接幼儿入园。
	2	做好学校安全卫生的自查工作，接受市场监管局的检查并做好有关整改工作。
	3	做好中大班插班生的入园体检工作。
	4	做好全园幼儿的身高、体重测量及评价工作。
9月	5	筛选出体弱儿及肥胖儿并做个案建档工作。
	6	进行安全检查，对全园电器、大型玩具等进行检查，确保幼儿在园安全。
	7	各班加强对幼儿进行安全、卫生教育，建立良好的生活卫生习惯。年级组制订出安全、体锻及健康教学计划。
	8	下发食堂、各班级有关卫生保健资料方面的表格。
	9	做好幼儿营养食谱的制定和分析工作。
	1	把好晨检关和消毒关，做好秋冬季多发病、传染病的预防工作。
	2	新生首次家园联系一次，做好幼儿疾病矫治工作。
	3	肥胖儿、体弱儿跟踪测量评介工作。
	4	加强对保育员一日工作的检查和指导，开展保育员业务培训一次。
10月	5	检查午餐、午点的提供、分发和剩余情况。
	6	检查新上岗保育员的工作情况。
	7	组织召开膳委会会议一次。
	8	食堂工作人员安全卫生操作培训一次。
	9	把好晨检关和消毒关，做好秋冬季多发病、传染病的预防工作。
	10	新生首次家园联系一次，做好幼儿疾病矫治工作。

（4）执行定期健康检查制度。

托幼机构要严格执行工作人员和儿童入园（所）及定期健康检查制度。坚持晨午检及全日健康观察工作，卫生保健人员应当深入各班巡视。做好儿童转园（所）健康管理工作。定期开展儿童生长发育监测和五官保健，将儿童体检结果及时反馈给家长。《幼儿园工作规程》（2016年3月出版）第十九条提出："幼儿园应当建立幼儿健康检查制度和幼儿健康卡或档案。每年体检一次，每半年测身高、视力一次，每季度测体重一次；注意幼儿口腔卫生，保护幼儿视力。幼儿园对幼儿健康发展状况定期进行分析、评价，及时向家长反馈结果。"

（5）加强园（所）的传染病预防控制工作。

托幼机构要做好入园（所）儿童预防接种证的查验，配合有关部门按时完成各项预防接种工作。建立儿童传染病预防控制制度，做好晨午检，儿童缺勤要追查，因病缺勤要登记。明确传染病疫情报告人，发现传染病病人或疑似传染病人要早报告、早治疗，相关班级要重点消毒管理。做好园（所）内环境卫生、各项日常卫生和消毒工作。

（6）加强园（所）的伤害预防控制工作。

托幼机构要加强园（所）的伤害预防控制工作，建立因伤害缺勤登记报告制度，及时发现安全隐患，做好园（所）内伤害干预和评估工作。

在幼儿园的实际工作中，需要幼儿园建立安全制度。教师不但需要做好自身的伤害预防控制工作，还应该对幼儿进行积极的安全教育。

（7）根据各年龄段儿童的生理、心理特点，在卫生保健人员参与下制定合理的一日生活制度和体格锻炼计划，开展适合儿童年龄特点的保育工作和体格锻炼。

（8）严格执行食品安全工作的要求，配备食堂从业、管理人员和食品安全监管人员，制订各岗位工作职责，上岗前应当参加食品安全法律法规和儿童营养等专业知识培训。做好儿童的膳食管理工作，为儿童提供符合营养要求的平衡膳食。

（9）卫生保健人员应当按时参加妇幼保健机构召开的工作例会，并接受相关业务培训与指导；定期对托幼机构内工作人员进行卫生保健知识的培训；积极开展传染病、常见病防治的健康教育，负责消毒隔离工作的检查指导，做好疾病的预防与管理。

（10）根据工作要求，完成各项卫生保健工作记录的填写，作好各种统计分析，并将数据按要求及时上报辖区内妇幼保健机构。

2. 妇幼保健机构工作职责

（1）配合卫生行政部门，制定辖区内托幼机构卫生保健工作规划、年度计划并组织实施，制定辖区内托幼机构卫生保健工作评估实施细则，建立完善的质量控制体系和评估制度。

（2）依据"管理办法"，由卫生行政部门指定的妇幼保健机构对新设立的托幼机构进行招生前的卫生评价工作，并出具卫生评价报告。

（3）受卫生行政部门委托，妇幼保健机构对取得办园（所）资格的托幼机构每3年进行1次卫生保健工作综合评估，并将结果上报卫生行政部门。

（4）地市级以上妇幼保健机构负责对当地托幼机构卫生保健人员进行岗前培训及考核，合格者颁发培训合格证。县级以上妇幼保健机构每年至少组织1次相关知识的业务培训或现场观摩活动。

（5）妇幼保健机构定期对辖区内的托幼机构卫生保健工作进行业务指导。内容包括一日生活安排、儿童膳食、体格锻炼、健康检查、卫生消毒、疾病预防、伤害预防、心理行为保健、健康教育、卫生保健资料管理等工作。

（6）协助辖区内食品药品监督管理、卫生监督和疾病预防控制等部门，开展食品安全、传染病预防与控制宣传教育等工作。

（7）对辖区内承担托幼机构儿童和工作人员健康检查服务的医疗卫生机构进行相关专业技术的指导和培训。

（8）负责定期组织召开辖区内托幼机构卫生保健工作例会，交流经验、学习卫生保健知识和技能；收集信息，掌握辖区内托幼机构卫生保健情况，为卫生行政部门决策提供相关依据。

3. 相关机构工作职责

1. 疾病预防控制机构负责定期为托幼机构提供疾病预防控制的宣传、咨询服务和指导。

2. 卫生监督执法机构依法对托幼机构的饮用水卫生、传染病预防和控制等工作进行监督检查。

3. 食品、药品监督管理机构中负责餐饮服务监督管理的部门依法加强对托幼机构食品安全的指导与监督检查。

4. 乡镇卫生院、村卫生室和社区卫生服务中心（站）应通过妇幼卫生网络、预防接种系统以及日常医疗卫生服务等多种途径掌握辖区中的适龄儿童数，并加强与托幼机构的联系，取得配合，做好儿童的健康管理。

二、卫生保健工作内容与要求（第二部分）

将原"制度"内容纳入本部分规范，并修订为现有十项。

1. 一日生活安排

将原"制度"的"生活制度"修订为现"规范"的第二部分"一日生活安排"。该部分包括五方面内容，更清晰明了、详细、条理地说明了合理的生活制度是保障儿童身心健康的重要因素，使得"工作规范"的操作性更强。其中，与1985年"制度"相比，增加了以下内容：

（1）强调定期检查一日生活安排的执行情况。

据有关调查显示，现阶段我国幼儿的速度、耐力、协调性以及对基本的抵抗能力都达不到国际相关要求。我们应该重视这一问题，从日常生活中就合理安排幼儿的一日活动，循序渐进地促进幼儿身体素质提升。

（2）根据现阶段社会状况，绝大多数儿童1岁以后入托幼机构，所以本"工作规范"删除了原"制度"里1岁内儿童的一日生活时间安排。

（3）在一日生活的安排中，特别强调了儿童户外活动的时间，具体指出正常情况下全日制儿童户外活动时间每天不少于2小时，寄宿制儿童不少于3小时。对儿童进餐和午睡等主要生活环节明确时间要求，可操作性更强。

2. 儿童膳食

将原"制度"中的"婴幼儿的饮食"修订为现"规范"的第二部分"儿童膳食"。修订后的部分包括两个内容：膳食管理和膳食营养，更加全面地涵盖儿童膳食的基本内容。主要增加了以下内容：

（1）依据现有食品卫生法律法规新修订后要求，重点提出对食堂的管理要求，并给出具体可行的依据，强调建立健全食堂的规章制度。

（2）要求儿童膳食费专款专用，账目每月公布，每学期收支盈亏不超过2%。

（3）要求膳食卫生必须严格执行《食品安全法》等有关法律法规和规章的要求，取得《餐饮服务许可证》，建立健全各项食品安全管理制度。

（4）增加托幼机构食品采购要求和库存食品要求，明确食品加工用具的消毒要求。严禁托幼机构加工变质、有毒、不洁、超过保质期的食物，并根据食药局〔2012〕16号文件规定托幼机构不得制作和提供冷荤凉菜，对饮用水、留样食品要求也提出明确要求。

（5）明确儿童膳食以《中国居民膳食指南》为指导，参考中国居民"膳食营养素参考摄入量（DRIs）"和各类食物每日参考摄入量制定儿童膳食计划，定期更换带量食谱。给予了平衡膳食的标准，包括三大营养素热量占总热量的百分比、全日热量分配等。

（6）提出在条件许可的情况下，对特殊儿童提供相应膳食，删除了婴儿喂养的内容。

3. 体格锻炼

修订后的第三部分"体格锻炼"包括四条内容。

（1）明确体格锻炼要根据儿童的年龄和生理特点开展，并掌握运动强度和运动量。

（2）强调体格锻炼过程中要保证场地安全、做好安全准备，保证儿童运动安全。并增加了运动器械的清洁、卫生的要求。

（3）明确保教人员要做好运动前、运动过程中和运动后的监测和效果评估。

（4）对患病儿童体格锻炼进行调整，并做好观察护理。

现阶段儿童入托幼机构基本是1岁以后，所以这部分删除了针对婴儿开展的活动性游戏，包括主动、被动体操。

4. 健康检查

修订后的"规范"细化了健康检查的内容，分两部分叙述。第一部分是儿童健康检查，包括入园（所）健康检查、

定期健康检查、晨午检及全日健康观察。第二部分是工作人员健康检查，包括上岗前健康检查、定期健康检查、健康合格证的发放。对儿童入园（所）、在园，工作人员准入、在岗等环节作了具体要求，主要增加或强调了以下内容。

（1）强调儿童入园（所）前和定期健康检查应经医疗卫生机构进行健康检查。入园（所）检查合格后方可入园（所）。并要求承担儿童入园（所）体检的医疗卫生机构及人员应当取得相应的资格，并接受相关专业技术培训。体检单位要按照"管理办法"规定的体检项目进行检查，不得擅自更改。

（2）明确儿童入园托幼机构应当查验"儿童入园（所）健康检查表""0～6岁儿童保健手册""预防接种证"。

（3）强调儿童入园（所）体检中发现疑似传染病者应当"暂缓入园"，及时确诊治疗。

（4）明确了儿童定期健康检查的内容，具体规定了1～3岁儿童每年健康检查2次，每次间隔6个月；3岁以上儿童每年健康检查1次。所有儿童每年进行1次血红蛋白或血常规检测。1～3岁有听力损失高危因素的儿童每年检查1次听力；4岁以上儿童每年检查1次视力。体检后应当及时向家长反馈健康检查结果。

（5）明确了儿童离开园（所）3个月以上需重新按照入园（所）检查项目进行健康检查。

（6）增加了转园儿童要求，即应持原园提供的"儿童转园（所）健康证明""0～6岁儿童保健手册"可直接转园。"儿童转园（所）健康证明"有效期3个月。

（7）强调进行晨午检及全日健康观察，并明确检查内容。明确保教人员和卫生保健人员的工作职责。

（8）对患病儿童及儿童带药问题进行明确要求。

（9）按照《托儿所幼儿园卫生保健管理办法》，要求工作人员上岗前的健康检查必须经县级以上人民政府卫生行政部门指定的医疗卫生机构进行健康检查，取得《托幼机构工作人员健康合格证》后方可上岗。

（10）对工作人员健康要求作了更加具体的规定。指出"精神病患者或者有精神病史者不得在托幼机构工作。凡患有发热、腹泻等症状；流感、活动性肺结核等呼吸道传染性疾病；痢疾、伤寒、甲型病毒性肝炎、戊型病毒性肝炎等消化道传染性疾病；淋病、梅毒、滴虫性阴道炎、化脓性或者渗出性皮肤病等疾病的工作人员须离岗，治愈后须持县级以上人民政府卫生行政部门指定的医疗卫生机构出具的诊断证明，并取得'托幼机构工作人员健康合格证'后，方可回园（所）工作"。

（11）明确托幼机构卫生人员健康合格证由县级以上医疗卫生机构负责发放。

（12）删除修改原对有传染病接触史婴幼儿的要求。

（13）工作人员体检中原乙型肝炎表面抗原阳性应调离工作的规定，按照现有传染病防治法要求取消此内容。

5. 卫生与消毒

将原"制度"的"卫生消毒与隔离制度"修订为现"规范"的第五部分"卫生与消毒"。修订后的"规范"中卫生与消毒包括三方面内容：环境卫生、个人卫生和预防性消毒，删除原"制度"中的消毒隔离制度，增加预防性消毒，并附表"环境和物品的预防性消毒方法"。还详细规定了托幼机构中应该清洁和消毒的物品种类、消毒频次、消毒方法等。

（1）更细化了托幼机构各类物品的消毒要求和方法。

（2）增加的预防性消毒对儿童餐饮具、毛巾以及儿童易触摸的物体表面提出明确要求。增加了工作人员"不留长指甲"的要求。

（3）明确了消毒器械和消毒剂要复合国家标准或规定。

6. 传染病预防与控制

将原"制度"中的"预防疾病制度"修订为现"规范"的第六部分"传染病预防与控制"和第七部分"常见病预防与管理"两部分内容。

（1）明确了托幼机构要督促家长按免疫程序和要求完成儿童预防接种。同时，配合疾病预防控制机构做好托幼机构儿童常规接种、群体性接种或应急接种工作。删除了在托幼机构内做预防接种工作的内容，突出了通

127

过查验来督促家长配合疾病预防控制机构按免疫程序和要求，完成免疫接种工作。

（2）重点是建立传染病管理制度，发现传染病疫情或疑似病例后，应当立即向属地疾病预防控制机构（农村乡镇卫生院防保组）报告。

（3）明确卫生保健人员应当定期对儿童及其家长开展预防接种和传染病防治知识的健康教育，提高其防护能力和意识。

（4）强调患传染病的儿童隔离期满后，凭医疗卫生机构出具的痊愈证明方可返回园（所）。来自疫区或有传染病接触史的儿童，检疫期过后方可入园（所）。

（5）明确了对因病缺勤儿童的管理，以做到对传染病人的早发现。并在发现可疑病例时，及时进行隔离控制措施，并对可能被污染的环境和物品实施随时性消毒与终末消毒。

7. 常见病预防与管理

（1）增加并强调对儿童常见病进行登记和专案管理，并做好五官保健的登记和管理，开展儿童心理卫生知识的宣传教育。

（2）明确了除对常见病进行登记和管理外，要督促家长进行治疗和复诊，加强日常健康观察和保育护理工作。

（3）强调通过健康教育提高儿童健康，减少常见病发生。

8. 伤害预防

安全管理是托幼机构卫生保健工作的基础。修订后"规范"的第七部分将原"制度"的"安全制度"改为现第八部分"伤害预防"，强调托幼机构卫生保健工作中安全管理的目的是预防和控制儿童伤害事故的发生。主要增加了以下内容：

（1）托幼机构的各项活动应以儿童安全为前提，建立定期安全排查制度，落实预防儿童伤害的各项措施。

（2）强调托幼机构的房屋、场地、家具、玩教具、生活设施等应符合国家相关安全标准和规定。

（3）重点说明托幼机构应建立重大自然灾害、食物中毒、火灾、暴力等突发事件的应急预案，如果发生重大伤害时应当立即采取有效措施，并及时向上级有关部门报告。

（4）增加托幼机构应加强对工作人员、儿童及监护人的安全教育和突发事件应急处理能力的培训，普及安全知识。

（5）特别指出保教人员应当定期接受预防儿童伤害相关知识和急救技能的培训，做好儿童安全工作，消除安全隐患，预防软组织损伤、骨折、烧（烫）伤、中毒等伤害的发生。

9. 健康教育

此部分内容为新加内容。随着社会的进步和发展，对健康教育的认识越来越受到人们的重视，尤其是对学龄前儿童进行健康教育，将为儿童一生的健康和生活奠定良好的基础。

（1）强调了卫生保健人员应当根据不同季节、疾病流行等情况制定全年健康教育工作计划，并组织实施。

（2）规定了托幼机构卫生保健工作中健康教育的内容和形式。

（3）要求做好健康教育记录，定期进行健康教育效果评估，不断调整健康教育的方式和内容是健康教育工作的重要环节。

10. 信息收集

根据现阶段托幼机构卫生保健工作要求，修改后"规范"的第十部分细化了原"制度"第八部分"卫生保健登记、统计制度"，根据现在托幼机构发展趋势和儿童保健工作规范要求增加了健康档案的内容，并修改部分记录、统计分析表。修改后的"规范"包括4个健康档案、9个卫生保健记录（登记）表和4个统计分析表，删除了一些过时的记录表、簿，规范了进行统计分析的指标内容，更加便于卫生保健人员工作时使用。

鉴于与家长联系一直是托幼机构教育方面的重点工作，因此修订后的"规范"中删除了原"制度"的第九部分"家长联系制度"。

三、新设立托幼机构招生前卫生评价（第三部分）

根据《托儿所幼儿园卫生保健管理办法》第八条要求，"新设立的托幼机构，招生前应当取得县级以上地方人民政府卫生行政部门指定的医疗卫生机构出具的符合《托儿所幼儿园卫生保健工作规范》的卫生评价报告"。特增加本部分内容，内容涵盖新设立园所卫生评价流程和卫生评价基本要求。

1. 卫生评价流程

（1）明确要求新设立的托幼机构，应当按照本"规范"卫生评价的要求进行设计和建设，招生前须向县级以上地方人民政府卫生行政部门指定的医疗卫生机构提交"托幼机构卫生评价申请书"。

（2）强调由县级以上地方人民政府卫生行政部门指定的医疗卫生机构负责组织专业人员，根据"规范"中"新设立托幼机构招生前卫生评价表"的要求，在20个工作日内对提交申请的托幼机构进行卫生评价。根据检查结果，出具"托幼机构卫生评价报告"。

（3）强调凡取得卫生评价为"合格"的托幼机构，即可向教育部门申请注册；凡取得卫生评价报告为"不合格"的托幼机构，整改后可重新申请评价。

2. 卫生评价标准

根据招生前托幼机构卫生保健工作的重点，从环境卫生、个人卫生、食堂卫生、保健室或卫生室设置、卫生保健人员配备、工作人员健康检查及卫生保健制度共7个方面分别提出具体要求，并总结为"新设立托幼机构招生前卫生评价表"以方便各级托幼机构及专业人员在工作中应用及评价。"托幼机构卫生评价表"总分为100分，明确要求申请园（所）总分达80分以上，并且"必达项目"全部通过，才可评价为合格，并取得合格的"托幼机构卫生评价报告"。

四、附件（第四部分）

为规范和统一各级各类托幼机构卫生保健管理机构和托幼机构开展卫生保健工作，将"管理办法"和本"规范"中提及的相关表格统一整理后，形成现有部分。

总之，"规范"能以新修订的"管理办法"和相关法律法规为依据，全面涵盖托儿所、幼儿园卫生保健工作管理和服务内容，强调科学性、可行性和可操作性。"规范"的修订出台将完善托儿所、幼儿园卫生保健工作内容，明确托幼机构卫生保健服务范围和技术要求，为提高托幼机构卫生保健工作质量，规范各级各类托幼机构卫生保健工作人员的服务和管理水平打下基础。

第二节 《托儿所幼儿园卫生保健工作规范》内容解读

一、《托儿所幼儿园卫生保健工作规范》的制定背景及意义

1. 制定背景与修订过程

（1）制定背景

托儿所、幼儿园（简称托幼机构）卫生保健工作是公共卫生的一个领域，是我国儿童保健服务的一个重要方面。卫生保健工作在幼儿园工作中具有特别重要的意义，也是落实保教并重的重要途径，是幼儿园管理工作不可缺少的重要组成部分。因为幼儿园保健工作的对象是正在发育和成长中的幼儿。学前期儿童正处在生长发育的关键时期，他们生长发育迅速，然而身体尚未发育完善，适应环境的能力和对疾病的抵抗力不足，容易受外界各种疾病因素的干扰，从而影响幼儿的身体健康。所以，保证供给幼儿全面合理的营养，加强体格锻炼，落实扎实有效的防病措施等，是提高幼儿健康水平的重要环节，也是幼儿园工作的重点。

1985年12月卫生部颁发的《托儿所幼儿园卫生保健制度》（以下简称"制度"），及时规范了各地托幼机构卫生保健工作，为保障儿童的健康发挥了积极的作用。"制度"颁布已有26年。随着社会的进步，托幼机构

卫生保健工作也有了新的理念和发展。在此期间我国相继出台了《中华人民共和国母婴保健法》及其《实施办法》《中华人民共和国食品安全法》及其《实施条例》《中华人民共和国传染病防治法》及其《实施办法》等法律，卫生部、教育部及相关部门颁布了《学校食堂与学生集体用餐卫生管理规定》《餐饮业和集体用餐配送单位卫生规范》《托儿所、幼儿园建筑设计规范》《幼儿园管理条例》《幼儿园工作规程》《关于幼儿教育改革与发展指导意见》等一系列规范和规章制度。托幼机构的卫生保健工作应严格执行上述法律法规和规章制度的有关规定，但实际上，"制度"中的某些条款已不适应新形势的发展，影响了托幼机构卫生保健工作的进一步开展。

因此，在对《托儿所幼儿园卫生保健管理办法》（以下简称"管理办法"）修订的基础上，为更好地落实"管理办法"，规范托幼机构卫生保健服务工作和内容，于2006年起，卫生部妇社司组织专家修订1985年的"制度"为《托儿所幼儿园卫生保健工作规范》（以下简称"规范"）。"管理办法"第十五条明确规定："托幼机构应当严格按照'规范'开展卫生保健工作。"第八条也指出："新设立的托幼机构，招生前应当取得县级以上地方人民政府卫生行政部门指定的医疗卫生机构出具的符合'规范'的卫生评价报告。"

"规范"的修订以"管理办法"为指导思想，以"制度"的基本内容为依据。目的是能更好地适应现阶段托幼机构卫生保健工作的开展，规范全国托幼机构卫生保健技术服务和管理工作，指明今后托幼机构卫生保健工作发展的趋势和方向；使托幼机构卫生保健工作常规化、制度化，提高各级妇幼保健机构对托幼机构卫生保健工作的指导水平，保障儿童的身心健康，促进儿童全面发展。

（2）修订过程

自2006年起，卫生部妇社司开始酝酿、组织专家讨论、调研对"制度"修订为"规范"的工作。目前，已召开20余次全国专家研讨会议，其中，专题召开有关传染病、消毒方面问题的讨论，并组织有关专家赴福建、甘肃、辽宁、云南、安徽、江苏、河南、贵州、山东、北京十省十五市进行"规范"内容可行性、可操作性等问题的调研。同时，借助"管理办法"正式颁布实施的契机，组织召开全国省级妇幼保健工作人员培训会，广泛征求了全国各省对"规范"的意见和建议，并于2011年4月正式向全国各地和相关部委、司局广泛征集意见和建议。根据教育部体卫一司、基础二司2011年12月和2012年2月两次反馈的"规范"修改意见，经专家会讨论进行修改，最终完成了此"规范"。

二、《托儿所幼儿园卫生保健工作规范》修订的目的与颁发意义

1. 修订目的

"规范"是为了加强托幼机构的卫生保健工作，进一步明确托幼机构的保健工作职责与内容而制定。幼儿园是儿童集体生活的场所，是易感人群集中的地方，保护儿童健康成长，是其首要任务。

"规范"是为了更好的落实相关政策法规。"规范"的修订是以"管理办法"为指导思想，以"制度"的基本内容为依据。首先是落实《托儿所幼儿园卫生保健管理办法》。其次卫生保健工作能够积极预防各类可能的疾病，是实现幼儿园培养目标和落实《幼儿园教育指导纲要》的重要手段。

"规范"是为了提高托幼机构保健工作质量。2012年关于我国托幼机构卫生保健工作的现状调查表明，参与调查的31个省（自治区、直辖市）8966所托幼机构中，80%以上的托幼机构建有定期健康检查、卫生消毒、安全和卫生保健登记制度。开展儿童入园体检和工作人员体检的托幼机构的入园体检率和工作人员体检率分别为67.0%、82.6%。保健室设立率仅为47.5%，保健医配备率为58.5%，调查的各项指标与"管理办法"的要求都存在一定的差距。"规范"的修订是为了更好地适应现阶段托幼机构卫生保健工作的开展，规范全国托幼机构卫生保健技术服务和管理工作，使卫生保健工作更加科学化、制度化，提高各级妇幼保健机构对托幼机构卫生保健工作的指导水平，保障儿童的身心发展。

2. 颁发意义

"规范"明确了各部门的卫生保健工作职责和具体责任，规定了各项健康和环境设施的指标和卫生评价流程，还列出多项表格供教师和工作人员使用，对于建立健全配套法律法规及监督管理机制，开展预防性卫生监督，对从业人员加强专业培训，增强法律意识，促进托幼机构卫生保健水平及人员素质整体提高有重大意义，也为

今后托幼机构的顺利开展指明了方向。

三、《托儿所幼儿园卫生保健工作规范》中托幼机构卫生保健工作的任务

1. 贯彻预防为主的工作方针

预防保健措施是为预防幼儿园产生疾病，改善居民健康状况所采取的各种技术方法、组织措施的总称。"规范"的第一部分《卫生保健工作职责》中对各个预防措施实施的主体所必须完成的卫生保健任务作了明确规定。托幼机构要完成十个方面的卫生保健任务，妇幼保健机构承担八项，其他机构需要承担的有四项。第二部分的《卫生保健工作内容与要求》中则对托幼机构具体需要采取的措施作了相关规定。其中的十个构成方面一日生活安排、儿童膳食、体格锻炼、健康检查卫生与消毒都是为了积极预防各类疾病的发生，保证幼儿的健康成长，第六条传染病预防与控制、第七条常见病预防与管理、第八条伤害预防则对有害幼儿健康的疾病与伤害明确提出了预防的针对措施，第九条健康教育是积极的保健措施、第十条信息收集是为了儿童卫生保健工作资料积累，为进一步开展幼儿园的卫生保健工作提供高贵的经验。

2. 为幼儿创造良好的集体生活环境

由于幼儿正处于身体不断生长发育的阶段，各器官的生理功能尚不够完善，机体的免疫功能低下，在集居的环境下，相互接触密切，极易引起疾病传播和流行。因此做好各项卫生保健工作，实行保育和教育相结合的管理，坚持卫生保健和教育工作并重，才能保证幼儿的健康发育，促进幼儿的健康成长。

3. 预防控制传染病

传染病是一大类疾病的统称，其特点是由病原微生物感染导致，并且能在动物和人群或人群间传播。传染病的传播和流行有 3 个环节，即传染源（能排出病原体的人或动物）、传播途径（病原体传染他人的途径）及易感者（对该种传染病无免疫力者）。从传播途径上来讲，幼儿园是幼儿集中生活的地方，极易造成大面积的幼儿感染；从易感者这个环节来讲，幼儿身体发育尚未完成，身体的各器官比较娇嫩，极易发生感染。传染病轻则造成幼儿躯体症状，阻碍幼儿的健康成长，重则危及幼儿生命。因此，在幼儿园一定要注意传染病对幼儿的侵害。

案例 某幼儿园有一女孩眼睛红肿，孩子家长送该幼儿入园时说孩子眼睛有点发炎，已经点过眼药水。老师因此也未重视此事。不料，一周之内，有二十个孩子先后出现了眼睛红肿现象，连保育员都发觉自己的眼睛"红了"。一时间引发了全园对该病的恐慌。后来经调查发现，该幼儿园毛巾共用，消毒措施不到位，环境设施不完善。

4. 降低常见病的发病率

幼儿的常见病有眼、耳、口腔等五官疾病；湿疹、汗疹、脓疱疹等皮肤病；蛔虫病、蛲虫病等肠道寄生虫病；贫血、营养不良、肥胖等营养性疾病；还有先天性疾病先心病、哮喘、癫痫病；急性腹泻等胃肠道疾病，等等，都需要幼儿园保健人员细心观察，悉心呵护。

5. 保障儿童的身心健康发展

《幼儿园教育指导纲要（试行）》明确要求"幼儿园必须把保护幼儿的生命和促进幼儿的健康放在工作的首位"，因此，幼儿的身心健康发展是幼儿园教育的总目标。在"规范"中为有效保障幼儿的身心健康发展，提出了具体的建议。

四、《托儿所幼儿园卫生保健工作规范》主要内容分析

1. 卫生保健工作职责

工作职责就是工作者具体工作的内容所负的责任及达到岗位要求的标准，完成上级交付的任务。该部分规定了托幼机构、妇幼保健机构以及相关职能部门的具体工作内容，明确了托幼机构、妇幼保健机构以及相关职能部门的工作职责。

妇幼保健机构负责对托幼机构的保健工作的业务指导与评估，提升托幼机构保健人员的素质，相关信息的收集与整理。具体的实施工作内容包括制定工作规划、计划并组织实施，制定托幼机构及其他相关部门保健工

作评估实施细则，建立质控体系和评估制度。对托幼机构或相关部门的卫生保健工作检查评估，进行卫生保健工作评价。组织卫生保健相关人员进行培训及考核。对托幼机构或相关部门的卫生保健工作进行业务指导及监督，进行专业技术培训，并负责提供健康检查服务。最后，注意及时收集各类有用信息，召开例会交流反馈，进一步提升工作效率与质量。

托幼机构负责幼儿的常规卫生保健工作，需要积极关注幼儿的健康状况。托幼机构的负责人或管理者要制定责任明确、要求详细的卫生保健制度，且实可行的计划，定期检查制度的落实和计划的完成情况。具体包括：

幼儿及相关工作人员的健康检查及管理，传染病预防及卫生消毒工作，体格锻炼及膳食营养工作，幼儿生长发育监测及五官保健工作，工作人员培训，参加妇幼保健机构的工作例会，接受指导。完成卫生保健工作记录及数据上报。按要求配置软硬件（房屋设施、保健人员、制度）。

2. 卫生保健工作内容与要求

（1）一日生活安排

"规范"中的四方面内容和一个时间安排参考表，更清晰明了、详细、条理地说明了合理的生活制度是保障儿童身心健康的重要因素，使得"规范"的操作性更强。首先，要求保健人员应参与儿童各个生活环节保育要求的制定和检查。其次，强调定期检查一日生活安排的执行情况按照两个年龄段安排儿童一日生活的活动时间。再次，强调了儿童户外活动的时间，规定正常情况下户外活动时间每天不少于2小时，寄宿制儿童不少于3小时。最后，特别强调了进餐时间和午睡时间。进餐时间20～30分钟／餐为宜。餐后安静活动或散步时间10～15分钟。午睡时间根据季节为2～2.5小时／日。

表7-2　幼儿园幼儿一日生活安排范例

时　间	生活环节及内容	工作重点
07:30 ～ 08:30	入园及晨间活动	①晨间检查。 ②组织幼儿早操（冬天例外），精神饱满地与幼儿共同锻炼。 ③做好室内外清洁工作，开窗通风。
08:30 ～ 09:00	晨检、如厕	①清点幼儿人数，准备早操活动。 ②组织幼儿有秩序地如厕。
09:00 ～ 09:30	早操活动	①组织幼儿课间操，精神饱满地与幼儿共同锻炼。 ②注意户外活动时安全。
09:30 ～ 09:40	喝水、电访	①再次清点幼儿人数，没有到园的幼儿进行电话访问。 ②提醒幼儿如厕，照顾幼儿洗手、喝水。
09:40 ～ 10:10	集中教育活动 （小班15分钟，中班20分钟，大班30分钟）	①做好活动前准备（包括活动内容，场地安排，材料）。 ②以游戏形式组织教育活动，容量适当。 ③为幼儿提供较充分的动手、动脑、动口机会。 ④集体活动与小组活动相结合。
10:10 ～ 10:40	户外游戏	①准备游戏材料。 ③组织幼儿有秩序地游戏。 ④注意户外活动时安全。
10:40 ～ 11:10	盥洗	①组织照顾幼儿盥洗。 ②安排安静的游戏，如听音乐、做动作、语言、手指游戏。 ③组织幼儿愉快、安静地进餐。
11:40 ～ 12:30	午餐	①餐前安静游戏。 ②进餐。 ③餐后散步。
12:30 ～ 14:10	午睡	①安静进入寝室。 ②检查幼儿是否带小玩物上床。 ③检查幼儿盖被情况，纠正不良睡姿。 ④随时检查睡眠情况，值班人员不得离岗。 ⑤发现幼儿异常情况，及时采取急救措施，并在第一时间告知家长及园领导。 ⑥中午值班老师做好交接班记录工作。

时　间	生活环节及内容	工作重点
14:10～14:30	起床、午检、盥洗	①幼儿下床时要注意安全，不推、不挤。 ②指导幼儿有秩序地穿衣、整理床铺。 ③提醒幼儿如厕，照顾幼儿洗手、喝水。 ④检查幼儿着装、梳头。 ⑤清点幼儿人数。
14:30～15:00	如厕、喝水、用午点	①组织幼儿有秩序地如厕，照顾幼儿洗手、喝水。 ②组织幼儿安静地用午点。
15:00～15:30	教育活动 （中、大班30分钟，小班15分钟）	①做好活动前准备（包括活动内容，场地安排，材料）。 ②以游戏形式组织教育活动，教学内容适当。 ③为幼儿提供较充分的动手、动脑、动口机会。 ④集体活动与小组活动相结合。
15:30～16:00	分区活动	①指导幼儿遵守教室常规及游戏规则。 ②会正确使用玩具，能爱护玩具。 ③注意卫生安全。
16:00～16:10	如厕、喝水、	①允许幼儿按需要随时大小便。 ②提醒幼儿便后洗手。 ③幼儿饮水。
16:10～16:30	离园准备	①清点幼儿人数。 ②检查幼儿穿戴。 ③组织离园活动。 ④提醒幼儿向家长问好，与老师、小朋友说再见。 ⑤组织家长在教室门外有秩序地排队凭卡接幼儿。

2. 儿童膳食

（1）膳食管理

"规范"重点提出对食堂的管理要求，并给出具体可行的依据，包括法规、许可、机构、人员等要求。要求食堂取得《餐饮服务许可证》，并建立健全各项食品安全管理制度；增加托幼机构食品采购要求和库存食品要求，明确食品加工用具的消毒要求；对留样食品要求提出明确要求，保障托幼机构为儿童提供安全的食物。以下是由于幼儿园食品采购不符合卫生要求而导致幼儿染病的典型案例：

2017年9月5日晚7时许，南昌市红谷滩新区和青山湖区部分幼儿出现不同程度呕吐等症状。截至当晚23时30分，省儿童医院共收治120名疑似食物中毒患儿，其中住院36人，留观62人，22人症状轻微，接受诊治后回家。南昌市卫生计生部门立即开展现场流行病学调查、病例搜索、实验室采样等工作。后经调查查明，2017年9月4日，犯罪嫌疑人彭乐辉在江西南昌红谷滩凤凰新村C-26号"吉利蛋糕店"生产制作草莓卷的过程中，因生产加工场所、设施等不符合要求及原材料贮存、食品加工、分离、清洁消毒等操作不规范，导致草莓卷被金黄葡萄球菌污染，次日引发南昌市的红谷滩协和双语凯旋幼儿园、世纪剑桥幼儿园、青山湖区爱丁堡幼儿园这三家幼儿园内，多名食用了草莓卷的幼儿出现食物中毒症状，所幸没有重症、死亡病例。

此外，"规范"要求托幼机构膳食由专人负责，建立有家长代表参加的膳食委员会并定期召开会议，进行民主管理。工作人员与儿童膳食要严格分开，以保证儿童膳食费专款专用，账目每月公布，每学期膳食收支盈亏不超过2%。以下案例是幼儿园未能做到专人负责膳食卫生而导致的儿童食物中毒事件。

2018年1月22日13时许，河北省石家庄市灵寿县青同镇韩朱乐村一民办幼儿园发生食物中毒事件，中午在食堂就餐的幼儿为90余名，部分幼儿出现呕吐症状。经调查，事件是由于1月20日该幼儿园负责人白玉霞用自行购买的2两亚硝酸盐（当地村民过年传统方法烹烧猪肉常用的材料，民间俗称火硝），在幼儿园食堂加工春节自用肉食后，将剩余的不足1两亚硝酸盐留在幼儿园食堂厨房。因亚硝酸盐与食盐相似，22日中午，该园炊事员徐荣菊在烹制大锅菜过程中，误将亚硝酸盐当作食盐放入炖菜中，导致食源性疾病事件发生。

（2）膳食卫生

食物中毒指进食被细菌、细菌毒素或毒物污染后的食品所引起的中毒。食物中毒对人体具有不同程度的损伤，轻者可损伤肠胃，严重的还会损伤肝、肾，有的甚至还会有后遗症。

"规范"要求托幼机构食品进货必须索证验收，食物保证新鲜。重点强调按照平衡膳食要求制订膳食计划、更换带量食谱，并提出进行膳食调查。对幼儿的饮水，"规范"明确提出托幼机构应为儿童提供符合国家《生活饮用水卫生标准》的生活饮用水，保证儿童按需饮水。

（3）膳食营养

"规范"要求托幼机构以《中国居民膳食指南》为指导，参考中国居民"膳食营养素参考摄入量（DRIs）"和各类食物每日参考摄入量制订儿童膳食计划，定期更换带量食谱；至少每季度进行1次膳食调查和营养评估。保证了儿童平衡膳食的供给，包括三大营养素热量占总热量的百分比、全日热量分配等。以有效促进儿童正常生长发育，预防营养性疾病发生。

《中国居民膳食营养指南》中关于的学龄前儿童每日平衡膳食宝塔的比例为：油 25～30g，奶类及奶制品 200～300g，大豆及豆制品25g，禽肉类 70～90g，蛋类60g，蔬菜类 200～250g，水果类 100～150g，谷类（米饭、面条）180～260g，适量的水 700～800ml。

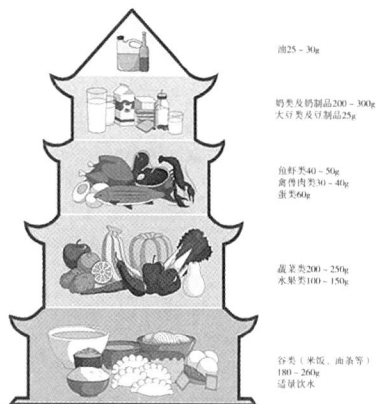

油25～30g

奶类及奶制品200～300g
大豆类及豆制品25g

鱼虾类40～50g
禽畜肉类30～40g
蛋类60g

蔬菜类200～250g
水果类100～150g

谷类（米饭、面条等）
180～260g
适量饮水

图 7-1 中国学龄前儿童平衡膳食宝塔

一年四季，每季都有不一样的应季蔬菜，所以，四季食谱也是不同的。幼儿园的孩子正处于生长发育的关键期，食谱的营养是否均衡，往往影响着孩子的身体成长情况。除此之外，各幼儿园因地域不同，食物的种类也不同，幼儿园应根据季节变化，结合当地的实际情况，为幼儿提供合理的膳食。以下为幼儿园秋季一食的菜谱范例。

表 7-3　幼儿园秋季营养食谱范例（汉族）

星　期	早　餐	早　点	午　餐	午　点
星期一	蒸鸡蛋 青菜肉丝面	苹　果	大米饭 西红柿木耳炒鸡蛋 西葫芦肉片 油焖土豆丝 玉米面粥	纯牛奶 蒸蛋糕
星期二	翡翠蛋羹 椒盐饼 南瓜麦片粥	香　蕉	花卷 茄丝粉皮炖肉 醋熘三丝 烧豆腐 三合面粥	草莓酸牛奶 南瓜芝麻球
星期三	田园土鸡蛋 杂粮馒头 冬瓜瘦肉粥	葡　萄	大米饭 酱肉冬瓜烩粉皮 宫保鸡丁 油炸花生米 荞麦粥	纯牛奶 玉米饼
星期四	花生豆浆 鲜肉包	梨	杂粮卷 水萝卜丸子 白菜粉条炖肉 炒豆角 大米粥	风味酸牛奶 豆沙饼

星 期	早 餐	早 点	午 餐	午 点
星期五	三鲜米线 西红柿鸡蛋汤	橙 子	大米饭 红烧土豆炖肉 盐水大虾 炒青菜 小米面粥	豆 奶 千层饼

3. 体格锻炼

锻炼儿童体格、体能，首先能够增强儿童体质，增强疾病抵抗能力。其次，能够增强儿童的适应能力，锻炼儿童的心理能力，同时促进儿童德、智、体、美全面发展。再次，体格锻炼和认知活动动静交替，符合用脑卫生。最后，体格锻炼有利于体弱儿童的康复。"规范"突出了保健人员应参与体格锻炼计划的制订、实施，并强调做好对体格锻炼的监测和效果评估，以及有条件的托幼机构做体质测试的内容。

为保证运动安全，"规范"明确儿童在托幼机构内进行室内外活动和锻炼，要根据儿童的年龄和生理特点开展，并掌握运动强度和运动量；保证儿童运动场地和运动器械的安全，做好场地布置和运动器械的准备；定期进行室内外安全隐患排查；做好运动前、运动中和运动后的医学观察；全面了解儿童健康状况，对患病儿童、病愈恢复期和体弱儿童的锻炼提出要求。

4. 健康检查

健康检查包括儿童健康检查和工作人员健康检查。

（1）儿童健康检查分为入园（所）的健康检查，定期健康检查，晨检及全日健康观察。"规范"对儿童入园作了具体要求：强调入园（所）前应在医疗卫生机构，按照《托儿所幼儿园卫生保健管理办法》制定的项目开展健康检查，不得违反规定擅自改变健康检查项目。儿童入园（所）前要到医疗机构进行身高（长）、体重测量，进行眼、耳、口腔、视力检查，和一般内科检查，并进行血红蛋白和丙氨酸氨基转移酶检验。儿童入园查验"儿童入园（所）健康检查表""儿童保健手册""预防接种证"。

儿童定期健康检查明确了检查的内容与时间间隔。具体规定 1～2 岁儿童每半年体检一次，3 岁以上儿童每年体检一次，身高、体重每半年测量一次。所有儿童每年检查一次口腔、视力、听力。所有儿童每年检查一次血红蛋白。

转园儿童必须持原托幼机构提供的"儿童转园（所）健康证明""0～6 岁儿童保健手册"可直接转园（所）。"儿童转园（所）健康证明"有效期 3 个月。儿童因外出等原因离开托幼机构 3 个月以上者，需重新按照入园（所）检查项目进行健康检查。

晨检具体体现为入园询问、观察、检查。晨检程序为一摸、二看、三问、四查，一摸指摸儿童的额头，目的为判断幼儿有无发热现象，可疑者测量体温。二看指观察幼儿精神状态、面色等，发现传染病的早期表现，咽部、皮肤有无皮疹等。三问指询问个别幼儿饮食、睡眠、大小便情况。四查指看有无携带不安全的物品，发现问题迅速处理。

全日健康观察要注意观察儿童的吃、睡、精神、行为是否与往日健康状态相比无异常。卫生保健人员每日深入班级巡视 2 次。

"规范"明确规定患病儿童应当离园（所）休息治疗。如果儿童确需在托幼机构喂药，托幼机构应当和家长做好药品交接和登记，并请家长签字确认。

（2）工作人员健康检查包括：上岗前健康检查、定期健康检查、日常健康管理。

按照"管理办法"要求，工作人员上岗前的健康检查必须在指定的医疗卫生机构，取得"托幼机构工作人员健康检查表"方可上岗。"管理办法"与"规范"明确规定托幼机构工作人员上岗前需经县级以上人民政府卫生行政部门指定的医疗卫生机构进行健康检查，取得"托幼机构工作人员健康合格证"后方可上岗。

"规范"强调了工作人员准入和在岗的条件。"规范"明确指出："精神病患者或者有精神病史者不得在托幼机构工作。凡患有发热、腹泻等症状；流感、活动性肺结核等呼吸道传染性疾病；痢疾、伤寒、甲型病毒性肝炎、戊型病毒性肝炎等消化道传染性疾病；淋病、梅毒、滴虫性阴道炎、化脓性或者渗出性皮肤病等症状或疾病者须离岗，治愈后须持县级以上人民政府卫生行政部门指定的医疗卫生机构出具的诊断证明，并取得'托幼机构工作人员健康合格证'后，方可回园（所）工作"对工作人员健康作了更加具体的规定：精神病患者或者有精神病史者不得在托幼机构工作。要求患有感染性疾病症状、皮肤病、呼吸道和消化道等传染性疾病的工作人员应离岗治疗。凭县级以上卫生医疗机构出具诊断证明和健康合格证，方可回园（所）工作。

5. 卫生与消毒

"规范"中规定托幼机构必须定期进行环境和物品卫生消毒工作，注重预防性消毒工作的重要性。除工作人员要注意自身卫生外，要注意幼儿个人卫生，培养幼儿良好的卫生习惯。附件详细规定了托幼机构中应该清洁和消毒的物品种类、消毒频次、消毒方法等。

具体来讲，托幼机构的活动室和寝室必须每天开窗通风和清洁寝室内的卫生，以保持室内空气的新鲜和环境的舒适干净。儿童的被物要勤洗晒，半个月洗晒一次。在流行病高发的季节里做到勤消毒，可选择消毒液、紫外线灯等来消毒，以确保环境清洁。

6. 传染病预防管理

"规范"明确传染病预防管理的重点是建立传染病管理制度，发现传染病疫情或疑似病例后，按照《中华人民共和国传染病防治法》规定的程序报道。托幼机构配合疾控部门进行消毒。根据国务院 2005 年第 434 号令——《疫苗流通和预防接种管理条例》第二十七条规定，突出了通过查验来督促家长配合疾病预防控制机构按免疫程序和要求，完成免疫接种工作。提出了健康教育在托幼机构疾病预防中发挥的作用，托幼机构要积极开展儿童的健康教育。强调对儿童常见疾病进行登记和专案管理，并做好眼、耳、口腔保健的登记和管理。提出开展儿童心理卫生保健工作，并辅助进行矫治。

"规范"中通过以下规定保证在园儿童的健康：

（1）托幼机构应建立传染病管理制度，发现传染病疫情或疑似病例后，应当立即报告。（2）托幼机构要督促家长完成儿童预防接种。（3）对因病缺勤的儿童要加强随访，以做到对传染病人的早发现；发现可疑病例时，及时进行隔离控制措施，并对环境和物品实施消毒。（4）发生传染病期间，托幼机构加强晨午检和全日健康观察，注意保护易感儿童。对发生传染病的班级按要求进行医学观察，医学观察期间该班与其他班相对隔离，不办理入托和转园(所)手续。(5)患传染病的儿童隔离期满后，凭医疗卫生机构出具的痊愈证明方可返回园(所)。来自疫区或有传染病接触史的儿童，检疫期过后方可入园（所）。（6）传染病流行期间，加强对家长的宣传工作，提高其防护能力和意识。

7. 常见病预防与管理

幼儿的常见疾病较多，其中眼类疾病包括假性近视、弱视、斜视、沙眼、结膜炎等，耳类疾病最常见的为中耳炎。由于幼儿的鼻腔窄小，鼻毛未长成，容易患呼吸道感染。肺含气量少而含血量多，肺炎易发。

随着经济发展和居民生活水平的提高，我国儿童的营养状况有了较大的改善，尤其是城市和经济发达地区，但由于当代幼儿锻炼不足，营养过剩，导致了肥胖儿的产生。而不论在城市、还是在农村，微量营养素（即维生素和矿物质）缺乏也是值得关注的问题。轻度的营养不良导致的低体重和生长发育迟缓在城市和在经济欠发达的农村仍然存在。在城市，儿童的低体重和生长发育迟缓与不良饮食行为，尤其是挑食、偏食有关。

"规范"明确托幼机构应当采取各类措施增强儿童体质，提高对疾病的抵抗能力。定期开展儿童眼、耳、口腔保健；对贫血、营养不良、肥胖、先心病、哮喘、癫痫等疾病儿童，及对有药物过敏史或食物过敏史的儿童进行登记管理。此外，重视儿童心理行为保健。

8. 儿童伤害事故的预防和控制

案例：大学生小赵来到幼儿园工作后，发现自己班级的小朋友各个活泼好动，十分可爱，她十分高兴。可没过多久，她的心情就好不起来了。原因是班里的孩子接二连三的发生意外。比如，前几天下午自由活动时间，一个小朋友在玩打仗游戏时，用小石子打伤了他的好朋友；昨天下午一个小朋友接水时烫伤了，她还在暗暗提示自己今天一定要小心时，一个小朋友突然找不到了，她顿时慌了神。在她都要急哭了的时候，隔壁班老师牵着一个孩子过来说，小家伙走错教室了。

"规范"强调托幼机构卫生保健工作中安全管理的目的是预防和控制儿童伤害的发生。托幼机构各项活动应以儿童安全为前提，建立安全及检查制度，落实预防儿童伤害的各项措施。托幼机构的房屋、场地、家具、玩教具、生活设施等应符合国家相关安全标准和规定。托幼机构应加强对保教人员、儿童及家长的安全教育和急救训练，普及安全知识。保教人员应接受预防儿童伤害相关知识的培训，消除伤害隐患，预防儿童伤害事故的发生。托幼机构应建立重大自然灾害、食物中毒、火灾、暴力等突发事件的应急预案，如果发生重大伤害时应采取有效措施，并及时向上级有关部门汇报。

在托幼机构的工作中，对幼儿进行安全教育包括安全意识的培养、安全规则的教育、安全知识与技能的教育。学前儿童安全意识教育主要有自我保护意识的教育，不伤害他人意识的教育，遵守安全规则意识的教育等。安全规则包括交通规则、运动和游戏规则、不携带危险物品的安全规则等。

9. 健康教育

随着社会的进步和法治，健康教育越来越受到人们的重视，尤其对学龄前儿童进行健康教育，将为儿童一生的健康和幸福生活奠定良好的基础。"规范"要求卫生保健人员制定全年健康教育工作计划，并组织实施，规定了健康教育的内容和形式。明确要求设立专栏并定时更换；每季度对保教人员开展一次健康讲座，每半年举办一次家长讲座；健康教育图书，开展健康教育活动。做好健康教育记录，定期评估健康教育效果。

10. 卫生保健资料管理

根据现阶段托幼机构卫生保健工作要求，"规范"细化了卫生保健资料的登记、记录和统计分析，增加了健康档案的内容。包括十个卫生保健记录和五个健康档案。规范了进行统计分析的指标内容，更加便于卫生保健人员工作时使用。

卫生保健工作记录包括：晨午检及全日观察健康问题记录表、在园儿童带药服药记录表、儿童出勤登记表、缺勤儿童家长联系登记表、儿童传染病登记表、儿童营养性疾病及常见疾病登记表、班级卫生消毒检查记录表、培训及健康教育记录表、膳食委员会会议记录表、儿童伤害事故登记表。

健康档案包括：托幼机构工作人员健康合格证、工作人员健康检查表、儿童入园（所）健康检查表、儿童健康检查表或手册、儿童转园（所）健康证明。

卫生保健统计表包括：儿童考勤统计分析表、儿童健康检查统计分析表、儿童传染病发病统计分析表、膳食营养分析表。

"规范"全面涵盖托幼机构卫生保健技术服务内容，强调科学性、可行性和可操作性，完善了托儿所幼儿园卫生保健工作内容，明确托幼机构卫生保健服务范围和技术要求，为提高托幼机构卫生保健工作质量，规范各级各类托幼机构卫生保健工作人员的服务和管理水平打下基础。

课后习题

1.《托儿所幼儿园卫生保健工作规范》(以下简称"规范")如何要求并保障托幼机构为儿童提供安全的食物？

2. 如何保障在托幼机构就餐儿童的营养？

3. "规范"对儿童膳食费管理是否有要求，如何保证费用都用在儿童膳食中？

4. "规范"对托幼机构提供的饮用水是否有要求？

137

5. 儿童在托幼机构内进行室内外活动和锻炼，"规范"是否对保障运动安全有要求？

6. 儿童入托幼机构要做哪些检查？

7. 儿童转园（所）时是否要重新进行体检？

8. 儿童因外出等原因离开托幼机构一段时间，重新入园还要进行入园（所）健康检查吗？

9. 儿童需要在园（所）喂药时，家长该如何做？

10. 托幼机构工作人员上岗前体检在哪些医院进行？

11. 托幼机构工作人员发现哪些疾病需要离岗？

12. 在传染病流行期间，托幼机构如何保证在园儿童的健康？

我的说说

_____

_____

_____

_____

附录原文

《托儿所幼儿园卫生保健工作规范》①

为贯彻落实《托儿所幼儿园卫生保健管理办法》（以下简称"管理办法"），加强托儿所、幼儿园（以下简称托幼机构）卫生保健工作，切实提高托幼机构卫生保健工作质量，特制定《托儿所幼儿园卫生保健工作规范》（以下简称"规范"）。

托幼机构卫生保健工作的主要任务是贯彻预防为主、保教结合的工作方针，为集体儿童创造良好的生活环境，预防控制传染病，降低常见病的发病率，培养健康的生活习惯，保障儿童的身心健康。

第一部分　卫生保健工作职责

一、托幼机构

（一）按照"管理办法"要求，设立保健室或卫生室，其设置应当符合本"规范"保健室设置的基本要求。根据接收儿童数量配备符合相关资质的卫生保健人员。

（二）新设立的托幼机构，应当按照本"规范"卫生评价的要求进行设计和建设，招生前应当取得县级以上卫生行政部门指定的医疗卫生机构出具的符合本"规范"的卫生评价报告。

（三）制定适合本园（所）的卫生保健工作制度和年度工作计划，定期检查各项卫生保健制度的落实情况。

（四）严格执行工作人员和儿童入园（所）及定期健康检查制度。坚持晨午检及全日健康观察工作，卫生保健人员应当深入各班巡视。做好儿童转园（所）健康管理工作。定期开展儿童生长发育监测和五官保健，将儿童体检结果及时反馈给家长。

（五）加强园（所）的传染病预防控制工作。做好入园（所）儿童预防接种证的查验，配合有关部门按时完成各项预防接种工作。建立儿童传染病预防控制制度，做好晨午检，儿童缺勤要追查，因病缺勤要登记。明确传染病疫情报告人，发现传染病病人或疑似传染病人要早报告、早治疗，相关班级要重点消毒管理。做好园（所）内环境卫生、各项日常卫生和消毒工作。

（六）加强园（所）的伤害预防控制工作，建立因伤害缺勤登记报告制度，及时发现安全隐患，做好园（所）内伤害干预和评估工作。

---

① 国家卫生部.托儿所幼儿园卫生保健工作规范［S］.卫生部令第76号，2012.

（七）根据各年龄段儿童的生理、心理特点，在卫生保健人员参与下制定合理的一日生活制度和体格锻炼计划，开展适合儿童年龄特点的保育工作和体格锻炼。

（八）严格执行食品安全工作要求，配备食堂从业、管理人员和食品安全监管人员，制定各岗位工作职责，上岗前应当参加食品安全法律法规和儿童营养等专业知识培训。做好儿童的膳食管理工作，为儿童提供符合营养要求的平衡膳食。

（九）卫生保健人员应当按时参加妇幼保健机构召开的工作例会，并接受相关业务培训与指导；定期对托幼机构内工作人员进行卫生保健知识的培训；积极开展传染病、常见病防治的健康教育，负责消毒隔离工作的检查指导，做好疾病的预防与管理。

（十）根据工作要求，完成各项卫生保健工作记录的填写，作好各种统计分析，并将数据按要求及时上报辖区内妇幼保健机构。

二、妇幼保健机构

（一）配合卫生行政部门，制定辖区内托幼机构卫生保健工作规划、年度计划并组织实施，制定辖区内托幼机构卫生保健工作评估实施细则，建立完善的质量控制体系和评估制度。

（二）依据"管理办法"，由卫生行政部门指定的妇幼保健机构对新设立的托幼机构进行招生前的卫生评价工作，并出具卫生评价报告。

（三）受卫生行政部门委托，妇幼保健机构对取得办园（所）资格的托幼机构每3年进行1次卫生保健工作综合评估，并将结果上报卫生行政部门。

（四）地市级以上妇幼保健机构负责对当地托幼机构卫生保健人员进行岗前培训及考核，合格者颁发培训合格证。县级以上妇幼保健机构每年至少组织1次相关知识的业务培训或现场观摩活动。

（五）妇幼保健机构定期对辖区内的托幼机构卫生保健工作进行业务指导。内容包括一日生活安排、儿童膳食、体格锻炼、健康检查、卫生消毒、疾病预防、伤害预防、心理行为保健、健康教育、卫生保健资料管理等工作。

（六）协助辖区内食品药品监督管理、卫生监督和疾病预防控制等部门，开展食品安全、传染病预防与控制宣传教育等工作。

（七）对辖区内承担托幼机构儿童和工作人员健康检查服务的医疗卫生机构进行相关专业技术的指导和培训。

（八）负责定期组织召开辖区内托幼机构卫生保健工作例会，交流经验、学习卫生保健知识和技能。收集信息，掌握辖区内托幼机构卫生保健情况，为卫生行政部门决策提供相关依据。

三、相关机构

（一）疾病预防控制机构负责定期为托幼机构提供疾病预防控制的宣传、咨询服务和指导。

（二）卫生监督执法机构依法对托幼机构的饮用水卫生、传染病预防和控制等工作进行监督检查。

（三）食品药品监督管理机构中负责餐饮服务监督管理的部门依法加强对托幼机构食品安全的指导与监督检查。

（四）乡镇卫生院、村卫生室和社区卫生服务中心（站）应通过妇幼卫生网络、预防接种系统以及日常医疗卫生服务等多种途径掌握辖区中的适龄儿童数，并加强与托幼机构的联系，取得配合，做好儿童的健康管理。

第二部分 卫生保健工作内容与要求

一、一日生活安排

（一）托幼机构应当根据各年龄段儿童的生理、心理特点，结合本地区的季节变化和本托幼机构的实际情况，制定合理的生活制度。

（二）合理安排儿童作息时间和睡眠、进餐、大小便、活动、游戏等各个生活环节的时间、顺序和次数，注意动静结合、集体活动与自由活动结合、室内活动与室外活动结合，不同形式的活动交替进行。

（三）保证儿童每日充足的户外活动时间。全日制儿童每日不少于2小时，寄宿制儿童不少于3小时，寒冷、炎热季节可酌情调整。

（四）根据儿童年龄特点和托幼机构服务形式合理安排每日进餐和睡眠时间。制定餐、点数，儿童正餐间隔时间3.5～4小时，进餐时间20～30分钟/餐，餐后安静活动或散步时间10～15分钟。3～6岁儿童午睡时间根据季节以 2～2.5 小时 / 日为宜，3 岁以下儿童日间睡眠时间可适当延长。

（五）严格执行一日生活制度，卫生保健人员应当每日巡视，观察班级执行情况，发现问题及时予以纠正，以保证儿童在托幼机构内生活的规律性和稳定性。

二、儿童膳食

（一）膳食管理。

1. 托幼机构食堂应当按照《食品安全法》《食品安全法实施条例》以及《餐饮服务许可管理办法》《餐饮服务食品安全监督管理办法》《学校食堂与学生集体用餐卫生管理规定》等有关法律法规和规章的要求，取得《餐饮服务许可证》，建立健全各项食品安全管理制度。

2. 托幼机构应当为儿童提供符合国家《生活饮用水卫生标准》的生活饮用水。保证儿童按需饮水。每日上、下午各 1～2 次集中饮水，1～3 岁儿童饮水量 50～100 毫升 / 次，3～6 岁儿童饮水量 100～150 毫升 / 次，并根据季节变化酌情调整饮水量。

3. 儿童膳食应当专人负责，建立有家长代表参加的膳食委员会并定期召开会议，进行民主管理。工作人员与儿童膳食要严格分开，儿童膳食费专款专用，账目每月公布，每学期膳食收支盈亏不超过 2%。

4. 儿童食品应当在具有《食品生产许可证》或《食品流通许可证》的单位采购。食品进货前必须采购查验及索票索证，托幼机构应建立食品采购和验收记录。

5. 儿童食堂应当每日清扫、消毒，保持内外环境整洁。食品加工用具必须生熟标识明确、分开使用、定位存放。餐饮具、熟食盛器应在食堂或清洗消毒间集中清洗消毒，消毒后保洁存放。库存食品应当分类、注有标识、注明保质日期、定位储藏。

6. 禁止加工变质、有毒、不洁、超过保质期的食物，不得制作和提供冷荤凉菜。留样食品应当按品种分别盛放于清洗消毒后的密闭专用容器内，在冷藏条件下存放 48 小时以上；每样品种不少于 100 克以满足检验需要，并做好记录。

7. 进餐环境应当卫生、整洁、舒适。餐前做好充分准备，按时进餐，保证儿童情绪愉快，培养儿童良好的饮食行为和卫生习惯。

（二）膳食营养。

1. 托幼机构应当根据儿童生理需求，以《中国居民膳食指南》为指导，参考"中国居民膳食营养素参考摄入量（DRIs）"和各类食物每日参考摄入量（见表），制定儿童膳食计划。

表　儿童各类食物每日参考摄入量

食物种类	1～3 岁	3～6 岁
谷　类	100～150 克	180～260 克
蔬菜类	150～200 克	200～250 克
水果类	150～200 克	150～300 克
鱼虾类	100 克	40～50 克
禽畜肉类		30～40 克
蛋　类		60 克
液态奶	350～500 毫升	300～400 毫升
大豆及豆制品	—	25 克
烹调油	20～25 克	25～30 克

注：《中国孕期、哺乳期妇女和 0～6 岁儿童膳食指南》（中国营养学会妇幼分会，2010 年）

2. 根据膳食计划制定定量食谱，1～2 周更换 1 次。食物品种要多样化且合理搭配。

3. 在主副食的选料、洗涤、切配、烹调的过程中，方法应当科学合理，减少营养素的损失，符合儿童清淡口味，达到营养膳食的要求。烹调食物注意色、香、味、形，提高儿童的进食兴趣。

4. 托幼机构至少每季度进行 1 次膳食调查和营养评估。儿童热量和蛋白质平均摄入量全日制托幼机构应当达到"DRIs"的80%以上，寄宿制托幼机构应当达到"DRIs"的90%以上。维生素A、B₁、B₂、C及矿物质钙、铁、锌等应当达到"DRIs"的80%以上。三大营养素热量占总热量的百分比是蛋白质12%～15%，脂肪30%～35%，碳水化合物50%～60%。每日早餐、午餐、晚餐热量分配比例为30%、40%和30%。优质蛋白质占蛋白质总量的50%以上。

5. 有条件的托幼机构可为贫血、营养不良、食物过敏等儿童提供特殊膳食。不提供正餐的托幼机构，每日至少提供1次点心。

三、体格锻炼

（一）托幼机构应当根据儿童的年龄及生理特点，每日有组织地开展各种形式的体格锻炼，掌握适宜的运动强度，保证运动量，提高儿童身体素质。

（二）保证儿童室内外运动场地和运动器械的清洁、卫生、安全，做好场地布置和运动器械的准备。定期进行室内外安全隐患排查。

（三）利用日光、空气、水和器械，有计划地进行儿童体格锻炼。做好运动前的准备工作。运动中注意观察儿童面色、精神状态、呼吸、出汗量和儿童对锻炼的反应，若有不良反应要及时采取措施或停止锻炼；加强运动中的保护，避免运动伤害。运动后注意观察儿童的精神、食欲、睡眠等状况。

（四）全面了解儿童健康状况，患病儿童停止锻炼；病愈恢复期的儿童运动量要根据身体状况予以调整；体弱儿童的体格锻炼进程应当较健康儿童缓慢，时间缩短，并要对儿童运动反应进行仔细的观察。

四、健康检查

（一）儿童健康检查。

1. 入园（所）健康检查

（1）儿童入托幼机构前应当经医疗卫生机构进行健康检查，合格后方可入园（所）。

（2）承担儿童入园（所）体检的医疗卫生机构及人员应当取得相应的资格，并接受相关专业技术培训。应当按照"管理办法"规定的项目开展健康检查，规范填写"儿童入园（所）健康检查表（见附件1）"，不得违反规定擅自改变健康检查项目。

（3）儿童入园（所）体检中发现疑似传染病者应当"暂缓入园（所）"，及时确诊治疗。

（4）儿童入园（所）时，托幼机构应当查验"儿童入园（所）健康检查表""0～6岁儿童保健手册""预防接种证"。

发现没有预防接种证或未依照国家免疫规划受种的儿童，应当在30日内向托幼机构所在地的接种单位或县级疾病预防控制机构报告，督促监护人带儿童到当地规定的接种单位补证或补种。托幼机构应当在儿童补证或补种后复验预防接种证。

2. 定期健康检查

（1）承担儿童定期健康检查的医疗卫生机构及人员应当取得相应的资格。儿童定期健康检查项目包括：测量身长（身高）、体重，检查口腔、皮肤、心肺、肝脾、脊柱、四肢等，测查视力、听力，检测血红蛋白或血常规。

（2）1～3岁儿童每年健康检查2次，每次间隔6个月；3岁以上儿童每年健康检查1次。所有儿童每年进行1次血红蛋白或血常规检测。1～3岁儿童每年进行1次听力筛查；4岁以上儿童每年检查1次视力。体检后应当及时向家长反馈健康检查结果。

（3）儿童离开园（所）3个月以上需重新按照入园（所）检查项目进行健康检查。

（4）转园（所）儿童持原托幼机构提供的"儿童转园（所）健康证明""0～6岁儿童保健手册"可直接转园（所）。"儿童转园（所）健康证明"有效期3个月。

3. 晨午检及全日健康观察

（1）做好每日晨间或午间入园（所）检查。检查内容包括询问儿童在家有无异常情况，观察精神状况、有无发热和皮肤异常，检查有无携带不安全物品等，发现问题及时处理。

（2）应当对儿童进行全日健康观察，内容包括饮食、睡眠、大小便、精神状况、情绪、行为等，并作好观察及处理记录。

（3）卫生保健人员每日深入班级巡视2次，发现患病、疑似传染病儿童应当尽快隔离并与家长联系，及时到医院诊治，并追访诊治结果。

（4）患病儿童应当离园（所）休息治疗。如果接受家长委托喂药时，应当做好药品交接和登记，并请家长签字确认。

（二）工作人员健康检查。

1．上岗前健康检查

（1）托幼机构工作人员上岗前必须按照"管理办法"的规定，经县级以上人民政府卫生行政部门指定的医疗卫生机构进行健康检查（见附件2），取得《托幼机构工作人员健康合格证》后方可上岗。

（2）精神病患者或者有精神病史者不得在托幼机构工作。

2．定期健康检查

（1）托幼机构在岗工作人员必须按照《管理办法》规定的项目每年进行1次健康检查（见附件2）。

（2）在岗工作人员患有精神病者，应当立即调离托幼机构。

（3）凡患有下列症状或疾病者须离岗，治愈后须持县级以上人民政府卫生行政部门指定的医疗卫生机构出具的诊断证明，并取得"托幼机构工作人员健康合格证"后，方可回园（所）工作。

1）发热、腹泻等症状；

2）流感、活动性肺结核等呼吸道传染性疾病；

3）痢疾、伤寒、甲型病毒性肝炎、戊型病毒性肝炎等消化道传染性疾病；

4）淋病、梅毒、滴虫性阴道炎、化脓性或者渗出性皮肤病等。

（4）体检过程中发现异常者，由体检的医疗卫生机构通知托幼机构的患病工作人员到相关专科进行复查和确诊，并追访诊治结果。

五、卫生与消毒

（一）环境卫生。

1．托幼机构应当建立室内外环境卫生清扫和检查制度，每周全面检查1次并记录，为儿童提供整洁、安全、舒适的环境。

2．室内应当有防蚊、蝇、鼠、虫及防暑和防寒设备，并放置在儿童接触不到的地方。集中消毒应在儿童离园（所）后进行。

3．保持室内空气清新、阳光充足。采取湿式清扫方式清洁地面。厕所做到清洁通风、无异味，每日定时打扫，保持地面干燥。便器每次用后及时清洗干净。

4．卫生洁具各班专用专放并有标记。抹布用后及时清洗干净，晾晒、干燥后存放；拖布清洗后应当晾晒或控干后存放。

5．枕席、凉席每日用温水擦拭，被褥每月曝晒1～2次，床上用品每月清洗1～2次。

6．保持玩具、图书表面的清洁卫生，每周至少进行1次玩具清洗，每2周图书翻晒1次。

（二）个人卫生。

1．儿童日常生活用品专人专用，保持清洁。要求每人每日1巾1杯专用，每人1床位1被。

2．培养儿童良好卫生习惯。饭前便后应当用肥皂、流动水洗手，早晚洗脸、刷牙，饭后漱口，做到勤洗头洗澡换衣、勤剪指（趾）甲，保持服装整洁。

3．工作人员应当保持仪表整洁，注意个人卫生。饭前便后和护理儿童前应用肥皂、流动水洗手；上班时不戴戒指，不留长指甲；不在园（所）内吸烟。

（三）预防性消毒。

1．儿童活动室、卧室应当经常开窗通风，保持室内空气清新。每日至少开窗通风2次，每次至少10～15分钟。在不适宜开窗通风时，每日应当采取其他方法对室内空气消毒2次。

2．餐桌每餐使用前消毒。水杯每日清洗消毒，用水杯喝豆浆、牛奶等易附着于杯壁的饮品后，应当及时清洗消毒。反复使用的餐巾每次使用后消毒。擦手毛巾每日消毒1次。

3．门把手、水龙头、床围栏等儿童易触摸的物体表面每日消毒1次。坐便器每次使用后及时冲洗，接触皮肤部位及时消毒。

4．使用符合国家标准或规定的消毒器械和消毒剂。环境和物品的预防性消毒方法应当符合要求（见附件3）。

六、传染病预防与控制

（一）督促家长按免疫程序和要求完成儿童预防接种。配合疾病预防控制机构做好托幼机构儿童常规接种、

群体性接种或应急接种工作。

（二）托幼机构应当建立传染病管理制度。托幼机构内发现传染病疫情或疑似病例后，应当立即向属地疾病预防控制机构（农村乡镇卫生院防保组）报告。

（三）班级老师每日登记本班儿童的出勤情况。对因病缺勤的儿童，应当了解儿童的患病情况和可能的原因，对疑似患传染病的，要及时报告给园（所）疫情报告人。园（所）疫情报告人接到报告后应当及时追查儿童的患病情况和可能的病因，以做到对传染病人的早发现。

（四）托幼机构内发现疑似传染病例时，应当及时设立临时隔离室，对患儿采取有效的隔离控制措施。临时隔离室内环境、物品应当便于实施随时性消毒与终末消毒，控制传染病在园（所）内暴发和续发。

（五）托幼机构应当配合当地疾病预防控制机构对被传染病病原体污染（或可疑污染）的物品和环境实施随时性消毒与终末消毒。

（六）发生传染病期间，托幼机构应当加强晨午检和全日健康观察，并采取必要的预防措施，保护易感儿童。对发生传染病的班级按要求进行医学观察，医学观察期间该班与其他班相对隔离，不办理入托和转园（所）手续。

（七）卫生保健人员应当定期对儿童及其家长开展预防接种和传染病防治知识的健康教育，提高其防护能力和意识。传染病流行期间，加强对家长的宣传工作。

（八）患传染病的儿童隔离期满后，凭医疗卫生机构出具的痊愈证明方可返回园（所）。根据需要，来自疫区或有传染病接触史的儿童，检疫期过后方可入园（所）。

七、常见病预防与管理

（一）托幼机构应当通过健康教育普及卫生知识，培养儿童良好的卫生习惯；提供合理平衡膳食；加强体格锻炼，增强儿童体质，提高对疾病的抵抗能力。

（二）定期开展儿童眼、耳、口腔保健，发现视力低常、听力异常、龋齿等问题进行登记管理，督促家长及时带患病儿童到医疗卫生机构进行诊断及矫治。

（三）对贫血、营养不良、肥胖等营养性疾病儿童进行登记管理，对中重度贫血和营养不良儿童进行专案管理，督促家长及时带患病儿童进行治疗和复诊。

（四）对先心病、哮喘、癫痫等疾病儿童，及对有药物过敏史或食物过敏史的儿童进行登记，加强日常健康观察和保育护理工作。

（五）重视儿童心理行为保健，开展儿童心理卫生知识的宣传教育，发现心理行为问题的儿童及时告知家长到医疗保健机构进行诊疗。

八、伤害预防

（一）托幼机构的各项活动应当以儿童安全为前提，建立定期全园（所）安全排查制度，落实预防儿童伤害的各项措施。

（二）托幼机构的房屋、场地、家具、玩教具、生活设施等应当符合国家相关安全标准和规定。

（三）托幼机构应当建立重大自然灾害、食物中毒、踩踏、火灾、暴力等突发事件的应急预案，如果发生重大伤害时应当立即采取有效措施，并及时向上级有关部门报告。

（四）托幼机构应当加强对工作人员、儿童及监护人的安全教育和突发事件应急处理能力的培训，定期进行安全演练，普及安全知识，提高自我保护和自救的能力。

（五）保教人员应当定期接受预防儿童伤害相关知识和急救技能的培训，做好儿童安全工作，消除安全隐患，预防跌落、溺水、交通事故、烧（烫）伤、中毒、动物致伤等伤害的发生。

九、健康教育

（一）托幼机构应当根据不同季节、疾病流行等情况制定全年健康教育工作计划，并组织实施。

（二）健康教育的内容包括膳食营养、心理卫生、疾病预防、儿童安全以及良好行为习惯的培养等。健康教育的形式包括举办健康教育课堂、发放健康教育资料、宣传专栏、咨询指导、家长开放日等。

（三）采取多种途径开展健康教育宣传。每季度对保教人员开展1次健康讲座，每学期至少举办1次家长讲座。每班有健康教育图书，并组织儿童开展健康教育活动。

（四）做好健康教育记录，定期评估相关知识知晓率、良好生活卫生习惯养成、儿童健康状况等健康教育效果。

十、信息收集

（一）托幼机构应当建立健康档案，包括：托幼机构工作人员健康合格证、儿童入园（所）健康检查表、儿童健康检查表或手册、儿童转园（所）健康证明。

143

（二）托幼机构应当对卫生保健工作进行记录，内容包括：出勤、晨午检及全日健康观察、膳食管理、卫生消毒、营养性疾病、常见病、传染病、伤害和健康教育等记录（见附件4）。

（三）工作记录和健康档案应当真实、完整、字迹清晰。工作记录应当及时归档，至少保存3年。

（四）定期对儿童出勤、健康检查、膳食营养、常见病和传染病等进行统计分析，掌握儿童健康及营养状况（见附件5）。

（五）有条件的托幼机构可应用计算机软件对儿童体格发育评价、膳食营养评估等卫生保健工作进行管理。

第三部分　新设立托幼机构招生前卫生评价

一、卫生评价流程

（一）新设立的托幼机构，应当按照本"规范"卫生评价的标准进行设计和建设，招生前须向县级以上地方人民政府卫生行政部门指定的医疗卫生机构提交"托幼机构卫生评价申请书"（见附件6）。

（二）由县级以上地方人民政府卫生行政部门指定的医疗卫生机构负责组织专业人员，根据"新设立托幼机构招生前卫生评价表"（见附件7）的要求，在20个工作日内对提交申请的托幼机构进行卫生评价。根据检查结果出具"托幼机构卫生评价报告"（见附件8）。

（三）凡卫生评价为"合格"的托幼机构，即可向教育部门申请注册；凡卫生评价为"不合格"的托幼机构，整改后方可重新申请评价。

二、卫生评价标准

（一）环境卫生。

1．园（所）内建筑物、户外场地、绿化用地及杂物堆放场地等总体布局合理，有明确功能分区。

2．室外活动场地地面应平整、防滑，无障碍，无尖锐突出物。

3．活动器材安全性符合国家相关规定。园（所）内严禁种植有毒、带刺的植物。

4．室内环境的甲醛、苯及苯系物等检测结果符合国家要求。

5．室内空气清新、光线明亮，安装防蚊蝇等有害昆虫的设施。

6．每班有独立的厕所、盥洗室。每班厕所内设有污水池，盥洗室内有洗涤池。

7．盥洗室内有流动水洗手装置，水龙头数量和间距设置合理。

（二）个人卫生。

1．保证儿童每人每日1巾1杯专用，并有相应消毒设施。寄宿制儿童每人有专用洗漱用品。

2．每班应当有专用的儿童水杯架、饮水设施及毛巾架，标识清楚，毛巾间距合理。

3．儿童有安全、卫生、独自使用的床位和被褥。

（三）食堂卫生。

1．食堂按照《餐饮服务许可审查规范》建设，必须获得《餐饮服务许可证》。

2．园（所）内应设置区域性餐饮具集中清洗消毒间，消毒后有保洁存放设施。应当配有食物留样专用冰箱，并有专人管理。

3．炊事人员与儿童配备比例：提供每日三餐一点的托幼机构应当达到1:50，提供每日一餐二点或二餐一点的1:80。

（四）保健室或卫生室设置。

1．根据《托儿所幼儿园卫生保健管理办法》要求，设立保健室或卫生室。卫生室需有《医疗机构执业许可证》。

2．保健室面积不少于12平方米，设有儿童观察床、桌椅、药品柜、资料柜、流动水或代用流动水等设施。

3．保健室应配备儿童杠杆式体重秤、身高计（供2岁以上儿童使用）、量床（供2岁及以下儿童使用）、国际标准视力表或标准对数视力表灯箱、体围测量软尺等设备，以及消毒压舌板、体温计、手电筒等晨检用品。

4．保健室应配备消毒剂、紫外线消毒灯或其他空气消毒装置。

（五）卫生保健人员配备。

1．托幼机构的法定代表人或者负责人是本机构卫生保健工作的第一责任人。

2．根据预招收儿童的数量配备符合国家规定的卫生保健人员。按照收托150名儿童至少设1名专职卫生保健人员的比例配备卫生保健人员，收托150名以下儿童的可配备兼职卫生保健人员。

3．卫生保健人员上岗前应当接受当地妇幼保健机构组织的卫生保健专业知识培训并考核合格。

（六）工作人员健康检查。

1．托幼机构工作人员上岗前应当经县级以上卫生行政部门指定的医疗卫生机构进行健康检查，并取得"托幼机构工作人员健康合格证"。

2．炊事人员上岗前须取得"食品从业人员健康证"。

（七）卫生保健制度。

托幼机构应根据实际情况建立健全卫生保健制度，并具有可操作性。卫生保健制度包括一日生活安排、膳食管理、体格锻炼、卫生与消毒、入园（所）及定期健康检查、传染病预防与控制、常见疾病预防与管理、伤害预防、健康教育、卫生保健信息收集的制度。

第四部分 附件

附件1

儿童入园（所）健康检查表

姓 名		性 别		年 龄		出生日期		年 月 日	
既往病史	1．先天性心脏病 2．癫痫 3．高热惊厥 4．哮喘 5．其他								
过敏史						儿童家长确认签名			
体格检查	体 重	kg	评 价		身长（高）	cm	评 价		皮肤
	眼	左	视力	左	耳	左	口腔	牙齿数	
		右		右		右		龋齿数	
	头 颅		胸 廓		脊柱四肢		咽 部		
	心 肺		肝 脾		外生殖器			其 他	
辅助检查	血红蛋白（Hb）				丙氨酸氨基转移酶（ALT）				
	其 他								
检查结果				医生意见					

医生签名： 检查单位：

体检日期： 年 月 日 （检查单位盖章）

填表说明：

1．基本情况

既往病史：在对应的疾病上划"√"，"其他"栏中填写未注明的疾病；

过敏史：注明过敏的药物或食物等；

家长签字：儿童既往病史和过敏史须经家长确认后签字。

2．体格检查

体重、身长（高）：填写检查实测数值，评价按离差法（上、中、下）或百分位数法（<P3，P3～P97，>P97）填写；

皮肤：未见异常填写（－），异常填写阳性体征；

眼：按左右眼填写，未见异常填写（－），眼外观异常，填写阳性体征；

视力：4岁以上儿童应测查视力，填写实测数值，未进行视力检查应注明"未测"，测查不合作者填写"不合作"；

耳：按左右耳填写，未见异常填写（－），外耳异常填写阳性体征；

口腔：填写牙齿萌出数，按牙位填写龋齿位置；

咽部：咽部检查未见异常填写（－），异常填写阳性体征；

头颅、胸廓、脊柱四肢：相关项目中未见异常填写（－），异常填写阳性体征；

心肺：听诊未见异常填写（－），异常注明阳性体征；

肝脾：填写肝脾触诊情况，未触及填写（－），触及肋下肝脾，按厘米填写；

外生殖器：检查男童，未见异常填写（－），异常者填写阳性体征；

其他：填写表格上未列入的其他阳性体征。

145

3．辅助检查

血红蛋白（Hb）、丙氨酸氨基转移酶（ALT）：填写实际检测数值，并将化验报告贴附于儿童入园（所）健康检查表背面。

其他：根据需要，填写相关辅助检查结果，并将化验报告贴附于儿童入园（所）健康检查表背面。

4．检查结果：注明检查中发现的疾病或阳性体征，如未见异常填写（－）。

5．医生意见：根据检查结果，注明"体检合格""暂缓入园（所）"。

6．医生签名：由主检医生签字，并填写日期。

7．检查单位：加盖检查单位体检专用。

附件2

托幼机构工作人员健康检查表

姓　名		性　别		年　龄		婚　否		编　号		
单　位				岗　位				民　族		照片
既往史	1.肝炎（甲肝、戊肝等消化道传染病）　2.结核　3.皮肤病 4.性传播性疾病　5.精神病　6.其他 受检者确认签字：＿＿＿＿＿＿									
身份证号										
体格检查	血　压			心　肺				肝　脾		
	皮　肤			五　官				其　他		
化验检查	丙氨酸氨基转移酶（ALT）			滴　虫						
	淋球菌			梅毒螺旋体						
	外阴阴道假丝酵母菌（念珠菌）			其　他						
胸片检查										
其他检查										
检查结果			医生意见							
医生签名：　　　　　　　　检查单位： 体检日期：　　年　月　日　　　　（检查单位盖章）										

备注：1．滴虫、外阴阴道假丝酵母菌指妇科检查项目。

2．胸片检查只限于上岗前及上岗后出现呼吸系统疑似症状者。

3．凡体检合格者，由健康检查单位签发健康合格证。

填表说明：

托幼机构工作人员健康检查表为工作人员上岗前和定期健康检查使用。

1．基本情况

编号：根据工作需要排序编号；

单位：填写所在任职单位的全称；

岗位：按所在实际岗位填写，如园（所）长、教师、保育员、炊事人员、保健人员等；

身份证号：如实填写受检者身份证号；

照片：受检者本人近期照片贴于右上角。

2．既往史：在对应的疾病上划"√"；"其他"栏中填写未注明的疾病；既往史经受检者确认后签字。

3．体格检查

血压：填写检查实测数值，单位为mmHg；

皮肤：未见异常填写（－），异常填写阳性体征；

五官：未见异常填写（－），异常填写阳性体征；

心肺：听诊未见异常填写（－），异常填写阳性体征；

肝脾：填写肝脾触诊情况，未触及填写（－），触及肋下肝脾，按厘米填写；

其他：填写表格上未列入的其他阳性体征。

4．辅助检查

丙氨酸氨基转移酶（ALT）、梅毒螺旋体：填写实际血清检测数值；

滴虫、淋球菌、外阴阴道假丝酵母菌：按照阴道分泌物实际检测结果填写"（－）"或"（＋）"；

胸片检查：上岗前必须检查，上岗后出现呼吸系统疑似症状时检查，未见异常填写"（－）"，异常填写阳性体征；

其他：根据需要填写相关辅助检查结果；

将所有辅助检查报告及复查报告单贴附于托幼机构工作人员健康检查表背面。

5．检查结果：注明检查中发现的疾病或阳性体征，如未见异常填写（－）。

6．医生意见：根据检查结果，符合上岗条件者，填写"体检合格"及日期；发现不符合上岗条件者填写"体检不合格"，并及时离岗诊断治疗。

7．医生签名：由主检医生签字，并填写日期。

8．检查单位：加盖检查单位体检专用。

附件3

托幼机构环境和物品预防性消毒方法

消毒对象	物理消毒方法	化学消毒方法	备　注
空　气	开窗通风每日至少2次；每次至少10～15分钟。		在外界温度适宜、空气质量较好、保障安全性的条件下，应采取持续开窗通风的方式。
	采用紫外线杀菌灯进行照射消毒每日1次，每次持续照射时间60分钟。		1．不具备开窗通风空气消毒条件时使用。 2．应使用移动式紫外线杀菌灯。按照每立方米1.5瓦计算紫外线杀菌灯管需要量。 3．禁止紫外线杀菌灯照射人体体表。 4．采用反向式紫外线杀菌灯在室内有人环境持续照射消毒时，应使用无臭氧式紫外线杀菌灯。
餐具、炊具、水杯	煮沸消毒15分钟或蒸汽消毒10分钟。		1．对食具必须先去残渣、清洗后再进行消毒。 2．煮沸消毒时，被煮物品应全部浸没在水中；蒸汽消毒时，被蒸物品应疏松放置，水沸后开始计算时间。
	餐具消毒柜、消毒碗柜消毒。 按产品说明使用。		1．使用符合国家标准规定的产品。 2．保洁柜无消毒作用。不得用保洁柜代替消毒柜进行消毒。
毛巾类织物	用洗涤剂清洗干净后，置阳光直接照射下曝晒干燥。		曝晒时不得相互叠夹。曝晒时间不低于6小时。
	煮沸消毒15分钟或蒸汽消毒10分钟。		煮沸消毒时，被煮物品应全部浸没在水中；蒸汽消毒时，被蒸物品应疏松放置。
		使用次氯酸钠类消毒剂消毒。使用浓度为有效氯250～400mg/L、浸泡消毒20分钟。	消毒时将织物全部浸没在消毒液中，消毒后用生活饮用水将残留消毒剂冲净。
抹　布	煮沸消毒15分钟或蒸汽消毒10分钟。		煮沸消毒时，抹布应全部浸没在水中；蒸汽消毒时，抹布应疏松放置。
		使用次氯酸钠类消毒剂消毒。使用浓度为有效氯400mg/L、浸泡消毒20分钟。	消毒时将抹布全部浸没在消毒液中，消毒后可直接控干或晾干存放；或用生活饮用水将残留消毒剂冲净后控干或晾干存放。

续表

消毒对象	物理消毒方法	化学消毒方法	备注
餐桌、床围栏、门把手、水龙头等物体表面		使用次氯酸钠类消毒剂消毒。使用浓度为有效氯 100～250 mg/L、消毒 10～30 分钟。	1. 可采用表面擦拭、冲洗消毒方式。 2. 餐桌消毒后要用生活饮用水将残留消毒剂擦净。 3. 家具等物体表面消毒后可用生活饮用水将残留消毒剂去除。
玩具、图书	每两周至少通风晾晒一次。		适用于不能湿式擦拭、清洗的物品。曝晒时不得相互叠夹。曝晒时间不低于 6 小时。
		使用次氯酸钠类消毒剂消毒。使用浓度为有效氯 100～250 mg/L、表面擦拭、浸泡消毒 10～30 分钟。	根据污染情况，每周至少消毒 1 次。
便盆、坐便器与皮肤接触部位、盛装吐泻物的容器		使用次氯酸钠类消毒剂消毒。使用浓度为有效氯 400～700 mg/L、浸泡或擦拭消毒 30 分钟。	1. 必须先清洗后消毒。 2. 浸泡消毒时将便盆全部浸没在消毒液中。 3. 消毒后用生活饮用水将残留消毒剂冲净后控干或晾干存放。
体温计		使用 75%～80% 乙醇溶液、浸泡消毒 3～5 分钟。	使用符合《中华人民共和国药典》规定的乙醇溶液。

备注：1. 表中有效氯剂量是指使用符合卫生部《次氯酸钠类消毒剂卫生质量技术规范》规定的次氯酸钠类消毒剂；

2. 传染病消毒根据国家法规《中华人民共和国传染病防治法》规定，配合当地疾病预防控制机构实施。

附件 4

卫生保健工作记录（登记）表

表1 晨午检及全日健康观察记录表

日 期	姓 名	班 级	晨检情况 家长主诉与检查	全日健康观察（症状与体检）	处 理	检查者

备注：记录晨午检和全日健康观察中发现的儿童异常情况。

表2 在园（所）儿童带药服药记录表

日 期	班 级	姓 名	药物名称	服用剂量和时间	家长签字	喂药时间及签字

表3 儿童出勤登记表

班级：　　　　　　　　　　　　　　　　　　　　　　　　　　　　年　　月

姓 名	日 期							备 注
	1	2	3	4	5	……	31	

备注：1. "√"代表出勤，"○"代表缺勤；

2. 缺勤儿童查明原因后在"○"内补全相应的符号："×"代表病假，"—"代表事假；

3. 因病缺勤，需在备注栏注明疾病名称。

表4 儿童传染病登记表

姓名	性别	年龄	发病日期	传染病名称											诊断单位	诊断日期	处置
				手足口病	水痘	流行性腮腺炎	猩红热	急性出血性结膜炎	痢疾	麻疹	风疹	传染性肝炎	其他				
合计																	

备注：患某种传染病在该栏内划"√"。

表5 儿童营养性疾病及常见疾病登记表

班 级	姓 名	疾病名称	确诊日期	干预与治疗	转 归

备注：登记范围包括营养不良、贫血、单纯性肥胖、先心病、哮喘、癫痫、听力障碍、视力低常、龋齿等。

表6 班级卫生消毒检查记录表

日 期	班 级	消毒物体											
		开窗通风	餐 桌	床围栏	门把手	水龙头	图书晾晒	玩 具	被褥晾晒	厕 所	其 他	……	

备注：以"√"的方式完成此表。

表7 健康教育记录表

日 期	地 点	对 象	形 式	内 容

备注：1. 对象是指儿童、家长、保教人员等；
　　　2. 形式是指宣传专栏、咨询指导、讲座、培训、发放健康教育资料等；
　　　3. 内容是指园（所）内各项健康教育活动的主要内容。

表8 膳食委员会会议记录表

时　间：
出席会议人员：
主持人：
会议议题：
会议记录：

备注：1. 由负责召开膳食委员会会议的人员记录；
　　　2. 会议议题：简单注明主要讨论及需解决的问题；
　　　3. 会议记录：记录围绕会议议题讨论的主要内容。

149

表9 儿童伤害登记表

年 月 日

姓 名： 性 别： 年 龄： 班 级：
伤害发生日期： 年 月 日 伤害发生时间：_____:_____（用24小时计时法）
当班责任人： 填表人：
伤害类型： 1=交通事故 2=跌伤（跌、摔、滑、绊） 3=被下落物击中（高处落下物） 4=锐器伤（刺、割、扎、划） 5=钝器伤（碰、砸） 6=烧烫伤（火焰、高温固/液体、化学物质、锅炉、烟火、爆竹炸伤） 7=溺水（经医护人员救治存活）8=动物伤害（狗、猫、蛇等咬伤、蜜蜂、黄蜂等刺蜇） 9=窒息（异物、压、闷、捂窒息，鱼刺/骨头卡喉） 10=中毒（药品、化学物质、一氧化碳等有毒气体，农药，鼠药，杀虫剂，腐败变质食物除外） 11=电击伤（触电、雷电） 12=他伤/攻击伤
伤害发生地点： 1=户外活动场 2=活动室 3=寝室 4=卫生间 5=盥洗室 6=其他（请说明 ）
伤害发生时活动： 1=玩耍娱乐 2=吃饭 3=睡觉 4=上厕所 5=洗澡 6=行走 7=乘车 8=其他（请说明_____ ） 9=不知道
伤害发生时和谁在一起： 1=独自一人 2=老师 3=小伙伴 4=其他（请说明 ） 5=不知道
受伤后处理方式（最后处理方式）： 1=自行处理（保健人员）且未再就诊 2=医疗卫生机构就诊 3=其他（请说明 ）
如果就诊，诊断是：_____
因伤害休息多长时间（包括节日、假期及周末）：_____天
转归：1=痊愈 2=好转 3=残疾 4=死亡
简述伤害发生经过（对损伤过程作综合描述）：

附件5

卫生保健资料统计表

表1 儿童出勤统计分析表

托幼机构名称：

年 份	月 份	在册儿童（1）	应出勤日数（2）	出勤情况			缺勤原因分析				
				应出勤人次数（3）	实际出勤人次数（4）	出勤率（%）（5）	缺勤人次数（6）	因 病	因 事	寒暑假	其 他
	9月										
	10月										
	11月										
	12月										
	1月										
	2月										
	3月										
	4月										
	5月										
	6月										

续表

年　份	月　份	在册儿童（1）	应出勤日数（2）	出勤情况			缺勤原因分析					
				应出勤人次数（3）	实际出勤人次数（4）	出勤率（%）（5）	缺勤人次数（6）	因病	因事	寒暑假	其他	
	7月											
	8月											

备注：1. 出勤率 =（实际出勤人次数 / 应出勤人次数）×100%；

　　　2. 缺勤人次数 = 应出勤人次数—实际出勤人次数；

　　　3. 各项百分率要求保留小数点后 1 位。

表2　学年（上、下）儿童健康检查统计分析表

托幼机构名称：

年龄组	在册人数	体检人数	体检率（%）	体格评价（人数）				血红蛋白			视　力		听　力		龋　齿	
				低体重	生长迟缓	消瘦	肥胖	检测人数	轻度贫血人数	中重度贫血人数	检查人数	视力不良人数	检查人数	听力异常人数	检查人数	患龋人数
0～1岁																
1～2岁																
2～3岁																
3～4岁																
4～5岁																
5～6岁																
6～7岁																
总　计																

备注：1. 体检率 =（体检人数 / 在册人数）×100%；

　　　2. 某病患病率 =（某病患病人数 / 检查人数）×100%。

表3　传染病发病统计表

托幼机构名称：

年　份	月　份	在册儿童数	传染病发病数	各类传染病发病人数										
				手足口病	水　痘	流行性腮腺炎	猩红热	急性出血性结膜炎	痢疾	麻疹	风疹	传染性肝炎	其　他	
	9月													
	10月													
	11月													
	12月													
	1月													
	2月													
	3月													

续表

年　份	月　份	在册儿童数	传染病发病数	各类传染病发病人数										
				手足口病	水　痘	流行性腮腺炎	猩红热	急性出血性结膜炎	痢　疾	麻　疹	风　疹	传染性肝炎	其　他
	4 月												
	5 月												
	6 月												
	7 月												
	8 月												
合　计													

表 4　膳食营养分析表

平均每人进食量　　　　　　　　　　　　　　　　　　　　　　　　　　　　　年　　　月

食物类别	细粮	杂	糕点	干豆类	豆制品	蔬菜总量	绿橙蔬菜	水果	乳类	蛋类	肉类	肝鱼	糖	食油	
数量（g）															

营养素摄入量

	热量		蛋白质（克）	脂肪（克）	视黄醇当量(微克)	维生素A（微克）	胡萝卜素（微克）	维生素B1（毫克）	维生素B2（毫克）	维生素C（毫克）	钙（毫克）	锌（毫克）	铁（毫克）
	（千卡）	（千焦）											
平均每人每日													
DRIs													
比较 %													

热量来源

要　求		脂　肪		蛋白质	
		现　状	要　求	现　状	
摄入量	（千卡）				
	（千焦）				
占总热量 %		30%～35%		12%～15%	

蛋白质来源

要　求		优质蛋白质		
		动物性食物	豆　类	
摄入量（克）				
占蛋白质总量 %		≥ 50%		

膳食费用当月膳食费 / 人

本月总收入：　　　　　元   本月支出：　　　　　元   盈亏：　　　　　元   占总收入：　　　　　%

附件6

托幼机构卫生评价申请书

_____：

本园（所）拟于_____年____月开始招生，依据《托儿所幼儿园卫生保健管理办法》的要求，特向您单位申请对我园（所）进行卫生评估。

申请单位地址：

申请单位电话：

申请单位（签章）：

申请人：

申请日期：

附件7

<h2 style="text-align:center">新设立托幼机构招生前卫生评价表</h2>

评价内容	分 值	评价标准	评价方法	得 分	备 注
环境卫生	20分	园（所）内建筑物、户外场地、绿化用地及杂物堆放场地等总体布局合理，有明确功能分区（2分） 室外活动场地地面应平整、防滑，无障碍，无尖锐突出物（2分） 活动器材安全性符合国家相关规定（1分） 未种植有毒、带刺的植物（1分）	查看现场		
		室内环境的甲醛、苯及苯系物等检测结果符合国家要求（4分）	查验检测报告		
		室内空气清新、光线明亮（2分） 有防蚊蝇等有害昆虫的设施（2分）	查看现场		
		每个班级有独立的厕所和盥洗室（2分） 每班厕所内有污水池，盥洗室内有洗涤池（2分）			
		盥洗室内有流动水洗手装置（必达项目） 盥洗室内水龙头数量和间距设置合理（2分）	查看现场		
个人卫生	15分	保证儿童每日1巾1杯专用，寄宿制儿童每人有专用洗漱用品（必达项目）	查看现场		
		每班有专用水杯架，标识清楚，有饮水设施（4分）			
		每班有专用毛巾架，标识清楚，毛巾间距合理（3分）			
		有专用水杯、毛巾消毒设施（4分）			
		儿童有安全、卫生、独自使用的床位和被褥（4分）			
食堂卫生	10分	食堂获得《餐饮服务许可证》（必达项目）	查验证件		
		园（所）内应设置区域性的餐饮具集中清洗消毒间，消毒后有保洁存放设施（4分）	查看现场		
		配有食物留样专用冰箱，有专人管理（3分）			
		炊事人员与儿童配备比例：提供每日三餐一点的托幼机构应达1：50，提供每日一餐二点或二餐一点的1：80（3分）	查看资料		
保健室或卫生室设置	20分	设立保健室或卫生室（必达项目） 卫生室需有《医疗机构执业许可证》（必达项目）	查验证件		
		保健室面积不少于12平方米（2分）	查看现场		
		保健室设有儿童观察床（2分） 配备桌椅、药品柜、资料柜（3分） 有流动水或代用流动水的设施（2分）			

评价内容	分 值	评价标准	评价方法	得 分	备 注
保健室或卫生室设置	20分	配备儿童杠杆式体重秤、身高计（供2岁以上儿童使用）、量床（供2岁及以下儿童使用）、国际标准视力表或标准对数视力表灯箱、体围测量软尺等设备（4分） 配备消毒压舌板、体温计、手电筒等晨检用品（3分） 有消毒剂（2分） 配备紫外线消毒灯或其他空气消毒装置（2分）	查看现场		
卫生保健人员配备	15分	配备符合国家规定的卫生保健人员（必达项目） 卫生保健工作的第一责任人是托幼机构的法定代表人或负责人（5分） 按照收托150名儿童设1名专职卫生保健人员的比例配备（收托150名以下儿童的可配备兼职卫生保健人员）（5分） 卫生保健人员上岗前接受培训并考核合格（5分）	查看资料		
工作人员健康检查	10分	托幼机构工作人员上岗前经县级以上卫生行政部门指定的医疗卫生机构进行健康检查，并取得《托幼机构工作人员健康合格证》。炊事人员取得《食品从业人员健康证》（10分）	查看证件		
卫生保健制度	10分	建立10项卫生保健制度，并符合实际情况，具有可操作性 1）一日生活制度（1分） 2）膳食管理制度（1分） 3）体格锻炼制度（1分） 4）卫生与消毒制度（1分） 5）入园（所）及定期健康检查制度（1分） 6）传染病预防与控制制度（1分） 7）常见疾病预防与管理制度（1分） 8）伤害预防制度（1分） 9）健康教育制度（1分） 10）卫生保健信息收集制度（1分）	查看资料		

备注：1. 托幼机构总分达到80分以上，并且"必达项目"全部通过，才可评价为"合格"。

2. 若托幼机构不提供儿童膳食，则不予评价食堂卫生、工作人员健康检查和卫生保健制度的相应部分。托幼机构分数达到剩余项目总分的80%以上，并且"必达项目"全部通过，才可评价为"合格"。

3. 如果评价结果为"不合格"，托幼机构应当根据评价报告给予的整改意见和指导，整改后可重新申请卫生评价。

附件8

托幼机构卫生评价报告

_____幼儿园（托儿所）：

根据你园（所）申请，按照《托儿所幼儿园卫生保健工作规范》的卫生评价基本要求，我单位组织专家于_____年____月____日对你园（所）招生前的卫生保健状况进行评价。

评价结果：　　　　　　　　1. 合格　　　　　　　2. 不合格

评价意见：

评价单位（签章）：

评价人员：

（此报告一式两份，一份交申请单位，一份由评价单位留存）

第八章 《全国家庭教育指导大纲》解读

155

教 学 目 标

1. 了解《全国家庭教育指导大纲》的出台背景及意义。
2. 理解《全国家庭教育指导大纲》的内容结构及核心要义。
3. 掌握幼儿园家庭教育的指导内容及要点。

知 识 结 构 图

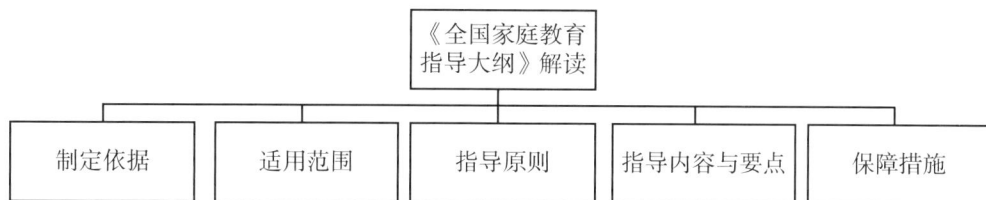

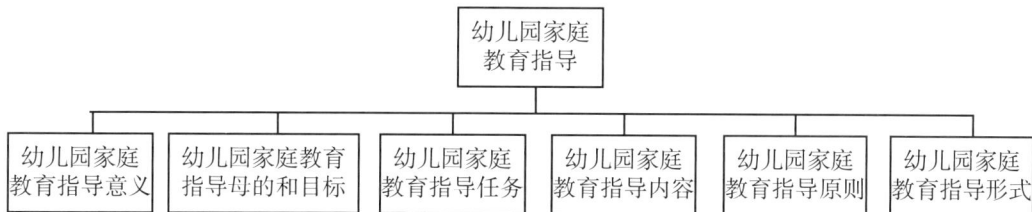

案例分析

案例 一个人一生中最早受到的教育来自家庭，来自母亲对孩子的早期教育。美国一位著名心理学家为了研究母亲对人的一生的影响，在全美选出 50 位成功人士，他们都在各自的行业中获得卓越成就，同时又选出 50 位有犯罪记录的人，分别去信给他们，请他们谈谈母亲对他们的影响。有两封回信给他的印象最深。一封来自白宫的一位著名人士，一封来自监狱一位服刑的犯人。他们谈的都是同一件事：小时候母亲给他们分苹果。

那位来自监狱的犯人在信中这样写道：小时候，有一天妈妈拿来几个苹果，红红绿绿的，大小各不同。我一眼就看见中间的一个又红又大，十分喜欢，非常想要。这时，妈妈把苹果放在桌上，问我和弟：你们想要哪个？我刚想说想要最大最红的一个，这时弟弟抢先说出我想说的话。妈妈听了，瞪了他一眼，责备他说：好孩子要学会把好东西让给别人，不能总想着自己。于是，我灵机一动，改口说："妈妈，我想要那个最小的，把大的留给弟弟吧。"妈妈听了，非常高兴，在我的脸上亲了一下，并把那个又红又大的苹果奖励给了我。我得到了我想要的东西，从此，我学会了说谎。以后，我又学会了打架、偷、抢，为了得到想要得到的东西，我不择手段。直到现在，我被送进监狱。

那位来自白宫的著名人士是这样写道：小时候，有一天妈妈拿来几个苹果，红红绿绿的，大小各不同。我和弟弟们都争着要大的，妈妈把那个最大最红的苹果举在手中，对我们说："这个苹果最大最红最好吃，谁都想要得到它。很好，现在，让我们来做个比赛，我把门前的草坪分成三块，你们三人一人一块，负责修剪好，谁干得最快最好，谁就有权得到它！"我们三人比赛除草，结果，我赢了那个最大的苹果。我非常感谢母亲，她让我明白一个最简单也最重要的道理：要想得到最好的，就必须努力争第一。她一直都是这样教育我们，也在这样做着。在我们家里，你想要什么好东西就要通过比赛来赢得，这很公平，你想要什么、想要多少，就必须为此付出多少努力和代价！

分析　家庭教育育人于无形之中。母亲是孩子的第一任教师，你可以教他说第一句谎言，也可以教他做一个诚实的永远努力争第一的人。推动世界的手就是推动摇篮的手，再一次强调了家庭教育的作用，母亲在教育中的重要价值。本文中介绍了《全国家庭教育指导大纲》的基本内容，并着重描述了幼儿家庭教育的重要意义，可供学习者学习和研究之用。

具体内容

第一节　《全国家庭教育指导大纲》概述

2010 年 2 月 8 日，为了深入贯彻落实《中共中央国务院关于进一步加强和改进未成年人思想道德建设的若干意见》和全国未成年人思想道德建设经验交流会议精神，进一步加强家庭教育理论体系建设，规范家庭教育指导内容和要求，提高家庭教育的科学性、针对性、实效性，全国妇联与教育部、中央文明办、民政部、卫生部、国家人口计生委、中国关工委联合印发了《全国家庭教育指导大纲》（以下简称"大纲"），这是我国首份科学、系统、全面的家庭教育指导性文件。

一、"大纲"制定背景

2007 年，《全国家庭教育工作"十一五"规划》在总体目标中提出：要推进现代家庭教育理论体系建设，提高家庭教育指导机构和指导者专业化水平。中央文明办领导于 2007 年也指出：要研究制定家庭教育大纲和教育实施意见，对不同年龄阶段未成年人的家长进行分层次教育，提高家长教育的针对性和有效性。

2008 年，全国妇联儿童工作部将制定全国家庭教育指导大纲列入工作计划，中国家庭教育学会也将其作为全国家庭教育"十一五"重点课题进行立项研究。2008 年 6 月，"大纲"研制启动，课题组由全国妇联儿童工作部、上海市妇联儿童和家庭工作部、上海社科院青少年研究所联合组成，中国家庭教育学会多位专家担任学术顾问。"大纲"研制历时一年多，经过反复论证，多次修改，才最终定稿。

二、"大纲"内容

本大纲包括五部分内容：

1. 制定依据

《中华人民共和国未成年人保护法》《中华人民共和国义务教育法》《中华人民共和国母婴保健法》《中华人民共和国预防未成年人犯罪法》等法律法规，以及《中共中央国务院关于进一步加强和改进未成年人思想道德建设的若干意见》等文件是"大纲"制定的依据。

2. 适用范围

"大纲"适用于各级各类家庭教育指导机构和相关职能部门、社会团体、宣传媒体等组织对新婚夫妇、孕妇、18 岁以下儿童的家长或监护人开展的家庭教育指导行为。

3. 指导原则

"大纲"指出：家庭教育应注重科学性、针对性和适应性。一是坚持"儿童为本"原则。家庭教育指导应尊重儿童身心发展规律，尊重儿童合理需要与个性，创设适合儿童成长的必要条件和生活情景，保护儿童的合法权益，特别关注女孩的合法权益，促进儿童自然发展、全面发展、充分发展。二是坚持"家长主体"原则。指导者应确立为家长服务的观念，了解不同类型家庭之家长需求，尊重家长愿望，调动家长参与的积极性，重视发挥父母双方在指导过程中的主体作用和影响，指导家长确立责任意识，不断学习、掌握有关家庭教育的知识，提高自身修养，为子女树立榜样，为其健康成长提供必要条件。三是坚持"多向互动"原则。家庭教育指导应建立指导者与家长、儿童，家长与家长，家庭之间，家校之间的互动，努力形成相互学习、相互尊重、相互促进的环境与条件。

4. 家庭教育的指导内容及要求

"大纲"把0～18岁的家庭教育分为五个阶段。针对不同阶段的特点，提出了各阶段的指导内容要点。

（1）新婚期及孕期的家庭教育指导要点：重视婚检和优生指导，提高出生人口素质；关注孕期保健，孕育健康婴儿；做好相应准备，迎接新生命降临；提倡自然分娩，保障母婴健康。

（2）婴幼儿年龄段的家庭教育指导要点：提倡母乳喂养，增强婴儿免疫力，鼓励主动学习，掌握日常养育和照料科学方法；设定生活规则，养成儿童良好的生活行为习惯；加强感知训练，提高儿童感官能力；关注儿童需求，激发儿童想象力和好奇心；提供言语示范，促进儿童语言能力发展；加强亲子沟通，养成儿童良好情绪。

（3）学龄前年龄段的家庭教育指导要点：帮助儿童适应幼儿园生活；加强儿童营养保健和体育锻炼；培养儿童良好的生活和卫生习惯；抓好安全教育，减少儿童意外伤害；培养儿童良好的人际交往能力；增强儿童社会适应性，培养儿童抗挫折能力；丰富儿童感性知识，激发儿童早期智能。

（4）小学年龄段的家庭教育指导要点：做好儿童健康监测，预防常见疾病发生；将生命教育纳入生活实践之中；培养儿童基本生活自理能力；培养儿童的劳动观念和适度花费习惯；引导儿童学会关心和感恩、勇于承担责任；帮助儿童养成良好的学习习惯。

（5）初中年龄段的家庭教育指导要点：对儿童开展适时、适当、适度的性别教育；利用日常生活细节，开展伦理道德教育；开展信息素养教育，引导儿童正确使用媒介；重视儿童学习过程，促进儿童快乐学习；尊重和信任儿童，促进良好的亲子沟通；树立正确的学业观，尊重儿童的自主选择。

（6）高中年龄段的家庭教育指导：引导儿童树立积极心态，尽快适应学校生活；引导儿童与异性正确交往；引导儿童"学会合作、学会分享"；培养儿童做一个知法、守法的好公民；指导儿童树立理想信念、合理规划未来；引导儿童树立自信心，以平常心对待升学。

（7）"大纲"第一次专门就特殊儿童、特殊家庭及灾害背景下的家庭教育指导做出了系统规范，提出了智力障碍、听力障碍、视觉障碍、肢体残障、情绪行为障碍、智优儿童等特殊儿童的家庭教育指导内容。同时，针对离异和重组家庭、服刑人员家庭、流动人口家庭、农村留守儿童的家庭及灾害背景下的家庭的家庭教育指导提出了具体要求。

5. 实施"大纲"的保障措施

（1）加强组织领导。各地相关部门要高度重视，加强对"大纲"贯彻落实工作的领导，制订切实可行的实施计划，加强实施管理，组织开展宣传、培训、督导、评估等工作，引导和帮助家庭教育指导机构和指导者根据"大纲"要求开展家庭教育指导。

（2）明确职责分工。各地相关部门要根据"大纲"要求，充分发挥职能优势，切实做好指导和推进家庭教育工作。各级妇联组织、教育行政部门牵头负责指导和推进家庭教育；文明办协调各部门力量共同构建学校、家庭、社会"三结合"教育网络；教育部门加强幼儿园、中小学校家长学校的指导与管理；卫生、人口计生部门大力发展新婚夫妇学校、孕妇学校、人口学校等公共服务阵地，对家长进行科学养育的指导和服务；人口计生部门负责0～3岁儿童早期发展的推进工作，逐步纳入公共服务范畴；妇联、民政、教育、人口计生、关工委等部门共同承担做好城乡社区家庭教育指导、服务与管理工作，推进家庭教育知识的宣传和普及，促进家庭教育事业全面发展。

（3）注重资源整合。各地相关部门要加大家庭教育指导工作经费投入，纳入经费预算，确保落实到位。要统筹各方面的优势力量，完善共建机制，形成工作合力，推进家庭教育发展。要广泛动员社会力量，多渠道筹措经费，为家庭教育指导工作提供保障。

（4）抓好队伍建设。各地相关部门要加强家庭教育指导工作者队伍的培育，重视对指导人员数量、质量和指导实效性的管理，从实际出发建设具有较强专业知识基础的专家队伍、讲师团队伍、社区志愿者队伍等，并大力发展专业社会工作者队伍，形成专兼结合、具备指导能力的家庭教育指导工作队伍。

（5）扩大社会宣传。各地相关部门要以"做一个有道德的人"为主题，开展丰富多彩的实践活动，大力培育在家孝敬父母、在学校尊敬师长、在社会奉献爱心的良好道德风尚。加强家庭教育指导宣传阵地建设，注重与各媒体管理部门的联系和合作，深入、广泛、持久地宣传家庭教育的正确观念和科学方法。省区市级报纸、县级以上电台、电视台要开办与家庭教育相关的栏目，发展家庭教育网校咨询热线，不断提高家庭教育社会宣传的覆盖面和影响力。

第二节　《全国家庭教育指导大纲》内容解读

一、家庭教育的特点及重要性

家庭是按血缘和姻缘关系建立起来的包括父母、子女及生活在一起的其他亲属在内的社会经济组织，它是社会的基本单位和社会生活组织形式。家庭是一个亲属团体，其成员间有着特殊的、密切的联系，相互间或有婚姻关系，或有血缘关系。基于这种特殊性，家庭便承担起了教育家庭成员、培养下一代的特殊职能。家庭教育一般是指家庭中的父母及其成年人在家庭生活中对未成年孩子施加影响的过程。

1. 家庭教育特点

家庭教育不同于学校教育和社会教育。从教育活动的主客体、教育的内容、形式及影响来看，家庭教育具有以下几个方面的特点：

（1）家庭教育的主客体关系亲密无间

家庭教育一般是建立在亲子血缘关系基础上的，父母和子女朝夕相处，情感上紧密相连。未成年孩子在经济上、生活上、感情上对家长有很强的依赖性，亲子之间有亲密的依附关系。因而，家庭教育是在物质供养和深厚的亲子感情基础上进行的。

（2）家庭教育的内容丰富多样

家庭教育涉及的内容很广，有道德教育、情感教育、生活教育、知识教育、审美教育等。家庭是社会的细胞。凡是有子女的家庭，家长在社会带回的种种信息都会成为影响孩子的因素，家庭成员的一言一行、举手投足都会对子女产生影响，所以说家庭教育的内容是十分丰富而多样的。

（3）家庭教育的方式方法灵活多样

相对学校教育而言，家庭教育没有固定的设计和程式，家庭教育也没有像学校教育那么严密、刻板。家长在日常生活中"相机而教"，用言传身教、潜移默化的方法影响孩子。在这个过程中，家长可以根据儿童的实际表现与发展水平，随时调整教育的方法，并逐步达到预期的教育目标。家庭教育随时随地可以进行，教育方法灵活多样。家庭教育的方式不仅灵活多样，而且还很有针对性。家长对子女所进行的教育基本是一种个别化的教育，家长可以通过日常的生活环节和儿童亲身经历的典型事例，针对子女存在的问题和个性特点及时地、有的放矢地对孩子施加影响。

（4）家庭教育的影响是终生的

与其他教育形式相比，家庭教育更具有连续性和持久性。孩子一出生就开始接受家庭教育，虽然不同阶段家庭教育的作用不一样，但其影响是相伴终生的。家长对子女进行长期的、持久的、连续的教育，其影响的牢固性往往要超过其他教育形式。因此，人的一生中都在直接或间接地、有意或无意地接受家长的影响。正如人民教育家老舍先生在怀念他的母亲时所说的："从私塾到小学，到中学，我经历过起码有百位教师吧，其中有给我影响很大的，也有毫无影响的。但是我的真正的老师，把性格传给我的，是我的母亲。母亲并不识字，她给我的是生命的教育。"[①]

2. 家庭教育的重要性

自古以来，我国就非常重视家庭教育的作用。春秋时期孔子的《论语》中就有对家庭教育的论述，南北朝时期颜之推的《颜氏家训》和北宋司马光的《家范》等著作表明我国在古代对于家庭教育已经具有相对完善的理论基础。近现代以来的家庭教育著作有清朝曾国藩的《曾国藩家书》、近代文艺及美术评论家傅雷的《傅雷家书》等。陶行知的"生活教育"思想以及陈鹤琴的"活教育"思想是近代具有影响力的家庭教育思想。新中国成立以来，家庭教育越来越受到重视，国家对家庭教育投入力度逐渐加大，人们对科学的家庭教育的需求也愈发的迫切。

人的教育是一项系统的工程，家庭教育、社会教育、学校教育三者相互关联且有机地结合在一起，相互影响、相互作用、相互制约。在这项系统工程之中，家庭教育是一切教育的基础。苏联著名教育学家苏霍姆林斯基曾把儿童比作一块大理石，他说，把这块大理石塑造成一座雕像需要六位雕塑家：①家庭；②学校；③儿童所在的集体；④儿童本人；⑤书籍；⑥偶然出现的因素。家庭被列在首位，可见家庭教育在塑造儿童过程中的重要性。

（1）家庭教育是教育人的起点和基点

与学校教育、社会教育相比，家庭教育由于发生在家庭之中，所以具有其他教育所没有的优势，这些优势使家庭教育成为教育人的起点与基点。家庭教育的目标是：在孩子进入社会接受集体教育之前保证孩子身心健康地发展，为接受幼儿园、学校的教育打好基础。在孩子入园、入校后，配合幼儿园、学校使其德、智、体、美、劳诸方面得到全面发展。教育的重点是品德教育，以培养孩子良好的道德品质和养成良好行为习惯为主，行为习惯包括：生活习惯、劳动习惯、学习习惯等，教会孩子如何学"做人"。

（2）家庭教育对人的发展方向和水平有重大作用

一个人的智力高低，并不完全取决于大脑的生理状态，而更多地受到后天成长环境的影响。学前期对人的身心发展极为重要，是智能发展的关键期。良好的家庭教育有助于儿童智力的发展，预防儿童潜能递减现象的出现，提高孩子的发展水平。哪怕是残疾儿童，只要家长持之以恒地进行家庭教育，孩子也可以在困难和有限的世界里，取得惊人的成绩。例如，一位名叫马歇尔·斯图尔特·鲍尔的美国儿童，在降临人世以后，体重一直不能正常增加，饱受着病魔的折磨，外形令人心碎；3岁时，不会走路、说话，医生断定他是严重弱智，很可能在10岁夭折。但他的父母"一直设法不把注意力集中在他的身体缺陷上面"，而"相信他会成为一个完美的孩子"，从未间断对他的教育，和他讲话，给他读书，教他认识字母表；5岁时，让他使用字母板；6岁时接受得克萨斯大学测试，证明他的阅读水平已达小学三年的程度；13岁时出版了自己在字母板上一字一字敲出的著作——《上帝之吻：一名失语孩子的智慧》，优美的语言和丰富的知识使得该书销量达到8万多册，许多读者都因他的话——"学会聆听的人会得到上帝的教诲"而把他视为教师和先知[②]。另外，父母的生育观念、性别偏向、育儿方式、教育期望等都对孩子一生的成长有着直接或间接的影响，制约着孩子职业的选择和发展方向，影响着孩子的一生。

（3）家庭教育是影响个体社会化的重要因素

社会化是人走向社会的桥梁，人要在社会中生活，必须经过社会化。在个体社会化过程中，家庭教育是重要影响因素之一，它对个体社会化起着基础作用。家庭对儿童个体社会化的影响，有其自身独特的色彩。有学者将此归纳为三点：第一，家庭教育的内容适合实际生活的需要，即属于生活的教育；第二，家庭教育是个别

---

① 老舍.老舍散文鉴赏版［M］.太白文艺出版社，2012:74.

② 李生兰.学前儿童家庭教育［M］.华东师范大学出版社，2006:14.

教育。"知子莫若父",父母最了解自己孩子的个性,因而最能顺应其个性而利导之,使其个性得以充分的发展。第三,家庭教育是感情教育。家庭关系是一种最亲密的人际关系,家庭成员在履行权利和义务时,带有强烈的感情色彩,所以,它对人的影响是深刻的。

（4）家庭教育是造就社会需要人才的必要条件

家庭是社会的细胞,是培养和造就一代新人的摇篮。家庭教育的质量,直接影响到人的素质,影响到他们对社会的作用。早在1987年,全国妇联、国家教委、共青团中央、文化部等18个单位就联合倡议"每个家庭都要树立为国教子的观念,使国家、社会、学校、家庭密切配合,精心培育有理想、有道德、有文化、有纪律的一代新人"。《九十年代中国儿童发展规划纲要》中明确指出:"今天的儿童是21世纪的主人,儿童的自下而上保护和发展是提高人口素质的基础,是人类发展的先决条件。儿童的健康成长关系着祖国的前途命运,家长们肩负着为国家造就21世纪人才的重任。21世纪的人才应该是具有良好的思想意识、高尚的道德情操、健全的心理品质、积极与他人合作的精神、较强的应变能力、吃苦耐劳的全面发展的一代新人。这样的素质不是一朝一夕就能形成的,而良好的家庭教育正是培养高素质人才的必备条件。"

二、家长需要教育和培养

大文豪高尔基说:"爱孩子,这是母鸡也会的事。可是,要善于教育他们,这就是国家的一桩大事了,这需要有才能和渊博的生活知识。"[1]教育孩子、影响孩子是为人父母的本能;但是,教育孩子的能力却不是与生俱来的。这种能力是需要所有父母通过一定的学习才能得以提高的。"指导大纲"起草专家、上海社科院青少所所长杨雄教授表示,这份"指导大纲"的内容,从某种程度上来说,正是针对当前年轻父母在家庭教育中存在的"典型错误"来写的。"很多人认为家庭教育是无师自通的,这恰恰错了。"杨雄说。新编制的"指导大纲"传递的一个核心信息是,要让孩子接受到良好的家庭教育,家长首先要上课、要学习。

我国家庭教育虽然取得了很大进步,但仍然存在不少问题。首先,许多家长缺少科学的家庭教育理念。对于幼儿教育,一些家长认为孩子还小不需要学习太多的东西,不注重孩子智力的开发,将教育的任务完全托付给学校,没有抓住孩子成长发展的黄金时期,忽视了对孩子的早期教育。另外一部分家长认为早期家庭教育就是对孩子智力的开发,就是单一的智力教育,忽视了孩子的全面发展。还有些家长认为"孩子不能输在起跑线上",盲目地跟风给孩子报一些"兴趣班""学习班",不按照孩子的天赋、特性和兴趣加以引导和开发,往往会伤害孩子的心智,造成不良的后果。还有不少家长过于注重物质教育,他们认为,自己过去吃了太多的苦,现在物质生活条件好了,就盲目宠爱孩子,唯恐满足不了孩子的需求,这种片面重物质轻精神的状态容易导致孩子精神世界匮乏,形成不健康的价值观。

大多数家长已经能够意识到家庭教育的重要性,但是没有掌握和使用正确的家庭教育的方式方法,影响了家庭教育的效果和孩子的健康成长。可见,加强家庭教育指导是我国教育发展的迫切需要。

三、幼儿园家庭教育指导

我国2016年颁布的《幼儿园工作规程》第五十二条规定,幼儿园应当主动与幼儿家庭沟通合作,为家长提供科学育儿宣传指导,帮助家长创设良好的家庭教育环境,共同担负教育幼儿的任务。

幼儿园是专门的幼儿教育机构,拥有大批幼儿教育专业人员,幼儿园有责任、有能力开展家庭教育指导,这是幼儿教育发展的要求。

1. 幼儿园家庭教育指导的意义

（1）幼儿园家庭教育指导有利于提高家长的教育素质

不同的家庭背景、物质条件、家庭结构、家庭气氛、家庭关系和家庭教养方式对孩子身心发展有着不同的

---

[1] 高尔基.高尔基论青年[M].中国青年出版社,1956:6.

影响。家长的思想观念、文化素质、兴趣爱好、教育水平参差不齐，家庭教育的内容、方式方法各不相同，教育效果缺乏保证。而幼儿园是专门的教育机构，幼儿教师是专职的教育工作者，懂得儿童身心发展的特点和规律，掌握科学的幼儿教育方法，他们对孩子的教育是有目的、有计划和有组织的。在家庭教育指导的过程中，幼儿园通过向家长讲解幼儿教育的目标，可以帮助家长树立正确的培养目标；通过向家长说明家庭教育的作用，能增强家长教养孩子的责任感；通过向家长介绍幼儿身心发展的知识和培养举措，能端正家长的教养态度，提高家长的教育能力。

（2）幼儿园家庭教育指导有利于促进幼儿的健康成长

家庭和幼儿园是孩子成长的两个最重要的场所。家庭是幼儿成长的第一环境，父母不仅给予幼儿先天的遗传素质，而且还给幼儿生长发育提供了不可缺少的物质环境。儿童总是首先受到家庭环境的影响，人类最初的幼儿教育是家庭承担的，随着社会生产力的发展，这一任务才转移到幼儿园。家庭教育指导可以加强教师和家长之间的沟通，建立密切的合作关系，整合家庭和幼儿园的教育影响，提高家庭教育和幼儿园教育的水平，为幼儿健康成长提供良好的环境。

（3）幼儿园家庭教育指导有利于发挥教育整体功能

幼儿教育是极为复杂的一项系统工程，除了包括幼儿园教育之外，还包括家庭教育和社区教育，许多自然和社会因子都渗透其中，相互制约、影响。幼儿园对家长进行家庭教育的指导，能增强家长配合幼儿园教育的自觉性，实现家园同步同态，形成教育合力，充分发挥幼儿教育的整体作用，使幼儿教育的价值大于幼儿园教育与家庭教育二者价值的总和，促进幼儿教育的高效发展。我国著名的教育家陈鹤琴先生说过："幼稚教育是一种很复杂的事情，不是家庭一方面可以单独胜任的，也不是幼稚园一方面能单独胜任的，必须要两方面共同合作方能得到充分的功效。"①

2. 幼儿园家庭教育指导的目的和目标

（1）幼儿园家庭教育指导的目的

幼儿园家庭教育指导的根本目的是为了规范家长的教育行为。家长的教育行为主要是指父母在一定的教育观念的支配下，处理孩子的教育问题时，所表现出来的言语和行动。父母是孩子的第一任教师，父母的教育行为对幼儿的成长具有举足轻重的作用，因而对父母的教育行为进行规范就显得特别重要。原国家教委、全国妇联于1997年联合颁发了《家长教育行为规范（试行）》，要求家长做到以下10条：① 树立为国教子思想，自觉履行教育子女的职责；② 重在教子做人，提高子女思想道德水平，培养子女遵守社会公德习惯，增强子女法律意识和社会责任感；③ 关心子女的智力开发和科学文化学习，培养良好的学习习惯，要求要适当，方法要正确；④ 培养和训练子女的良好生活习惯，鼓励子女参加文娱体育和社会交往活动，促进子女身心的健康发展；⑤ 引导子女参加力所能及的家务劳动，支持子女参加社会公益劳动，培养子女的自理能力及劳动习惯；⑥ 爱护、关心、严格要求子女，不溺爱、不打骂、不歧视，保障子女的合法权益；⑦ 要举止文明、情趣健康、言行一致、敬业进取，各方面为子女做榜样；⑧ 保持家庭和睦，创建民主、平等、和谐的关系，形成良好的家庭教育环境；⑨ 学习和掌握教育子女的科学知识及方法，针对子女的年龄特征、个性特点实施教育；⑩ 要和学校、社会密切联系，互相配合，保持教育的一致性。

（2）幼儿园家庭教育指导的目标

幼儿园家庭教育指导的具体目标是提高家长的教育素质和家庭教育水平，促进幼儿全面和谐地发展。主要包括以下方面：① 帮助家长认识到幼儿园教育的性质、任务、目标、内容、途径、方法和手段，能与幼儿园教育配合，协调一致地教育孩子，提高幼儿园的教育质量；② 帮助家长获得教育孩子的基本知识和经验，掌握教育孩子的科学和艺术，增强教育孩子的能力，提高家庭教育的质量；③ 争取家长在经费、物质设施、人力上的

---

① 陈鹤琴.陈鹤琴教育文集下卷［M］.北京出版社，1983：9.

支持和援助，鼓励家长参与幼儿园的教育，献计献策，提高办园的整体水平。

3. 幼儿园家庭教育指导的任务

（1）引导家长树立正确的教育目标

幼儿园要大力宣讲家庭教育的重要性，使家长明确家庭是孩子的第一个教育场所，父母是孩子的首任教师，应担负起教育孩子的重任，树立为国教子的远大目标。福罗倍尔认为："国民的命运，与其说是操在掌权者手中，倒不如说是握在母亲手中。因此，我们必须努力启发母亲——人类的教育者。"

（2）帮助家长养成良好的教养态度

幼儿园要促使家长树立正确的儿童观和教养态度，认识到孩子是一个独立的个体，有自己的特点和需要，对他们既不能放任自流，也不能娇惯溺爱、独裁专制，而应讲究民主、平等，建立良好的亲子关系，形成新型家规。

（3）指导家长掌握科学的育儿方法

幼儿园要向家长传授保教孩子的基本知识，帮助家长掌握幼儿保健营养、心理教育的技能，学会运用正确的方法教养孩子。例如，可通过宣传橱窗，向家长介绍膳食指南，提醒家长在家庭生活中，注意多给孩子提供蔬菜、水果，使孩子均衡摄取鱼、肉、蛋、奶等各类食物，获得全面的营养。

（4）增强家长家园合作的意识

要使家长明白幼儿教育由家庭教育、幼儿园教育、社区教育三部分组成，只有三者协调一致，才能保证孩子的健康成长。2001年，教育部颁发的《幼儿园教育指导纲要（试行）》中指出："家庭是幼儿园重要的合作伙伴。应本着尊重、平等、合作的原则，争取家长的理解、支持和主动参与，并积极支持、帮助家长提高教育能力。"幼儿园和家庭作为幼儿生活中两个最重要的环境，它们对于幼儿的学习和发展的影响各具不同的特点，相辅相成，家园合作才能保证幼儿健康发展。

4. 幼儿园家庭教育指导的内容

（1）讲授现代儿童观和教育观

家庭是社会的基本单位，孩子不仅是父母的希望，更是祖国的未来。幼儿家庭教育对孩子的发展起着决定性作用。幼儿园教育无法替代家庭教育，幼儿园应帮助家长进行家庭教育，促进孩子健康成长。

（2）讲解幼儿身心发展的知识

幼儿期是人生发展的关键期，儿童各方面的发展水平对其今后的成长有着重大的影响。幼儿园要向家长讲解幼儿身心发展的一般规律和幼儿之间的个别差异，使家长具备必需的生理学、心理学等方面的知识，为教育孩子做好准备。例如，幼儿心理发展的基本特点是：感知觉逐渐完善，对生动、形象的事物和现象容易认识，对较复杂的空间、时间认识较差；观察的随意性水平较低，易受外界刺激的影响而转移观察的目标；注意很不稳定，对感兴趣的事物注意力较易集中，但时间不长；记忆带有很大的不随意和直观形象的特点；想象以再造想象为主，创造性想象正在发展；以具体形象思维为主，依赖生动的、鲜明的形象去认识和理解事物；语言迅速发展，语句以简单句为主，复合句为辅；情感容易激动、变化、外露、不稳定；在性格、兴趣、能力等方面也开始表现出个人特点。

（3）讲授家庭教育的具体内容

幼儿家庭教育的内容要能保证幼儿的全面发展，主要包括：

① 增进健康。幼儿园应要求家长注意培养孩子良好的生活卫生习惯、自我保护意识和参加室外活动的兴趣，以促进孩子的生长发育，提高孩子的健康水平。

② 开发智力。幼儿园应教育家长重视激发孩子的学习兴趣，培养孩子动脑、动手、动口的习惯，促进孩子智力发展。

③ 培养品德。幼儿园应要求家长注重培养孩子的爱心、良好的品德行为、活泼开朗的性格。

④ 提高美感。幼儿园还应提醒家长关心孩子感受美、表现美的情趣的发展，重视孩子创造美的能力的培养，使孩子成为外表美和内心美的和谐统一体。

（4）讲析家庭教育的原则

幼儿家庭教育的原则是父母对孩子进行教育时必须遵循的基本要求。

① 科学性原则。家长要用正确的价值观、科学的养育观对幼儿施加影响，使孩子能够朝着社会所期望的目标成长。

② 理智型原则。在家庭教育中，家长既要关心热爱孩子，又要严格要求孩子，做到情感与理智相结合，理性施爱，促进孩子的健康发展。在教育孩子的时候，家长要学会调节自己的情绪，克制没有意义的冲动，在教育孩子的过程中，不感情用事，不走极端，把消极因素化解为积极因素。同时，家长要客观分析孩子的需要，满足其合理的要求，拒绝不正当的要求，使孩子明辨是非，体验各种情感，不断进步。

③ 指导性原则。家长要承认孩子的主体地位，尊重孩子的独立人格，调动孩子的积极性、主动性和自觉性，给孩子恰如其分的指导，重视孩子的自我教育。

④ 渐进性原则。家长要循序渐进地对孩子实施影响，由浅入深，从易到难，逐步提高对孩子的要求，让孩子不断体验成功的快乐，最终达到身心健康发展的目标。家长对孩子提出的要求，应是孩子经过自己的努力能够达到的，符合孩子的心理承受能力，既不能要求过高，以免孩子无法实现，失去信心，也不能过低，以免孩子失去努力的动力。家长对孩子提出的要求要层层递进，螺旋上升，引导孩子不断进步。

⑤ 一致性原则。在家庭教育中，家长应把来自各方面的教育影响加以协调，使教育内容与要求、手段与方法等能协调一致，保证孩子的健康发展。

（5）讲解家庭教育的主要方法

家庭教育方法是家长采取的各种教育手段，只有灵活机动地加以选择和运用适当的教育方法，才能保证家庭教育的成功。

① 讲解说理法。家长对孩子摆事实，讲道理，提高孩子的认识，帮助孩子形成正确的观点。

② 榜样示范法。家长为孩子树立各种正面榜样，让孩子进行模仿，引导孩子积极向上。幼儿园应要求家长不仅用伟人典范、同伴范例来激励、教育孩子，而且还要利用父母自身的榜样来启发、感染孩子，以身示教。

③ 实践活动法。家长有计划地组织各种活动，让孩子接受实际锻炼，养成良好的品德行为习惯。

④ 陶冶感染法。家长通过创设有意义、有趣的环境，对孩子进行感染、熏陶，寓教于情境之中。

⑤ 奖惩法。家长对孩子的好思想、好行为做出肯定评价，以激励孩子的发展。对孩子的不良言行做出否定评价，以纠正孩子的缺点错误。

（6）介绍幼儿园教育情况和孩子的在园表现

幼儿园要向家长介绍幼儿园教育的性质、目标、任务、内容、途径、方法和手段，使家长对幼儿园教育有全面、深入的了解。幼儿园还要向家长介绍孩子在园的情况，包括孩子身体、智力、品行、美感等方面，帮助家长全面、客观地了解孩子的幼儿园生活。

（7）引导家长加强家园合作

提高家长的教育素养，引导家长加强与幼儿园的联系与合作，保证家庭教育与幼儿园教育协调一致，以提高幼儿教育的质量。

5. 幼儿园家庭教育指导的原则

（1）方向性原则

家庭教育是国民教育的重要组成部分，幼儿园在指导家庭教育时，要坚持社会主义方向性。家庭教育必须同国家教育方针、幼儿教育法规的精神相一致，对孩子进行德智体美全面发展的教育，使孩子身心健康活泼地成长，培养社会主义新中国的一代新人。

贯彻这一原则，应给家长讲一些浅显易懂的道理和研究成果，使家长意识到家庭教育对于孩子成长和国家发展的重要性。

（2）科学性原则

家庭教育指导要传递科学的家庭教育的理念和内容，以帮助家长科学地进行家庭教育。应该重视把国内外幼儿教育的研究成果介绍给家长，如关键期理论。关键期理论由奥地利著名的生物学家昆拉多·洛伦兹博士发现。所谓人类心理发展关键期理论是指：人类的某种行为、技能和知识的掌握，在某个特定的时期发展最快，最容易受环境影响。如果在这个时期施以正确的教育，可以收到事半功倍的效果；而一旦错过这一时期，就需要花费很多倍的努力才能弥补，或者将可能永远无法弥补。1935 年，洛伦兹首先发现，小鹅在刚孵化出来后的几个到十几个小时之内，会有明显的认母行为。它追随第一次见到的活动物体，把它当成母亲而跟着走。如果小鹅第一眼见到的是鹅妈妈，它就跟着鹅妈妈走；如果第一眼见到的是洛伦兹，就把她当成母亲，跟着她走；而当它第一眼见到的是跳动的气球时，它会跟着气球走，把它也当成母亲。然而，如果在出生后的 20 小时内不让小鹅接触到活动物体，那么过了一两天后，不管是货真价实的鹅妈妈还是洛伦兹自己，无论再怎样努力与小鹅接触，小鹅都不会跟随，更不会认母。这说明，小鹅的认母行为能力丧失了。洛伦兹把这种无须强化的、在一定时期容易形成的反应叫做铭记（Imprinting）现象，把铭记现象发生的时期叫做发展关键期。后来的许多研究发现，不仅是认母行为的发生具有关键期，其他的许多行为能力都有类似的关键期现象。这种关键期现象，几乎所有的哺乳动物都有，并且在人类身上也存在类似现象。2 岁半左右，是幼儿计数能力开始萌芽的关键期；3 岁左右，是幼儿开始学习自我约束，建立规则意识的关键期；3 岁半左右，是幼儿动手能力开始发展成熟的关键期，也是幼儿独立性开始建立的关键期和幼儿注意力发展的关键期；3～4 岁，是幼儿初级观察能力开始形成的关键期；3～5 岁，是幼儿音乐能力开始萌芽的关键期；4 岁左右，是幼儿开始学习外语口语的关键期；4 岁半左右，是幼儿开始对知识学习产生直接兴趣的关键期；5 岁左右，是幼儿学习与生活观念开始掌握的关键期，也是幼儿掌握数概念，进行抽象运算以及综合数学能力开始形成的关键期；5 岁半左右，是幼儿抽象逻辑思维开始萌芽的关键期，是幼儿掌握语法，理解抽象词汇以及综合语言能力开始形成的关键期，是幼儿悟性开始萌芽的关键期，也是幼儿学习心态、学习习惯以及学习成功感开始产生的关键期；6 岁左右，是幼儿社会组织能力开始形成的关键期，是幼儿创造性开始成熟的关键期，是幼儿观察能力开始成熟关键期，也是幼儿超常能力结构开始建构并开始快速发展语言的关键期；6～8 岁左右，是幼儿开始学习外语书面语言的关键期。

家庭教育指导要采取科学的方式方法，才能收到好的效果。家长不是专门的教育人员，而且不同家长性格各异，文化素养千差万别。对家长进行指导时，内容要深入浅出，方法要生动有趣，操作性强，寓教于乐，使家长在轻松愉快的氛围里，掌握家庭教育的知识，提高家庭教育的技能。在互联网时代，可以利用现代化教育手段，提高学习效果。

（3）尊重性原则

在指导家庭教育时，幼儿园要尊重家长，平等对待各类家长，尤其是各方面发展暂时落后的幼儿的家长，并引导家长在家庭里建立民主平等的亲子关系。

执行这一原则，首先要尊重家长作为教育者的主体地位和人格尊严。不能把家长仅仅看作是教育的对象，或者是教师的助手，要真正把家长当作平等的合作伙伴。家长是幼儿的第一任教师，也是幼儿法定的监护人。他们有权了解幼儿园教育的情况，有权知道幼儿在园的生活与学习的情况，参与幼儿园教育工作。

同时，要平等对待自身条件不同的家长。不论家长从事什么样的职业，社会地位高低，经济条件如何，具有什么样的文化程度，都要一视同仁，相互学习，共同进步。

其次，要注意尊重孩子情况不同的每个家长。不论幼儿的相貌如何，是长得漂亮，还是不好看；不论幼儿的身心发展水平如何，是聪明伶俐，还是反应较迟钝；不论幼儿遵守纪律，还是不遵守纪律，都要尊重他们的家长。特别对发展暂时落后幼儿的家长，应给予更多的尊重，努力和他们一起激发孩子的上进心。对喜欢提意见的家长，不能嫌麻烦，要认真听取他们的意见，感谢他们对幼儿园教育的参与。

（4）协调性原则

幼儿园在进行家庭教育指导中，要经常和家长交流情况，相互沟通，互通有无，协调配合，形成教育的合力。

在遵循这条原则时，幼儿园要及时把幼儿各方面的情况反馈给家长，争取家长的合作。例如，可把孩子在园的一些突出表现、异常行为通过家园联系册、家访等方式，及时传递给家长，使家长对孩子的成绩和问题做到心中有数，加强彼此间的交流沟通，调动家长的教育积极性。

同时，幼儿园应要求家长及时把孩子在家里的表现反馈给幼儿园，以强化孩子的良好言行，克服孩子的不良言行，保证家庭教育和幼儿园教育的一致性和互补性。

6. 幼儿园家庭教育指导形式

幼儿园要因地制宜，采取多样化的指导形式，对家长进行家庭教育指导，提高家庭教育指导的效果，促进幼儿的健康发展。

（1）家长学校

家长学校是对在家庭里承担抚养教育幼儿责任的父母和其他长者进行系统教育和训练的学校。

幼儿园举办的家长学校，通常会聘请儿童保健专家、幼儿心理专家、幼儿教育专家等专业人员，有目的、有计划地向家长传授保育、教育幼儿方面的知识和技能。为使家长学校规范化、制度化，幼儿园可聘请当地德高望重的人来担任家长家校的名誉校长，建立家长代表、幼儿园保教人员和社区有关领导三结合的校务委员会，主任一般由园长担任，家长代表是主体；校务委员会各成员分工负责，各司其职；每学期召开两到三次校务会议，制定活动计划，安排活动内容，选择活动形式等。

家长学校可以是定期的讲课，也可以是不定期的活动；可以用讲座的形式来进行，也可以用科学育儿报告会的形式来进行；可以分年龄班来举办，也可以按兴趣特长班来施行等。家长学校的教育内容要根据家庭教育的需要和家长的现状来确定。如：针对"幼儿入园分离焦虑"开设专题讲座。主要内容如下：① 分离焦虑是指婴幼儿与母亲或照顾自己的熟悉的人分离时，面对陌生的环境所产生的紧张情绪和不安的行为。幼儿入园初期出现的各种不良情绪，诸如哭闹、拒食、拒睡、食欲变化、睡眠结构紊乱、排便习惯改变、伺机出逃、时刻跟着某个人、坐立不安、不断重复同一要求、呆坐且默默不语等，都属于"分离焦虑"的表现。② 在入园适应过程中，幼儿的分离焦虑通常经历主动抗议—失望—希冀与寻找新的满足三个发展阶段。分离焦虑状态持续的时间长短，幼儿之间有个体差异。幼儿如过去有过入托或寄养经验，则分离焦虑状态持续时间短；如过去一直主要由父母或家人带，则分离焦虑状态持续时间长。年龄越小，生活能力越差，对成人的依赖、依恋越强，越难适应幼儿园的生活，分离焦虑状态持续时间越长。③ 严重的"分离焦虑"会影响孩子的身心健康，如幼儿出现抵抗力下降、频繁感冒等情况。④ "分离焦虑"是幼儿面对陌生环境的自然反应，不能把这些表现当作幼儿在行为习惯上的问题，或者熟视无睹让幼儿"自然适应"。通过家庭与幼儿园的共同努力，可以帮助幼儿减轻分离焦虑带来的痛苦，缩短不适应的时间，使幼儿更好更快地适应新的生活，对幼儿园生活产生积极的感受。

（2）家长委员会

2016 年，《幼儿园工作规程》第五十四条规定，幼儿园应当成立家长委员会。家长委员会的主要任务是：对幼儿园重要决策和事关幼儿切身利益的事项提出意见和建议；发挥家长的专业和资源优势，支持幼儿园保育

165

教育工作；帮助家长了解幼儿园工作计划和要求，协助幼儿园开展家庭教育指导和交流。

家长委员会由被推选的家长组成，由园长任主任，一名家长任副主任，任期一年，可连任。家长委员会定期开会，每学期至少开一次。家长委员会要坚持民主、平等、公开公正的原则开展好各项工作。家长委员会在幼儿园园长指导下工作，制订活动计划，总结活动效果，并向家长汇报。

（3）家长会议

家长会议是幼儿园对家长进行集体指导的重要形式。

家长会议一般定期召开，在开学前、学前中、学期末进行。① 开学前的家长会议。在开学前2周左右召开，向新入园幼儿的家长介绍幼儿园的生活常规、教育任务、内容及形式、方法；讲解孩子入园时可能会出现的一些问题，帮助家长做好孩子的入园准备工作。入园前，家长要培养幼儿最基本的生活自理能力。首先逐渐调整孩子的生物钟，使孩子的作息时间与幼儿园的作息时间相吻合。同时，让孩子参与整理自己的衣服、物品，给孩子做主和选择的机会。帮助幼儿学做一些简单的自我服务，如吃饭、盥洗、穿脱衣服、独立入睡等。② 学期中的家长会议。在每学期的中间时段，向家长通报开学以来，幼儿园开展的教育工作，孩子们取得的进步和存在的问题；以及下半学期的工作重点，将要开展的主要活动，需要家长合作的事项等。③ 学期末的家长会议。在学期结束时举行家长会，向家长汇报整个学期，特别是后半学期幼儿园的工作，对支持幼儿园工作的家长表示感谢，对重视家庭教育的家长进行表扬。

从家长参会形式上，家长会议分为全园家长会、班级家长会、小组家长会。① 全园家长会。由园长、家长委员、教师代表共同策划举行，全园幼儿家长都来参加，讨论幼儿园的发展规划、学期工作计划、规章制度、重大的活动等，每学期召开一次左右。② 班级家长会。以班级为单位，由本班教师负责召集全班幼儿家长开会，讨论的议题多种多样，教师可把每个幼儿各方面发展的情况插入到各个议题之中，点名表扬发展好的幼儿及家长，不点名地批评幼儿身上的一些不良现象，请家长帮助纠正。③ 小组家长会。把全园或全班家长按一定标准，分成若干个小组，举行会议，以利于取得更好的指导效果。例如，按孩子的发展水平分组，按孩子的兴趣爱好或特长分组等。小组家长会议开会人数不多，话题集中，大家都有发言的机会，能各抒己见，畅所欲言，效果良好。

（4）家长开放日

家长开放日是指幼儿园向家长开放班级一日或半日教育教学活动，让家长了解幼儿园教育教学的内容与方法，以及自己孩子在幼儿园的表现，从而从实践方面对家长进行指导的形式。

家长开放日是教师与家长在同一时间和空间范围内共同观察和了解幼儿的平台。家长通过活动可以增加对幼儿园教育工作的感性认识，体会教师工作的艰辛，尊重教师的劳动；可以获得更丰富和更自然真实的幼儿发展信息，从不同方面了解自己的孩子，发现孩子的优缺点，看到孩子与同伴的差距，从而能使家庭教育更有针对性，促进家庭教育的发展。

为了保证家长开放日的效果，幼儿园要注意：

活动前准备充分。给家长发一份解说性的邀请函，将活动的时间、地点、内容、目的、家长参与的态度和行为、评价的标准和体系等加以说明，让家长有备而来，有目的地参与，以提高开放日的效率。

在具体的家长开放日活动中，设置便于家长参与的教学内容和方法，提高家长参与度。比如：晨间体锻时设计适合孩子和家长一起参加的亲子运动项目，提高家长对游戏价值的认识和游戏指导能力；集体教学活动中设计可以让家长参与的科学探索活动，家长与孩子一起进行研究型学习；在参观活动或者社会实践类活动中，让家长和孩子一起来当志愿者，等等。

和孩子一起准备，让孩子成为活动的小主人。让孩子事先知道将要开展的活动，因为孩子也有知情权。或许在很多幼儿园会出现这样的情况：老师们确实在开家长活动前会把这事儿告诉孩子，同时还不忘叮嘱："明天爸爸妈妈要来看你们，要乖一点哦！""表现好的话会怎样怎样"，等等。其实这样做，孩子反而会有压力，应该让孩子知道爸爸妈妈来园和他们一起活动、一起游戏，是一件非常快乐的事情，和他们商量作为班级的小主人，如何让爸爸妈妈和他们一起度过愉快的开放日。

在开放日活动后，幼儿园教师和家长要进行座谈，及时交流和讨论。通过座谈，幼儿园既可向家长渗透先进的教育理念，传递前沿的教育信息，也可从家长那里更多地了解幼儿在家的表现，以及对开放日活动的意见和建议，从而更好地实现家园的沟通与合作。

（5）家长园地

幼儿园设置宣传栏、黑板报、展览厅，展示对家长有益的教育书刊和资料；书写家庭教育的相关知识，如：儿童身体与心理的发展、家庭营养知识、家庭教育方法以及新的教育观念与实践等；也可以展示幼儿园近期的教育活动或重大活动、孩子的作品等。当然，也可以给家长留一点篇幅，供家长谈心得体会、提意见或建议等。家长可以根据自己孩子的特点和实际情况，有选择地观看和学习。另外，家长园地要注意定期更新。

（6）接送时交谈与家访

这是一种以询问、谈话为主要方式的个别交流形式，主要目的是让家长了解孩子在幼儿园的学习生活表现，让教师了解幼儿在家庭里的行为表现以及所处的家庭环境，加强沟通、交流经验，共同促进幼儿发展。在日常接送孩子过程中的交谈可以简短些，交谈内容可以是孩子日常的行为表现，也可以是家长在家庭教育中遇到的问题、困难，当然也包括成功的经验。家访是指针对幼儿的实际，教师上门了解幼儿与家庭的情况，以便有针对性地实施教育。家访分为幼儿入园前的家访和幼儿入园后的家访两种。家访要事先与家长约定时间，每次家访之前，保教人员应做好充分的准备，拟好家访的计划，确定家访的目的、内容、谈话方式，预设家长的反应态度和可能提出的问题，保证家访的顺利进行。

（7）家庭教育咨询

家庭教育咨询是帮助家长释疑解惑的有效途径，其形式有个别咨询、团体咨询、电话咨询、现场咨询等。幼儿园在进行家庭教育咨询时，可请有经验的教师或专业人员，专门接待帮助家长分析孩子存在的各种问题，提出教育上的建议。

家庭教育咨询应建立档案，把家长提出的问题、教师的指导建议等方面的信息记录在档，以保存原始的资料；对家长接受过咨询建议的幼儿进行跟踪调查，了解这些教育建议的效果和幼儿的发展情况，以提高家庭教育咨询的效果。咨询档案一般应包括以下几个方面的内容：咨询人、咨询问题、咨询时间、咨询地点、解决问题的人、解决问题的办法、教育效果等。

（8）家园联系册

家园联系册是一种书面形式的个别交流方式，也是一种日常性家庭教育指导形式。家园联系册具有连续性，可以保存，也可以不定期地往返于家校之间。家园联系册因内容不同有所区别。一种是由教师根据幼儿在园情况、家长根据幼儿在家情况而撰写的，内容可以因每个幼儿的具体情况而有差异；另一种家园联系册的内容是固定的，有的甚至是用项目的方式呈现的，如生活卫生习惯、动作发展、学习能力、语言发展、行为习惯等，教师或家长只需在上面打钩即可。前者较为自由，适合阶段性的专题联系；后者更全面一些，适合经常性周期使用，其内容一般包括幼儿的表现与教师或家长的建议。

（9）家庭教育经验交流会

家庭教育经验交流会是幼儿园通过推广家庭教育方面典型的好经验和好方法，来指导家庭教育的一种重要形式。榜样的力量是巨大的，用家长去教育家长、指导家长，会使家长觉得真实可靠，易学易效仿。有些家长教子有方，在家庭教育实践中积累了许多宝贵的经验，他们就是潜在的教育资源，幼儿园应充分发挥他们在家庭教育指导中的作用，通过他们的言传身教，来带动更多的家长，提高家庭教育的质量。

家庭教育经验交流会，人数不宜过多，可以班级为单位，也可以小组为单位来进行，还可以邀请非本园的

167

幼儿家长报告典型成功教育经验。

拓展阅读：幼儿园与家庭、社区合作共育

一、英国的家、园和社区合作共育

1. 政府政策扶持

"确保开端"计划。"确保开端"计划（1997）项目是英国政府为了保障教育公平和教育质量颁发的一项政策，它以社区为依托，将家、园和社区的力量有效性组合。政府通过投入大量的物力和人力，扩大与家庭和社区合作，实现保教一体化，让所有儿童的生命都有一个良好的开端。

"国家儿童照料"战略。为了改善学前教育服务质量和为家庭提供更广泛的支持，英国政府推出了"国家儿童照料"战略。财政投资80亿英镑以扩展和改善为年幼儿童和家庭提供的照料服务。每个地区还建立了儿童早期发展和照料的合作协作组织。政府为了帮助各家长迅速快捷地获取关于托儿服务的资源信息，建立起托儿照料服务系统网络。

教育行动区计划。英国政府为提高教育薄弱地区的教育质量，于1998年秋批准成立第一批"教育行动区"计划。其中一项重要改革措施即"家庭行动计划"。该计划首要任务是如何吸引家长的积极参与和提高家长的文化教育能力。然后在经常参加学校事务的家长中招聘一部分来作为该计划的工作人员，由他们负责联系学校与家长，并配合学校开展其他相关活动。同时，与该地区的其他教育学院相联合，为家长开设教学课程，提高家长教育能力。

2. 法律体制的保障

1972年12月，英国发表了名为《教育：扩展的架构》的教育白皮书，书中提出要对各方面积极性进行调动，主要依靠当地的教育行政当局的周密规划，和自由团体、家长、教师的大力协助，加强学校和父母与儿童之间的沟通。

1988年颁布的《教育改革法》规定了学前教育机构所处的管理组织必须要有家长代表，为了提高家长的教育水平，地方教育机构务必要为家长开展培训课程。这些法律政策，从法律上保证了父母更多地参与学前教育机构的管理和儿童的学习。

3. 多样化的学前教育机构

多样化的学前教育机构提供了多种家园合作形式。英国学前教育机构具有多样性，其自身提供服务时间的可选性和灵活性，是世界上大部分国家地区都无法比拟的。英国学前教育机构主要有以下几种：幼儿学校（班）、托儿所（包括日间托儿所和寄宿托儿所）、日托中心全年开放、联合托儿中心、家庭开办的保育机构、学前教育中心、学前游戏小组等。不同经济基础、不同需求的儿童和家长可以根据需要，自由选择学前教学机构。

对于学前教育组织来说，让家长参与其中为组织增加了教育资源，分担了教师的管理和教育的责任。对于家长而言，在配合幼儿园的教育的同时也了解到幼儿园针对幼儿设立的教育目标、相关的教育任务和幼儿园的教育特点以及儿童在幼儿园的日常表现，这样的形式对幼儿的健康发展具有重要意义，并且还会逐步影响家长自身发展，提升和转变家长目前和将来对子女的教育观念和行为。

二、美国的家、园和社区合作共育

1. 政府法案的制度保障与支持

克林顿总统上台后，在1994年3月底提出了《目标：2000年美国教育法》，此法案是美国政府第一次对教育制定全国性的教育标准，方案推动了国家教育改革政策的实施。法案提出了八项全国教育目标，其中第一项是：所有美国儿童都要有良好的学前准备。这项方案规定了家长的职责，家长应成为幼儿的首任教师，为幼儿入学做好准备，同时也规定了教育机构要与家长建立伙伴关系，共同促进孩子社交、情感与学业的成长。这部法令的颁布明确提出家长对教育的参与，明确了家长角色的转变，家长不再仅仅是学前教育服务的享受者，更是学前教育的参与者。

受到全国教育改革的影响，2002 年美国颁布了《不让一个儿童落后法》，明确要求美国各州都需要制定相应的幼儿教育目标。如今，在美国的 50 个州中，已经有 46 个州建立了对应的幼儿教育目标。同时，明文规定凡是接受联邦教育资助的学校，都需要有一项书面的家长介入政策，该政策包括了家长与学校之间合作的各项条款，规定了学校必须和家长共同制订培养儿童的可实施计划，学校与家长要达成共识。正式提出建立家长信息和资源中心，满足家长的需求。这一法令进一步明确了家长参与幼儿教育的责任和义务，以及学校主动接受家长教育资源的要求。

此外，美国还颁布了《家长法案》，法案中细致说明了家长参与学校教育决策与实施的权利和义务，这也为家长参与学校（幼儿园）教育提供了法律依据。

2. 民间机构的参与与监督

美国家、园和社区的稳定和谐关系的建立，民间组织和机构发挥了巨大作用。如：全美幼儿教育协会。该协会于 1984 年颁布了《高质量早期教育标准》，明确指出："幼儿与家庭关系密切，唯有认识到家庭对孩子发展的重要性，并与家长有效合作，共商教育对策，才能使教育适应孩子的需要。"并将家园关系列为衡量早期教育标准的重要方面，提出了家长工作的目标、指导思想，以及搞好家园合作的七项具体要求。这一标准是目前美国评定幼儿教育机构质量的主要依据，该项标准也促进了家、园和社区关系的建立。

此外，美国的家长教师协会为实现 "强烈声援所有儿童" "为家庭与社区提供相关资源" 的使命，家长教师协会制定了《家庭与学校合作的国家标准》，关注"家长、学校与社区能共同做什么"，明确了三方的责任和参与方式，并起到了一定的监督和督促的作用，也极大地提高了家园以及社区的合作效率。

3. 教育项目的实施与推动

美国联邦政府自 1964 年起正式实施提前开端计划。由政府出资向广大低收入家庭的 3～5 岁儿童提供教育、营养与保健服务，对贫困家庭的幼儿实施免费的文化教育。该计划强调家长对儿童的发展具有重要意义，要求受资助幼儿园必须积极帮助家长提高教育水平，组织家长参与儿童教育过程，以充分发挥家长的作用，形成家园密切合作，共同教育儿童的格局。

课后习题

1. 简述幼儿园家庭教育指导的目的和目标。
2. 简述幼儿园家庭教育指导的任务。
3. 简述幼儿园家庭教育指导的内容。
4. 简述幼儿园家庭教育指导的原则。
5. 简述幼儿园家庭教育指导的形式。

我的说说

附录原文

《全国家庭教育指导大纲》[①]

为了深入贯彻落实《中共中央国务院关于进一步加强和改进未成年人思想道德建设的若干意见》，提高全国家庭教育总体水平，促进儿童全面健康发展，依据《中华人民共和国未成年人保护法》《中华人民共和国义务教育法》《中华人民共和国母婴保健法》《中华人民共和国预防未成年人犯罪法》等法律法规，特制定《全国家庭教育指导大纲》（以下简称"大纲"）。

一、适用范围

"大纲"适用于各级各类家庭教育指导机构和相关职能部门、社会团体、宣传媒体等组织对新婚夫妇、孕妇、18岁以下儿童的家长或监护人开展的家庭教育指导行为。

二、指导原则

家庭教育指导应注重科学性、针对性和适用性。一是坚持"儿童为本"原则。家庭教育指导应尊重儿童身心发展规律，尊重儿童合理需要与个性，创设适合儿童成长的必要条件和生活情景，保护儿童的合法权益，特别关注女孩的合法权益，促进儿童自然发展、全面发展、充分发展。二是坚持"家长主体"原则。指导者应确立为家长服务的观念，了解不同类型家庭之家长需求，尊重家长愿望，调动家长参与的积极性，重视发挥父母双方在指导过程中的主体作用和影响，指导家长确立责任意识，不断学习、掌握有关家庭教育的知识，提高自身修养，为子女树立榜样，为其健康成长提供必要条件。三是坚持"多向互动"原则。家庭教育指导应建立指导者与家长、儿童，家长与家长，家庭之间，家校之间的互动，努力形成相互学习、相互尊重、相互促进的环境与条件。

三、家庭教育指导内容及要求

（一）新婚期及孕期的家庭教育指导

1. 家庭教育指导重点

新婚期及孕期的家庭教育指导主要是引导夫妇共同做好优生优育优教的知识准备，并为新生命的诞生做好心理准备和物质准备。

2. 家庭教育指导内容要点

（1）重视婚检、孕前检查和优生指导，提高出生人口素质。鼓励新婚夫妇主动参与婚前医学健康检查，选择适宜的受孕年龄和季节，并注意形成良好的生活习惯，鼓励计划怀孕夫妇在怀孕前参加健康教育、健康检查、风险评估、咨询指导等专项服务。对于大龄孕妇、有致畸因素接触史的孕妇、怀孕后有疾病的孕妇以及具有其他不利优生因素的孕妇，督促其做好产前医学健康咨询及诊断。对于不孕不育者，引导其科学诊断、对症治疗，并给予心理辅导。

（2）关注孕期保健，孕育健康胎儿。指导孕妇掌握优生优育知识，配合医院进行孕期筛查和产前诊断，做到早发现、早干预；避免烟酒、农药、化肥、辐射等化学物理致畸因素，预防病毒、寄生虫等致畸因素的影响；科学地增加营养、合理作息、适度运动，进行心理调适，促进胎儿健康发育。

（3）做好相应准备，迎接新生命降临。指导准家长做好新生儿出生的相应准备，学习育儿的方法和技巧，购置儿童生活必备用品和保障母婴健康的基本卫生用品，营造安全温馨的家庭环境。

（4）提倡自然分娩，保障母婴健康。加大宣传力度，指导孕妇认识自然分娩的益处，认真做好孕妇产前医学检查，并协助舒缓临盆孕妇的焦虑心理。

（二）0～3岁年龄段的家庭教育指导

1. 0～3岁儿童的身心发展特点

婴幼儿期即从出生到大约3岁，是个体神经系统结构发展的重要时期，儿童身高和体重均有显著增长；遵循由头至脚、由中心至外围、由大动作至小动作的发展原则，逐渐掌握人类行为的基本动作；语言迅速发展；

---

① 全国妇联教育部.全国家庭教育指导大纲［S］.妇字〔2010〕6号,2010.

表现出一定的交往倾向，乐于探索周围世界；逐步建立亲子依恋关系。

2. 家庭教育指导内容要点

（1）提倡母乳喂养，增强婴儿免疫力。指导乳母加强乳房保健，在产后尽早用正确的方法哺乳；在睡眠、情绪和健康等方面保持良好状态，科学饮食，增加营养；在母乳不充分的阶段采取科学的混合喂养方法，适时添加辅食。

（2）鼓励主动学习，掌握儿童日常养育和照料的科学方法。指导家长按时为儿童预防接种，培养儿童健康的卫生习惯，注意科学的饮食调配；及早对孩子进行发展干预，让孩子多看、多听、多运动、多抚触，带领儿童开展适当的运动、游戏，增强儿童体质；了解儿童成长阶段的特点和表现，学会倾听、分辨儿童的"语言"，安抚儿童的情绪；学会了解儿童的发病征兆及应对方法，掌握病后护理常识。

（3）设定生活规则，养成儿童良好的生活行为习惯。指导家长了解婴幼儿成长的规律及特点，为儿童设定日常生活规则，并按照规则指导儿童的日常生活行为；重视发挥父亲的角色作用，利用生活场景进行随机教育；指导家长采用鼓励、表扬等正面强化教育措施，塑造儿童的健康生活方式。

（4）加强感知训练，提高儿童感官能力，预防儿童伤害。指导家长创设儿童自如爬行、充分活动的独立空间与条件，随时、充分地利用日常生活中的真实物品和现象，挖掘其内含的教育价值，让儿童在爬行、观察、听闻、触摸等训练过程中获得各种感官活动的经验，促进儿童的感官发展。同时要加强家庭保护，防止意外伤害发生。

（5）关注儿童需求，激发儿童想象力和好奇心。指导家长为儿童提供抓握、把玩、涂鸦、拆卸等活动的设施、工具和材料；用亲子游戏的形式发展儿童双手协调、手眼协调等精细动作；用心欣赏儿童的行为和作品并给予鼓励，分享儿童的快乐，促进儿童直觉动作思维发展，满足儿童好奇、好玩的认知需要。

（6）提供言语示范，促进儿童语言能力发展。指导家长为儿童创设宽松愉快的语言环境；提高自身口语素养，为儿童提供良好的言语示范；为儿童的语言学习和模仿提供丰富的物质材料，运用多种方法鼓励儿童多开口；积极回应儿童的言语需求，鼓励儿童之间的模仿和交流。

（7）加强亲子沟通，养成儿童良好情绪。指导家长关注、尊重、理解儿童的情绪，多给予儿童鼓励和支持；学习亲子沟通的技巧，以民主、平等、开放的姿态与儿童沟通；客观了解和合理对待儿童过度的情绪化行为，有针对性地实施适合儿童个性的教养策略。培养良好的亲子依恋关系。

（8）帮助儿童适应幼儿园生活。入园前，指导家长有意识地养成儿童自理能力、听从指令并遵循简单规则的能力等。入园后，指导家长积极了解儿童对幼儿园的适应情况，在儿童出现不良情绪时通过耐心沟通与疏导来稳定儿童的情绪，分析入园不适应的原因，正确面对分离焦虑。

（三）4～6岁年龄段的家庭教育指导

1. 4～6岁儿童的身心发展特点

4～6岁是儿童身心快速发展时期，具体表现在：儿童的身高、体重、大脑、神经、动作技能等方面获得长足的进步；大肌肉的发展已能保证儿童从事各种简单活动；儿童直觉行动思维相当熟练，并逐渐掌握具体形象思维；儿童词汇量迅速增长，基本掌握各种语法结构；儿童开始表现出一定兴趣、爱好、脾气等个性倾向以及与同伴一起玩耍的倾向。

2. 家庭教育指导内容要点

（1）加强儿童营养保健和体育锻炼。指导家长带领儿童积极开展体育锻炼；根据儿童的个人特点，寻找科学合理而又能为儿童接受的膳食方式；科学搭配儿童饮食，做到营养均衡、种类多样、比例适当、饮食定量、调配得当；不断学习关于儿童营养的新理念、新知识。

（2）培养儿童良好的生活和卫生习惯。指导家长与儿童一起制定儿童的家庭生活作息制度；积极运用奖励与忽视并行的方式纠正并消除儿童不良的行为方式与癖好；定期带领儿童进行健康检查。

（3）抓好安全教育，减少儿童意外伤害。指导家长提高安全意识，尽可能消除居室和周边环境中的伤害性因素；以良好的榜样影响、教育、启迪儿童；结合儿童的生活和学习，在共同参与的过程中对儿童实施安全教育，提高儿童的生命意识；重视儿童的体能素质，通过活动提高其自我保护能力。

171

（4）培养儿童良好的人际交往能力。指导家长关注儿童日常交往行为，对儿童的交往态度、行为和技巧及时提供帮助和辅导；注意培养儿童多方面的兴趣、爱好和特长，增强儿童交往的自信心；开展角色扮演游戏，帮助儿童在家中练习社交技巧，并积极为儿童创造与同伴交往的机会，培养儿童乐于与人交往的习惯和品质。

（5）增强儿童社会适应性，培养儿童抗挫折能力。指导家长鼓励儿童以开放的心态充分展示自己，同时树立面对挫折的良好榜样；充分利用传播媒介，引导儿童学习面对挫折的方法；适时、适宜地在儿童成长过程中创设面对变化与应对挫折的生活情境与锻炼机会；在儿童遇到困难时以鼓励、疏导的方式给孩子以必要的帮助与支持。

（6）丰富儿童感性知识，激发儿童早期智能。指导家长带领儿童关心周围事物及现象，多开展户外活动，以开阔儿童的眼界，丰富儿童的感性知识；灵活采用个别化教育手段，有针对性地鼓励儿童积极活动、主动参与、积累经验、发展潜能；改变传统的灌输、说教方式，以开放互动的方式让儿童在玩中学、在操作中探索、在游戏中成长。

（四）7～12岁年龄段的家庭教育指导

1. 7～12岁儿童的身心发展特点

7～12岁是整个儿童期十分重要的发展阶段。该阶段的儿童身心发展特点主要体现在：儿童身高和体重处于比较迅速的发展阶段；外部器官有了较快发展，但感知能力还不够完善；儿童处于从以具体的形象思维为主向抽象的逻辑思维过渡阶段；情绪情感方面表现得比较外显。

2. 家庭教育指导内容要点

（1）做好儿童健康监测，预防常见疾病发生。指导家长科学安排儿童的饮食，引导儿童养成健康的饮食习惯；培养儿童良好的卫生习惯和作息习惯；为儿童提供良好的学习环境，注意用眼卫生并定期检查视力；督促儿童坚持开展体育锻炼，积极配合卫生部门定期做好儿童健康监测。

（2）将生命教育纳入生活实践之中。指导家长带领儿童认识自然界的生命现象，帮助儿童建立热爱生命、珍惜生命、呵护生命的意识；抓住日常生活事件增长儿童居家出行的自我保护知识及基本的生命自救技能。

（3）培养儿童基本生活自理能力。指导家长重视养成教育，防止因为溺爱造成孩子的依赖性，注重儿童生活自理意识的培养；创设家庭环境，坚持从细微处入手，以激励教育为主，提高儿童的生活自理能力，养成生活自理的习惯。

（4）培养儿童的劳动观念和适度花费习惯。指导家长教授儿童一定的劳动技巧，给儿童创造劳动的机会，培养儿童劳动的热情；鼓励儿童参与家庭财务预算，合理支配零用钱，防止欲望膨胀，形成量入为出的观念，培养儿童理财的意识。

（5）引导儿童学会感恩父母、诚实为人、诚信做事。指导家长为儿童树立积极的人格榜样，创造健康和谐的家庭环境；从大处着眼、从小事入手，及时抓住日常生活事件教育儿童尊敬老师、孝敬长辈，学会关心、感激和回报他人。

（6）帮助儿童养成良好的学习习惯和学习兴趣。指导家长以身作则，言传身教，创设安静的环境，引导儿童专心学习，养成良好的学习习惯；注意培养儿童的学习兴趣；正确对待儿童的学习成绩。

（五）13～15岁年龄段的家庭教育指导

1. 13～15岁儿童身心发展特点

13～15岁的儿童正处于告别幼稚、走向成熟的过渡时期，即青春期。青春期的儿童面临着生理和心理上的"巨变"：各项身体指标接近于成人；性激素分泌大大增加，引起了性的萌发与成熟；感知觉能力不断提高，能有意识地调节和控制自己的注意力；逐步采用有意记忆的方法，其抽象逻辑思维日益占据主要地位；自我控制能力有了明显的发展，情感不再完全外露，但情绪还不稳定、易冲动。

2. 家庭教育指导内容要点

（1）对儿童开展适时、适当、适度的性别教育。指导家长进行青春期生理卫生知识指导，帮助儿童认识并适应自己的生理变化；开展科学的性心理辅导，进行青春期异性交往的指导；加强对儿童的性道德观念教育，并注意控制家庭的不良性刺激；引导儿童以合理的方式宣泄情绪。

（2）利用日常生活细节，开展伦理道德教育。指导家长加强自身道德修养，发挥道德榜样作用；把"修德做人"放在首位，强化儿童的伦理道德意识；肯定儿童的自我价值意识，立足道德的积极面引导儿童；创设健康向上的家庭氛围；与学校、社会形成合力，净化家庭和社会文化环境。

（3）开展信息素养教育，引导儿童正确使用各种媒介。指导家长掌握必要的信息知识与技能；树立民主意识，做儿童的朋友，了解儿童使用各种媒介的情况；培养儿童对信息的是非辨别能力和信息加工能力；鼓励儿童在使用网络等媒介的过程中学会自我尊重、自我发展；多关心鼓励对网络等媒介使用上瘾的儿童，并根据实际情况适时寻求专业咨询和心理援助。

（4）重视儿童学习过程，促进儿童快乐学习。指导家长和儿童树立正确的学业态度和应试心理；重视儿童学习方法和学习习惯的养成；教育儿童克服考试焦虑的方法与技巧；与儿童共同制定学习目标，并对取得阶段性成绩的儿童予以及时鼓励；在儿童考试受挫时鼓励儿童。

（5）尊重和信任儿童，促进良好的亲子沟通。指导家长摆正心态，以平等的姿态与儿童相处；学习与儿童沟通的技巧，学会运用委婉、民主、宽容的语言和态度对待儿童；学会倾听儿童的意见和感受，学会尊重、欣赏、认同和分享儿童的想法；学会采取正面方式激励儿童。

（6）树立正确的学业观，尊重儿童的自主选择。指导家长帮助儿童树立信心，勇于面对现实；协助儿童综合分析学业水平、兴趣爱好、未来规划等，选择适合其发展的高中、职校或其他发展方式；宽容地对待儿童的自我选择。

（六）16～18岁年龄段的家庭教育指导

1. 16～18岁儿童的身心发展特点

16～18岁的儿童经过青春期的迅速发育后进入相对稳定时期。其身体生长主要表现在形态发育、体内器官的成熟与机能的发育、性生理成熟等方面；在认知方面，儿童认知结构的完整体系基本形成，抽象逻辑思维占据优势地位；观察力、联想能力等迅速发展；情绪情感方面以内隐、自制为主，自尊心与自卑感并存；性意识呈现身心发展不平衡的特点。

2. 家庭教育指导内容要点

（1）引导儿童树立积极心态，尽快适应学校新生活。指导家长引导儿童树立健康的人生态度；经常与儿童沟通交流，掌握儿童的学习情况、思想动态；经常与学校联系，了解儿童可能遇到的适应问题并及时提供家庭支持。

（2）引导儿童与异性正确交往。指导家长根据该年龄阶段儿童个性特点，引导儿童积极开展社交活动和正常的异性交往；利用日常生活的相关事件适时适当适度开展性生理、性心理辅导；对有"早恋"行为的儿童，指导家长学会提供经验参考，帮助儿童提高应对问题的现实处理能力。

（3）引导儿童"学会合作、学会分享"。指导家长通过召开家庭会议等形式，与儿童一起平等、开放地讨论家庭事务，并共同分担家庭事务；鼓励儿童在集体生活中锻炼自己，让儿童品尝与人合作的快乐；鼓励儿童积极参与社会实践活动，在活动中学会乐于与人相处、勇于承担责任。

（4）培养儿童做一个知法、守法的好公民。指导家长加强法律知识学习，掌握家庭法制教育的内容和方法，努力提高自身法制意识；注意以身作则，自觉遵守法律，为儿童树立榜样；与儿童建立民主平等的关系，切实维护儿童权益。

（5）指导儿童树立理想信念、合理规划未来。指导家长引导儿童从小树立社会责任感树立国家意识；与儿童共同协商规划未来，并尊重和鼓励儿童进行自主选择；从儿童实际出发不断调整自身期望；引导儿童学会将理想与现实的奋斗相结合。

（6）引导儿童树立自信心，以平常心对待升学。指导家长在迎考期间保持正常、有序的家庭生活，科学、合理安排生活作息保证儿童劳逸结合身心愉快；保持适度期待，鼓励儿童树立自信心，以平常心面对考试；为儿童选择志愿提供参考意见，并尊重儿童对自身的未来规划与发展意愿。

173

（七）特殊儿童、特殊家庭及灾害背景下的家庭教育指导

1．特殊儿童的家庭教育指导

（1）智力障碍儿童的家庭教育指导。指导家长树立"医教结合"的观念，引导儿童听从医生指导，拟定个别化医疗和教育训练计划；通过积极的早期干预措施改善障碍状况，并培养儿童社会适应的能力；引导家长坚定信心、以身作则，重视儿童的日常生活规范训练，并循序渐进、持之以恒。

（2）听力障碍儿童的家庭教育指导。指导家长积极寻求早期干预，积极主动参与儿童语训，在专业人士协助下制定培养方案，充分利用游戏的价值，重视同伴交往的作用，发展儿童听力技能和语言交往技能，使其能进行一定的社会交往，逐步提高儿童的社会适应能力；加强对儿童的认知训练、理解力训练、运动训练和情绪训练。

（3）视觉障碍儿童的家庭教育指导。指导家长及早干预，根据不同残障程度发展儿童的听觉和触觉，以耳代目、以手代目，提升缺陷补偿。对于低视力儿童指导家长鼓励儿童运用余视力学习和活动提高有效视觉功能。对于全盲儿童，指导家长训练其定向行走能力，增加与外界接触机会，增强其交往能力。

（4）肢体残障儿童的家庭教育指导。指导家长早期积极借助医学技术加强干预和矫正，使其降低残障程度，提高活动机能；营造良好家庭氛围，用乐观向上的心态感染儿童；鼓励儿童正视现实、积极面对困难；教育儿童通过自己努力，积极寻求解决问题的方法，以获取信心。

（5）情绪行为障碍儿童的家庭教育指导。引导家长营造良好家庭氛围，给予儿童足够的关爱；加强与儿童的沟通与交流，避免儿童遭受不良生活的刺激；多采取启发鼓励、说服教育的方式；支持、尊重和鼓励儿童，多向儿童表达积极情感；多给儿童创造与伙伴交往的机会，培养儿童集体意识，减少其心理不良因素。

（6）智优儿童的家庭教育指导。引导家长深入地了解儿童的潜力与才能，正确全面地评估儿童；从儿童的性格、气质、兴趣和能力等实际出发，因材施教，循序渐进地开发儿童智力、发展儿童特长；坚持德智体全面发展，提高儿童的综合素质；保持头脑清醒，正确对待儿童的荣誉。

2．特殊家庭的家庭教育指导

（1）离异和重组家庭的家庭教育指导。指导家长学会调节和控制情绪，不要在儿童面前流露对离异配偶的不满，不能简单粗暴或者无原则地迁就、溺爱儿童；多与儿童交流沟通，给儿童当家做主的机会，鼓励儿童参与社会活动；定期让非监护方与儿童见面，不断强化儿童心目中父（母）亲的形象和情感；调动亲戚、朋友中的性别资源给儿童适当的影响，帮助其性别角色充分发展。指导重组家庭的夫妇多关心、帮助和亲近儿童，帮助减轻儿童的心理压力帮助儿童正视现实；互敬、互爱、互信，为儿童树立积极的榜样；对双方子女一视同仁；加强家庭成员间的沟通，创设平和、融洽的家庭氛围。

（2）服刑人员家庭的家庭教育指导。指导监护人多关爱儿童；善于发现儿童的优点用教育力量和爱心培养儿童的自尊心；信任儿童，并引导儿童克服自卑心理；定期带儿童探望父（母），满足儿童思念之情；与学校积极联系，共同为儿童成长创造好的环境。

（3）流动人口家庭的家庭教育指导。鼓励家长勇敢面对陌生环境和生活困难，为儿童创造良好的生活环境；处理好家庭成员之间的关系，为儿童创设宽松的心理环境；多与儿童交流，多了解儿童的思想动态；加强自身学习，树立全面发展的教育观念；与学校加强联系，共同为儿童创造良好的学习环境。

（4）农村留守儿童的家庭教育指导。指导留守儿童家长增强监护人责任意识，认真履行家长的义务承担起对留守儿童监护的应尽责任；家长中尽量有一方在家照顾儿童，有条件的家长尤其是婴幼儿母亲要把儿童带在身边，尽可能保证婴幼儿早期身心呵护、母乳喂养的正常进行；指导农村留守儿童家长或被委托监护人重视儿童教育，多与儿童交流沟通，对儿童的道德发展和精神需求给予充分关注。

3．灾害背景下的家庭教育指导

根据不同的需求，引导家长接受心理辅导，消化自己的情绪，以疏解其自身的灾难综合征；指导家长注意控制自己的情绪，鼓励儿童积极主动地获取、利用社会资源；引导儿童学会分享他人的建议和想法不要轻易拒

绝他人的帮助同时也要尽量帮助他人；与外界加强合作，主动配合外界的心理援助等活动；对于孤儿，要充分挖掘社会资源，采用收养等多种方式，促进孤儿回归家庭，为儿童及其监护人家庭提供支持。

四、保障措施

（一）加强组织领导。各地相关部门要高度重视，加强对"大纲"贯彻落实工作的领导，制定切实可行的实施计划，加强实施管理，组织开展宣传、培训、督导、评估等工作，引导和帮助家庭教育指导机构和指导者根据"大纲"要求开展家庭教育指导。

（二）明确职责分工。各地相关部门要根据"大纲"要求，充分发挥职能优势，切实做好指导和推进家庭教育工作。各级妇联组织、教育行政部门牵头负责指导和推进家庭教育；文明办协调各部门力量共同构建学校、家庭、社会"三结合"教育网络；教育部门加强幼儿园、中小学校家长学校的指导与管理；卫生、人口计生部门大力发展新婚夫妇学校、孕妇学校、人口学校等公共服务阵地，对家长进行科学养育的指导和服务；人口计生部门负责0～3岁儿童早期发展的推进工作，逐步纳入公共服务范畴；妇联、民政、教育、人口计生、关工委等部门共同承担做好城乡社区家庭教育指导、服务与管理工作，推进家庭教育知识的宣传和普及，促进家庭教育事业全面发展。

（三）注重资源整合。各地相关部门要加大家庭教育指导工作经费投入，纳入经费预算，确保落实到位。要统筹各方面的优势力量，完善共建机制，形成工作合力，推进家庭教育发展。要广泛动员社会力量，多渠道筹措经费，为家庭教育指导工作提供保障。

（四）抓好队伍建设。各地相关部门要加强家庭教育指导工作者队伍的培育，重视对指导人员数量、质量和指导实效性的管理，从实际出发建设具有较强专业知识基础的专家队伍、讲师团队伍、社区志愿者队伍等，并大力发展专业社会工作者队伍，形成专兼结合、具备指导能力的家庭教育指导工作队伍。

（五）扩大社会宣传。各地相关部门要以"做一个有道德的人"为主题，开展丰富多彩的实践活动，大力培育在家孝敬父母、在学校尊敬师长、在社会奉献爱心的良好道德风尚。加强家庭教育指导宣传阵地建设，注重与各媒体管理部门的联系和合作，深入、广泛、持久地宣传家庭教育的正确观念和科学方法。省区市级报纸、县级以上电台、电视台要开办与家庭教育相关的栏目，发展家庭教育网校咨询热线，不断提高家庭教育社会宣传的覆盖面和影响力。

第九章 《三年制中等幼儿师范学校教学方案（试行）》解读

教 学 目 标

1. 了解本科层次学前教育专业课程培养方案。
2. 理解《三年制中等幼儿师范学校教学方案（试行）》的重新解读。
3. 掌握《三年制中等幼儿师范学校教学方案（试行）》的基本内容及特点。

知 识 结 构 图

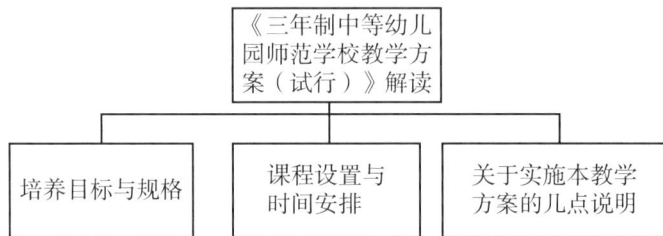

案例分析

案例 本科学前教育专业毕业生的困惑小王从师范大学学前教育专业本科毕业后在一所幼儿园工作。刚进班时，她除了会问小朋友"你叫什么名字？""喜欢看什么动画片？"之类的问题外，不知道该如何跟孩子交流、观察分析幼儿、设计教育教学活动、处理孩子们之间的矛盾、开展家长工作等，更无从谈起。在大学虽然学习了儿童发展心理学、儿童行为观察与评价、幼儿园班级管理这些理论课程，但实践中完全用不上。而那些幼师中专毕业生和专科毕业生很快就可以和班上的孩子们打成一片，她们唱歌、跳舞、绘画、手工都很好，教学游刃有余。之前总是听老师说，本科生和中专、专科生相比专业理论水平更高，可是在实际工作中小王一点也没感受出来，她非常困惑和迷茫。

分析 小王的困惑是多数本科毕业生的困惑，本科生、专科生和中专生，在人才培养方案中具体做了怎么样的要求，只至于最后的培养结果差异如此明显？本章我们将要带领学习者深度了解《三年制中等幼儿师范学校教学方案（试行）》，让学习者理解在我国幼儿教师培养体系中中专、专科、本科各层次学校各自的培养目标，力争能够开拓学习者的视野。

具体内容

第一节 《三年制中等幼儿师范学校教学方案（试行）》概述

为适应我国社会主义现代化建设和幼儿教育发展改革的需要，深化中等幼儿师范教育教学改革，1995年1月27日，国家教育委员会颁布了《三年制中等幼儿师范学校教学方案（试行）》（以下简称"方案"）。

一、"方案"的主要内容

"方案"的内容包括三部分：一是培养目标与规格；二是课程设置与时间安排；三是关于实施本教学方案的几点说明。

1. 培养目标与规格

"方案"明确指出中等幼儿师范学校要"培养德、智、体等诸方面全面发展、能适应当代幼儿教育发展和改革需要的幼儿教师。"我国 1985 年制定的幼师教学计划中采用的是"幼儿教养员"的提法，"幼儿教养员"只强调了幼儿园的保教工作目标，不够全面。"幼儿教师"这一概念则比较全面地涵盖了其工作职责。幼儿教师除了承担保教工作外，更是担负着教育幼儿的工作。幼儿园应通过游戏活动，培养儿童的广泛兴趣，发展儿童的各种能力，塑造儿童的良好性格。"幼儿教师"这一提法使幼师的培养目标更加明确合理。

目标中除了要求未来的幼儿教师德智体全面发展以外，还根据改革开放的趋势，提出了"适应幼教发展"这一新的要求，更具针对性和发展性。

在培养目标的基础上，"方案"制定了相应的具体的培养规格。"方案"培养目标是对学校培养人才的整体的要求，虽表述比较明确，但要求较为笼统。对培养目标内涵的认识与理解不同，在实际工作中就有可能产生偏差。"方案"中的培养规格是幼师学校培养目标的具体化，培养规格使"方案"的指导性更强。

培养规格的第一方面是对学生的思想品德要求。首先，1995 年的中国，改革开放正在推进，经济飞速发展的同时，也带来了一些消极影响。坚持社会主义的方向性，坚持中国共产党的领导，都不可动摇。因此，思想品德要求中重提并强调"人生观""世界观""价值观"的内容就显得很有必要。其次，幼师生是未来的幼儿教师，树立正确的儿童观和教育观，是幼师生培养规格的核心内容。"儿童观"是成人如何看待和对待儿童的观点的总和，它涉及儿童的能力与特点、地位与权利、儿童期的意义、儿童生长发展的形式和成因、教育同儿童发展之间的关系等诸多问题。现代儿童观的基本信念包括：维护儿童的人格尊严；发展儿童的独立个性；培养儿童的竞争意识；丰富儿童的内心世界。"教育观"是人们对于教育在儿童发展中作用的根本认识。幼儿教育应以追求幸福童年为教育核心价值观。同时，规格提出幼师生应具有良好的道德品质、教师职业道德和行为习惯，具有事业心、责任感，培养正确的劳动观点、劳动态度和良好的劳动习惯。

培养规格第二部分"知识、技能及基本能力"是幼师生专业素质的主要内容，是课程设置的主要依据，它由三个部分构成。第一，幼师生必备的文化科学知识和幼教专业知识。"方案"除了以往教学计划所规定的幼儿教育知识外，还明确了"幼儿保育知识""幼儿教育研究知识"以及"幼儿园班级管理与园务管理知识"，幼师生的专业素质要求明显提高，这些知识对于做好幼儿教育工作都是不可少的；第二，幼师生必需的技能技巧。除了以往所重视的艺体技能技巧外，"方案"强调了幼师生的教育技能，主要包括选择教育内容、制定教育计划、指导幼儿游戏、善于观察评估等方面，同时，还提出应讲究教育的艺术；第三，幼师生应有的基本能力。未来的幼儿教师必须具有多方面的能力，"方案"中主要提到了幼师生的"自我发展能力""表达能力""操作能力""交往能力"和"创造能力"等。

培养规格最后一部分内容是幼师生的"身心素质"问题，这部分内容虽少，但从目前幼师生的身体素质越来越不理想、心理承受能力比较脆弱之现状来看，仍显得比较重要。幼儿教育工作需要未来的幼儿教师拥有健康的身体和良好的心理素质。

根据上述分析可以看出，"方案"中培养规格的制定比较完整，符合时代发展的要求。但是，"知识、能力与基本能力"部分论述逻辑层次不够清晰，知识、能力、基本能力三方面内容掺杂在一起，不便于理解，如果能分开阐述可能会更清楚些，更利于执行。

2. 课程设置与时间安排

课程设置是培养规格得以实现的重要保证。"方案"中课程设置仍然由必修课、选修课、教育实践和课外活动四部分组成，不同的是对选修课的时间与类别分别作了安排，课外活动时间也得到了保证。

（1）必修课。必修课是中等幼儿师范学校课程设置的主体，是培养学生德、智、体等诸方面全面发展和对幼儿教师进行职前教育的主要途径。必修课包括思想政治、文化知识、幼儿教育理论、艺术、体育、劳动技术、教师口语和电教基础等类课程。必修课课时应为总课时数的65%左右。

（2）选修课。选修课是中等幼儿师范学校课程设置的重要组成部分，是必修课的延伸和必要补充。它可以使中等幼儿师范学校教学主动适应当地经济、文化发展的需要；主动适应幼儿教育事业发展、改革的需要；可以拓宽和加深学生的知识，发展学生的兴趣和特长等。选修课一般应开设文化知识、教育理论、艺术、体育、劳技、外语等类课程。选修课课时应为总课时数的15%左右。

（3）教育实践。教育实践是中等幼儿师范学校思想教育、文化知识、教育理论的综合实践课，是幼儿教师职前教育的必要环节，对于学生了解幼儿教育，熟悉幼儿，巩固专业思想，提高学生从事幼儿保育、教育活动的综合实践能力具有特殊作用。教育实践包括参观幼儿园、实际观察幼儿身心发展状况、教育见习、教育实习、教育调查以及为幼儿园服务等实践活动。教育实践的安排要贯穿于三年教学活动的始终。教育实践的时间为十周，约为总课时数的10%左右。其中：一年级一周，二年级二周，三年级七周。

（4）课外活动。课外活动是中等幼儿师范学校教学活动的有机组成部分，对于学生学习文化知识，发展个性，训练技能，培养能力，特别是幼儿教育工作的实际能力，具有重要意义。中等幼儿师范学校通过举办讲座，组织兴趣小组、社团、社会调查等多种形式开展学科、科技、艺体等诸方面的课外活动。学校要制订课外活动计划，安排教师辅导，提供必要的场地、设备等，保证课外活动有计划、有目的、有组织的进行；要充分调动学生开展课外活动的积极性和主动性，培养学生自我教育、自我管理、自我服务的能力。课外活动的时间应为总课时数的10%左右。

（5）"方案"中各类课程教学时数统计数据：第一，各类课程教学时数占总课时数比例。必修课占65%，选修课占15%，课外活动占10%，教育实践占10%；第二，必修课教学时数内部比例关系。文化课（含电教基础）共1545课时，占55.78%；专业课（含教师口语）共455课时，占16.43%；艺体课共700课时，占25.27%；劳技课共70课时，占2%。

3. 关于实施本教学方案的几点说明

（1）本教学方案是国家对中等幼儿师范学校教育教学活动的基本要求，各省、自治区、直辖市教育行政部门，根据本教学方案的基本要求和精神，制订符合当地实际的中等幼儿师范学校教学计划。各地可对必修课的课时、课序等进行适当调整；可根据本教学方案的基本要求和实际需要，确定选修科目和规定课时；可参照本方案的基本精神和课时比例，自行安排课外活动等。各地要积极创造条件贯彻实施本教学方案，在实施本教学方案过程中要注意根据中等幼儿师范教育的特点和规律，使中等幼儿师范学校的教育教学活动成为由必修课、选修课、课外活动和教育实践有机结合的整体。

（2）中等民族幼儿师范学校（或班）教学计划，由各省、自治区、直辖市根据本教学方案的要求，制订符合民族地区实际的教学计划。

（3）本教学方案适用于三年制中等幼儿师范学校，四年制中等幼儿师范学校或在其他类学校附设的幼师班应依据本教学方案的精神制订相应的教学计划。

这些说明为方案的实施提供了明确的指导，明确了方案的适用对象，并给各地方案的具体实施提供了较大的自由空间。

二、"方案"的特点

1. 方案符合中国国情，强调统一性与多样性相结合

为使各地中等儿师范学校有效地实现培养目标，主动适应当地经济、文化和幼儿教育发展改革的需要，使

学生得到生动、活泼、主动、全面的发展，新方案突破了原教学计划统得过死的问题，强调统一性与多样性相结合。

首先，国家赋予各地政府管理幼师教学计划的权力。国家只对中等幼儿师范学校教学工作的基本要求做了统一规定，各省、自治区、直辖市要根据国家的基本要求，制定符合当地实际的幼师教学计划，结束了国家教学计划"一统天下"的局面。

其次，新"方案"给学校一定的设置课程的权力。依据省里的教学计划，学校可根据当地的需要开设选修课，使学校能主动适应当地经济文化建设，发展适应当地需要的幼儿教育事业。

最后，为了贯彻统一性和多样性相结合的原则，新"方案"教学计划具有一定弹性。新方案突破原教学计划单一的必修课模式，优化了课程结构。中等幼儿师范学校的课程由必修课、选修课、教育实践和课外活动四部分组成。"方案"对必修课、选修课、教育实践、课外活动各自在中等幼儿师范学校教育教学工作整体中的性质、地位、作用及基本要求等都做了明确的规定。实行必修课、选修课、课外活动、教育实践四大块有机结合的办学模式，可以使学生的素质得到全面发展，学习更为扎实的幼教知识，培养更为全面的幼教能力。还可以保证把办学权放给地方，放给学校，以适应我国教育事业发展的不均衡现状，缩小幼教发展的地区差异，促进幼教事业的均衡发展。

2. 坚持方向性原则，进一步加强对幼师学生进行政治思想教育

幼师培养的学生，是未来幼儿园的教师，是人类灵魂的工程师。幼儿教育是人的发展基础阶段的启蒙教育，早期教育的质量，对人一生的发展具有深远影响。对幼师学生——未来的幼儿园教师的政治、思想、品德行为提出严格的要求，是幼教职业的需要。

同时，幼师德育工作要根据改革开放的需要，不断加强和完善。社会主义市场经济的发展，必然会给青年一代以深刻的积极的影响，师范生在改革的大潮中，亲自实践体验到学校的变化、家乡的变化、国家的变化，应该更加拥护党的基本路线，坚持社会主义方向。但是，由于市场经济还不健全、不完善，难免会出现一些问题，对幼师生产生负面影响。市场经济的竞争意识可以激发人们的改革精神、创新意识，但也可能诱发个人奋斗、个人利益至上，这与我们提倡的集体主义为核心的价值观背道而驰。市场经济条件下的正当利益可以激发人为追求质量、效益而努力工作，但也可能诱发唯利是图、拜金主义，这与我们提倡的奉献精神背道而驰。市场经济条件下不断增长的消费水平可以使人感受到生活的美好，从而激发人们为更好的明天而勤奋工作，但也可能诱发享乐主义、玩物丧志，这和我们提倡的艰苦奋斗精神背道而驰。师范学校不是世外桃源，必须通过加强对幼师生的思想品德教育，努力把负面影响降到最低限度。加强爱国主义教育、社会主义教育、集体主义教育以及中华民族传统美德的教育，以抵制拜金主义、极端个人主义等资产阶级腐朽思想的侵蚀，使幼师生茁壮成长为优秀的人类灵魂工程师。

3. 调整文化必修课和艺术必修课的课时比例，全面提高幼师生的素质

原教学计划中，幼师生文化课课时低于培养小学教师的普通中师，艺术教育类课时偏多，要求偏高。为使中等幼儿师范学校培养出具有较高文化素质的幼儿教师，增强幼师毕业生的可持续发展能力，新教学方案力求合理确定文化必修课和艺术必修课的课时比例，在注意幼儿教育师资培养特点的前提下，适当减少艺体课的必修课时，增加文化课的必修课时。如：原教学计划中艺体课课时占必修课总课时的33.31%，文化课课时占53.05%，新教学方案调整为艺体课占27.59%，文化课占58.42%。

实践证明，幼儿教师必须具备较高的文化素养，才能适应幼教工作的需要。幼师生文化课水平低的弊端主要表现在以下方面：一是幼师学生毕业后走上工作岗位，不会写总结，不会写计划，不会写教育科学研究试验报告，书写水平偏低。二是在教育中只会教幼儿唱歌、跳舞、做游戏，全面科学促进儿童发展的意识偏低，能力不强。三是进修困难大，幼儿教师的自我完善、自我发展受到限制。

目前我国对教师的学历要求是学生学段越高，教师学历要求也就越高。幼儿园教师的学历要求最低，只需

是中专生，这是由目前我国的经济发展水平所决定的，并不是因为幼儿教师不需要较高学历。相反，因为幼儿发展的重要性和复杂性，幼儿教师需要更高的文化素养和教育素养。中共中央、国务院颁发的《中国教育改革发展纲要》非常明确地提出：到 20 世纪末，小学教师要达到专科学历，初中教师要达到本科学历。幼儿园老师的文化知识水平不应当比普通小学的教师水平低，应当达到同样水平。

艺术教育对于幼儿师范是十分重要的，这是幼师与普通中师不同的地方。幼师对未来幼儿园老师的艺术教育方面需要加强，但这种加强不能超越作为未来幼儿园老师的基本要求。值得注意的是，以往幼师的艺术教育存在要求偏高的倾向。幼师生需要掌握的是音乐、美术、舞蹈等方面最基本的知识和技能，应该低于音乐、美术、舞蹈特长生的要求，更不能用培养专任艺术教育师资的水准要求幼师的学生。艺术要求偏高导致艺术教育学时偏多，文化课课时就相应减少。因此，幼师生的音乐、美术、舞蹈课程应按照做幼儿园老师的需要，进行基本训练，使他们到了幼儿园能够从教，并能在教育实践中进一步学习提高。

4. 贯彻理论联系实际的原则，改革幼师教学法和幼教理论课

为适应我国幼儿教育发展改革的需要，新教学方案对幼教课程进行了调整和优化。为加强保育教育，方案将原教学计划中的《幼儿卫生学》改为《幼儿卫生保育教程》。这门课在幼儿卫生学的基本内容上，增加了保育方面的知识，做到保教统一、生理卫生与心理卫生相统一，强化保育意识、保教结合和综合培养保教能力。

尤其需要注意的是《幼儿园教育活动的设计和指导》这门课。新方案取消了原教学计划中独立设置的语言教学法、常识教学法、计算教学法、体育教学法、美工教学法、音乐教学法等教学法课程，新设置了《幼儿园教育活动的设计与指导》课程，力求克服原各科教学法内容重复，相互割裂，脱离幼儿园教育改革实际的弊端，让学生在掌握一定的幼儿教育理论知识的基础上，学会具体设计和组织领导幼儿园"分科教学""综合教育""活动教育""游戏教育"等多种模式教育活动的能力。

基础教育层次越低，教育教学的综合性越强，而幼儿教育综合性更强。幼儿园不分科教学，而是在活动和游戏中进行教育，幼师生必须具有综合的教育能力。因此，在幼师设置综合活动指导课更符合幼儿教师未来的工作需要。不分单科并不意味对学生没有进行单科教学法的教育，而是在单科教学法学习的基础上，侧重掌握综合的教育能力。综合课程的编写是方案实施的重点，相对单科教法，综合课程编写更困难，各部门要组织力量，真正编出适应中国国情的、符合幼儿教育特点的幼儿园教育综合指导教程。

5. 加强教育实践环节，强化技能训练和能力培养

新方案明确规定："教育实践是中等幼儿师范学校思想教育、文化知识、教育理论的综合实践课，是幼儿教师职前教育的必要环节。"并把教育实践的内涵从传统的教育见习、实习，扩大到参观幼儿园、实际观察幼儿身心发展状况、教育见习、教育实习、教育调查以及为幼儿园服务等实践活动。教育实践的时间从 8 周增加到 10 周，同时强调教育实践的安排要贯穿于三年教学活动的始终。另外，"方案"注意强化对学生的技能训练和能力培养。在培养规格中，还具体规定了学生必须具备的从事幼儿教育的技能和基本能力要求。

其中，需要关注的是《教师口语》这门课程。《国务院转国家语委关于当前语言文字工作请示的通知》中提出了"各类师范院校都要开设普通话课程"的要求。国家教委也做出各类师范院校要把普通话列入必修课的决定，这门课程名称定名为《教师口语》。国家教委颁布的《师范院校教师口语课程标准》中明确规定："教师口语是研究教师口语运用规律的一门应用语言学科，是在理论指导下，培养学生在教育教学工作中口头运用能力的实践性很强的课程。"《教师口语》的任务是：教育学生热爱祖国语言，认真学习，积极贯彻国家语言文字工作方针，增强语言规范意识；能用标准或比较标准的普通话进行口语交际；初步掌握运用教师职业语言进行教育教学的基本技能，并能对中小学生和幼儿的口语进行指导，以利于提高全民族的语言素质。增设《教师口语》课是贯彻新时期语言文字方针的需要，是提高师范生教师职业技能水平的需要。幼儿阶段是语言学习关键期，幼儿教师的语言水平对于幼儿的语言学习至关重要。《教师口语》是幼师生的语言训练实践课，一定要充分重视，确保教学质量。

第二节 《三年制中等幼儿师范学校教学方案（试行）》内容解读

一、《三年制中等幼儿师范学校教学方案（试行）》的制定背景

中华人民共和国成立以来，我国幼儿师范教育稳步发展，特别是十一届三中全会以来，幼儿师范教育发展迅速，教育教学改革成绩显著，基本上形成了符合我国国情的幼教师资培养体系，以全日制幼儿师范为主体，普通中等师范学校和职业高中附设幼师班相结合，培养了一大批合格的幼儿教师，为我国幼儿教育事业做出了重大贡献。首先，全国幼师基本实现了办学条件标准化。随着经济的发展，国家对幼师投入的增加，幼师办学条件发生了根本性的变化，办学条件改善了，学生有了良好的学习环境，教师有了良好的工作环境。办学条件标准化为提高幼师教育教学质量提供了物质保证。其次，幼师教育教学质量不断提升，学校功能不断丰富。幼师的培养计划、课程设置不断完善，幼师师资队伍不断优化，形成了健康的育人氛围。全日制幼师学校不仅按计划培养幼教新师资，还承担培训在职教师的任务，把职前和职后教育结合起来。幼儿师范学校还面向社会开展服务咨询活动，对广大幼儿家长进行幼儿教育知识的普及，收到良好的效果，提高了办学的社会效益。同时，我国幼儿师范学校加强国际合作交流，提高办学水平。通过实施国际多边、双边合作计划，同世界各国幼教工作者交流经验，相互学习。有一些接受联合国儿童基金会援助的学校，较快实现了办学条件标准化，成为全国幼师改革的示范学校。

随着我国经济发展与人民生活水平的不断提高，初等教育普及任务实现后，对学前教育提出了更高的要求。我国独生子女的国策，使全社会对幼儿成长抱有很高的期望，"不能让孩子输在起跑线上"，幼儿教育越来越受到重视。不仅城市的入园率相当高，农村幼儿上幼儿园的社会要求也越来越高，据统计，近几年大量发展的幼儿教育，农村占60%以上。幼儿入园率的增加，需要大量的幼儿教师，幼师教育不仅在数量上要适应幼儿教育的发展，在质量上更要适应幼儿教育的需求。但是我国的幼儿师范教育的发展现状还远远不能适应幼儿教育事业发展的需要。幼儿师范教育中存在不少问题，制约着幼师教育教学质量的提高，急待改革。

第一，幼儿师范教育在一定程度上存在脱离我国国情的状况。我国人口众多，地区差异大，经济文化发展不平衡的状况比较严重，各地教育事业发展水平差距较大。我国幼儿师范学校长期实施一个教学计划、一个教学大纲、一套教材，导致幼师学校不能主动按照当地的经济文化发展需要和幼儿园发展的实际情况办学。城市幼儿园师资条件、物质条件好，师生比例小，而农村的学前班和幼儿园办学条件简陋，师资素质偏低。面对这样复杂的国情，一个教学计划、一个大纲、一套教材"一统天下"的情况显然是脱离国情的。

第二，幼儿师范教育在一定程度上存在脱离幼师自身建设实际的情况。过去，幼师一度在文化课为重点，还是专业课、艺术课为重点之间摇摆。问题的实质是对幼师教育性质的认识不清晰。幼师是中等专业学校，是对幼师学生进行定向职业训练的学校，专业课和艺术课是未来幼儿教师职业的要求，都应该受到重视。但是，幼师虽然是中等专业学校，幼师的学生终究是未成年的公民，他们必须接受全面发展的素质教育，文化课不能被忽视。如何从幼师的性质出发处理好这二者的关系，还需进一步研究。

第三，幼儿师范教育在一定程度上存在脱离幼儿教育实际的情况。突出表现在专业课"三学""六法"的课程设置上。"三学"即幼儿教育学、幼儿心理学、幼儿卫生学，"六法"即语言教学法、常识教学法、计算教学法、体育教学法、美工教学法、音乐教学法。这些课都在一定程度上存在理论脱离实际的问题，导致幼师学生毕业后到幼儿园任教不能有效地按照幼儿身心发展特点和认知规律，通过活动使幼儿得到全面发展。这并不是说明"三学""六法"课程不需要，而是在教学中需要改变理论脱离实际的状况，真正提高幼师学生的专业水平。

1980年，教育部颁发试行了中等幼儿师范学校教学计划，随后相继编写了教学大纲和教材。这套幼师教学计划、教学大纲和教材在一定历史时期内对我国中等幼儿师范学校明确办学方向，拨乱反正，恢复、建立良好

的教学秩序，以教学为中心提高教育教学质量，培养合格的幼儿教师起了十分重要的作用。但是随着时代的发展，它也日益暴露出不适应我国各地经济、文化、教育等方面发展不平衡的国情，不适应幼儿教育发展改革的需要，不适应培养具有较高素质的、跨世纪幼儿师资等问题。因此，迫切需要重新研究制定新的幼师教学方案、教学大纲，组织编写新的幼师教材。

学前教育既要为社会政治经济服务，满足社会对人才培养的要求；同时学前教育的发展状况又必然受到一定社会历史条件的影响和制约。随着我国经济和社会的发展，学前教育也需要调整和发展。1991年初，国家教育委员会着手研制《三年制中等幼儿师范学校教学方案》，经历了三年多时间，先后举行各课题组研讨会13次，中型论证会3次，全国性幼师会议4次，广泛征求了各方面人士的意见，经历了自上而下与自下而上的学习、讨论、修改、论证的过程，教学方案先后10易其稿，最终形成《三年制中等幼儿师范学校教学方案（试行）》稿。可以说，《三年制中等幼儿师范学校教学方案（试行）》（以下简称"方案"）是在认真总结我国幼师发展改革的经验，分析存在的问题，明确改革方向的基础上制定的，具有科学性和可操作性。

1995年，该"方案"颁布后，对推进我国幼师教育的发展起了重要作用。二十多年来，三年制中等幼儿师范学校培养了一批又一批的毕业生，他们已成为我国幼师队伍的主力军。教育部年度统计数据显示，2016年全国幼儿园教职工381万人，其中园长、专任教师250万人。在这些幼儿园教师中，有22.4%的教师只有高中及以下文凭，他们多毕业于幼师中专和职业中专中的幼师专业。专科学历水平的教师数量最多，占总数的56.37%，他们中也有相当部分是幼师毕业生通过提升学历而达到专科学历水平。尤其是在经济欠发达地区、乡镇农村等基层幼儿园中，大部分教师是幼师毕业生，他们为我国基层幼儿教育事业的发展默默地做着奉献。

21世纪初，国家迅速推进三级师范向二级师范过渡甚至向一级师范跨越，全部取消普通中等师范学校，仅保留少数幼师教育，全国1000多所中师学校锐减到100多所，但是幼儿师范并没有退出历史舞台。2010年，国务院出台了《关于当前发展学前教育的若干意见》，明确要求"完善学前教育师资培养培训体系，办好中等幼儿师范学校"。三年制中等幼儿师范学校依然是我国幼儿教师教育不可缺少的部分。

二、幼儿教育发展新形势下"方案"的重新解读

近年来，学前教育受到党和国家的高度重视，从中央到地方，各项政策和指导性措施陆续推出，为学前教育事业的发展提供了前所未有的机遇，幼儿教育事业不断发展。颁布20多年的"方案"已经不能完全适应幼儿教育事业的发展需要。因此，在幼儿教育发展新形势下，必须对此"方案"进行重新解读，赋予其新的生命力，促进幼儿师范学校的可持续发展。

2012年2月10日，教育部颁发了《幼儿园教师专业标准（试行）》，这是我国首部幼儿园教师专业标准，是在加快普及学前教育新形势下保证师资队伍质量和幼儿园教育质量的关键性文件，是幼儿园教师培养、准入、培训、考核等工作的重要依据。三年制中等幼儿师范是培养幼儿教师的学校，对"方案"的重新解读应以《幼儿园教师专业标准（试行）》为法律依据。

1. 影响幼儿师范学校可持续发展的几个问题

（1）学历层次面临的问题是师范教育体系的重大转型。21世纪初，国家迅速推进三级师范向二级师范过渡甚至向一级师范跨越，扩大研究生层次的教师教育，全部取消普通中等师范学校，仅保留少数幼师教育，本、专科学校数量却在一片扩招和升格的浪潮中创出历史新高。在这个大趋势下，用人单位和学生对本、专科幼儿教育学历趋之若鹜，幼儿师范学校的中专学历变得不值一提。各级教育部门不断要求提升幼儿教师的学历，形成幼儿教师必须是专科以上学历的趋势，将中等幼儿师范学校置于低学历的尴尬境地。

（2）幼师生就业面临的问题。当前，我国学前教育事业的发展还比较滞后，尚未做到规范化、普及化。现有的早教、幼儿园等学前教育机构民办的多、公办的少，公办待遇好，民办待遇差。公办幼儿园的教师待遇较好，有保障，压力小，但数量有限，仅能录用少的学历层次和专业素质较高的学前教育专业毕业生；而民办早教、幼儿园等学前教育机构，因为追求经济利益最大化，所聘教师往往待遇差、任务重、压力大，且没有保障。

由于各地政府的招教编制数额有限，招教的条件也多要求专科以上学历，这就将中专学历的幼儿师范毕业生拒之门外，使得想就业的优秀幼儿师范学校毕业生不得不选择继续考学或上函授大专提高学历。

（3）办学理念不清的问题。世纪之初的师范教育体系改革，打破了长期以来由师范院校独立培养各层次师范生的格局，允许非师范院校举办师范教育，师范院校也可招收非师范专业学生。一些幼儿师范学校尤其是从普通师范改制而来的幼儿师范学校，一度出现办学理念不清晰、目标定位不准确的问题。中等师范的改制使一些幼儿师范学校成了"惊弓之鸟"，他们不是在做强做大幼儿师范教育上下功夫，而是热衷开设其他"热门"的非师范类专业。在"热门"的非师范专业过时后，又不得不重拾幼儿师范教育。这一现象，在非师范类中专学前教育专业中也非常明显。在社会普遍追求高学历、国家普及高等教育的形势下，地方上很多没有特色的公办中专、职高等中等专业学校生存面临困境，为了这些学校的生存，当地教育部门允许地方的普通中专、职高开设非师范类学前教育专业，这些专业仓促上马，没有完善的培养方案，师资力量缺乏，教学教育质量难以保证。

2. 幼儿师范学校可持续发展的关键是对"方案"的重新解读

（1）"方案"培养目标和规格的重新解读。随着幼教事业的发展，"方案"的培养目标的问题日益凸显，主要问题是：幼师人才培养方向包揽过多，学生毕业去向不明确。

虽然，三年制幼师的专业培养方案在人才培养层次上的定位是合理的，但在具体的培养方向上却包揽过多。幼儿园工作者包括一线工作的幼儿园教师、学前教育行政管理人员以及其他辅助人员等，他们有着不同的工作职责和专业要求，在培养中应该区别对待。

学校的类型和层次对人才培养定位有一定的影响，不同类型学校的培养目标应该各不相同。目前我国培养幼儿园教师的院校已经打破了过去中专、大专、本科培养的格局，越来越多的研究生也进入幼儿园，成为我国幼教师资队伍的一员。不同层次不同类型的学校的学前教育专业培养幼儿园教师的规格应该有所不同，应该在基本目标的基础上，根据各级院校的实际情况制定梯度目标。中专层次的幼师培养院校在层次上相对于大专、本科、研究生学前教育专业来说较低，应该以培养保育员及相关辅助工作的人员为主。

生源质量影响培养目标的确定。近年来，中专学校的招生质量一再降低，中专学校生源素质低已是普遍现象。因此，三年制幼师在制定专业培养目标时，应充分考虑自己的生源状况，根据招生对象的质量来确定人才培养目标。

幼师培养目标的确定也要考虑教育对象的特点。三年制幼师生年龄小，身心各个方面的发展尚未成熟，自我意识强但自我管理能力差，受教育程度低，基础理论不扎实，但性格活泼，动手能力强，较易与幼儿沟通交流。在确定人才培养目标时，教育对象的特点是不可忽视的因素。

总之，三年制幼师在学历层次上相对较低，招生质量较差，教育对象具有受教育程度低，基础理论不扎实，自我管理能力差等特点，这些因素决定了三年制幼儿师范学校培养学前教育行政人员以及学前教育管理人员是不符合实际的。教育部修订的《中等职业学校专业目录》中指出中专学前教育专业对应的职业工种为幼儿园教师和保育员。

学生毕业去向不明确也是三年制幼师专业培养方案存在的问题。根据《中等职业学校专业目录》，中专学历的毕业生应主要面向城镇、农村等地区的幼儿园及早教机构。随着我国学前教育事业的发展，学前教育三年行动计划的不断推进，全国各地的城镇、农村地区出现了明显的师资缺口。三年制幼师学校的培养目标中没有明确学生毕业去向，没有抓住当前我国学前教育事业的发展机遇，这也是三年制幼师学校专业人才培养方案存在的问题。

在考虑学校类型、生源质量、教育对象、社会需求、国家政策等因素的基础上，把三年制幼师学校的培养目标定位于培养面向城镇、农村从事幼儿园或其他学前教育机构工作的一线幼儿园教师和保育员，并承担向高一级学校输送合格学生的重任。

结合《幼儿园教师专业标准》（以下简称"标准"）的规定，立足幼师教育的实际，将幼儿园教师应该具备的素养在培养规格中加以具体化。幼师生培养规格包括：首先是专业理念和师德。师德问题是目前社会对幼儿园教师关注的焦点，师德是幼儿园教师最基本、最重要的职业规范。其次是专业知识。幼儿发展知识、幼儿保育和教育知识以及通识性知识是幼儿园教师专业知识的组成部分。幼师学生的知识体系可分为现代科学文化知识、学前教育基础理论、专业知识和专业技能。第三是幼师生专业能力。该标准按照幼儿园教师的主要职责和基本的工作内容将幼儿园教师的专业能力架构为：环境创设与利用的能力、一日生活的组织与保育、游戏活动的支持与引导、教育活动的计划与实施、激励与评价、沟通与合作、反思与发展七大能力。

综上所述，新形势下三年制幼师学校的培养目标可以解读为：本专业培养的学生能够践行社会主义核心价值体系，热爱学前教育事业，具有职业理想，关爱并尊重幼儿，具备一定的现代科学文化知识、学前教育基础理论、专业知识和专业技能；身心健康、为人师表，掌握幼儿园保教能力、组织管理能力、环境创设与利用能力、游戏能力、沟通与合作能力以及反思与自我发展能力，面向城镇、农村等基层单位工作的一线幼儿园教师和保育员，并为高一级学校输送合格的学生。

（2）"方案"课程设置的重新解读

第一，"方案"中课程设置的问题。对照"标准"发现，幼师课程设置不够完善，影响了幼师人才培养的质量。"方案"中课程设置的问题主要有："方案"过分重视艺术技能的培养。虽然必修课中艺术课程的比例下降，但选修课中艺术课程占比重过高，在50%左右。对艺术技能的学时分配过多，导致专业理论课程和专业教育课程的学时相对减少，有关幼儿保教知识的课程开设不全。与幼儿园教师应该掌握的环境创设与利用、游戏活动的支持与引导、班级管理与组织能力相对应的课程，并不是每所中专学校必设的专业课程。学前教育政策法规教育课程缺乏。掌握学前教育政策法规、了解儿童的基本权利是幼儿园教师必备的专业知识，"标准"中详细指出："幼儿园教师要了解关于幼儿生存、发展和保护的有关法律法规及政策规定。"

师德教育缺乏实效性。在三年制中等幼儿师范学校的培养方案中，师德教育内容空洞，缺乏实效性。在"方案"培养目标中，对幼儿园教师师德的培养要求均是"有良好的职业道德"，这与其他阶段的教师教育的师德要求没有区别，不能够体现幼儿园教师的职业特点。近年来，幼儿园教师失当行为屡屡发生，这与幼儿园教师职业道德偏低，法制观念淡薄有很大的关系，反映了幼师课程设置上的不足。

第二，"标准"视角下课程设置的重新解读。依据标准可以将中等幼师学校的专业课程分为公共基础课程、专业教育课程和教育实践课程三大模块。三大课程模块之间的学时分配以及各模块内部的学时分配，主要根据《关于制定中等职业学校教学计划的原则意见》（以下简称"意见"）中的相关规定而分配。此"意见"中规定：中等职业学校每学年的教学时间为40周，每周为28学时，顶岗实习时的周学时为30学时；三年的总学时约为3000～3300学时，其中，公共基础课程学时要占总学时的1/3，专业技能课程（含教育实践课程）学时要占总学时的2/3。《教师教育课程标准（试行）》中规定中专学前教育专业的教育实践课程不少于18周。

三年制幼师的教学时间安排为：每学期共20周，第一学期军训、考试各一周，实际教学周数为18周；第二学期、第三学期、第四学期均是教育见习、考试各一周，实际教学时间也为18周；第五学期教育实践8周，实际教学时间为12周；第六学期除去最后一周毕业教育之外其余是全面的教育实习。总计，实际教学周为84周，教育实践为28周。

模块一：公共基础课程

该"标准"将幼儿园教师的通识性知识分为自然科学知识、人文社会科学知识、艺术素养知识和现代信息技术四个方面。"意见"中指出，中专学校的公共基础课程包括德育课、文化课、体育与健康课、艺术课及其他选修公共课程。幼师学前教育专业可以将公共基础课程分为德育课程、人文社会科学课程、自然科学课程、体育与健康课程以及信息技术课程。

依据"标准"和"意见"，将方案中的课程进行调整。开设《人文社会科学基础》和《自然科学基础》；

职业教育部分，改变传统的职业教育空洞说教的传统，立足于学前教育专业，开设了《幼儿园教师职业道德》和《幼儿园教师职业生涯规划》；语文、数学、英语三大主科的学时分配，考虑到向高一级学校输送合格学生的重任，所以在课时分配上不能减少；体育课程的开设，借鉴培养方案的做法，开设了《体育与幼儿体操》；信息技术课程的学时适中，在当今电脑普及的时代，学生们对电脑的基本操作已经有一定的认识，因此，信息技术课程的学时安排适中即可。

模块二：专业教育课程

专业教育课程主要分为专业理论课程、教育技能课程以及艺术技能课程。其中，专业理论课程旨在培养学生基本的学前教育理念，是学前教育专业的基础课程；教育技能课程是与幼儿园教育教学相关的技能类课程；艺术技能课程是指与培养幼儿园教师唱歌、跳舞、绘画等艺术技能相关的课程。

根据《幼儿园教师专业标准》和《教师教育课程标准（试行）》，结合中专教育的实际，幼师学前教育专业理论课程可分为两方面：有关幼儿发展知识的课程；有关幼儿保育和教育知识的课程。将教育技能课程分为：有关幼儿活动与指导的课程；有关幼儿园与家庭、社会的课程。艺术技能课程则分为口语课程、音乐课程以及美术课程。

依据《幼儿园教师专业标准》和《教师教育课程标准（试行）》，"方案"中专业理论课程增加了《学前教育政策法规》，对学生进行学前教育法律法规的专门教育；依据《幼儿园教师专业标准》所规定的幼儿园教师的专业能力，将《幼儿园环境创设》《幼儿游戏》和《幼儿园班级管理》列为专业必修课程，而不只是专业方向课程或是选修课程；适当增加《幼儿心理学》《幼儿教育学》和《幼儿卫生保健》的学时，扎实基础理论知识。幼儿园教育活动的开设，基本依据"方案"要求，以五大领域来划分幼儿园教育活动，并根据难易程度进行不同学时的分配。同时增设《幼儿保育技能》和《幼儿园评价》课程。艺术技能课程的开设没有很大变化，"说、唱、弹、画、跳"是幼师生的特长，也是竞争亮点，应继续保持。

模块三：教育实践课程

教育实践课程包括教育见习与教育实习。顾明远教授在其主编的《教育大辞典》中指出：教育见习是指学生在教师指导下，对中小学和幼儿园的教育、教学、学校生活的方方面面及学校设施进行观察和分析。教育见习是师范院校教学环节之一，一般不参与实际工作。见习类型包括：一日活动见习、保育见习和教学见习三大类。具体的见习时间要根据学校教学进程和见习幼儿园的实际情况双方协商制定。"教育实习是体现师范教育特点，培养学生学习参加学校教育、教学实践的学习活动，它是培养合格师资的重要环节，是各级各类师范教育不可缺少的教育环节。"

能力为重是《幼儿园教师专业标准》的基本理念，"把学前教育理论与保教实践相结合,突出保教实践能力""坚持实践、反思、再实践、再反思，不断提高专业能力"。因此，在新形势下执行"方案"应进一步加强和完善教育实践课程。

三、本科层次学前教育专业培养方案

提高幼儿教师学历是幼教事业发展的需要，是世界幼教发展的趋势。早在1977年前后，早期教育教师应具备学士学位已成为美、英等发达国家的主流发展趋势。在美国，服务于5岁以上幼儿的学前班教师，学士学位普及率已接近100%。日本的《教育职员许可法》明确规定，"取得专修许可证的幼儿教师必须具备学前教育专业的硕士学位；一种许可证的授予对象是具备学士学位的本科生；授予二种许可证要求学习者必须具备短期大学的学历，或在大学（不论专业）学习两年以上并超过62学分，"并要求修满教师许可证规定的学分。

我国《教育法律一揽子修订草案（征求意见稿）》中关于《教师法》的修改意见明确指出：取得幼儿园教师资格，应当具备专科毕业及其以上学历或者学位。这意味着学前教师教育大学化的时代已悄然来到。目前，我国培养幼教师资的高校数量还非常有限。调查显示，全国有146所培养幼儿园教师的高等院校，包括75所师范本科院校（含独立学院 5 所），8 所师范专科学校，15 所综合大学及 39 所地方学院；培养幼儿园教师的本科院校 129 所[①]。2013 年，全国幼儿园专任教师中 871541 人具有专科学历，达到本科学历的人数为 259831 人，分别占总数的 52.39% 和 15.62%，人数虽然增长较多，但学历水平有待提高。可见，目前我国需要大力发展本科层次学前教育，本科院校应成为我国幼儿园教师培养的主力。

1. 本科层次学前教育专业培养目标

《中华人民共和国高等教育法》总则第五条规定："高等教育的任务是培养具有创新精神和实践能力的高级专门人才，发展科学技术文化，促进社会主义现代化建设。""高级专门人才"是我国当前本科教育培养目标的定位，核心是"高"和"专"。1998 年教育部颁布的《普通高等学校本科专业目录及专业介绍》文件中，对学前教育专业的"业务培养目标"规定为："本专业培养具备学前教育专业知识，能在托幼机构从事保教和研究工作的教师、学前教育行政人员以及其他有关机构的教学、研究人才。"此"业务培养目标"中所规定的本科生学前教育专业的培养目标定位是"托幼机构从事保教和研究工作的教师、学前教育行政人员以及其他有关机构的教学、研究人才"，基本类型是"高级专门人才"，符合《中华人民共和国高等教育法》中的规定。

通过对不同学校本科学前教育专业培养方案的分析发现：第一，学前教育专业本科生培养方案均有清晰明确的培养目标定位，且与《中华人民共和国高等教育法》及《普通高等学校本科专业目录及专业介绍》中的规定要求一致性较高，主要体现"高""专"两大特点；第二，本科学前教育专业培养人才的种类广泛，主要有"托幼机构保教、研究、管理人员""学前教育行政、管理人员""科研机构的学前教育研究人员""相关服务机构中从事咨询、宣传、出版儿童文化事业的传媒工作者""为相近学科领域输送优质的研究生生源""学前教育师资培养培训机构的教学、研究、管理人员"等。

本科学前教育专业人才培养规格是本科学前教育专业培养目标的具体表现。《普通高等学校本科专业目录及专业介绍》文件中，对学前教育专业的"业务培养要求"规定为："本专业学生主要学习学前教育方面的基本理论和基本知识，受到幼儿教育技能的基本训练，具有在托幼机构进行保育、教育和研究的基本能力。毕业生应获得以下几方面的知识和能力：①掌握学前教育学、幼儿心理学、幼儿园课程的设计与实施、幼儿教育研究方法等学科的基本理论和基本知识；②掌握观察幼儿、分析幼儿的基本能力以及对幼儿实施保育和教育的技能；③具有编制具体教育方案和实施方案的初步能力；④熟悉国家和地方幼儿教育的方针、政策和法规；⑤了解学前教育理论的发展动态；⑥掌握文献检索、资料查询的基本方法，具有初步的科学研究和实际工作能力。"

不同学校对本科学前教育专业人才培养规格表述上不尽相同，但多选取"知识""能力""素质"作为分解学前教育专业本科生培养规格的基本要素，知识包括"通识性"知识和"专业性"知识。"通识性"知识是指学生必须了解和掌握的人类关于人自身、社会和自然发展及其规律的基本理论和基本知识，"专业性"知识则是学生所学专业需要掌握的学科基础理论和知识、专业基本理论和知识及相关的法律法规知识。能力可划分为"一般能力"和"专业能力"。"一般能力"即《中华人民共和国高等教育法》规定的、各专业本科毕业生所要求具备的能力，一般包括研究能力、学习能力、创新能力、实践能力和适应能力等，而"专业能力"则指学前教育专业本科生所应具备的、不同于其他专业的专业性质的特殊能力。素质是知识内化的结果，学前教育专业本科生素质要素可分解为"思想政治素质""身心素质"和"职业素养"三个方面。具体内容见下表：

---

① 全国教师教育学会幼儿教师教育委员会主编. 中国幼儿教师教育转型［M］. 新时代出版社，2008:30

表9-1　高校学前教育专业本科生培养规格

要　素	类　别	具体内容与要求
知　识	通识性知识	掌握必要的政治理论知识、军事理论知识；具有扎实的人文社会、自然科学理论知识。
	专业性知识	1. 教育心理科学基础知识：了解教育工作的规律，掌握教育学、心理学、教育心理学等基本理论和基础知识，具有现代教育观念和教育思想。 2. 学前教育专业理论与知识：掌握学前教育学、学前心理学、学前卫生学、幼儿园课程的设计与实施、学前教育研究方法等基本理论和基本知识。 3. 相关法律、职业知识：了解教师法、教育法、教师职业道德规范等与工作相关的法律知识。 4. 学前教育政策、法规知识：熟悉国家和地方幼儿教育的方针、政策和法规，把握专业领域发展。 5. 学前教育研究趋势知识：学习学前教育专业前沿研究，了解国内外学前教育理论、实践与科学研究的发展趋势。
能　力	一般能力	计算机能力、外语(英语)能力、普通话能力、终身学习能力、研究能力、创新能力、实践能力、适应能力等。
	专业能力	1. 保育能力：能够根据婴幼儿身心发展特点，对婴幼儿成长进行科学指导，具备从事幼儿园保育工作的基本能力。 2. 教学能力：包括基本的弹、唱、画、跳等艺术技能，制作教具、环境布置、设计组织教学、使用多媒体技术设计制作课件等基本技能。 3. 教育能力：能培养儿童良好的习惯、性格、行为，具有观察、分析和评估幼儿的能力，一定的家庭科学育儿指导的能力，对儿童进行心理教育的能力。 4. 组织管理能力：主要指幼儿园班级管理能力，学前教育行政管理能力以及其他儿童社会工作能力等。 5. 交流沟通能力：掌握基本的语言、非语言沟通技巧，与学前儿童、家长之间建立信任、合作和相互支持的关系。 6. 教育科研能力：掌握文献检索、资料查询的基本方法，具有初步的科学研究和实际工作能力。 7. 设计、开发幼教产品的能力：包括设计、开发幼儿园课程、幼儿玩教具、幼儿读物等能力。
素　质	思想素质	具有坚定的政治方向，热爱社会主义祖国，拥护中国共产党的领导，牢固树立并自觉践行科学发展观，具有良好的思想品德和社会公德。
	身心素质	具有健康的体魄，能够胜任学前教育工作；有良好的体育锻炼和卫生习惯；达到国家规定的大学生体育和军事训练合格标准。 具有科学的世界观、正确的人生观和价值观；富有强烈的社会责任感；具有健康的心理和健全的人格。
	职业素养	热爱儿童，热爱教育事业；具有遵纪守法、爱岗敬业、团结协作、乐于奉献和勇于创新的职业素养。

2. 本科层次学前教育专业课程设置

　　根据课程内容，可以将本科学前教育专业课程划分为通识教育课程、学科基础课程、专业基础课程与实践教学环节四个模块，每类课程又包括必修和选修两种性质的课程。

　　(1)通识教育课程。通识教育课程又称公共教育课程、学校平台课程，由公共必修课和公共选修课构成，是接受高等教育的任何专业的学生都必须修习的课程。在课程结构中处于基础、根本地位，主要培养本科生应具备的科学的人生观、价值观，塑造健全的人格和人文气质特征，具体有正确的思想政治水平、基本的计算机水平、外语能力及健康的身心素质。开设的必修课程一般包括：《中国特色社会主义概论——毛泽东思想、邓小平理论、三个代表及科学发展观》《马克思主义哲学》《中国近现代史纲要》《思想道德修养与法律基础》和《形势与政策》《大学英语》《计算机文化基础》《大学语文》《高等数学》《大学生心理健康教育》《大学生职业生涯规划与就业指导》《体育与健康》及军事训练课程、社会实践课程等。通识课程的选修课程是学生根据自己的学习兴趣和发展需要自行从全校开设的选修课程中选择的，学科类型较多、涵盖范围较为广泛，在此不再一一列举。

　　(2)学科基础课程。学科基础课程也称学院平台课或教师教育课程，是高校为使学生掌握本专业主干学科的基本理论和知识所设置的课程，以陶冶、训练教育工作者的基本素质和素养，使其具备科学的现代教育观念，掌握基本的教育教学方法、手段和技能。主要涉及教育理论类、学科教学法、教师职业技能等课程，一般包括：《人体解剖生理学》《教育概论》《普通心理学》《中外教育史》《比较教育学》《教育管理学》《班级管理》《课程与教学论》《教育哲学》《教育研究方法》《教育心理学》《教育政策与法规》《教育统计与心理统计》《德育原理》《现代教育技术》《教师专业技能训练》（包括教师口语、教学艺术及书法等）等且均为必修课程。

（3）专业基础课程。专业基础课程是为突出学前教育专业特有属性，要求学生掌握学前教育专业基本理论和知识、获得学前教育专业知识和技能而设置的课程。专业基础课程作为专业训练的主要内容和标志，在四个课程模块中所占的比重最高，且课程内容比较丰富。其中，学习、掌握学前教育专业理论知识的课程主要有：《学前教育学》《学前心理学》《学前卫生学》《学前游戏论》《学前管理学》《中外学前教育史》《学前比较教育学》《学前教育研究方法》《学前教育评价》《学前教育政策与法规》《学前教育研究新进展》《学前儿童英语教育》《学前儿童特殊教育》《幼儿保育学》《幼儿园活动设计与指导》《幼儿园各领域教学法》（包括健康教育、社会教育、艺术教育、科学教育、语言教育等）、《幼儿园班级管理》《幼儿园课程论》《儿童哲学》《儿童心理健康与咨询》《儿童行为观察与分析》《儿童社会性发展与教育》《学前儿童家庭教育》《蒙台梭利教学法》《奥尔夫音乐教学法》《中外学前教育名著导读》及《儿童文学》等课程。训练、发展学前教育专业技能的课程主要有：《微格教学》《钢琴》（也称"键盘、琴法"）、《舞蹈》《声乐》《视唱练耳》《绘画》《幼儿简笔画》《幼儿美术作品创作》《幼儿园玩教具制作》《幼儿园环境设计》《幼儿舞蹈创编》《幼儿歌曲即兴伴奏》《儿童剧创编与表演》《儿童图书的策划与编辑》等课程。专业基础课程性质不统一，有些是必修课有些是选修课，大多数理论性课程都为必修课，而大多数技能课程则在不同的学期开设，其性质也不一样。

（4）"实践教学环节"。之所以称"实践教学环节"而不是"实践教学课程"，是因为有些不能算是课程而更倾向于一种锻炼或体验，甚至一些内容虽是必修性质但又不算在课时与学分之内的，而且是师范教育中不可或缺的关键环节。如果说上述三种课程是"课堂"教学内容，而"教学实践环节"更应该称为"课外"学习内容。其开设的主要目的是为了加强学生理论联系实际的能力，使学生通过实践运用和创新所学知识和理论，将所学习掌握的专业理论和知识与专业能力和技能转化为教学实践能力和技巧从而获得专业能力的提升。一般包括：素质教育拓展环节、计算机综合应用能力训练、科研训练、外语综合应用能力、普通话水平培训与测试、教育调查与实践、教育见习、教育实习、毕业论文写作、军事训练、公益劳动、必读书目阅读等。

大多数学前教育专业本科生培养方案在课程设置课程结构中都遵循了由"培养现代公民—培养合格教育工作者—培养高素质学前教育工作者"这一培养路径，真正使学前教育专业本科生的培养实现了：定"格"在本科，定"性"在教育，定"向"在学前。此外，根据学前教育专业本科生培养方案课程设置中课程开设单位而言，主要以教师教育学院或教育学院为主，一些相关课程还涉及音乐、美术、中文、生命科学、心理学、传媒及政治经济管理等院系，能够有效地利用全校或全院的教学优势和培养条件，初步实现了全校各院系齐心合力培养学前教育专业人才的教师教育机制。

延伸阅读：某师范大学学前教育专业（本科）培养方案（原稿）

一、培养目标与要求

1. 培养目标

学前教育专业培养目标为专业基础好、实践能力强、综合素质高的现代复合型幼儿教育专业人才。他们是热爱教育事业，具有良好的思想道德修养和身心素质、较高的文化品质和科学素养，掌握学前教育的基本理论和专业技能，具有较强的幼儿教育教学实践能力和科研创新能力，既能在各级各类儿童教育与康复机构从事幼儿教育、科研、管理、康复、宣传、培训等工作，又能继续攻读相关学科硕士学位的"一专多能"型人才。

2. 培养要求

本专业学生主要学习学前教育方面的基本理论和基本知识，接受学前教育技能的基本训练，掌握保育、教育和研究等幼儿教育类工作的基本能力。学生应获得以下几方面的知识和能力：

（1）掌握学前教育保育学、学前教育学、学前儿童发展科学、幼儿园教育活动设计与组织等学科的基本理论和基本知识。

（2）掌握观察幼儿、分析幼儿的基本能力以及对幼儿实施保育和教育的技能。

（3）具有设计具体教育方案和实施方案的基本能力。

（4）熟悉国家和地方有关学前教育的方针、政策和法规。

（5）了解学前教育理论和学前教育实践的发展动态。

（6）具有一定的科学研究和管理工作能力和一定的批判性思维能力。

二、学制与修业年限

学制 3 年。实行弹性学制，修业年限 3～6 年，必须修够规定的学分方能毕业。

三、主干课程及主要专业实验

1. 主干课程

学前教育学、儿童发展心理学、学前儿童保育学、学前教育史、学前教育科研方法、幼儿园课程、学前游戏论、学前儿童语言教育、学前儿童健康教育、学前儿童艺术教育、学前儿童科学教育等课程。

2. 主要专业实验

普通心理学实验等。

四、主要实践教学环节

1. 课程论文（设计）

课程论文（设计）是在学习专业课的过程中所进行的实践教学活动，一般依托所学习的某一门课程进行，在第 3～6 学期安排 2 篇。完成并符合要求，每篇计 1 学分，共 2 学分。

2. 教学见习

教学见习是在学习专业课的过程中所进行的实践教学活动，是对所学习的专业内容进行实际考察学习，以培养、锻炼专业能力。教学见习一般安排在第 3～6 学期进行，时间为 6 周，在幼儿园等幼教机构中进行。完成专业（教学）见习，计 4 学分。

3. 教育实习

教育实习是重要的实践性教学环节，其目的是全面培养、提升学生的实际工作能力。教育实习一般安排在第 6 学期进行，由学校集体安排集中实习，或学生自己联系分散实习，主要在幼儿园、幼教培训机构等幼儿教育相关场所内实习，实习时间计 12 周。完成实习并符合要求，计 8 学分。

4. 毕业论文（设计）

毕业论文（设计）是学程即将结束时培养、检查学生学习成效、工作能力和科研能力的重要实践教学环节，一般安排在第 8 学期进行，用时 8 周。完成并符合要求，计 8 学分。

课后习题

1. 三年制中等幼儿师范学校的培养目标和规格是什么？
2. 三年制中等幼儿师范学校的课程设置。
3. 如何在新形势下对《三年制中等幼儿师范学校教学方案（试行）》进行重新解读？
4. 本科层次学前教育专业的培养目标和课程设置。

我的说说

_____

_____

_____

_____

附录原文

《三年制中等幼儿师范学校教学方案（试行）》①

一、培养目标与规格

中等幼儿师范学校是培养幼儿园教师的中等专业学校。

中等幼儿师范学校要坚持社会主义方向培养德、智、体等诸方面全面发展、能适应当代幼儿教育发展和改革需要的幼儿教师。具体培养规格如下：

（一）思想品德方面

1. 坚持四项基本原则，热爱社会主义祖国，热爱中国共产党，拥护党的路线、方针、政策，关心国内外大事。

2. 初步掌握马克思主义的基本观点，了解建设有中国特色的社会主义的基本原理，树立正确的世界观、人生观和价值观。学生在校期间，每类课程至少选修一门。选修课要进行考核或考查成绩记入学生学习档案。

3. 热爱幼儿，热爱幼儿教育事业，树立正确的儿童观和教育观，具有良好的道德品质、教师职业道德和行为习惯具有事业心、责任感培养求实创新精神。

4. 树立正确的劳动观点、劳动态度和良好的劳动习惯培养艰苦奋斗精神。

（二）知识、技能及基本能力方面

1. 掌握从事幼儿教育工作所需要的中等文化科学知识、技能。

2. 了解幼儿生理、心理发展特点及规律掌握开展幼儿保育和教育活动的基本知识和技能并初步了解幼儿教育研究的一般知识。

3. 掌握开展幼儿教育活动所需的体育、艺术基本知识和相应的技能技巧。

4. 初步掌握一定的生产、生活的劳动知识和技能。

5. 掌握有效的学习方法形成良好的自学习惯具备自我发展的能力。

6. 具有较强的口头表达和书面表达能力。

7. 能创制简易的教、玩具，会基本的实验操作，初步掌握计算机的基本知识和操作技能，能设计制作简易的电教软件，正确使用常见的电教设备。

8. 能进行社会交往，会调动家庭和社会积极因素教育幼儿。

9. 具有一定的艺术修养和健康的审美意识以及初步的鉴赏美、表现美和创造美的能力。

---

① 国家教育委员会.三年制中等幼儿师范学校教学方案（试行）［S］.国家教育委员会，1995.

10．掌握观察了解幼儿、制定保育和教育目标、指导幼儿游戏和各种教育活动以及幼儿园班级管理和园务管理的一般知识和方法。

（三）身心素质方面

1.懂得一般的保健知识和方法养成锻炼身体的习惯和良好的生活卫生习惯达到国家体育锻炼标准身体健康。

2．形成良好的心理素质具有较强的意志力和心理自我调节能力。

二、课程设置与时间安排

（一）课程设置

中等幼儿师范学校的课程设置由必修课、选修课、教育实践和课外活动四部分组成,四者要成为有机结合的整体。

1．必修课

必修课是中等幼儿师范学校课程设置的主体,是培养学生德、智、体等诸方面全面发展和对幼儿教师进行职前教育的主要途径。必修课包括思想政治、文化知识、幼儿教育理论、艺术、体育、劳动技术、教师口语和电教基础等类课程。

思想政治课主要对学生进行马克思主义基本知识的教育,建设有中国特色社会主义基本理论的教育,爱国主义教育、国情教育理想、道德和师德教育民主、法制教育独立自主、艰苦奋斗教育等。

文化知识课主要在初中文化的基础上,讲授从事幼儿教育工作必备的中等文化知识并进行基本技能训练。文化知识课开设语文、数学、物理、化学、生物、历史、地理。

幼儿教育课主要讲授幼儿卫生、保育、心理和教育的基本知识、基础理论和基本方法,培养学生热爱幼儿的情感和开展幼儿保育和教育工作应具有的基本知识、技能和能力。幼儿教育课开设幼儿卫生保育教程、幼儿心理学、幼儿教育概论、幼儿园教育活动的设计与指导。

艺术课主要讲授音乐、舞蹈、美术等学科的基础知识并进行基本技能训练。同时培养学生正确的审美观点、健康的审美情趣以及从事幼儿艺术教育所需要的能力。艺术课开设音乐、舞蹈、美术。

体育课主要讲授体育基础知识进行基本技能、技巧训练,提高学生身体素质,培养学生开展幼儿体育活动的能力。

劳动技术课主要对学生进行必要的生产劳动、生活知识的教育并进行一定的劳动技能训练培养学生正确的劳动观点、良好的劳动习惯以及从事幼儿教育必备的劳动知识和技能。

教师口语课程主要使学生掌握从事幼儿教师工作所必备的教师口语知识,并进行教师口语表达的技能训练。

电化教育基础课程主要使学生掌握从事幼儿教师工作所需要的基本的电教知识和技能,包括计算机的基本知识和操作常见电教设备的使用、电教软件的制作等。

各类课程都要结合幼儿师范学校的专业特点安排教学内容。要注意结合学科特点和内容渗透德育训练技能培养能力;要重视乡土知识的传授;要重视对学生进行人口、生态、环境保护等方面知识的教育;要根据学生的身心发展规律因材施教使学生得到生动、活泼、主动、全面的发展。

必修课课时应为总课时数的65%左右。

三年制中等幼儿师范学校必修课程、课序、时间安排见附表。

2．选修课

选修课是中等幼儿师范学校课程设置的重要组成部分是必修的延伸和必要补充。它可以使中等幼儿师范学校教学主动适应当地经济、文化发展的需要;主动适应幼儿教育事业发展、改革的需要;可以拓宽和加深学生的知识,发展学生广泛的兴趣和特长等。

选修课一般应开设文化知识、教育理论、艺术、体育、劳技、外语等类课程。

选修课课时应为总课时数的15%左右。

各地中等幼儿师范学校在完成必修课教学任务的基础上根据师资力量、设备条件等确定具体选修科目和教学时间。教师要根据学生的特长和毕业后的定向需要等适当指导其确定选修科目。学生在校期间每类课程至少选修一门。选修课要进行考核或考察成绩记入学生学习档案。

191

3．教育实践

教育实践是中等幼儿师范学校思想教育、文化知识、教育理论的综合实践课，是幼儿教师职前教育的必要环节。对于学生了解幼儿教育，熟悉幼儿，巩固专业思想，提高学生从事幼儿保育、教育活动的综合实践能力具有特殊作用。

教育实践包括参观幼儿园、实际观察幼儿身心发展状况、教育见习、教育实习、教育调查以及为幼儿园服务等实践活动。

教育实践的安排要贯穿于三年教学活动的始终。

教育实践的时间为十周约为总课时数的10%左右。其中：一年级一周，二年级二周，三年级七周。

4．课外活动

课外活动是中等幼儿师范学校教学活动的有机组成部分对于学生学习文化知识、发展个性训练技能培养能力特别是幼儿教育工作的实际能力具有重要意义。

中等幼儿师范学校通过举办讲座组织兴趣小组、社团、社会调查等多种形式开展学科、科技、艺体等诸方面的课外活动。

学校要制订课外活动计划安排教师辅导提供必要的场地、设备等使课外活动有计划、有目的、有组织的进行；要充分调动学生开展课外活动的积极性和主动性培养学生自我教育、自我管理、自我服务的能力。

课外活动的时间应为总课时数的10%左右。

（二）时间安排

全学程共一百五十六周。其中，教学活动（含复习考试）一百零六周左右，教育实践十周，寒暑假三十六周，机动四周（用于社会活动、集体教育活动）。

（三）三年制中等幼儿师范学校必修课程、课序、时间安排参考表。

三年制中等幼儿师范学校必修课程、课序、时间安排参考表

科　目	各学年课时			各科课时参数
	一	二	三	
思想政治	2	2	2	212
语　文	4	5	5	503
数　学	4	4		298
物　理	3			111
化　学	3			111
生　物	3			111
地　理		2	1	106
历　史		2	1	106
电教基础			1	32
教师口语			2	64
幼儿卫生保育教程	2			74
幼儿心理学	1	1		74
幼儿教育概论		2		74
幼儿园教育活动的设计与指导			6	192
音　乐	3	3	2	286
美　术	2	2	2	212
舞　蹈	1	1	1	106
体　育	2	2	2	212
劳动技术		2		74
总　计	30	28	25	2958

三、关于实施本教学方案的几点说明

（一）本教学方案是国家对中等幼儿师范学校教育教学活动的基本要求，各省、自治区、直辖市教育行政部门根据本教学方案的基本要求和精神制订符合当地实际的中等幼儿师范学校教学计划。各地可对必修课的课时、课序等进行适当调整；可根据本教学方案的基本要求和实际需要确定选修科目和规定课时；可参照本方案的基本精神和课时比例自行安排课外活动等。各地要积极创造条件贯彻实施本教学方案。在实施本教学方案过程中，要注意根据中等幼儿师范教育的特点和规律使中等幼儿师范学校的教育教学活动成为由必修课、选修课、课外活动和教育实践有机结合的整体。

（二）中等民族幼儿师范学校（或班）教学计划由各省、自治区、直辖市根据本教学方案的要求制定符合民族地区实际的教学计划。

（三）本教学方案适用于三年制中等幼儿师范学校或在其他类学校附设的幼师班应依据本教学方案的精神制订相应的教学计划。

第十章 《国务院关于当前发展学前教育的若干意见》解读

教学目标

1. 了解《国务院关于当前发展学前教育的若干意见》出台的背景及意义。
2. 理解《国务院关于当前发展学前教育的若干意见》的内容结构。
2. 掌握《国务院关于当前发展学前教育的若干意见》的基本精神。

知识结构图

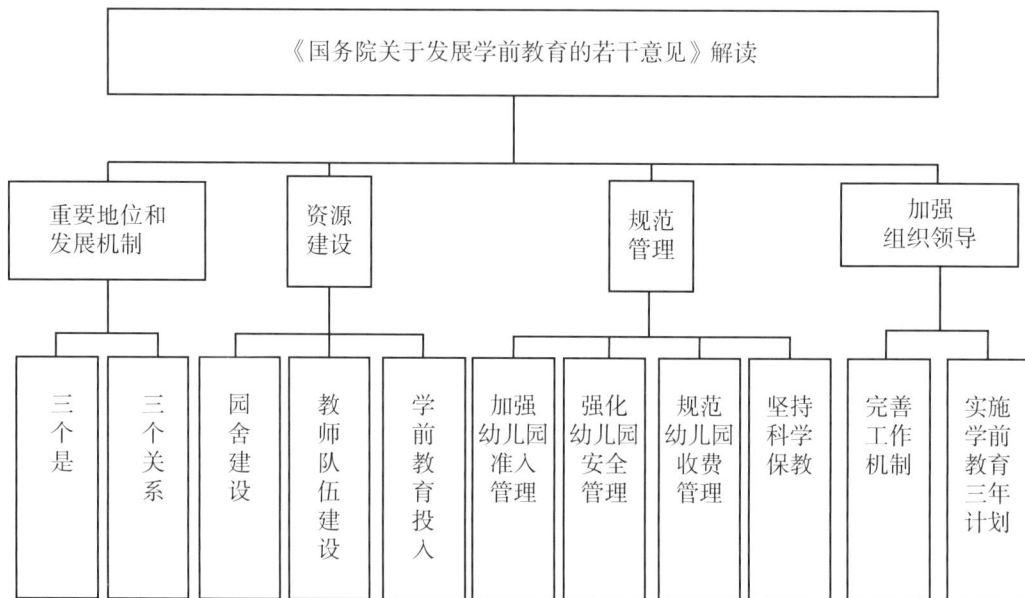

案例分析

案例 上个幼儿园怎么这么头痛。根据网络上近年来对幼儿入园的相关报道，可以毫不夸张地将公办幼儿园的入园用"激烈竞争"来形容。临近报名时间，全国各大城市许多公办幼儿园门口都会出现全家齐上阵，排队等名额的现象。甚至有的家长在街边支起行军床、搭起露宿帐篷排队等待入园名额分配。很多公办幼儿园园长被迫手机关机。入公办园无望的情况下，很多家长只好考虑优质民办幼儿园，但略有名气的民办幼儿园的学费增长幅度很快，有的甚至到了令人望而却步的地步。在一线城市，有的民办幼儿园的学费甚至达到每个月1600元，让很多家长都无法接受。目前民办幼儿园的教育质量参差不齐，鱼龙混杂的现象普遍。有的民办幼儿园教育质量暂且不说，安全事故频发。据法制日报报道，2016年7月，河北3天内发生两起事故，3名幼儿在校车内闷死。2017年6月28日至7月13日，半个月内河北雄县、遵化市、晋州市、霸州市4县（市）连续发生4起此类事故，4名幼儿丧生。在这4起事故中，3家涉事幼儿园为未经审批备案的农村非法幼儿园。事发后，河北省教育厅发文，将事故原因归咎于一些民办幼儿园唯利是图、违法违规购置非标准车辆以及负有审批职权的基层教育部门审批把关不严。

分析 以上的案例实质上反映了三个在目前学前教育事业发展中的问题，第一，学前教育的公共资源整体上仍然不能满足民众的需要，表现为公办园太少，"入园难"；第二，优质的学前教育资源太少，尤其是民办幼儿园中优质园太少，且民办园收费混乱，急需监督管理；第三，与城市相比，农村地区幼儿教育的发展存在问题更多，亟待教育界的关注和重视。

第一节 《国务院关于当前发展学前教育的若干意见》概述

改革开放以来，我国学前教育事业有了很大发展，普及程度逐步提高。但从整体上看，学前教育仍然是各级各类教育中的薄弱环节。学前教育是终身学习的开端，是国民教育体系的重要组成部分，是重要的社会公益事业。鉴于此，2010年11月国务院发布《国务院关于当前发展学前教育的若干意见》，提出了加快推进学前教育发展的十条政策措施，简称"国十条"。"国十条"对当前和今后一个时期学前教育发展作出了全面部署，提出了明确要求。

一、当代我国发展学前教育的重要意义

在我国从教育大国向教育强国迈进的关键阶段，大力发展学前教育对于实现更高水平的普及教育，提高国民整体素质具有深远意义。这是影响一代人甚至几代人、影响未来综合国力的大事。

1. 发展学前教育事关亿万儿童的健康成长，是促进人终身发展的奠基工程

学龄前阶段是人生最重要的启蒙时期，是为后继学习和终身发展奠定坚实基础的重要阶段。相关研究成果表明，在人的一生中，这一阶段发展最快、可塑性最强。接受科学的学前教育，对于幼儿形成强健的体魄，养成健康的生活习惯，培养良好的思想品德，激发学习兴趣、创新意识和合作能力具有不可替代的作用，对人的健康、学习和社会行为等方面产生终身可持续的影响。大力发展学前教育，为儿童创造良好的人生开端，是坚持以人为本在教育领域的必然要求和具体体现。

2. 发展学前教育事关千家万户的切身利益，是保障和改善民生的重要举措

学前教育是国民教育的第一阶段，也是十分重要的社会公益事业，直接涉及人民群众最关心、最直接、最现实的利益。我国有一亿多学龄前儿童，规模世界第一，学前教育为全社会广泛关注。特别是随着经济社会的快速发展和人民生活水平的提高，家长对教育的需求进一步向早期教育延伸，学前教育已成为人民群众对教育公平的新诉求，成为事关千家万户利益的重大民生问题；随着工业化城镇化的推进，人口流动带来留守儿童、流动儿童大幅度增加，学前教育需求出现了新的变化。每一个孩子的健康成长都寄托着几代人的期盼，每一个家庭都希望孩子享有公平的机会，接受科学的学前教育。大力发展学前教育，对于保障和改善民生、促进社会和谐稳定具有重大现实意义。

3. 发展学前教育事关国家和民族的未来，是建设人力资源强国的必然要求

我国教育家陶行知先生早在20世纪20年代就强调："小学教育是建国之根本，幼稚教育尤为根本之根本。"今天的儿童是明天的祖国的建设者。对学前教育的重视程度反映着一个国家的先进程度，是衡量社会发展水平的重要标志。强国必先强教，强教必重基础。

二、"国十条"出台的背景

改革开放特别是党的十六大以来，我国学前教育事业取得长足发展，普及程度逐步提高。2009年，全国共有幼儿园13.8万所，在园儿童2658万人，学前三年毛入园率达51%，是1980年的三倍多。但作为国民教育体系的重要组成部分，学前教育目前仍是一个薄弱环节，面临着许多困难和问题，还不适应人民群众期盼和人的全面发展的需要。在《国家中长期教育改革和发展规划纲要》制定的过程中，两次公开征求意见时，学前教育均列第一位，成为群众反映强烈、社会高度关注的重大民生问题。主要集中表现在：

1. 学前教育资源短缺、投入不足，一些地方入园难矛盾突出，尤其是入公办园难已成为社会反映的一个热

点问题。目前，我国幼儿园的办学属性分为公办、民办、集体办和其他部门办。公办幼儿园是国家机构建设的，园长由教育局任命，办学经费和教师及保育员工资均由财政拨付。由于公办园办学条件较好、师资有保障且收费较低，普遍为家长的首选。但是公办园招生人数有限，收取比例较低，家长提前排队报名已是常态，公办幼儿园接受能力有限，并不能完全满足需求，很多时候公办幼儿园超负荷运转。公办幼儿园软硬件条件优越、收费偏低，因此受到广大家长的偏爱，但现在公办园不仅数量极少，而且也不按学区划分，入园名额非常有限，多与孩子父母的社会地位与经济水平挂钩。于是，民办幼儿园的地位和重要作用凸显出来，不过虽然民办幼儿园可以缓解入园难的矛盾，也存在一些刻不容缓的问题。少部分民办幼儿园软硬件条件优越，但收费昂贵，大多数家庭难以承受。也有一些价格便宜的私立幼儿园，但很多属于无证办学、软硬件条件恶劣，不仅教学水平差，安全性上更是隐患丛生，发生在这些幼儿园的房屋倒塌和火灾致儿童伤亡、校车严重超载导致车祸、卫生不过关导致集体食物中毒和传染病迅速扩散等事故屡见报端。

2. 区域发展不平衡，城乡差别大，农村入园率明显低于城市。幼儿教育均衡发展是指通过法律法规确保给予适龄幼儿以同等受教育的权利和义务，通过政策制定与调整以及资源调配而提供相对均等的教育机会和条件，以客观公正的态度和科学有效的方法实现教育效果和成果机会的相对均衡，其核心追求是实现资源配置的相对均衡。目前，我国幼儿教育由于地域和经济原因非均衡发展现状明显，主要体现在以下方面：

第一，城乡幼儿受教育数量质量不均衡。据相关调查研究表明，我国城市中接受学前教育的儿童数量要远远多于农村。受到经济发展水平的制约，农村教学资源比较落后，教学场所有限，幼儿教师的素质较城市来说较低。而城市经济发展速度比较快，发展水平也比较高，各种教育场所层出不穷，相应的教育基础设施建设也都比较完善，师资力量壮大，两者之间的差异促使人们把儿童送到城市中接受教育。除此之外，国家在教学经费的投入方面，城市多，农村少，差异较大，这在一定程度上扩大了城乡之间幼儿教育的非均衡发展，两者接收的幼儿数量偏差较大。目前，我国城市的幼儿已基本上解决了入园问题，城市幼儿的家长普遍关心的是让孩子上哪所好幼儿园；而中国广大的农村只有七成的孩子能接受一年的学前教育。农村的孩子不仅在受教育机会和年限上远不如城市的孩子，他们所接受的教育的质量更是无法与城市幼儿相比。

第二，东西部区域幼儿受教育程度不均衡。从我国当前的经济发展情况来看，我国东部、中部以及西部的经济发展呈线性结构，东部经济发展水平高，速度快，为发达区域；西部经济发展水平低，机会少，为欠发达区域；而中部地区处于两者中间。经济基础决定上层建筑，在这样经济结构存在较大差异的前提下，幼儿受教育程度也存在较大差距，不同的经济发展水平地区对幼儿教育的供给和需求是不同的。

第三，幼儿教师数量不足，整体素质有待提高，待遇保障问题亟待解决。建设一支高素质的教师队伍是办好人民满意的学前教育、真正让家长放心安心的必然要求。我国现在幼儿教师缺口很大、保育员的缺口更大。师资力量是个瓶颈。当前的幼儿教师队伍中，主力是来自中等职业学校的毕业生。这与幼儿教师队伍待遇低、保障差导致的职业吸引力不高有极大关系。加上社会保障体系不完善，导致幼儿教师"进不来、干不好、留不住"，队伍很不稳定。要努力提高幼师、保教人员的待遇，尊重他们的劳动。

第四，收费不规范，有些幼儿园收费过高。城镇幼儿家长对优质特色幼儿园的迫切追求，"不让孩子输在起跑线"的攀比心理，以及无法获得优质公立幼儿园的入园名额，使一些有知名度的私立幼儿园，成了家长们追捧的目标。但这些幼儿园收费昂贵变成了百姓眼中的"贵族"幼儿园，直接导致了"入园贵"的局面出现。"入园贵"反映了学前教育经费投入不足且收费缺乏有效的制约与监管。长期以来，地方各级政府对幼教的实际重视程度不够高，且投入严重不足。很多地方政府执行的是"社会为主、公办示范"的办园思路，将举办学前教育的主要责任推向市场和社会力量，政府投入则严重不足。在全国教育经费的总量之中，学前教育经费的比例是各级各类教育中最少的。即便极为有限的财政投入，不少也被用作锦上添花，更多地投向了"示范园""优质园""实验园"。而能够享受这些优质学前教育资源的，往往又是社会地位和经济条件比较优越的城市人群。更加需要帮助的弱势群体子女和广大农村儿童却基本享受不到。由于学前教育涉及教育、财政、规划、建设等多个部门，各部门间缺乏有效监督和协调机制，致使一些学前教育事业发展经费问题一时难以解决。

第五、体制机制不完善，管理体制、办园体制、投入体制需进一步理顺。长期以来，我国实行"地方负责分级管理"的学前教育管理体制，这一体制在实际执行过程中存在着政府及各相关职能部门之间发展学前教育权责不清，存在较严重的缺位、交叉和多头管理；各级政府间的权责配置模糊，尤其是各级政府间对学前教育财政投入和支出的责任及比例不明；管理的责任主体重心过低，统筹协调和财政保障能力严重不足等突出问题，严重地制约了我国学前教育事业健康、可持续发展。因此，为加强我国学前教育资源有效扩大、推进学前教育事业积极健康发展，必须全面提升我国各地领导统筹事业发展和财政保障的重心与层次，在管理体制上保障适应社会发展的新形势需要。

总之，学前教育既面临着规模发展又面临着质量提高的问题，是发展不均衡、不充分的矛盾集中体现的领域。办好学前教育，关系亿万儿童的健康成长，关系千家万户的切身利益，关系国家和民族的未来。

三、"国十条"出台的历程

针对当前发展学前教育的重大问题，为科学制定学前教育发展的指导意见，教育部先后对浙江、江苏、安徽、上海、广东、贵州、重庆等7省市进行实地深入调研，充分听取了地方政府、相关部门以及幼儿园园长、教师的意见，并委托中央教科所、北京师范大学和上海教科院等专业机构，对学前教育的资源需求、各地的发展经验和重点问题的国际比较等进行深入分析，完成了专项报告。考虑到发展学前教育的主要责任在地方，国务院先后三次召集北京、河北、天津等16个省区市教育部门负责同志听取意见建议。在总结各地实践经验、梳理政策措施的基础上，国务院各相关部门反复磋商，对文件框架和内容进行反复研究和修改。该文件集中了16个部门、单位及人民团体的意见和建议。

四、"国十条"出台的目的

"国十条"出台是为了采取科学措施加速推进我国学前教育事业的发展，具体来讲体现在以下三个方面：

1. 贯彻落实全国教育工作会议精神和《国家中长期教育改革和发展规划纲要（2010～2020年）》（以下简称"纲要"）的要求。将"纲要"关于学前教育发展的目标和原则进一步具体化。此"纲要"提出到2020年基本普及学前教育的发展目标，这是国家在2000年基本普及义务教育之后，为实现更高水平的普及教育而做出的又一重大决策。中央、国务院领导多次批示，要求把积极发展学前教育、着力解决"入园难"作为贯彻落实"纲要"的突破口和紧迫任务，充分体现了新时期新阶段党和国家对推动学前教育改革和发展的高度重视。

2. 将发展学前教育作为保障和改善民生的重要内容，努力回应人民群众关注的热点难点问题。在"国十条"中明确发展学前教育的重要意义，提出了"三个是"：即学前教育是终身学习的开端，是国民教育体系的重要组成部分，是重要的社会公益事业。学前教育事业的发展关系到亿万儿童的健康成长，关系到千家万户的切身利益，关系到国家和民族的未来，这是学前教育发展重要性的"三个关系"。

3. 对学前教育进行全方位制度建设。针对近年来学前教育面临的突出矛盾和问题，"国十条"重点研究需要采取的主要政策措施，对学前教育进行了全方位的制度设计，制定了一系列强有力的政策措施，落实了政府在扩大资源、保障投入、教师队伍建设和规范管理等方面的责任。

总之，"国十条"是立足当前，兼顾长远，是积极发展学前教育、着力破解"入园难""入园贵"的动员令，必将对全社会提高学前教育重要性的认识，促进亿万儿童健康成长，保障和改善民生，发挥极为重要的推动作用。

五、"国十条"出台的意义

1. "国十条"出台后取得成就

在"国十条"的引领与推动下，各级地方政府进一步明确了学前教育的性质定位和发展方向，积极寻求学前教育的发展之路。精心规划、努力加大投入，纷纷出台当地加快学前教育事业发展的各项政策举措，积极制定并实施了第一期、第二期学前三年行动计划。从2010年到2016年通过实施两个三年行动计划，学前教育事业取得显著成效，学前三年毛入园率和财政投入大幅提高，幼儿园教师队伍建设、幼儿园管理明显加强。

首先，学前教育资源快速扩大，特别是普惠性学前教育资源持续增加。据教育部统计，从 2010 年至 2016 年，全国共新建改扩建幼儿园约 7 万所幼儿园，总数从 2010 年的 18.1 万所增加至 24 万所年均增长 7.3%；学前教育三年普及率从 50.9% 提高到 79.6%。成绩令人瞩目。在 2017 年，学前三年毛入园率达到 75%，比 2009 年提高了 24 个百分点，提前实现了《教育规划纲要》2020 年的发展目标，"入园难""入园贵"总体上得到初步缓解。其次，学前教育经费大幅度增加。中国产业信息网的《2017 年中国幼教行业政策分析》的结果显示，中国学前教育经费占教育经费比例从 2000 年的 1.3% 大幅提升到 2016 年的 7.2%，从 2010 年开始占比提升明显。2016 年幼儿园生均教育经费为 8626 元，增速高于其他教育阶段。中国学前教育生均经费从 2009 年的 921 元提升至 2016 年的 8626 元。在地方各级政府财政投入中也均提高了学前教育财政投入占比。最后，教师队伍不断扩大，不少地方尝试探索通过生均财政拨款、专项补助等方式，解决公办园非在编教师、农村集体办园教师工资与待遇问题，幼儿园教师和园长培养培训体系不断完善，教师队伍整体素质逐步提高，小学化倾向日益改善。

总之，实施六年来，我国学前教育事业取得了显著发展与成就，学前教育资源迅速扩大，"入园难""入园贵"得到了初步缓解。

2. "国十条"推行的当代意义

当代学前教育仍然是我国教育体系中的最薄弱环节和整个教育系统中的短板。中投顾问发布的《2016～2020 年中国民办教育行业投资分析及前景预测报告》指出，尽管我国学前教育得到了长足发展，学前三年毛入园率已经达到了 70% 以上，但仍远低于小学 97% 的入学率的水平。从总体而言，由于底子薄、欠账多、长期滞后，学前教育依旧是国民教育中的薄弱环节，存在资源短缺的问题。

2017 年 5 月 16 日，教育部、国家发展改革委、财政部对外发布的"关于实施第三期学前教育三年行动计划的意见"提出，到 2020 年，全国学前教育毛入园率提升至 85% 的目标。未来 10 年幼儿园在校生将增长 1400 万人，2020 年学前教育普及率将达 85%。2018 年，政府工作报告中明确指出："儿童是民族的未来、家庭的希望。要多渠道增加学前教育资源供给运用互联网等信息化手段加强对儿童托育全过程监管一定要让家长放心安心。"

（1）我国学前教育事业面临满足已有人口教育需求和"全面二孩"政策实施后新增人口学前教育需求的双重压力。

我国在 2020 年之前，学前教育事业发展任务艰巨。一方面，要坚决推进全国范围城乡区域全面实现"基本普及学前教育"战略目标，积极适应全国人口的新变化，主动谋划与科学调整我国学前教育事业发展目标规划；另一方面，我们需要围绕学前教育政策制度改革完善中的重点问题、突出矛盾和薄弱环节，加快破除制约学前教育事业发展的体制机制障碍，建立新的体制机制与政策制度，积极应对新压力，有效满足已有人口和新增人口的教育新需求。

（2）我国学前教育事业还存在着严重的城乡、东中西部等区域发展不均衡。

学前教育的城乡不均衡主要表现在：首先，学前教育普及率城乡差异显著。我国学前教育普及水平存在明显的城乡差异，城市学前三年毛入园率高于农村。例如，2015 年甘肃 58 个集中连片贫困县学前三年毛入园率仅为 52.30%，显著低于全国平均水平。其次，城乡幼儿教师资源配置差距较大。目前，城乡专任幼儿教师队伍逐年扩大，但城乡专任幼儿教师无论在规模上，还是在学历层次上，都存在着较大的差距。从规模上看，城市专任幼儿教师远多于农村。从学历情况看，城市专任幼儿教师以专科毕业生为主体；然而具有专科以上学历的农村专任幼儿教师所占比例低于城市，而具有高中以下学历的农村专任幼儿教师所占比例则高于城市。城乡专任幼儿教师资源配置的差异直接导致了城乡幼儿教育质量的差异。最后，虽然近年来，城乡幼儿园基础设施建设在逐年改善，但城乡差距仍然十分明显。

东中西部等区域学前教育发展不均衡体现在：目前我国东部经济发展程度高，各种教学资源比较先进，各类教学基础设施也比较完善，可以充分满足幼儿的教育需要，而在广大的中西部地区、贫困山区，发展的不充分、不平衡问题突出存在。据调研，在我国中西部的连片特困地区，学前三年毛入园率普遍在 50% 以下，不少贫困县甚至仅在30% ～ 40%。学前教育公共服务"公益普惠"程度不高，"入园贵"的问题尚未获得普遍的、根本性的解决。在不少中西部农村，一些幼儿园因缺乏经费运转困难；不少已建园因缺乏师资开不了学；一些幼儿园因缺乏专业合格教师，或小学化严重，或教育质量不高。

经济发展的非均衡是东西部区域学前教育发展非均衡的主要原因，这是因为：

第一，经济发展程度不同，其教育投资规模不同。幼儿教育的投资主要是由乡镇街道办事处来进行，他们的财政能力相差巨大，因而其投资规模相差必定也大，这样逐年累计导致幼儿教育发展非均衡。

第二，经济发展水平不同影响幼儿教师的收入，并进而影响幼儿教师学历水平。在市场经济条件下，幼儿教师的就业具有较大的流动性，不少高学历高水平的教师将流向经济发达地区，从而影响幼儿教育的资源配置并导致教育过程的非均衡。

第三，经济发展非均衡影响幼儿教育的入园率。由于幼儿教育不属于义务教育，相对于义务教育来说其收费较高，这样在劳动力富余、就业率相对较低的地区，幼儿的入园率必定要低于经济发展较好的地区。

（3）学前教育公共服务"公益普惠"程度不高。

2016年底，我国学前三年毛入园率为77.4%，这意味着仍有近1/4的儿童无法接受学前教育。当前，我国学前教育公共服务资源配置的格局特点是：公办幼儿园占比仍然较低，民办幼儿园占比过高，"公办民办并举"格局尚未形成，"入园难"普遍表现为"入公办园难"，质优价廉的公办幼儿园数量明显不足，不能满足人民群众的需要。

（4）学前教育财政性经费占比仍然较低，长效经费投入保障机制有待建立。

当前，我国学前教育财政性经费投入总体仍然过低。国际经验表明，学前三年毛入园率在80%以上的国家，财政性教育经费支出学前教育经费占比平均为9.67%；毛入园率在60% ～ 80%之间的国家，财政性教育经费支出学前教育经费占比平均为7.73%。随着第一期和第二期学前教育行动计划的实施，我国学前教育改革发展取得了明显进步，据中商产业研究院统计我国学前三年毛入园率已经从2010年的50.9%提高到2016年的75%。从增幅来看，全国学前教育经费总投入增幅最高，同比增长15.48%。增幅虽高，但学前教育经费投入所占的比重却很低。经过计算可以发现，2016年学前教育的经费投入占总经费的比重约为7.21%，而义务教育阶段的占比为45.29%。

县级财政是当前区域内财政性学前教育经费的主要来源，区县政府是学前教育财政性经费投入的主体。对于不发达和欠发达地区，"以县为主"的投入体制重心过低，县级财政自给能力不足，难以维持学前教育可持续发展的长期投入。大多数公办园以及企事业单位、集体办幼儿园，缺乏必要的财政支持，幼儿园日常运转主要靠收费，办园条件普遍较差，家长负担较重，教师工资待遇低。

（5）幼儿教师队伍建设需要进一步加强。

第一，幼儿教师缺口大。按照2013年教育部印发的《幼儿园教职工配备标准（暂行）》，全日制幼儿园的教职工与幼儿的比例需达1：5至1：7。调查数据显示，2016年我国幼儿园教职工为381.8万人，师生比约为1：12，若要达到1：7的目标，需新增教职工248.8万人，全国幼儿园的教职工配备标准离需求仍相差甚远。二孩政策的放开将对学前教育领域产生深远。从2019年开始，我国学前教育阶段在园幼儿数将出现大幅度增加，持续增加到2021年达到最大值。2021年当年学前教育阶段的适龄幼儿将增加1500万人左右，幼儿园预计缺口近11万所，幼儿教师和保育员预计缺口超过300万。

第二，幼儿教师资素质亟待提升。根据教育部年度统计数据显示，2016年全国幼儿园教职工381万人，其中园长、专任教师250万人。在这些幼师中，学历主要集中在专科水平，占总数的56.37%，有22.4%的教师只有高中及以下文凭。此外，73%教师未定职级。

（6）提升幼儿园保教质量任务依然艰巨。

学前教育事业的发展一定要建立在保证基本质量的基础上，没有质量的普及率是没有意义的。目前一些幼儿园办园行为不规范，安全、卫生事故时有发生。相当多的幼儿园教育"小学化"现象仍较严重。多数地方教

199

育行政部门未设学前教育管理和教研部门，学前教育管理和指导力量单薄，难以适应由于幼儿园快速发展带来的日益繁重的管理和指导任务。

鉴于以上分析，当代仍需按照"国十条"的相关建议，积极推进学前教育事业的建设。

第二节　《国务院关于当前发展学前教育的若干意见》内容解读

一、"国十条"整体结构解读

《国务院关于当前发展学前教育的若干意见》有四个部分构成，共十条。简称"国十条"。

第一部分是学前教育的重要地位和发展原则。

"国十条"用"三个是"和"三个关系"突出强调了学前教育的重要地位，指出学前教育"是终身学习的开端，是国民教育体系的重要组成部分，是重要的社会公益事业""办好学前教育，关系亿万儿童的健康成长，关系千家万户的切身利益，关系国家和民族的未来"。"国十条"提出了发展学前教育的五条原则，核心是坚持公益性和普惠性，构建学前教育公共服务体系，保障适龄儿童接受基本的、有质量的学前教育。

第二部分是学前教育的资源建设，包括建园、教师和投入。

（1）园舍建设。强调多种形式扩大学前教育资源，有三方面的内容：一是采取四条措施大力发展公办园，提供"广覆盖、保基本"的学前教育公共服务。这四条措施是：新建幼儿园、利用富余资源改建幼儿园、扩建幼儿园、支持街道和农村集体举办幼儿园。二是多种形式扶持社会力量办园，通过创新支持方式，鼓励和引导民办园提供普惠性服务。三是努力扩大农村学前教育资源，逐步完善县、乡、村三级网络。

（2）教师队伍建设。主要是三方面内容，一是针对目前公办幼儿园教师编制存在的问题，提出合理确定师生比，核定公办幼儿园教师编制，逐步配齐幼儿园教职工。二是依法落实幼儿园教师在工资、职称和社会保障等方面的地位和待遇。三是完善幼师资培养培训体系，办好幼儿师范院校和专业，对园长和教师进行全员培训。

（3）学前教育投入。主要采取三条措施：一是加大政府投入。相关政策可以概括为五有：预算有科目、增量有倾斜、拨款有标准、投入有比例、资助有制度。二是制定优惠政策，动员和鼓励社会力量捐资助园和出资办园；三是家庭合理分担学前教育成本。

第三部分是规范学前教育管理，包括准入、安全、收费和保教等内容。

（1）加强幼儿园准入管理。一是严格执行幼儿园准入制度，完善和落实幼儿园年检制度，实行动态监管。二是分类治理无证办园，针对目前存在的无证办园现象，提出全面排查，加强指导，督促整改。整改后仍未达到保障幼儿安全、健康等基本要求的，要依法予以取缔。

（2）强化幼儿园安全管理，突出强调建立健全各项安全管理制度和安全责任制，要求各相关部门按职能分工建立全覆盖的幼儿园安全防护体系，并对幼儿园和幼儿园所在的街道、社区和村民委员会提出了要求。

（3）规范幼儿园收费管理，主要采取三条措施：一是国家有关部门制定幼儿园收费管理办法，省级有关部门制定公办幼儿园收费标准。二是加强民办幼儿园收费管理，完善备案程序，加强分类指导。三是坚决查处乱收费。

（4）坚持科学保教。主要是两个方面的内容：一是要制定幼儿学习与发展指南，坚持保教结合，寓教于乐，防止和纠正幼儿园"小学化"倾向。二是建立幼儿园保教质量评估监管体系。

第四部分是加强组织指导。

（1）完善工作机制，强调各级政府要加强对学前教育的统筹协调。要求健全教育部门主管，有关部门分工负责的工作机制，明确了各有关部门职责分工。

（2）实施学前教育三年计划。

二、"国十条"的核心内容解读

1. 学前教育发展的原则——"五个坚持"

"国十条"中的第一条把学前教育摆在国计民生的重要位置，突出强调了它的教育属性和社会公益属性，明确指出，学前教育是国民教育体系的重要组成部分，是重要的社会公益事业。发展学前教育，必须做到五个坚持，即第一，必须坚持公益性和普惠性，努力构建覆盖城乡、布局合理的学前教育公共服务体系，保障适龄儿童接受基本的、有质量的学前教育；第二，必须坚持政府主导，社会参与，公办民办并举，落实各级政府责任，充分调动各方面积极性；第三，必须坚持改革创新，着力破除制约学前教育科学发展的体制机制障碍；第四，必须坚持因地制宜，从实际出发，为幼儿和家长提供方便就近、灵活多样、多种层次的学前教育服务；第五，必须坚持科学育儿，遵循幼儿身心发展规律，促进幼儿健康快乐成长。

（1）必须坚持公益性和普惠性，努力构建覆盖城乡、布局合理的学前教育公共服务体系，保障适龄儿童接受基本的、有质量的学前教育

坚持公益性和普惠性原则是"国十条"的指导思想和核心内涵。发展学前教育，解决入园难的关键是突出公益性和普惠性，构建覆盖城乡、布局合理的学前教育公共服务体系，保障适龄儿童接受基本的、有质量的学前教育。公益性普惠性学前教育的提出是政府解决教育不公平的重要举措之一。公益普惠性学前教育能够让幼儿在人生起点上获得较为公平的发展机会，保证大部分幼儿不会因入园机会的不平等和能够享受的教育资源存在迥然差异而输在人生起跑线上。公益普惠性幼儿园的建立是缓解目前教育资源短缺的主要策略。公益普惠性幼儿园至少包括三个类型的幼儿园：一是公办幼儿园；二是集体或单位举办的公办性质幼儿园；三是提供普惠性服务的民办幼儿园。

第一，公益性和普惠性学前教育的内涵。公益性是指非盈利性和具有社会效益性。公益性项目是以谋求社会效应为目的，具有一般规模大、投资多、受益面宽，服务年限长，影响深远等特点的投资项目。学前教育的公益性首先是由其社会功能所决定的。近年来，多学科的研究成果都证实了学前教育具有正外部性，其效果不仅使幼儿及其家庭受益，而且可以外溢给社会，在减少贫困、犯罪等社会问题方面，起到了早期预防的作用，并为国家未来人力资源的开发奠定了基础。此外，学前教育是所有儿童都应该公平享有的基本权利，这也可以认为是其公益性的体现之一。《儿童权利公约》（1989 年）规定，生存权和发展权是每个儿童都应享有的基本权利；《世界全民教育宣言》（1990 年）指出，出生即为学习的开始，各会员国应为所有儿童提供早期保育和教育；而《达喀尔行动纲领》（2000 年）提出的全民教育六大目标之首就是"扩大和改善幼儿，尤其是最脆弱和条件最差的幼儿的全面保育与教育"。全世界几乎所有的国家都签署了这三个重要国际文件，向儿童作出了提供学前教育服务以保证其基本权利的政治承诺。这充分证明学前教育是终身学习的开端，是国民教育体系的重要组成部分，是重要的社会公益事业，是促进教育公平的重要开端。

通观"国十条"全文，一些核心词汇诠释了普惠性的核心内涵，如广覆盖、保基本，面向大众、收费较低等。学前教育受惠面的普遍化、扩大化，依据的标准是公民权利而非身份地位，这意味着学前教育的经费投入不仅惠及特权儿童、弱势儿童、残障儿童，更包括其他所有儿童。普惠性不是一种有偏向的福利观，而是一种均等的福利观，尊重的是全体公民的权利，不受身份、阶层、经济条件等影响。学前教育作为公共福利制度的一部分，公民无须通过竞争就能获得享有权，无论这种竞争是以权力资本、经济资本还是文化资本的方式呈现的，所有儿童都能享受学前教育的益处。

"国十条"中提出的坚持学前教育普惠性是国家保障社会公平、干预社会经济生活的结果，是一项重要的社会政策。实现学前教育的普惠性质，必须增加政府财政性学前教育经费投入，调整投入的主要方向和重点，建立学前教育资助体系等，资助家庭经济困难的儿童、孤儿和残疾儿童接受普惠性学前教育。普惠性学前教育的核心目标是普及学前教育，提升学前教育质量。普及学前教育要求各级政府努力构建覆盖城乡、布局合理的学前教育公共服务体系，保障适龄儿童接受基本的、有质量的学前教育。

第二，学前教育公共服务体系的构建。对于学前教育公共服务体系的构建，李天顺副司长总结了"四个大多数"：大多数幼儿园是普惠性幼儿园；大多数适龄儿童都能进入普惠性幼儿园；普惠性幼儿园大多数成本是由公共财政承担；大多数家庭困难儿童都能得到政府资助。学前教育公共服务体系的建设要明确不"唯公"而"唯普惠与质量"，真正有效盘活各类资源，真正建立起以公办园、公办性质园和普惠性民办园等为主体的学前教育公共服务体系。

（2）必须坚持政府主导，社会参与，公办民办并举，落实各级政府责任，充分调动各方面积极性

政府主导原则意味着地方各级政府是发展学前教育的责任主体，要切实把发展学前教育摆上政府工作的重要位置，发展学前教育必须明确中央和地方各级政府在发展学前教育事业、提供公共学前教育服务中的主导责任。明确政府的主导责任是多方面的，包括：制定发展规划、改革完善管理体制、投入体制、办园体制、教师政策等。明确规定教育、财政、发改、人社、编制、住建、国土等部门的职责。

"国十条"要求各级政府做到"三个作为"，首先将大力发展学前教育作为贯彻落实教育规划纲要的突破口，其次将大力发展学前教育作为推动教育事业科学发展的重要任务，最后将大力发展学前教育作为建设社会主义和谐社会的重大民生工程。

在办学体制上，要确立以公办园、公办性质园和普惠性民办园为主体并共同发展的办园方向。明确建立灵活、多元、开放的办园体制，大力发展和支持公益、普惠性学前教育机构，有效扩大与盘活各类性质普惠性幼儿园。制定学前教育机构办园、管理与质量等标准。明确学前教育机构的举办者、教师、场地、设施、卫生、安全等方面的资质要求，并明确学前机构登记注册、审批管理、终止撤销等方面的程序与要求。明确省市级教育部门应会同相关部门研究制定幼儿园准入资质标准、办园规范、教师资质标准、教育质量标准等，并建立学前教育机构及教育质量的考核评估制度，加强对学前机构的监管，提高学前教育质量，保障幼儿身心健康成长。

各级政府应将发展学前教育纳入政府职责与考核评估范畴，将发展学前教育责任落实及规划实施、经费投入、教师队伍建设、安全与质量保障等情况作为考核教育、财政、人社、发改、编制、建设等相关部门及其领导工作的重要指标。建立各级政府和相关部门学前教育发展责任落实的督导、公示和问责制度。

此外，地方政府应建立优先保障贫困地区和弱势群体的学前教育扶助制度。建立对中西部农村地区和革民边贫地区的倾斜性支持制度；建立面向弱势群体的学前教育基本免费制度，重点保障家庭经济困难儿童、孤残儿童、留守儿童等群体接受学前教育。

（3）必须坚持改革创新，着力破除制约学前教育科学发展的体制机制障碍

发展学前教育要充分调动各方面的积极性。各级政府要在大力发展公办园的同时，采取多种措施鼓励和扶持社会力量办园，为家长提供多层次、多样化的选择空间。"国十条"突出强调了鼓励和扶持民办园的措施，可归纳为"四条支持措施"。

第一，通过保证合理用地、减免税费等方式，支持社会力量办园；第二，积极扶持民办幼儿园特别是面向大众、收费较低的普惠性民办幼儿园发展。第三，采取政府购买服务、减免租金、以奖代补、派驻公办教师等方式，引导和支持民办幼儿园提供普惠性服务。第四，公办民办一视同仁，进一步强调了民办园在审批登记、分类定级、评估指导、教师培训、职称评定、资格认定、表彰奖励等方面与公办园具有同等地位。

2017年，中共中央办公厅、国务院办公厅印发《关于深化教育体制机制改革的意见》中指出，要创新学前教育普惠健康发展的体制机制。强调要鼓励多种形式办园，有效推进解决入园难、入园贵问题。理顺学前教育管理体制和办园体制，建立健全国务院领导、省市统筹、以县为主的学前教育管理体制。省市两级政府要加强统筹、加大对贫困地区的支持力度。落实县级政府主体责任，充分发挥乡镇政府的作用。以县域为单位制定幼儿园总体布局规划，新建、改扩建一批普惠性幼儿园。鼓励社会力量举办幼儿园，支持民办幼儿园提供面向大众、收费合理、质量合格的普惠性服务。要加强科学保教，坚决纠正"小学化"倾向。遵循幼儿身心发展规律，坚持以游戏为基本活动，合理安排幼儿生活作息。加强幼儿园质量监管，规范办园行为。

（4）必须坚持因地制宜，从实际出发，为幼儿和家长提供方便就近、灵活多样、多种层次的学前教育服务

坚持因地制宜首先必须考虑公平与均衡。坚持保基本、抓关键、补短板、促公平、提质量的原则，重点向中西部、革民边贫和农村等地区倾斜，并优先保障城乡困难家庭儿童、孤残儿童、流动和留守儿童等弱势群体接受学前教育。其次，贯彻因地制宜原则要做到科学规划，合理布局。地方各级政府要准确掌握当地学前教育基本情况和突出问题，在摸清家底的基础上，从当地实际和群众需求出发，合理安排学前教育的规划与布局，不强求整齐划一，不追求一个模式，不搞一刀切。以改革和创新的精神，积极探索多类型混合制幼儿园的发展。确立符合国情的分区域思路，城乡实行不同的办园体制。在农村，以公办园为主体。每个乡镇至少办好 1 所中心幼儿园。大村独立建园，小村联合办园，作为分园纳入乡镇中心园统一管理。在城市，以公办园、公办性质园和普惠性民办园为主体。在加大力度建设好一批公办园的同时，将企事业单位、集体办园纳入公办园管理，积极促进公办性质园和普惠性民办园的健康、蓬勃发展。

方便就近、灵活多样、多种层次的学前教育服务意味着可以采取多种形式办学。例如，单位办、联合办、个体办。一般职工数逾 500 人的单位，应自办幼儿园。市直属单位可以办系统幼儿园，招收机关及下属单位职工的子女。系统幼儿园一般比较正规，设备和师资条件较好，不但为本系统职工解除了后顾之忧，而且在保教质量方面为下属单位的园所树立了榜样。自办幼儿园有困难的单位，可与其他单位或街道、个体集资合办。街道办事处主办幼儿园，设于居民集中地段，由市财政和街道工业对其补助。农村由农民集资或民办公助。中共十一届三中全会后，政府鼓励有条件的个人办托幼园所，市、区、街道有关部门对其加强管理、指导和监督。

虽然，世界各国学前教育事业在近年来均有较大发展，但正规的学前教育机构如幼儿园和保育学校等仍难以满足社会上的各种不同需要。许多国家学前教育机构的办学形式也是非常多样化和灵活化的。

日本除实行全日制和半日制保育以外，还发展临时保育事业，以方便家庭主妇出门临时购物，或为那些母亲突然生病以及有其他紧急情况的儿童提供服务；为未入园儿童及家长提供活动条件；为低龄学童提供放学后的托管服务；开展家长培训和利用假期为社区的各种活动提供服务等，扩大了幼儿园服务社会的功能。瑞士和挪威等国流行家庭式微型幼儿园，这些家庭式的微型幼儿园一般都设在开办人自己家里。除自己的孩子以外，她们也另外招收少量其他人家的孩子。这类教育机构由于适应了这些国家早期教育发展的迫切需要，发展极为迅速。这种现象意味着学前教育机构微型化。

学前教育社区化是当今世界发达国家学前教育发展的一个重要趋势。一般说来，社区教育须以发达的经济实力作为后盾。美国、日本、英国和澳大利亚等国的社区学前教育都较为发达。社区学前教育的基本特点是非正规性、开放性、综合性和地域性等。社区学前教育设施大致有三种：有专为儿童设立的，如儿童馆、儿童咨询所、儿童公园等；有为儿童与家长共同参与服务的，如图书馆、博物馆、儿童文化中心和各种终生教育中心等；还有所谓"父母教育"，如母亲班、双亲班和家长小组会议等。

（5）坚持科学保教，促进幼儿身心健康发展

中央教科所研究员刘占兰教授对科学保教提出了自己的解读，她认为"保证适龄儿童接受基本的、有质量的学前教育"是"国十条"的核心内容。贯彻实施"国十条"对学前教育的质量要求，才能真正发挥学前教育对幼儿个体和社会发展的重要作用。为此，要做到以下"四个所有"：其一，所有幼儿园都应有质量保证。无论在城市还是农村，无论是公办还是民办，无论规模大小，无论是新建、改建还是扩建，每一所幼儿园都应符合质量要求，符合国家规定的基本办园条件、师资队伍，提供符合幼儿身心发展规律的保育和教育。"国十条"中所倡导的提供普惠性服务的幼儿园，不能因为收费低而降低质量要求，有质量保证的学前教育才能真正发挥普惠作用。其二，所有适龄儿童都应接受有质量的学前教育。"国十条"明确提出要优先保证弱势群体接受学前教育，以弥补其生活环境和教育中的不利因素。学前教育的补偿作用必须以质量保证为基本前提。其三，所有幼儿园的质量都应受到政府的督导评估。各级政府应担负起学前教育的质量管理职责，严格执行幼儿园准入制度，完善和落实幼儿园年检制度，建立具有长效机制的动态质量监管体系和工作机制。其四，所有教育内容与方式都应符合幼儿身心发展规律。要抵制拔苗助长、机械训练的错误做法，避免"小学化""成人化"的倾

向，阻断将学习负担压力向学前阶段传导。真正做到以游戏为基本活动，保教结合、寓教于乐，促进幼儿快乐健康成长。

三、多种形式扩大学前教育资源

20世纪60年代以来，无论美、英等发达国家，还是巴西、墨西哥、印度等发展中人口大国，都把普及学前教育作为提高国家竞争力的重要组成部分，作为国家基础教育和人力资源投资的重点，加大财政投入，实施普惠性的学前教育国家行动计划。把学前教育纳入政府公共服务体系，大力推进普及，已成为当前国际教育发展的新趋势，成为世界各国的共同行动。我国学前教育事业长期投入不足，制约学前教育健康发展。加大财政投入是构建学前教育公共服务体系的根本保障，要采取多种形式，扩大学前教育资源，建设数量充足、条件达标、收费合理、面向区域内所有适龄儿童的普惠性幼儿园。

1. 明确建立学前教育财政投入体制和运行保障机制

近些年来的实践证明，各级政府必须切实承担起投入责任，不能单纯依靠市场机制来解决学前教育发展问题。各地要认真落实"国十条"提出的要求，切实加大学前教育投入力度。要落实各项财政支持政策，改变一些地方对学前教育不投入、少投入的现状，不断提高财政投入水平。但也不能像义务教育那样完全由政府包下来，要形成政府投入、社会举办者投入、家庭合理负担的投入机制，积极动员社会力量投资办园和捐资助园，拓宽学前教育经费来源渠道。中国学前教育研究会副理事长、中央教科所副研究员王化敏认为可以从以下方面建立学前教育财政投入机制和运行保障机制：

（1）建立财政投入的长效机制

"国十条"明确了学前教育经费要纳入各级政府财政预算，这项政策确立了学前教育纳入各级政府公共财政中的预算会计体系，表明了中央决心建立学前教育稳定的财政经常性投入的长效机制。这一政策将结束自中华人民共和国成立以来，中央财政从未对学前教育专项拨款的历史，形成中央和地方各级财政共同承担学前教育经费的新局面。

（2）建立不断增长的财政投入机制

这一政策的实施，将彻底改变学前教育经费在教育经费的总盘子中比例过小的状况。所以，各级政府要加大投入的力度，特别是中央和各省级财政要加大对农村幼教经费的投入，才能保证幼儿普遍得到有质量的、普惠性的学前教育。

（3）建立规范的财政拨款机制

"国十条"明确要"制定公办幼儿园的生均经费标准和财政拨款标准"。这一政策不仅可以规范政府对幼儿园的拨款行为，还可以以生均标准为依据，有效监测各地生均经费落实情况，对促进地方政府提高公办幼儿园生均经费水平起到积极作用。

2. 加大学前投入注意事项

加大财政投入不是盲目投入，要有的放矢地进行投入。根据国十条的"内容"：一是加大政府投入。相关政策可以概括为五有：预算有科目、增量有倾斜、拨款有标准、投入有比例、资助有制度。二是制定优惠政策，动员和鼓励社会力量捐资助园和出资办园；三是家庭合理分担学前教育成本。具体表现如下：

（1）预算有科目：各级政府要将学前教育经费列入财政预算。将学前教育经费列入各级政府的财政预算，这是一个根本性的制度要求。

（2）增量有倾斜：新增教育经费要向学前教育倾斜。

（3）投入有比例：财政性学前教育经费在同级财政性教育经费中要占合理比例，未来要有明显提高，尽快扭转财政投入不足的局面。公共财政投入要向农村地区、边远地区、民族地区倾斜，承担更多的责任。

（4）拨款有标准：各地根据实际研究制定公办幼儿园生均经费标准和生均财政拨款标准，保障幼儿园的正常运转。

（5）捐助有优惠：制定优惠政策，鼓励社会力量办园和捐资助园。

（6）资助有制度：建立学前教育资助制度，资助家庭经济困难儿童、孤儿和残疾儿童接受普惠性学前教育，发展残疾儿童学前康复教育。

（7）专项有名目：中央财政设立专项经费，支持中西部农村地区、少数民族地区和边疆地区发展学前教育和学前双语教育。地方政府要加大投入，重点支持边远贫困地区和少数民族地区发展学前教育。

四、多种途径加强幼儿教师队伍建设

幼儿教师是孩子进入集体教育机构的第一任老师，思想品德要求高、专业性强，工作很辛苦，一言一行、一举一动都对孩子们有着重要影响。教师质量决定着学前教育的质量。幼儿教师待遇低，队伍不稳定的问题普遍存在。发展学前教育，必须加快建设一支师德高尚、热爱儿童、业务精良、结构合理的幼儿教师队伍。"国十条"要求措施落实幼儿教师的地位待遇。根据"国十条"的精神可以采取以下措施建设幼师队伍：

1. 完善幼儿教师资质、准入和招聘制度

幼儿教师有其特殊要求，既要具备专业素养，更要富有爱心、耐心、细心，善于与孩子互动交流，要把热爱这一岗位、适合这一岗位的人选拔到幼教队伍中来。

2. 核定幼儿教师编制

认真核定公办幼儿园教职工编制，逐步配齐幼儿园教职工，多渠道补充合格教师，从根本上解决一些地方长期存在的教师数量不足的问题。积极探索新增编制面向所有公办园、公办性质园和普惠性民办园的非在编教师，打通在岗无编的优秀教师进入编制内的通道，以充分激励教师进入各类性质园，调动各不同性质园教师的积极性，发挥他们的作用。公开招聘具备条件的毕业生充实幼儿教师队伍。中小学富余教师经培训合格后可转入学前教育。

3. 落实幼儿教师待遇和权益

明确幼儿教师的身份与地位，同中小学教师从事基础教育工作，是基础教育教师的一部分；因此，要明确幼儿教师与中小学教师享有同等的政治地位、经济地位、职业地位和社会地位，并保障其基础工资、社会保障等待遇与专业权利。各地政府要按照社会保障改革的政策和方向，完善幼儿园教职工社会保障办法，尤其是检查和督促社会力量举办的幼儿园落实教职工的社会保障，完善落实幼儿园教职工工资保障办法、专业技术职称（职务）评聘机制。应加快建立与完善国家对长期在艰苦边远地区工作的乡村幼儿教师的工资与待遇倾斜制度。通过生均财政拨款、专项补助等方式，解决好公办园非在编教师、公办性质园与普惠性民办园教师的工资与待遇问题。

4. 进行师资培养

加强培养，做好师资队伍培养规划。办好高等师范院校学前教育专业，建设一批幼儿师范专科学校，加大面向农村的幼儿教师培养力度，扩大免费师范生学前教育专业招生规模，重视对幼儿特教师资的培养。

5. 建立完善幼师资培训体系

建立和完善幼儿园园长和教师培训体系，将其培训纳入各级政府的基础教育教师培训体系中。大力加强师德建设，注重运用现代化教育手段和远程教育平台，创新培训模式，满足幼儿教师多样化的学习和发展需求，不断提高专业素质和实践能力，并为有志于从事学前教育的非师范专业毕业生提供培训。

五、多种渠道投入学前教育

1. 大力发展公办幼儿园，提供"广覆盖、保基本"的学前教育公共服务

公办幼儿园指利用国家财政性经费举办的幼儿园。各级政府举办的幼儿园、部分教育部门办园。包括企事业单位、部队、学校、街道、社区、村集体办园等。公办性质幼儿园是我国普惠性学前教育资源的重要组成部分，在不少地区公办性质园已占到了当地学前教育资源的1/4，甚至1/3，且不少为省级示范园或市级示范园，拥有较好，

205

甚至是一流的教育质量。政府应尽快研究出台积极支持企事业单位办园、部门办园、城镇和农村集体办园等的政策，充分盘活和有效发展公办性质园，使之成为"全面二孩"新人口政策下保障更充足的教育资源的重要支柱。

"国十条"把"大力发展公办园，提供'广覆盖、保基本'的学前教育公共服务"作为扩大普惠性学前教育资源、提高政府公共服务能力的重要举措。对于公办幼儿园的发展建议如下：第一，新建、改扩建。加大政府投入，新建、改扩建一批安全、适用的幼儿园；第二，利用公共资源改建。中小学布局调整后的富余教育资源和其他富余公共资源，优先改建成幼儿园；第三，扩大优质资源。鼓励优质公办幼儿园举办分园或合作办园；第四，支持集体办园。制定优惠政策，支持街道、农村集体举办幼儿园，面向社区、面向社会，承担学前教育公共服务。

2. 鼓励社会力量以多种形式举办幼儿园

社会力量兴办教育是指各种社会力量以捐赠、出资、投资、合作等方式举办或者参与举办法律法规允许的各级各类学校和其他教育机构。近年来，作为社会力量兴办教育主要形式的民办教育不断发展壮大。其中民办幼儿园数量最大。民办幼儿园是指主要利用非国家财政性经费，由国家机构以外的社会组织或个人承办的、面向社会招收幼儿的教养机构。国家支持具有办学资质的、规范化的民办幼儿园，以减轻国家在学前教育方面的压力。

为何要鼓励社会力量兴办教育？在社会力量办学中，民办幼儿园的比例是最高的，有效缓解了入园难问题，尤其在城镇小区和进城务工人员子女入园问题上作用突出。随着"二胎时代"的到来，预计中国每年新增人口500万，国家每年将新增幼教投资600亿元。从2017年开始，每年将新增两万家幼儿园，到2021年时，在园幼儿数预计将达到5800万。在公办资源和国家投入有限的情况下，社会力量办园在构建普惠性、有质量的学前教育体系中意义重大。

民办幼儿园可分为普惠型、经济型、中端型与高端型，普惠型与经济型两类园是公办园的重要补充，尤其是在经济欠发达、学前教育资源的严重不足的地区；中高端幼儿园办学条件好于公办，相比公办园每班人数较少，配备的保教老师多，可以为幼儿提供细致的照顾，同时提供更多教学服务，主要分布在城市。民办幼儿园因入园门槛低、管理灵活、教学特色等特点成了公办幼儿园的有益补充。与公办幼儿园相比，民办幼儿园没有政府补贴和财政拨款，收费较高。各民办幼儿园差异较大，农村民办园和城市民办园的月均学费差异可达十多倍。

相比公办幼儿园，近年来民办幼儿园发展更快。2014年，公办幼儿园数只占到总幼儿园数的25%，民办幼儿园占68%，其他7%为集体办和其他部门办园。从人数上看，2014年公办园在园人数为1575万，占比位39%；民办园在园人数为2125万，占比为52%；集体和其他办园人数为350万，占比9%。

民办幼儿园是学前教育事业发展的重要力量，应采取多种方式积极引导和支持民办园提供普惠教育服务。突破传统政策与体制障碍，以财税优惠、以奖代补、购买服务、教师培训等方式积极帮助和支持民办园发展，引导与支持其更多地选择举办普惠性民办园。政府可鼓励有条件的地区参照公办园生均公用经费标准，对普惠性民办园给予生均财政补贴；并且放宽生均财政补贴的使用范围，明确有相当比例可用于教师工资待遇保障。

3. 加强城镇小区配套幼儿园建设和管理

城镇小区配套幼儿园作为公共教育资源，由当地政府统筹安排，举办公办园或委托办成普惠性民办幼儿园，保证面向小区适龄儿童提供方便就近的普惠性服务。建好、用好和管好城镇小区配套幼儿园。在城镇化进程中，小区配套幼儿园既是配置和增加城市学前教育资源的主要渠道，也是提高政府公共服务供给能力的有效手段。各地要把小区配套幼儿园作为扩大资源和规范管理的一项重点工作，在小区规划、审批和验收等各个环节落实配套幼儿园建设政策，确保小区适龄儿童"有园上""上得起"。各地要对小区配套幼儿园进行规范整顿，对改变性质和用途的要加快整改，予以纠正。

加强小区配套幼儿园建设和管理，是解决城镇"入园难"的关键。"国十条"着重强调了四点小区配套幼儿园的建设意见：一是补建。没有配套幼儿园的城镇小区，要按照国家有关规定配套建设幼儿园。二是同步建。新建小区配套幼儿园要与小区建设"三同步"，即同步规划、同步建设、同步交付使用，建设用地按照国家有关规定予以保障。三是强制建。未按规定安排配套幼儿园建设的小区规划不予审批。四是建后统筹使用。城镇小区配套幼儿园作为公共教育资源由当地政府统筹安排，举办公办幼儿园或委托办成普惠性民办幼儿园。

4. 努力扩大农村学前教育资源

加大财政投入发展学前教育的重点和难点都在农村。各级政府要把发展农村学前教育作为新农村建设的紧迫任务，纳入公共服务体系，加快乡村幼儿园建设，建立和完善县、乡、村三级学前教育服务网络，使农村适龄儿童能够享有公平的学前教育机会。

加大农村财政投入力度主要采取四条措施。一是纳入规划。把发展学前教育作为社会主义新农村建设的重要内容，将幼儿园作为新农村公共服务设施统一规划，优先建设。二是加大投入。国家实施推进农村学前教育项目，重点支持中西部农村地区。地方各级政府在园舍建设、师资队伍、公用经费、资助困难群体等方面加大投入。三是完善网络。通过独立建园、设分园、联合办园、配专职巡回指导教师等方式，完善县、乡、村学前教育网络。四是改善条件。改善农村幼儿园办园条件，努力配备好保教设施、玩教具和幼儿读物等，逐步为农村幼儿园创设良好的教育环境。

六、加强幼儿园准入管理

各地根据国家基本标准和社会对幼儿保教的不同需求，制定各种类型幼儿园的办园标准，实行分类管理、分类指导。综治委、教育部、公安部《关于进一步加强学校幼儿园安全防范工作建立健全长效工作机制的意见》公通字〔2010〕38号规定：对公立中小学、幼儿园和经批准登记注册的民办中小学、幼儿园，由教育部门统一管理。对尚未批准登记注册的民办中小学、幼儿园、托儿所以及各类课外班，综治部门要协调当地乡镇、街道和有关部门担负起安全管理责任；凡由乡镇、街道以出租等形式提供土地、校舍支持或利用私人出租房屋举办幼儿园的，由综治部门协调乡镇、街道和有关部门落实业主、房主的安全管理责任。

在审批上，县级教育行政部门负责审批各类幼儿园，建立幼儿园信息管理系统，对幼儿园实行动态监管。地方政府相关部门完善和落实幼儿园年检制度。未取得办园许可证和未办理登记注册手续，任何单位和个人不得举办幼儿园。对社会各类幼儿培训机构和早期教育指导机构，审批主管部门要加强监督管理。全面排查，加强指导，督促整改非法幼儿园。对存在严重安全隐患，经多次整改仍不达标的，要依法予以取缔并妥善安置学生和儿童。

七、强化幼儿园安全监管

目前我国幼儿园遍布城乡社区，量大面广，办园主体多元化，办园水平参差不齐，规范管理的任务相当繁重。"国十条"要求各级政府及相关部门加强监管，规范办园。各级教育部门特别是区、县一级要采取有效措施，充实管理力量，建立科学有效的监管机制，切实履行好职责。要加强对幼儿园准入、安全和质量等方面的监督管理和指导，对教师资质、人员流动、工资待遇、教育教学、卫生保健与安全管理等方面实行动态监管，规范办园行为，不断提高各类幼儿园的办园水平。尤其是对于幼儿园安全问题要高度重视，绝不能掉以轻心，切实加强全覆盖的安全防护体系建设，坚决杜绝安全事故的发生。各级价格、财政、教育部门要根据职责分工，加强幼儿园收费管理。各责任主体要落实任务，共同保证幼儿的安全与健康发展。

各地要高度重视幼儿园安全保障工作，加强安全设施建设，配备保安人员，健全各项安全管理制度和安全责任制，落实各项措施，严防事故发生。相关部门按职能分工，建立全覆盖的幼儿园安全防护体系，切实加大工作力度，加强监督指导。幼儿园要提高安全防范意识，加强内部安全管理。幼儿园所在街道、社区和村民委员会要共同做好幼儿园安全管理工作。

八、规范幼儿园收费管理

我们所希冀的普惠性幼儿园应该具有以下特征：一是达到国家规定办园基本标准；二是面向社会大众招生；三是收费实行政府定价或接受政府指导价。国家有关部门2011年出台《幼儿园收费管理暂行办法》（以下简称"暂行办法"）。"暂行办法"本着"统一规范，公开透明"的原则，明确将幼儿园对入园幼儿的收费统一为保育教育费、住宿费；幼儿园为在园幼儿教育、生活提供方便而代收代管的费用，应遵循"家长自愿，据实收取，及时结算，定期公布"的原则；幼儿园应按月或按学期收取保育教育费，幼儿园对因故退（转）园的幼儿应根据实际情况退还一定预收费用等。另外，"暂行办法"提出了幼儿园收费审批的原则、程序、收费标准制定成本列支范围等要求。根据"暂行办法"，幼儿园要通过设立公示栏、公示牌、公示墙等形式，向社会公示收费项目、收费标准等相关内容；招生简章要写明幼儿园性质、办园条件、收费项目和收费标准等内容。"暂行办法"严禁幼儿园以任何名义向入园幼儿家长收取赞助费、捐资助学费、建校费、教育成本补偿费等与入园挂钩的费用，严禁以开办实验班、特色班、兴趣班、课后培训班和亲子班等特色教育为名向家长另行收取费用。

九、坚持科学保教，促进幼儿身心健康发展

科学保教，提高保教质量是促进学前教育公平、实现每个儿童身心全面和谐发展的根本保证。要做到科学保教，可以采取以下具体的措施：一是遵循幼儿成长规律和学前教育规律，坚持幼儿身心和谐发展。坚决防止"小学化""成人化"倾向，当下一些幼儿园教师缺乏专业素养，把自己认识的字和会做的算术教给孩子，严重违背了幼儿身心发展的规律和学习特点，这样的教育实则是一种反教育。幼儿园要坚持以游戏为基本活动，注重让幼儿在与同伴和成人的积极交往中，通过观察探索、感知体验，享受快乐童年，促进个性健康发展，坚持科学的方法。必须坚持以游戏为基本活动，保教结合，寓教于乐。二是强化对各类幼儿园保教质量的监督和指导，建立幼儿园保教质量评估监测体系，进一步完善学前教育质量管理制度。同时，加强学前教育教研和科研工作，积极探索符合不同年龄层次、不同特点的儿童保教方法。三要在全社会树立正确的儿童观、教育观和质量观，教育系统相关部门及幼儿园要引导家长更新教育观念，尊重儿童的天性和认知规律，珍惜童年生活的独特价值，支持幼儿园开展科学保教，自觉抵制那些拔苗助长、违反儿童身心健康的错误观念和做法。四要创设良好教育环境。为儿童创设丰富的教育环境，加强对幼儿玩教具、幼儿图书的配备与指导，把幼儿园教育与家庭教育紧密结合，共同为幼儿的健康成长创造良好环境。五是各级教育部门要研究制定幼儿园教师指导用书审定办法，健全学前教育教研指导网络，加强对幼儿园教育质量的监管和指导，建立覆盖各类幼儿园的保教质量评估监管体系，不断提高幼儿园的办园水平和教育质量。

十、完善工作机制，加强组织领导

各级政府要加强对学前教育的统筹协调，健全教育部门主管、有关部门分工负责的工作机制。要充分发挥中央支持政策的引导和激励作用，落实地方政府发展和监管学前教育的责任，建立健全确保学前教育可持续发展的体制机制，提高综合治理能力。充分发挥各部门在资源调度和政策制定方面的积极性、创造性，明确部门责任，落实任务分工，加强统筹协调，形成推动学前教育发展的合力。

教育部门要完善政策，制定标准，充实管理、教研力量，加强学前教育的监督管理和科学指导。机构编制部门要结合实际合理确定公办幼儿园教职工编制。发展改革部门要把学前教育纳入当地经济社会发展规划，支持幼儿园建设发展。

财政部门要加大投入，制定支持学前教育的优惠政策。城乡建设和国土资源部门要落实城镇小区和新农村配套幼儿园的规划、用地。

十一、统筹规划，实施学前教育三年行动计划

在"国十条"精神的统领下，目前我国已经实施了两期学前教育三年行动计划，第三期学前教育三年行动计划正在如火如荼地进行。第一期（2011～2013年）行动计划，以扩大教育资源为主，首先缓解"入园难"。第二期（2014～2016年）行动计划，继续扩大教育资源总量，提高入园率，解决"有园上"的同时，坚持公益普惠、注重可持续发展、强化政府职责、落实地方政府发展学前教育的主体责任，发挥中央财政引导激励作用，实现"上得起"。第三期（2017～2020年）行动计划，主要完善体制机制，实现科学保教制度化，在全国基本普及"有质量"的学前教育。

当前，加快发展学前教育的各项任务已经明确，关键是抓好落实。要坚决把贯彻"若干意见"和落实教育规划纲要紧密结合起来，把解决入园难作为实施纲要的起步之举和重点任务，以更大的决心、更实的举措，努力开创学前教育工作的新局面。

课后习题

1. 现在社会上都在热议学前教育"国十条"，请你谈谈"国十条"出台的背景和意义。
2. 发展学前教育应遵循的原则是什么？
3. 怎样大力发展公办园？
4. 扶持民办园的具体规定有哪些？
5. 关于城镇小区配套幼儿园建设和管理有哪些具体规定？
6. 推动农村学前教育发展的政策措施有哪些？
7. 学前教育"国十条"在加大政府投入方面有哪些具体规定？
8. 学前教育"国十条"制定了哪些措施落实幼儿教师的地位待遇？
9. 针对目前存在的幼儿园乱收费现象，有哪些具体解决办法？
10. 针对当下幼儿园的"小学化"倾向，"国十条"对这一问题有何要求？

我的说说

_____

_____

_____

_____

原文附录

《国务院关于当前发展学前教育的若干意见》[①]

国发〔2010〕41号

各省、自治区、直辖市人民政府，国务院各部委、各直属机构：

为贯彻落实党的十七届五中全会、全国教育工作会议精神和《国家中长期教育改革和发展规划纲要（2010—2020年）》，积极发展学前教育，着力解决当前存在的"入园难"问题，满足适龄儿童入园需求，促进学前教育事业科学发展，现提出如下意见。

一、把发展学前教育摆在更加重要的位置。学前教育是终身学习的开端，是国民教育体系的重要组成部分，是重要的社会公益事业。改革开放特别是新世纪以来，我国学前教育取得长足发展，普及程度逐步提高。但总体上看，学前教育仍是各级各类教育中的薄弱环节，主要表现为教育资源短缺、投入不足、师资队伍不健全、体制机制不完善，城乡区域发展不平衡，一些地方"入园难"问题突出。办好学前教育，关系亿万儿童的健康成长，关系千家万户的切身利益，关系国家和民族的未来。

发展学前教育，必须坚持公益性和普惠性，努力构建覆盖城乡、布局合理的学前教育公共服务体系，保障适龄儿童接受基本的、有质量的学前教育；必须坚持政府主导，社会参与，公办民办并举，落实各级政府责任，充分调动各方面积极性；必须坚持改革创新，着力破除制约学前教育科学发展的体制机制障碍；必须坚持因地制宜，从实际出发，为幼儿和家长提供方便就近、灵活多样、多种层次的学前教育服务；必须坚持科学育儿，遵循幼儿身心发展规律，促进幼儿健康快乐成长。

各级政府要充分认识发展学前教育的重要性和紧迫性，将大力发展学前教育作为贯彻落实教育规划纲要的突破口，作为推动教育事业科学发展的重要任务，作为建设社会主义和谐社会的重大民生工程，纳入政府工作重要议事日程，切实抓紧抓好。

---

① 国务院.国务院关于当前发展学前教育的若干意见〔S〕.国发〔2010〕41号，2010.

二、多种形式扩大学前教育资源。大力发展公办幼儿园，提供"广覆盖、保基本"的学前教育公共服务。加大政府投入，新建、改建、扩建一批安全、适用的幼儿园。不得用政府投入建设超标准、高收费的幼儿园。中小学布局调整后的富余教育资源和其他富余公共资源，优先改建成幼儿园。鼓励优质公办幼儿园举办分园或合作办园。制定优惠政策，支持街道、农村集体举办幼儿园。

鼓励社会力量以多种形式举办幼儿园。通过保证合理用地、减免税费等方式，支持社会力量办园。积极扶持民办幼儿园特别是面向大众、收费较低的普惠性民办幼儿园发展。采取政府购买服务、减免租金、以奖代补、派驻公办教师等方式，引导和支持民办幼儿园提供普惠性服务。民办幼儿园在审批登记、分类定级、评估指导、教师培训、职称评定、资格认定、表彰奖励等方面与公办幼儿园具有同等地位。

城镇小区没有配套幼儿园的，应根据居住区规划和居住人口规模，按照国家有关规定配套建设幼儿园。新建小区配套幼儿园要与小区同步规划、同步建设、同步交付使用。建设用地按国家有关规定予以保障。未按规定安排配套幼儿园建设的小区规划不予审批。城镇小区配套幼儿园作为公共教育资源由当地政府统筹安排，举办公办幼儿园或委托办成普惠性民办幼儿园。城镇幼儿园建设要充分考虑进城务工人员随迁子女接受学前教育的需求。

努力扩大农村学前教育资源。各地要把发展学前教育作为社会主义新农村建设的重要内容，将幼儿园作为新农村公共服务设施统一规划，优先建设，加快发展。各级政府要加大对农村学前教育的投入，从今年开始，国家实施推进农村学前教育项目，重点支持中西部地区；地方各级政府要安排专门资金，重点建设农村幼儿园。乡镇和大村独立建园，小村设分园或联合办园，人口分散地区举办流动幼儿园、季节班等，配备专职巡回指导教师，逐步完善县、乡、村学前教育网络。改善农村幼儿园保教条件，配备基本的保教设施、玩教具、幼儿读物等，创造更多条件，着力保障留守儿童入园。发展农村学前教育要充分考虑农村人口分布和流动趋势，合理布局，有效使用资源。

三、多种途径加强幼儿教师队伍建设。加快建设一支师德高尚、热爱儿童、业务精良、结构合理的幼儿教师队伍。各地根据国家要求，结合本地实际，合理确定生师比，核定公办幼儿园教职工编制，逐步配齐幼儿园教职工。健全幼儿教师资格准入制度，严把入口关。2010年国家颁布幼儿教师专业标准。公开招聘具备条件的毕业生充实幼儿教师队伍。中小学富余教师经培训合格后可转入学前教育。

依法落实幼儿教师地位和待遇。切实维护幼儿教师权益，完善落实幼儿园教职工工资保障办法、专业技术职称（职务）评聘机制和社会保障政策。对长期在农村基层和艰苦边远地区工作的公办幼儿教师，按国家规定实行工资倾斜政策。对优秀幼儿园园长、教师进行表彰。

完善学前教育师资培养培训体系。办好中等幼儿师范学校。办好高等师范院校学前教育专业。建设一批幼儿师范专科学校。加大面向农村的幼儿教师培养力度，扩大免费师范生学前教育专业招生规模。积极探索初中毕业起点五年制学前教育专科学历教师培养模式。重视对幼儿特教师资的培养。建立幼儿园园长和教师培训体系，满足幼儿教师多样化的学习和发展需求。创新培训模式，为有志于从事学前教育的非师范专业毕业生提供培训。三年内对1万名幼儿园园长和骨干教师进行国家级培训。各地五年内对幼儿园园长和教师进行一轮全员专业培训。

四、多种渠道加大学前教育投入。各级政府要将学前教育经费列入财政预算。新增教育经费要向学前教育倾斜。财政性学前教育经费在同级财政性教育经费中要占合理比例，未来三年要有明显提高。各地根据实际研究制定公办幼儿园生均经费标准和生均财政拨款标准。制定优惠政策，鼓励社会力量办园和捐资助园。家庭合理分担学前教育成本。建立学前教育资助制度，资助家庭经济困难儿童、孤儿和残疾儿童接受普惠性学前教育。发展残疾儿童学前康复教育。中央财政设立专项经费，支持中西部农村地区、少数民族地区和边疆地区发展学前教育和学前双语教育。地方政府要加大投入，重点支持边远贫困地区和少数民族地区发展学前教育。规范学前教育经费的使用和管理。

五、加强幼儿园准入管理。完善法律法规，规范学前教育管理。严格执行幼儿园准入制度。各地根据国家基本标准和社会对幼儿保教的不同需求，制定各种类型幼儿园的办园标准，实行分类管理、分类指导。县级教育行政部门负责审批各类幼儿园，建立幼儿园信息管理系统，对幼儿园实行动态监管。完善和落实幼儿园年检制度。未取得办园许可证和未办理登记注册手续，任何单位和个人不得举办幼儿园。对社会各类幼儿培训机构和早期教育指导机构，审批主管部门要加强监督管理。

分类治理、妥善解决无证办园问题。各地要对目前存在的无证办园进行全面排查，加强指导，督促整改。整改期间，要保证幼儿正常接受学前教育。经整改达到相应标准的，颁发办园许可证。整改后仍未达到保障幼儿安全、健康等基本要求的，当地政府要依法予以取缔，妥善分流和安置幼儿。

六、强化幼儿园安全监管。各地要高度重视幼儿园安全保障工作，加强安全设施建设，配备保安人员，健全各项安全管理制度和安全责任制，落实各项措施，严防事故发生。相关部门按职能分工，建立全覆盖的幼儿园安全防护体系，切实加大工作力度，加强监督指导。幼儿园要提高安全防范意识，加强内部安全管理。幼儿园所在街道、社区和村民委员会要共同做好幼儿园安全管理工作。

七、规范幼儿园收费管理。国家有关部门2011年出台幼儿园收费管理办法。省级有关部门根据城乡经济社会发展水平、办园成本和群众承受能力，按照非义务教育阶段家庭合理分担教育成本的原则，制定公办幼儿园收费标准。加强民办幼儿园收费管理，完善备案程序，加强分类指导。幼儿园实行收费公示制度，接受社会监督。加强收费监管，坚决查处乱收费。

八、坚持科学保教，促进幼儿身心健康发展。加强对幼儿园保教工作的指导，2010年国家颁布幼儿学习与发展指南。遵循幼儿身心发展规律，面向全体幼儿，关注个体差异，坚持以游戏为基本活动，保教结合，寓教于乐，促进幼儿健康成长。加强对幼儿园玩教具、幼儿图书的配备与指导，为儿童创设丰富多彩的教育环境，防止和纠正幼儿园教育"小学化"倾向。研究制定幼儿园教师指导用书审定办法。建立幼儿园保教质量评估监管体系。健全学前教育教研指导网络。要把幼儿园教育和家庭教育紧密结合，共同为幼儿的健康成长创造良好环境。

九、完善工作机制，加强组织领导。各级政府要加强对学前教育的统筹协调，健全教育部门主管、有关部门分工负责的工作机制，形成推动学前教育发展的合力。教育部门要完善政策，制定标准，充实管理、教研力量，加强学前教育的监督管理和科学指导。机构编制部门要结合实际合理确定公办幼儿园教职工编制。发展改革部门要把学前教育纳入当地经济社会发展规划，支持幼儿园建设发展。财政部门要加大投入，制定支持学前教育的优惠政策。城乡建设和国土资源部门要落实城镇小区和新农村配套幼儿园的规划、用地。人力资源和社会保障部门要制定幼儿园教职工的人事（劳动）、工资待遇、社会保障和技术职称（职务）评聘政策。价格、财政、教育部门要根据职责分工，加强幼儿园收费管理。综治、公安部门要加强对幼儿园安全保卫工作的监督指导，整治、净化周边环境。卫生部门要监督指导幼儿园卫生保健工作。民政、工商、质检、安全生产监管、食品药品监管等部门要根据职能分工，加强对幼儿园的指导和管理。妇联、残联等单位要积极开展对家庭教育、残疾儿童早期教育的宣传指导。充分发挥城市社区居委会和农村村民自治组织的作用，建立社区和家长参与幼儿园管理和监督的机制。

十、统筹规划，实施学前教育三年行动计划。各省（区、市）政府要深入调查，准确掌握当地学前教育基本状况和存在的突出问题，结合本区域经济社会发展状况和适龄人口分布、变化趋势，科学测算入园需求和供需缺口，确定发展目标，分解年度任务，落实经费，以县为单位编制学前教育三年行动计划，有效缓解"入园难"。2011年3月底前，各省（区、市）行动计划报国家教育体制改革领导小组办公室备案。

地方政府是发展学前教育、解决"入园难"问题的责任主体。各省（区、市）要建立督促检查、考核奖惩和问责机制，确保大力发展学前教育的各项举措落到实处，取得实效。各级教育督导部门要把学前教育作为督导重点，加强对政府责任落实、教师队伍建设、经费投入、安全管理等方面的督导检查，并将结果向社会公示。教育部会同有关部门对各地学前教育三年行动计划进展情况进行专项督查，组织宣传和推广先进经验，对发展学前教育成绩突出的地区予以表彰奖励，营造全社会关心支持学前教育的良好氛围。

国务院

二〇一〇年十一月二十一日

第十一章 《儿童权利公约》解读

教学目标

1. 了解《儿童权利公约》出台的背景及意义。
2. 能说出《儿童权利公约》的核心内容及基本精神。
3. 能运用《儿童权利公约》的内容和精神解决相关教育问题。

知识结构图

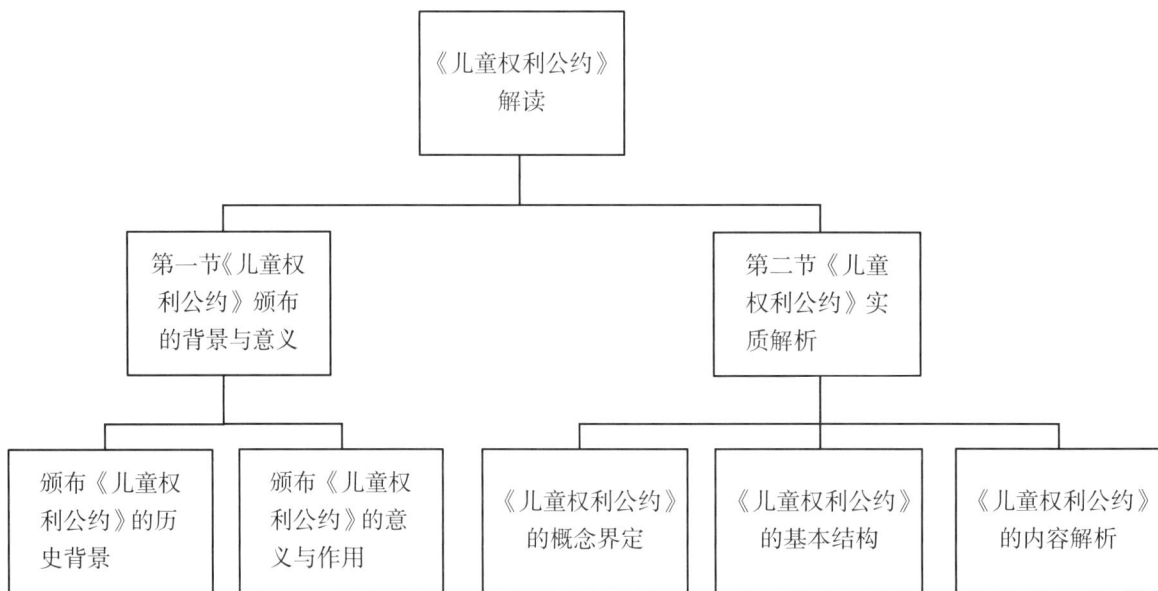

案例分析

案例 国际上每隔 3~5 年，进行的人口出生率和死亡率的调查显示，世界各国 5 岁儿童死亡率呈逐年下降趋势，而他们的死因很大程度上是可以预防的。普及小学教育和在小学和中学实现性别平等的目标尚未实现。世界各地生活在极端贫困之中的儿童人数比例失衡。在最不发达国家，将近四分之一的儿童从事童工。童婚现象仍然很常见，尤其是在南亚和撒哈拉以南的非洲地区。出生登记率几乎没有提高。

分析 20 世纪影响世界的 100 个人物之一，我们伟大的领袖毛泽东曾说，儿童是早晨八九点钟的太阳，儿童是世界的未来。然而今天，当我们看到这组统计数据时，无不震撼于我们的世界并没有我们想象般美好。同是 20 世纪影响世界的 100 个人物之一的蒙台梭利，她撰写的《童年的秘密》，也只有在儿童拥有童年的时候才可以去探究。残酷的现实告诫我们，在拯救儿童的道路上，我们还有很长的路要走。打开国别的视野，让我们拥抱世界的未来。

具体内容

第一节 《儿童权利公约》颁布的背景与意义

一、颁布《儿童权利公约》的历史背景

1. 背景资料

据统计全球每年总计有 1200 万五岁儿童死亡，而造成死亡的原因其实是可以避免的。另外，有 25 亿儿童从事某种形态的劳务，但政府能关注儿童需求并及时制止对儿童进行剥削的例子却很少见。在发展中国家中，有 1 亿 3 千万的儿童未上小学，而在这些儿童中以女孩居多。军事冲突、艾滋病及社会问题严重影响儿童的健康成长及国际的未来发展，所以政府在推动儿童人权的保障上必须要信守承诺、切实履行其保护儿童人权的职责。

1959 年 11 月 20 日，联合国大会通过了《儿童权利宣言》，提出了各国儿童应当享有的各项基本权利。但是儿童工作者认为，宣言不具有法律约束力，不能起到更大的作用。"随着人权法的发展，许多国家呼吁制定一项全面规定儿童权利、具有广泛适用意义并具有监督机制的专门法律文书"，以"促进国际社会在保护儿童权利问题方面能够普遍承担义务"。

2. 形成历史

1979 年《儿童权利公约》开始起草，联合国将这一年定为"国际儿童年"。

1989 年历时十年，《儿童权利公约》的起草工作终于完成。11 月 20 日在第 44 届联合国大会上《儿童权利公约》获得一致通过。1990 年 1 月 26 日《儿童权利公约》向所有国家开放供签署，当天就有 61 个国家签署了该公约。《儿童权利公约》在获得 20 个国家批准加入后，于 9 月 2 日正式生效。

《儿童权利公约》（Convention on the Rights of the Child，CRC）是一项有关儿童权利的国际公约。联合国在 1989 年 11 月 20 日的会议上通过该有关议案，1990 年 9 月 2 日生效。《儿童权利公约》是首条具法律束力的国际公约，并涵盖所有人权范畴，保障儿童在公民、经济、政治、文化和社会中的权利。这公约共有 192 个缔约国，得到大部份联合国成员承认（或有条件承认），当中只有美国和索马里没有加入。

3. 缔约情况

1989 年 11 月 20 日在第 44 届联合国大会上通过了《儿童权利公约》。该公约自 1990 年 9 月 2 日正式生效。1990 年 8 月 29 日，中国常驻联合国大使代表中华人民共和国政府签署了《儿童权利公约》，中国成为第 105 个签约国。1991 年 12 月 9 日第七届全国人民代表大会常务委员会第 23 次会议决定批准中国加入《儿童权利公约》，同时声明：中华人民共和国将在符合其宪法第二十五条关于计划生育的规定的前提下，并根据《中华人民共和国未成年人保护法》第二条的规定，履行《儿童权利公约》第六条所规定的义务。1992 年 3 月 2 日，中国常驻联合国大使向联合国递交了中国的批准书，从而使中国成为该公约的第 110 个批准国。该公约于 1992 年 4 月 2 日对中国生效。2000 年 9 月 6 日，中国常驻联合国代表王英凡代表中国政府在纽约联合国总部签署了《关于贩卖儿童、儿童卖淫和儿童色情的儿童权利公约任择议定书》。2001 年 3 月 15 日，中国代表在纽约签署了《禁止使用童军议定书》。2002 年 8 月 29 日中国批准了该项议定书。

在批准了《儿童权利公约》的同一年，我国政府颁布了《中华人民共和国未成年人保护法》，并制定了国别方案，即《90 年代中国儿童发展纲要》。由于我国是亚太地区最早开始后续行动的国家，所以被联合国儿童基金会称为"旗舰"。截止到 1999 年，全世界已经有 192 个国家批准加入《儿童权利公约》，全世界 96% 的儿童生活在缔约国中。《儿童权利公约》是联合国历史上加入国家最多的国际公约，是世界上最广为接受的公约之一。

【拓展阅读】

表 11-1　关于《儿童权利公约》颁布前后的重要事件

序　号	时　间	《儿童权利公约》颁布前后的重要事件
1	1923 年	《儿童权利宪章》被救助儿童国际联盟所认可。
2	1924 年	第一份《儿童权利宣言》（又称为《日内瓦宣言》）诞生。
3	1948 年	联合国大会通过《世界人权宣言》。
4	1959 年	11 月 20 日，联合国大会通过《儿童权利宣言》，明确了各国儿童应当享有的各项基本权利。这是第二份《儿童权利宣言》。但一些儿童工作者指出，宣言不具有法律约束力，不能起到更大的作用。
5	1978 年	联合国大会决定制定一份具有法律效力的《儿童权利公约》并成立了起草工作组。
6	1979 年	《儿童权利公约》起草工作开始。联合国将这一年定为"国际儿童年"。
7	1989 年	《儿童权利公约》历时十年的起草工作终于完成，11 月 20 日在第 44 届联合国大会上《儿童权利公约》获得一致通过；是第一部有关保障儿童权利且具有法律约束力的国际性约定；同时成为世界上最广为接受的公约之一。
8	1990 年	1 月 26 日《儿童权利公约》向所有国家开放供签署，当天就有 61 个国家签署了该公约。《儿童权利公约》在获得 20 个国家批准加入之后，于 9 月 2 日正式生效。
9	1990 年	9 月 2 日，《儿童权利公约》在获得 20 个国家批准加入后正式生效。在《儿童权利公约》刚刚生效之后，世界儿童问题首脑会议在纽约联合国总部召开，这是历史上第一次专门讨论儿童问题的首脑会议。会议通过了《儿童生存、保护和发展世界宣言》和《执行九十年代儿童生存、保护和发展世界宣言行动计划》。《宣言》和《行动计划》是国际社会对保护儿童权利所做的政治承诺和具体方案。
10	1990 年	8 月 29 日，中国常驻联合国大使代表中华人民共和国政府签署了《儿童权利公约》，中国成为第 105 个签约国。
11	1991 年	12 月 29 日第七届全国人民代表大会常务委员会第 23 次会议决定批准中国加入《儿童权利公约》，同时声明：中华人民共和国将在符合其宪法第二十五条关于计划生育的规定的前提下，并根据《中华人民共和国未成年人保护法》第二条的规定，履行《儿童权利公约》第六条所规定的义务。
12	1992 年	3 月 2 日，中国常驻联合国大使向联合国递交了中国的批准书，从而使中国成为该公约的第 110 个批准国。该公约于 1992 年 4 月 2 日对中国生效。
13	1999 年	截止到 1999 年，全世界已有 192 个国家批准加入《儿童权利公约》，全世界 96% 的儿童生活在缔约国中，世界上尚未加入该公约的国家只有美国和索马里。《儿童权利公约》是联合国历史上加入国家最多的国际公约。《儿童权利公约》已获得 193 个国家的批准，是世界上最广为接受的公约之一。
14	2000 年	5 月，联合国大会在《儿童权利公约》框架基础上通过了《关于儿童卷入武装冲突问题的任择议定书》和《关于贩卖儿童、儿童卖淫和儿童色情的任择议定书》，以推动国际社会努力保护儿童、消除日益猖獗的残害儿童犯罪活动。截至 2009 年 7 月，这两份议定书分别获得了 128 个和 132 个国家的批准。
15	2015 年	10 月 2 日，联合国秘书长潘基文、联合国儿童基金会等分别发表声明，欢迎索马里批准《儿童权利公约》，成为公约第 196 个缔约国。美国成为世界上唯一一个没有签署该公约的国家。据统计美国仍有超过五万名童工。

《儿童权利公约》通过确立卫生保健、教育以及法律、公民和社会服务等多方面的标准来保护儿童的上述权利，明确了国际社会在儿童工作领域的目标和努力方向。《儿童权利公约》指出，缔约方应确保儿童均享受《儿童权利公约》中规定的各项权利，不因儿童、其父母或法定监护人的种族、肤色、性别、语言、宗教、政治身份、出身、财产或残疾等不同而受到任何歧视。缔约方为确保儿童的福祉，应采取一切适当的立法和行政措施。各相关部门和机构在制定相关政策和落实中以"儿童利益最大化"作为首要考虑因素。

二、颁布《儿童权利公约》的意义与作用

《儿童权利公约》包含了一套普遍商定的准则和义务，在追求公正、彼此尊重以及和平的社会的过程中，将儿童放在中心位置。《儿童权利公约》确立了世界各地所有儿童时刻应该享有的基本人权：生存权，发展权，避免遭受有害影响、虐待和剥削的受保护权，以及全面参与家庭生活、文化生活和社会生活的权利。《儿童权利公约》通过确立保健、教育以及法律、公民和社会等方面的服务标准来保护儿童的上述权利。这些标准是评

价进步情况的尺度。批准《儿童权利公约》的国家有义务在采取行动和制定政策时考虑儿童的最高利益。

《儿童权利公约》汇集并澄清了其他国际文件中所涉及的各种儿童权利。它更加完整地阐述了儿童权利，是在宣传和保护儿童权利方面最全面的人权条约及法律文书。虽然在其他国际人权文书中有保护儿童权利的规定，但是该《儿童权利公约》首次清楚阐明了所有与儿童有关的权利：经济权利、社会权利、文化权利、公民权利及政治权利。它也是首个明确将儿童视为社会参与者及自身权利的积极持有者的文书，并为我们看待儿童的方式提供了指导性原则。条款不仅规定了实现各项权利的基本原则，还号召提供特殊的资源、技术和努力，确保儿童的生存和最大限度地开发其能力。这些条款还要求通过各种方式，保护儿童免受忽视、剥夺和虐待的侵害。

《儿童权利公约》极大地重申并丰富了人权。它通过以往国际文书中直接与儿童相关的基本原则——无差别和无歧视——重申了人权。它巩固和增强其他人权文件包含的规定而丰富了人权，说了缔约国对儿童的责任和义务。《儿童权利公约》收编了未被阐明的儿童权利，特别是参与权，规定了儿童最大利益应作为所有与儿童相关行动的首要因素。《儿童权利公约》强调保护儿童权利的责任在于义务承载者，包括受委托保证儿童权利得以实现的缔约国、家庭和监护人。

《儿童权利公约》的意义远不止在立法领域，在对待儿童的态度上也得以改变。事实上，《儿童权利公约》确立了童年条款，概述了所有18岁以下的个人在被对待、照料、生存、发展、保护以及参与等方面权利的最低标准。其规定强调了社会的共识，既要实现儿童权利必须保护童年这个与成人期分离的阶段，也必须确定一段儿童可以成长、学习、玩耍和发展的时间。

第二节 《儿童权利公约》实质解析

一、《儿童权利公约》的概念界定

1. 《儿童权利公约》对"儿童"的定义

《儿童权利公约》将儿童定义为18岁以下的男孩和女孩，并认为每一位儿童既是一个独立的个人，又是家庭和社会的一份子。儿童享有公民的全部权力，是权力的主体。社会中所有成年人必须尊重儿童，并负有保护儿童权力的责任。在中华人民共和国"儿童"相当于"未成年人"的概念。

2. 《儿童权利公约》对"教育"的定义

教育通常被看做是在学校体系内传授学术知识的过程。《儿童权利公约》虽然没有确切地给教育下一个定义，但教育的含义包罗万象。公约规定：教育要使儿童为将来在自由社会中过一种积极的成人生活做准备，教育要尊重儿童的父母，尊重儿童自己的文化特征、语言和价值观，并要尊重其他人的文化背景和社会准则；教育还必须包括发展儿童的个性、才能、智能和体能，培养人们尊重人权和基本自由，培养谅解、和平、宽容与男女平等的将神和各国人民之间的友谊，培养人们尊重物质环境。因此，教育是一个完整的过程，指的是社会生活的整个过程，通过这一过程，个人和社会群体学会在国家和国际社会内，并为了国家和国际社会的利益，自觉地、全面地发展个人能力，培养观念和爱好，拓展知识。这一过程并不局限于任何特定的活动。

教育必须有助于人格的发展，有助于人权、基本自由、文化特性和国民价值观念的尊重，使儿童做好准备，将来在自由社会里认真负责地生活，并不断加强对环境的适应能力。

3. 《儿童权利公约》对"儿童权利"的定义

儿童在传统意义上不被看做是权利的主体，而是法律保护的客体。联合国大会通过了《儿童权利公约》，该项公约的通过有效而又恰如其分地将儿童及儿童权利的概念从国内和国际思想的边缘推到了舞台中心，改变了人们对儿童的态度和看法。人们一直认为，《儿童权利公约》具有创新精神。公约指出，儿童的权利和成人的权利并不冲突，也没有用儿童权利取代或者废除父母的权利，而是把儿童的权利看做是人权不可分割的一个组成部分。公约视儿童为有需要的个人，这种需要会随着儿童的成熟和年龄的增长而发生变化。公约力图使儿童权利与父母的义务以及对儿童生存、发育和保护负有责任的其他人的义务保持均衡，并在影响儿童生活的决策上赋予儿童参与权。因此，该公约已经超越了现有的各类条约。

《儿童权利公约》不仅仅是包含着不同的或者独立原则的一组条款，事实上也包含了儿童的尊严所固有的权利，以及儿童个性全面和谐的发展所必需的权利，其中包括儿童的公民权与政治权，文化、社会与经济权利，这些在公约中都被奉为神圣的权利，所有这些权利都是不可分割、相互依存的，公约的力量就体现在这一概念中。换句话说，批准公约的国家有义务采取必要的措施(诸如立法、行政以及其他方面的措施)，执行《儿童权利公约》，在其管辖的范围内为所有儿童提供一种更加美好的生活。

二、《儿童权利公约》的基本结构

《儿童权利公约》由序言、第一部分（实质性条款）、第二部分（程序性条款）和第三部分（最后缔约条款）等四部分组成，共计 54 条，全文约有 1104 字符。

《儿童权利公约》序言部分回顾了《联合国宪章》的原则，以及有关人权的宣言和公约中的条款。

《儿童权利公约》第一部分第 1～41 条为实质性条款。包括儿童的定义、《儿童权利公约》的四项原则以及儿童应当享有的生存权、受保护权、发展权和参与权的具体内容。主要强调，每一位 18 岁以下的儿童的人权必须被重视和保护，而且这些权力必须依据公约指导原则去实践。

《儿童权利公约》第二部分第 42～45 条为程序性条款。规定缔约国有定期提交执行公约情况报告的义务，联合国儿童权力委员会负责审议各缔约国的报告，并规定儿童权力委员会组成和任期。包括政府的义务，如推广公约的原则、公约的实行、通过政府监督发展儿童权力的过程，使大众都能了解政府各机关的职责。

《儿童权利公约》第三部分第 46～54 条为最后缔约条款。这一部分主要包括了经由政府签署及批准的过程和规定联合国秘书长为该公约的保管人。涉及公约的签署、批准、加入、生效、修改、保留、退出等事项。

表 11-2　《儿童权利公约》基本结构一览表

序　号	四个部分	具体条款	核心要义	具体体现
1	序言		整体概述	回顾了《联合国宪章》的原则，以及有关人权的宣言和公约中的条款。
2	第一部分	第 1～41 条	实质性条款	儿童的定义、《儿童权利公约》的四项原则以及儿童应当享有的生存权、受保护权、发展权和参与权的具体内容。主要强调，每一位 18 岁以下的儿童的人权必须被重视和保护，而且这些权力必须依据公约指导原则去实践。
3	第二部分	第 42～45 条	程序性条款	规定缔约国有定期提交执行公约情况报告的义务，联合国儿童权力委员会负责审议各缔约国的报告，并规定儿童权力委员会组成和任期。包括政府的义务，如推广公约的原则、公约的实行、通过政府监督发展儿童权力的过程，使大众都能了解政府各机关的职责。
4	第三部分	第 46～54 条	最后缔约条款	包括了经由政府签署及批准的过程和规定联合国秘书长为该公约的保管人。涉及公约的签署、批准、加入、生效、修改、保留、退出等事项。

三、《儿童权利公约》内容解析

《儿童权利公约》的宗旨是"最大限度地保护儿童权益"，《儿童权利公约》是根据重要国际人权文书中保护儿童的有关规定并结合儿童的特点和实际需要制定的。《儿童权利公约》规定了世界各地所有儿童应该享有的数十种权利，其中包括最基本的 4 项权利，即生存权、受保护权、发展权和参与家庭、文化和社会生活的权利；《儿童权利公约》还确立了 4 项基本原则：儿童利益最大化原则、尊重儿童权利和尊严的原则、无歧视的原则、以及尊重儿童观点的原则。《儿童权利公约》的基本内容包括四大原则和四大权利，具体内容如下：

1.《儿童权利公约》中的"四大原则"解读

表 11-3 《儿童权利公约》中的"四大原则"基本信息

序 号	四大原则	基本解读	具体体现
1	儿童最大利益原则	任何事情凡是涉及到儿童的必须以儿童权利为重。	儿童优先
2	尊重儿童权利与尊严原则	尊重儿童的生存和发展的权利。	国家明令禁止性别鉴定，国家规定给儿童义务教育
3	无歧视原则	不管儿童的社会文化背景、出身高低、贫富、男女、正常儿童或残疾儿童，都应该得到平等对待，不受歧视和忽视。	每个学段都有义务接收一定数量的残疾儿童入学
4	尊重儿童观点的原则	任何事情只要涉及儿童，应当听取儿童的意见。	不能不经过同意就把儿童的玩具送给他人

原则 1 "儿童最大利益原则"解读

解读 儿童最大利益原则，是指任何事情凡是涉及到儿童的必须以童利为重。《儿童权利公约》确立了一个重要理念，即涉及儿童的所有行为均应以"儿童的最大利益"为首要考虑，而且把这种考虑宣布为儿童的一项权利。换言之，《儿童权利公约》特别强调的是把儿童作为个体权利主体而不是作为一个家庭或群里的成员来加以保护，涉及儿童的一切行为，必须首先考虑儿童的最大利益。

原则 2 "尊重儿童权利与尊严原则"解读

解读 尊重儿童权利与尊严原则，即尊重儿童的生存和发展的权利。在《儿童权利公约》关于儿童权利的各项条款中，无论是生存权、保护权、发展权、参与权，所有的权利都体现着对儿童独立人格的尊重，对儿童权利的尊重，对儿童主体性的尊重，对儿童参与的尊重。世界幼儿教育之父福禄贝尔将儿童的玩具称之为"恩物"，意思是上帝赐给儿童的礼物，从专业的视角来看玩具，玩具确实在儿童的生命中占有重要位置，不可小觑。有儿童心理学者认为，儿童的玩具就如同成人的房子。成人如果不愿意把自己的房子送给别人，那么就不要替孩子做主，把他的玩具送给别人，因为在儿童的世界里，玩具就如同成人的房子，是自己的私有财产，神圣不可侵犯。这也体现了《儿童权利公约》中第二条原则，即"尊重儿童权利和尊严的原则"。

原则 3 "无歧视原则"解读

解读 无歧视原则，即不管儿童的社会文化背景、出身高低、贫富、男女、正常儿童或残疾儿童，都应该得到平等对待，不受歧视和忽视。每一个儿童都平等地享有公约所规定的全部权利，儿童不应因本人及其父母的种族、肤色、性别、语言、宗教、政治观点、民族、财产状况和身体状况等受到任何歧视。

原则 4 "尊重儿童观点的原则"解读

解读 尊重儿童观点的原则，即任何事情只要涉及儿童，应当听取儿童的意见。应确保有主见能力的儿童有权对影响到其本人的一切事项自由发表自己的意见，因此，在影响儿童的任何司法和行政诉讼中，儿童能够以符合国家法律的诉讼规则方式，直接或间接地通过代表或适当机构陈述意见。

总体看来，在《儿童权利公约》的四个原则中，第四个原则"尊重儿童观点的原则"，即给儿童做事情解释的机会。这个原则是一条很具体的原则，也是在现实生活中很难做到的原则。理由是成人（教师和家长）会觉得，孩子就是孩子，没有发表意见的资格，我来说你来听就好。其实这个观点是不可取的。因此，在学前教育领域，将能够实现这个原则作为衡量专业性的指标。

案例分析

案例　一所幼儿园的科学教育教师在早餐时发现，一名 4 岁的男童，将热热的粥直接倒进了鱼缸里，把小鱼活活的给烫死了。要知道鱼缸和里面的鱼，是老师起个大早从早市购买回来的，是今天上午上课时要用的素材。

分析　一般的人遇到这样的情况，都会气急败坏，头脑中想到的都是：这个孩子怎么这么淘气，真是欠揍啊！甚至怒气冲冲地走向孩子。但作为专业的幼儿园教师，第一步，是调整情绪，做到"平心静气"。要从心里跟自己说"没关系，只是几条小鱼而已，跟把孩子烫伤相比真的不算什么，更何况孩子的家长会赔的"；第二步，是走过去蹲下来，问孩子"为什么这么做？"，这个动作和行为会让孩子安然地接受现实，并愿意跟你分享事情的原因；第三，在听到孩子的解答后，生成课程的设计。一般情况下，孩子都不会无缘无故地做这样的事，或者是认知错误，如"我以为小鱼也爱喝粥"；或者是出于好奇，如"我想看看把粥倒进去会发生什么事"，因此教师要尊重孩子的观点，给孩子说出理由的机会和权力。用《儿童权利公约》第四条原则来讲，就是"尊重儿童观点的原则"——任何事情只要涉及儿童，应当听取儿童的意见。这条原则给我们的启示是：如儿童犯错误了，成人首先要平心静气，调整好态度，然后蹲下来向他询问"为什么这么做"，等他说出原因后再进行处理。一般而言儿童犯错误多数为无意行为，很少有故意为之的。因此，听取儿童对事情的解释是非常必要的。成人还可以由此生成课程，给孩子创设一个更适宜的学校教育或家庭教育情景。

2.《儿童权利公约》中"四大权利"解读

生存权利、保护权利、发展权利、参与权利并称为儿童的四项基本权利。其基本信息如下：

表 11-4　《儿童权利公约》中的"四大权利"基本信息

序　号	四大权利	基本含义	备注
1	生存权	儿童有权接受达到最高标准的医疗服务。	首要权利
2	受保护权	防止儿童受到歧视、虐待及疏忽照顾，尤其是那些失去家庭的儿童和难民儿童。	
3	发展权	每位儿童都有权接受一切形式的教育，以此培育儿童的身体、心理、精神、道德及社交发展。	
4	参与权	儿童有参与家庭、文化和社会生活的权利，并有权对影响他们的任何事情发表意见。	高级权利

（1）权利一"生存权"解读

生存权，即每个儿童都有其固有的生命权和健康权，为此有权接受达到最高标准的医疗服务。生存权利是儿童的首要的权利。当下我国在医学上规定"禁止性别鉴定"的行为，也是保证儿童生存权利的具体体现。

（2）权利二"受保护权"解读

受保护权，即防止儿童受到歧视、虐待及疏忽照顾，尤其是那些失去家庭的儿童和难民儿童尤其强调"受保护权利"。我国的儿童福利院的设立，还被称之为"孤儿院"，那里就是国家补贴收养弃婴、无父无母儿童的地方。我国设立这样的救助机构，就是儿童"受保护权利"的具体体现。

（3）权利三"发展权"解读

发展权，即充分发展儿童全部体能和智能的权利。每位儿童都有权接受一切形式的教育，以此培育儿童的身体、心理、精神、道德及社交发展的权利。

我国规定，实施九年义务教育，中小学六三制，即小学六年，初中三年，国家目前实施共计九年的义务教育，免费教育，儿童有权利入学，同时也具有入学受教育的义务。这也是我国执行儿童"发展权利"的具体体现。

（4）权利四"参与权利"解读

参与权利，即儿童有参与家庭、文化和社会生活的权利，并有权对影响他们的任何事情发表意见。从某种程度上而言，参与权利是儿童的四个权利中最高级别的权利。

参与权利对儿童的重要意义。参与和儿童的成长发展是相互影响的、相互促进的。参与不仅对儿童个体的全面发展起到积极的作用，还有利于和谐的亲子关系，促进两代人的共同成长，优化家庭育人环境，改善同伴关系，优化学校育人环境，改善师生关系，改进教师的教育方式等。儿童参与某些社会活动或事物，有助于转变社会风气、解决某些社会问题,尤其是儿童方面的问题。通过参与,儿童们积极向社会表达自己的心声,提出建议,能使成年人制定出更加适合儿童的政策、制度等,促进儿童问题的解决,提高社会民主程度和参与程度,促进儿童公民意识的发展。

教育的最终目的是自我教育。同样儿童参与的最终目的也是在于儿童通过参与逐渐成为自我发展的主人。促进儿童参与的基石是儿童自身在参与中状态。提高参与程度,需要引导儿童从自我做起,主动提高自身参与的意识和能力。儿童参与的问题不单单是拥有权利、维护权利、行使权利这样一件简单的事,它事关儿童综合的、全面的、健康的发展,是一个民族社会成熟的标志之一。尊重儿童,就是尊重人权,它体现了我们实现人的全面发展的核心价值观。

如今"参与权利"作为儿童的一项基本权利已经得到了国际公认。联合国《儿童权利公约》明文规定:儿童有参与家庭、文化和社会生活的权利,儿童有权对影响自己的一切事项自由发表意见;儿童应有自由发表言论的权利。因此,儿童的观点和儿童对社会发展的贡献应该得到尊重,儿童的参与应该得到尊重和表扬。这一理论提出了一种全新的发展观:社会文化是儿童发展的基础,儿童发展是主动建构的过程,儿童的个体差异、文化差异和多元性必须得到强调和发掘。因此,儿童的发展和一切的儿童工作都必须强调儿童的参与。只有在儿童充分参与到影响他们自己生活的各项活动中,干预措施和方法才能更具有针对性和有效性。

总而言之,《儿童权利公约》中提到的儿童权利多达几十种,但其中最基本的权利可以概括为以上四种,这四种权利也是《儿童权利公约》确立的世界各地所有儿童时时刻刻应享有的基本"人权",即生存权利、受保护权利、发展权利、全面参与家庭生活、文化生活和社会生活的权利。其中生存权是首要权利,参与权是高级权利。家庭、文化和社会活动需要儿童的参与。在"中国学生发展核心素养"中也将"主动参与"作为一个重要维度体现了出来,可见一斑。

【拓展阅读】

"中国学生发展核心素养"的核心是"全面发展的人",其中"全面"是用三个维度来呈现的,即"文化基础、自主发展和社会参与"。社会参与,就是学生的"参与权"的体现,亦是儿童"参与权"的体现。"中国学生发展核心素养"常用数字 13618 来表示:1 是指一个目标"全面发展的人";3 代表三个维度"文化基础、自主发展、社会参与";6 是指每个维度所包含的 2 个素养,共计 6 个素养;18 是指实现 6 大素养的 18 个要点或措施。具体对应关系如下表:

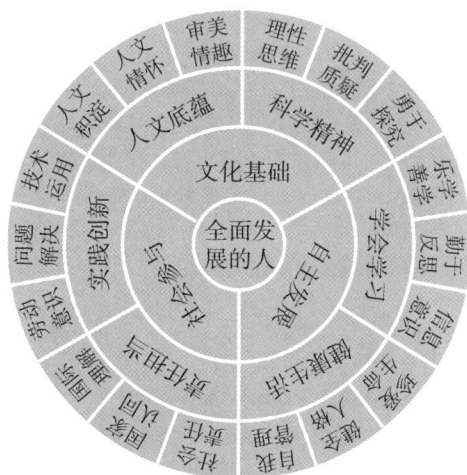

图 11-1 "中国学生发展核心素养"立体结构图

表 11-5 "中国学生发展核心素养"13618 模型平面对应关系

序　号	3个维度	6大素养	18个要点
1	文化基础	1 人文底蕴	1 人文积淀；2 人文情怀；3 审美情趣
		2 科学精神	4 理性思维；5 批判质疑；6 用于探索
2	自主发展	3 学会学习	7 乐学善学；8 善于反思；9 信息意识
		4 健康生活	10 珍爱生命；11 健全人格；12 自我管理
3	社会参与	6 责任担当	13 社会责任；14 国家认同；15 国际理解
		7 实践创新	16 劳动意识；17 问题解决；18 技术应用

二、国家、学校和家庭在保障儿童权力上的责任

1. 国家的责任

《儿童权利公约》中指出：父母在抚育和培养孩子方面负有首要的职责。然后国家有义务向家长提供适当的援助，帮助他们履行抚育孩子的责任，并保证发展关爱儿童成长的机构、设施和服务部门。国家必须最大限度地保证提供儿童教育现有资源，把儿童的最大利益作为首要因素来考虑。在所有影响儿童的事物中，国家要为儿童提供表达意见的机会。国家必须承认以机会均等为基础的儿童教育权利，为所有儿童提供免费的初等义务教育，使他们有机会接受不同形式的中等教育，获得教育和职业方面的信息与指导，并有机会根据自身的能力接受高等教育。

园内的"家园共育"和园外的"幼小衔接"。首先，国家要规范"家园共育"。家园共育中"和"校园是一种重要体现。中华民族优秀传统文化就是"和"文化，这种"和"在这里主要指的是家长和幼儿园教师的配合，以及幼儿园教师科学指导家长进行育儿，使得在家庭教育中亲子关系和谐等。信息化时代的今天，校讯通"和"校园，是幼儿园和家长沟通的重要渠道，也是幼儿园指导家长科学育儿的重要平台。国家教育部门有责任和义务，进一步规范"和"校园的使用，对其内容和方法进行科学指导，从而深化家长教育质量，为学习型家庭的构建，学习型社会的构建奠定基础。其次，国家要规范"幼小衔接"。不可否认，当下社会上，家长对幼儿园教育的不满，在很大程度来自幼小不能很好地衔接这个问题。

案例分析

案例　在"老梁看世界"中有一期节目，题目是"幼儿园小学化是一种病"。无可厚非，国家已经明令禁止幼儿园小学化，包括内容和方法多个方面。2012年年底颁布了《3~6岁儿童学习与发展指南》，不仅让幼儿园教师全员学习，很多公立幼儿园还将《3~6岁儿童学习与发展指南》印发给我每个孩子的家长，目的上做到教师和家长同步知晓孩子当下应该知道什么，达到什么程度。幼儿园教育的全民学习确实在推进，是好事。但问题是幼儿园不教拼音了、不教写字了，执行国家政策了，可小学一年级却不零起点教学了，小学老师也很无奈，原因是全班50个孩子，有40个孩子学过，老师该不该只为那仅仅10个没有学过的孩子讲课？结果一目了然。可惜，整个事件中最苦的是家长和孩子，而渔翁得利的却是社会上教学质量参差不齐的"幼小衔接班"。

分析　在"幼小衔接"的闹剧中，归根到底的关键角色是家长，更具体的说是家长对孩子未来的焦虑。如果家长都能认识到幼儿阶段小学化的危害，都不去参加社会上的"幼小衔接班"，那么"幼小衔接"的市场就会断掉，也不会存在小学老师的该不该只教少部分学生的纠结了，因为大部分孩子都没学过，小学也只能零起点教学。可现在的关键问题是，没有家长敢用孩子来做尝试，因为从某种程度上来说教育是不可以重来的。是的，国家不能把"幼小衔接"直接推给市场，国家应着手出台相关政策，禁止或规范社会上的"幼小衔接班"，使其符合儿童发展的规律，更好的促进幼儿身心的和谐发展，实现《儿童权利公约》所规定的儿童的"发展权"。具体做法包括以下几个方面：第一，从幼儿园做起，加强"家园共育"，因为幼儿园指导家长进行科学育儿的义务和责任，幼儿园应着重从"幼小衔接"的根源——家长观念上解决这一问题；第二，规范社会的"幼小衔接班"，规范其内容和方法。要么将其归位于幼儿园名下，要么将其归位于小学名下，让幼儿园园长或小学校长来做"幼小衔接"的课程规划和师资队伍的培养工作；第三，国家要尽快出台"学前教育法"，进一步规范幼儿园的职前师资培养工作，规范职后幼儿园师资质量提升工作，规范幼小衔接的内容和方法等。

2. 学校的责任

执行《儿童权利公约》不仅是政府行为，它还需要广泛的、形式多样的社会动员。其中，学校是执行国家教育部门倡导的儿童权利的重要行为人。近年来我国幼儿教育界在儿童观上已经发生了很大的变化。幼儿作为独立的个体应当受到尊重这一点已经形成共识。但是怎么使我们的教育真正成为尊重儿童的教育值得进一步探究，尊重儿童能做到不体罚、不辱骂，是远远不够的。幼儿园教师要做到以下三点：

第一，不得歧视儿童权利。一方面，幼儿园教师不得人为地在幼儿中制造差异或者差别。例如，幼儿的家庭背景不同，相貌衣着不同，能力水平不同，但教师不应该因此而做出伤害孩子人格尊严的事，这是违背《儿童权利公约》的；另一方面，在执行纪律的方式上也要符合儿童的尊严和本公约的规定，即便儿童做错了事，也不应该成为歧视的对象，因为教师和同伴的另眼看待，会使儿童丧失自尊和自我价值感，而这正是当前教育所应该纠正的。

第二，要把儿童权利放在第一位。一方面，幼儿园要以儿童为主，使用儿童桌椅，儿童楼梯，儿童餐具，一切儿童相关的事物都要以儿童生理特点和身高尺寸来定制，这个上面要按部就班不能搞创新；另一方面，幼儿园教师不能放任幼儿的兴趣，片面强调幼儿选择的做法也是违背尊重幼儿权利的。例如，在自主游戏中，一名幼儿总是选择同一个区域进行游戏，教师就要进行干预，引导他从不同区域中获得新经验。

第三，要保证儿童权利主体。《儿童权利公约》称儿童是社会成员中最脆弱的群体，幼儿是这一群体中的更脆弱者。教师应该看到"幼儿行驶权利"的价值并不在于结果而在于其过程。教师应该热情而耐心地接纳幼儿的意见和要求，激发幼儿发表自己看法的愿望和勇气，时时让幼儿感觉到"老师很喜欢听我说话"，幼儿就会变得主动积极。

儿童的天性中涌动着一种想对外界环境施加影响的欲望，这本是幼儿园教育应该发展的，但往往却被教师不经意地抹杀了。因此尊重幼儿的权利，保证幼儿行驶权利的主体性可以说就是将幼儿园建设成幼儿能主动积极地与环境相互作用的乐园。教师的工作主要是常备不懈地应答幼儿的需要，同时提供必要和适当的帮助、指导。在这样的环境中，幼儿才能自由地学习，去实践，去参与各种活动，去发现自己的错误，去体验自己在环境中的作用，去逐步认识自己的权利和责任，从而沿着教师间接地为其铺设的发展道路，向独立、自我控制的成熟人生迈进。

【拓展阅读】

有一所幼儿园的宗旨是"我和孩子一样高"，自然地道出了幼儿园教师的教育情怀。是的，"我和孩子一样高"是在告诉我自己，我要蹲下来，和孩子在一个水平线上，在一个"视阈"中，平等对话。爱心、幼儿园教师的耐心、细心、责任心，都被包含在其中。让孩子感觉到无比温暖。一个女老师，看到刚入园的小女孩娜娜，很是羞涩，不自信。她走上前去，对娜娜说，宝贝你的发型很美。娜娜羞涩地笑了笑。第二天，女老师梳了一个和娜娜一模一样的发型。娜娜看了，心生欢喜，跟老师更加亲近，真的相信自己的发型是最美的了。这位女教师对孩子爱的表达，让人震撼，我们需要这样的教育，一种有温度的、爱的教育。

在学校教育中，儿童自然而然地将教师作为权威人物，因此教师的言传身教，对儿童影响很大，越小的儿童受影响的程度就越大。不歧视儿童的权利，把儿童的权利放在第一位，保证儿童成为权利的主体，这从来都是说起来容易，做起来难。可以说，心中有"我和孩子一样高"的想法，现实中"蹲下来平视孩子"，是爱儿童、尊重儿童最起码的要求。

3. 家庭的责任

儿童首先归属于家庭，家庭是儿童最自然，同时也是最理想的环境。父母或者其他监护人在对儿童提供必要的物质保障，进行养育和照料的同时，必须担负起教育的责任，注重培养孩子良好的道德品质和行为习惯，学会处理人与人之间、人与社会之间、人与自然之间的基本关系，帮助孩子增强自学、自理、自护、自强、自律的能力。研究表明，稳定的家庭、良好的氛围、适当的方法、家长的示范等，是提高儿童的道德修养、精神风貌的重要因素。德国教育家福禄贝尔说过："国民的命运，与其说掌握在掌权者手中，倒不如说掌握在母亲手里。"我们不再提倡过去家长制的做法，孩子需要表达，需要民主的家庭氛围。我们也不主张以孩子为中心，孩子应当在参与中学习知识，增长经验，锻炼能力。两代人应当互相学习，保持沟通，彼此尊重。

国家、学校和家庭在儿童教育中的职责分工，究竟是什么样的？请看下面来自百年幼教发表在人民日报上的推文"教育改革从家长教育开始"[①]：

通常人们会说，父母是原件，孩子是复印件；如果原件有了问题，我们根本就不能奢望复印件会没问题。是的，孩子是父母的影子。有什么样的父母，就会有什么样的孩子。只是在很多时候，人们不愿意承认罢了。当下国家越来越重视家庭教育，特别是对父母的教育。父母是孩子第一任老师，也是任教时间最久的老师。可惜，很多父母在自身还没有成熟的时候就成为了孩子的父母！因此，对育儿一无所知，什么都是现学现卖，这直接导致了育儿质量的下降。教育孩子的过程是不可重复的，任何事业上的成功，都无法弥补教育孩子上的失败！家长教育是根的教育，家庭教育是干的教育，学校教育是枝的教育，要从家长这个"根"上做调整，才会成就孩子人生之果。把当下盛行的《父母规》送给天下的父母，诚请父母每天读一遍《父母规》，坚持 21 天，养成习惯，形成家风。

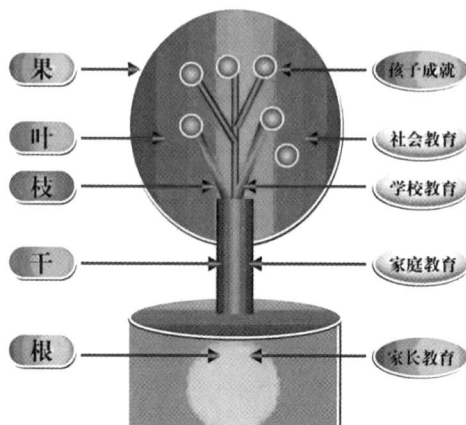

图 11-2　国家、学校和家庭在儿童教育中的职责分工

【资料拓展】

表 11-6　《父母规》

序号	父母的承诺	承诺的原因
1	我要多鼓励、赞美孩子，而不是批评、指责、埋怨孩子。	因为我知道只有鼓励和赞美才能带给孩子自信和力量，批评、指责、埋怨只是在发泄我的情绪，伤害孩子的心灵。
2	我要用行动去影响孩子，而不是用言语去说教孩子。	因为我知道孩子的行为不是被教导而成，而是被影响和模仿而成。
3	我要多聆听孩子的心声，而不是急于评断孩子。	因为我知道聆听才是最好的沟通。
4	我要无条件的去爱孩子本来的样子，而不是去爱我要求的样子。	因为我知道那是我的自私和自我。
5	我要学会蹲下来与孩子平等沟通，而不是居高临下地指使孩子。	因为我知道强制打压只会带来孩子更强烈的叛逆和反抗。
6	我要用心去陪伴孩子，而不是心不在焉的敷衍孩子。	因为我知道只有真正的陪伴才能让孩子感受到爱的温暖。
7	我要控制自己的情绪，和孩子一起安静和平地处理好每一个当下。	因为我知道脾气和暴力只代表我的无能和对孩子的伤害。
8	我要积极主动地处理好与爱人的关系，创造一个和谐的家庭环境，绝不让夫妻矛盾影响和伤害到孩子。	因为我知道只有夫妻关系和睦才是对孩子最大的爱。
9	我要让孩子长成他要长成的样子，而不是我期待的样子。	因为我知道孩子并不属于我，他只是经由我来到这个世界，去完成他自己的梦想和使命。
10	我要多为孩子种善因，行善事。	因为我知道种善因，方能结善果，积善之家必有余庆，积恶之家必有余殃。
11	我要通过孩子的问题，找出我自己的问题，修正我自己。	因为我知道孩子所有的问题都是我的问题，我是一切的根源。
12	我要成为孩子生命中最好的朋友，最亲密的伙伴，最慈爱的爸爸（妈妈）。	

---

① 百年幼教 . 教育改革从家长教育开始［Z］. 人民日报 ,2018.11.

英国人仑曼斯写了一篇散文诗，名字是《如果我能再次养大我的孩子》，很多父母在看后泪如雨下。可见，有多少不为人知的苦楚曾隐藏在教育孩子的路上！今天我们将这首诗也一并送给天下的父母，愿所有的父母都能给孩子最专业的爱，在培养孩子成长的道路上不留遗憾。

【资料拓展】

《如果我能再次养大我的孩子》

（英）仑曼斯

如果我能再次养大我的孩子，
我会先蹲下，再温柔地诉说。
我会多将拇指竖起，少用食指指点。
我会拿出更多微笑给孩子。
如果我能再次养大我的孩子，
我会少用眼睛看分数，多用眼睛看优点。
我会注意少一点责备，而去多一点关心。
我会将板着的脸收藏，
而成为孩子的玩伴，跟着孩子一起跑原野去看星星。
如果我能再次养大我的孩子，
我会早早地将他推出门……尽管我很心疼。
我会多拥抱，少搀扶。
我不再追求对权利的爱，我会效法爱的力量。
如果……，
如果，已经没有如果，
我不再后悔过往行动，从当下开始！

课后习题

1. 简述教育儿童的目的。
2. 简述颁布《儿童权利公约》的背景、意义和作用。
3. 简述《儿童权利公约》中描述的儿童权力的四大原则和四种基本权力。
4. 简述《儿童权利公约》确立的儿童时刻具有的基本人权。
5. 针对当下儿童受家庭成员虐待的现象，运用《儿童权利公约》中的儿童权力内容分析一下，谁能保护这样的儿童？

我的说说

_____

_____

_____

_____

原文附录

《儿童权利公约》①

序言

本公约缔约国，考虑到按照《联合国宪章》所宣布的原则，对人类家庭所有成员的固有尊严及其平等和不移的权利的承认，乃是世界自由、正义与和平的基础，铭记联合国人民在《宪章》中重申对基本人权和人格尊

① 联合国大会.儿童权利公约［Z］.联合国大会,1990.

严与价值的信念，并决心促成更广泛自由中的社会进步及更高的生活水平，认识到联合国在《世界人权宣言》和关于人权的两项国际公约中宣布和同意：

人人有资格享受这些文书中所载的一切权利和自由，不因种族、肤色、性别、语言、宗教、政治或其他见解、国籍或社会出身、财产、出生或其他身份等而有任何区别，回顾联合国在《世界人权宣言》中宣布：儿童有权享受特别照料和协助，深信家庭作为社会的基本单元，作为家庭的所有成员、特别是儿童的成长和幸福的自然环境，应获得必要的保护和协助，以充分负起它在社会上的责任，确认为了充分而和谐地发展其个性，应让儿童在家庭环境里，在幸福、亲爱和谅解的气氛中成长，考虑到应充分培养儿童可在社会上独立生活，并在《联合国宪章》宣布的理想的精神下，特别是在和平、尊严、宽容、自由、平等和团结的精神下，抚养他们成长。

铭记给予儿童特殊照料的需要已在1924年《日内瓦儿童权利宣言》和在大会1959年11月20日通过的《儿童权利宣言》中予以申明，并在《世界人权宣言》《公民权利和政治权利国际公约》（特别是第23和24条）、《经济、社会及文化权利国际公约》（特别是第10条）以及关心儿童福利的各专门结构和国际组织的章程及有关文书中得到确认。

铭记如《儿童权利宣言》所示，"儿童因身心尚未成熟，在其出生以前和以后均需要特殊的保护和照料，包括法律上的适当保护"。回顾《关于儿童保护和儿童福利、特别是国内和国际寄养和收养办法的社会和法律原则宣言》《联合国少年司法最低限度标准规则》（北京规则）以及《在非常状态和武装冲突中保护妇女和儿童宣言》。确认世界各国都有生活在极端困难下的儿童，对这些儿童需要给予特别的照顾。适当考虑到每一民族的传统及文化价值对儿童的保护及和谐发展的重要性。确认国际合作对于改善每一国家，特别是发展中国家儿童的生活条件的重要性。兹协议如下：

第一部分

第一条

为本公约之目的，儿童系指18岁以下的任何人，除非对其适用之法律规定成年年龄少于18岁。

第二条

1.缔约国应遵守本公约所载列的权利，并确保其管辖范围内的每一儿童均享受此种权利，不因儿童或其父母或法定监护人的种族、肤色、性别、语言、宗教、政治或其他见解、民族、族裔或社会出身、财产、伤残、出生或其他身份而有任何差别。

2.缔约国应采取一切适当措施确保儿童得到保护，不受基于儿童父母、法定监护人或家庭成员的身份、活动、所表达的观点或信仰而加诸的一切形式的歧视或惩罚。

第三条

1.关于儿童的一切行为，不论是由公私社会福利机构、法院、行政当局或立法机构执行，均应以儿童的最大利益为一种首要考虑。

2.缔约国承担确保儿童享有其幸福所必需的保护和照料，考虑到其父母、法定监护人、或任何对其负有法律责任的个人的权利和义务，并为此采取一切适当的立法和行政措施。

3.缔约国应确保负责照料或保护儿童的结构、服务部门及设施符合主管当局规定的标准，尤其是安全、卫生、工作人员数目和资格以及有效监督方面的标准。

第四条

缔约国应采取一切适当的立法、行政和其他以实现本公约所确认的权利。关于经济、社会及文化权利，缔约国应根据其现有资源所允许的最大限度并视需要在国际合作范围内采取此类措施。

第五条

缔约国应尊重父母或于适用时尊重当地习俗认定的大家庭或社会成员、法定监护人或其他对儿童负有法律责任的人以下的责任、权利义务，以符合儿童不同阶段上、接受能力的方式适当指导和引导儿童行使本公约所确认的权利。

第六条

1.缔约国确认每个儿童均有固有的生命权。

2.缔约国应最大限度地确保儿童的存活与发展。

第七条

1.儿童出生后应立即登记，并有自出生起获得姓名的权利，有获得国籍的权利，以及尽可能知道谁是其父母并受其父母照料的权利。

2.缔约国应确保这些权利按照本国法律及其根据有关国际文书在这一领域承担的义务予以实施，尤应注意不如此儿童即无国籍之情形。

第八条

1.缔约国承担尊重儿童维护其身份包括法律所承认的国籍、姓名及家庭关系而不受非法干扰的权利。

2.如有儿童被非法剥夺其身份方面的部分或全部要素，缔约国应提供适当协助和保护，以便迅速重新确立其身份。

第九条

1.缔约国应确保不违背儿童父母的意愿使儿童和父母分离，除非主管当局按照适用的法律和程序，经法院的审查，判定这样的分离符合儿童的最大利益而确有必要。在诸如由于父母的虐待或忽视、或父母分居而必须确定儿童居住地点的特殊情况下，这种裁决可能有必要。

2.凡按本条第1款进行诉讼，均应给予所有有关方面以参加诉讼并阐明自己意见的机会。

3.缔约国应尊重与父母一方或双方分离的儿童同父母经常保持个人关系及直接联系的权利，但违反儿童最大利益者除外。

4.如果这种分离是因缔约国对父母一方或双方或对儿童所采取的任何行动，诸如拘留、监禁、流放、驱逐或死亡（包括该人在该国拘禁中因任何原因而死亡所致，该缔约国应按请求将该等家庭成员下落的基本情况告知父母、儿童或适当时告知另一家庭成员，除非提供这类情况会有损儿童的福祉，缔约国还应确保有关人员不致因提出这种请求而承受不利后果。

第十条

1.按照第九条第一款所规定的缔约国的义务，对干儿童或其父母要求进入或离开一缔约国以便与家人团聚的申请，缔约国应以积极的人道主义态度迅速予以办理。缔约国还应确保申请人及其家庭成员不致因提出这类请求而承受不利后果。

2.方面居住在不同国家的儿童，除特殊情况以外，应有权同父母双方经常保持个人关系和直接关系。为此目的，并按照第9条第1款所规定的缔约国的义务，缔约国应尊重儿童及其父母离开包括其本国在内的任何国家和进入其本国的权利。离开任何国家的权利只应受法律所规定并为保护国家安全、公共秩序、公共卫生或道德、或他人的权利和自由所必需且与本公约所承认的其他权利不相抵触的限制约束。

第十一条

1.缔约国应采取措施制止非法将儿童转移国外和不使返回本国的行为。

2.为此目的，缔约国应致力缔结双边或多边协定或加入现有协定。

第十二条

1.缔约国应确保有主见能力的儿童有权对影响到其本人的一切事项自由发表自己的意见，对儿童的意见应按照其年龄和成熟程度给以适当的看待。

2.为此目的，儿童特别应有机会在影响到儿童的任何司法和行政诉讼中，以符合国家法律的诉讼规则的方式，直接或通过代表或适当机构陈述意见。

第十三条

1.儿童应有自由发表言论的权利；此项权利应包括通过口头、书面或印刷、艺术形成或儿童所选择的任何其他媒介，寻求、接受和传递各种信心和思想的自由，而不论国界。

2.此项权利的行使可受某些限制约束，但这些限制仅限于法律所规定并为以下目的所必需：

（A）尊重他人的权利和名誉；

（B）保护国家安全或公共秩序或公共卫生或道德。

第十四条

1.缔约国应遵守儿童享有思想、信仰和宗教自由的权利。

2.缔约国应尊重方面并于适用时尊重法定监护人以下的权利和义务，以符合儿童不同阶段接受能力的方式指导儿童行使其权利。

3.表明个人宗教或信仰的自由，仅受法律所规定并为保护公共安全、秩序、卫生或道德或他人之基本权利和自由所必需的这类限制约束。

第十五条

1.缔约国确认儿童享有结社自由及和平集会自由的权利。

2.对此项权利的行使不得加以限制，除非符合法律所规定并在民主社会中为国家安全、公共秩序、保护公共卫生或道德或保护他人的权利和自由所必需。

第十六条

1.儿童的隐私、家庭、住宅或通信不受任意或非法干涉，其荣誉和名誉不受非法攻击。

2.儿童有权享受法律保护，以免受这类干涉或攻击。

第十七条

缔约国确认大众传播媒介的重要作用，并应确保儿童能够从多种的国家和国际来源获得信息和资料，尤其是旨在促进其社会、精神和道德福祉和身心健康的信息和资料。为此目的，缔约国应：

（A）鼓励大众传播媒介本着第29条约精神散播在社会和文化方面有益于儿童的信息和资料；

（B）鼓励在编制、交流和散播来自不同文化、国家和国际来源的这类信息和资料方面进行国际合作；

（C）鼓励儿童读物的著作和普及；

（D）鼓励大众传播媒介特别注意属于少数群体或土著居民的儿童在语言方面的需要；

（E）鼓励根据第13条和第18条的规定制定适当的准则，保护儿童不受可能损害其福祉的信息和资料之害。

第十八条

1.缔约国应尽其最大努力，确保父母双方对儿童的养育和发展负有共同责任的原则得到确认。父母、或视具体情况而定的法定监护人对儿童的养育和发展负有首要责任。儿童的最大利益将是他们主要关心的事。

2.为保证和促进本公约所列举的权利，缔约国应在父母和法定监护人履行其抚养儿童的责任方面给予适当协助，并应确保发展育儿机构、设施和服务。

3.缔约国应采取一切适当措施确保就业父母的子女有权享受他们有资格得到的托儿服务和设施。

第十九条

1.缔约国应采取一切适当的立法、行政、社会和教育措施，保护儿童在受父母、法定监护人或其他任何负责照管儿童的人的照料时，不致受到任何形式的身心摧残、伤害或凌辱，忽视或照料不周，虐待或剥削，包括性侵犯。

2.这类保护性措施应酌情包括采取有效程序以建立社会方案，向儿童和负责照管儿童的人提供必要的支助，采取其他预防形式，查明、报告、查询、调查、处理和追究前述的虐待儿童事件，以及在适当时进行司法干预。

第二十条

1.暂时或永久脱离家庭环境的儿童，或为其最大利益不得在这种环境中继续生活的儿童，应有权得到国家的特别保护和协助。

2.缔约国应按照本国法律确保此类儿童得到其他方式的照顾。

3.这种照顾除其他外，包括寄养、伊斯兰法的"卡法拉"（监护）、收养或者必要时安置在适当的育儿机构中。在考虑解决办法时，应适当注意有必要使儿童的培养教育具有连续性和注意儿童的族裔、宗教；文化和语言背景。

第二十一条

凡承认和（或）许可收养制度的国家应确保以儿童的最大利益为首要考虑并应：

（A）确保只有经主管当局按照适用的法律和程序并根据所有有关可靠的资料，判定鉴于儿童有关父母、亲属和法定监护人方面的情况可允许收养，并且判定必要时有关人士已根据可能必要的辅导对收养表示知情的同意，方可批准儿童的收养；

（B）确认如果儿童不能安置于寄养或收养家庭，或不能以任何适当方式在儿童原籍国加以照料，跨国收养可视为照料儿童的一个替代办法；

（C）确保得到跨国收养的儿童享有与本国收养相当的保障和标准；

（D）采取一切适当措施确保跨国收养的安排不致使所涉人士获得不正当的财务收益；

（E）在适当时通过缔结双边或多边安排或协定促成本条的目标，并在这一范围内努力确保由主管当局或机构负责安排儿童在另一国收养的事宜。

第二十二条

1.缔约国应采取适当措施，确保申请难民身份的儿童或按照适用的国际法或国内法及程序可视为难民的儿童，不论有无父母或其他任何人的陪同，均可得到适当的保护和人道主义援助，以享有本公约和该有关国家为其缔约国的其他国际人权或和人道主义文书所规定的可适用权利。

2.为此目的，缔约国应对联合国和与联合国合作的其他主管的政府间组织或非政府组织所作的任何努力提供其认为适当的合作，以保护和援助这类儿童，并为只身的难民儿童追寻其父母或其他家庭成员，以获得必要的消息使其家庭团聚。在寻不着父母或其他家庭成员的情况下，也应使该儿童获得与其他任何由于任何原因而永久或暂时脱离家庭环境的儿童按照本公约的规定所得到的同样的保护。

第二十三条

1.缔约国确认身心有残疾的儿童应能在确保其尊严、促进其自立、有利于其积极参与社会生活的条件下享有充实而适当的生活。

2.缔约国确认残疾儿童有接受特别照顾的权利，应鼓励并确保在现有资源范围内，依据申请斟酌儿童的情况和儿童的父母或其他照料人的情况，对合格儿童及负责照料该儿童的人提供援助。

3.鉴于残疾儿童的特殊需要，考虑到儿童的父母或其他照料人的经济情况，在可能时应免费提供按照本条第2款给予的援助，这些援助的目的应是确保残疾儿童能有效地获得和接受教育、培训、保健服务、康复服务、就业准备和娱乐机会，其方式应有助于该儿童尽可能充分地参与社会，实现个人发展，包括其文化和精神方面的发展。

4.缔约国应本着国际合作精神，在预防保健以及残疾儿童的医疗、心理治疗和功能治疗领域促进交换适当资料，包括散播和获得有关康复教育方法和职业服务方面的资料，以其使缔约国能够在这些领域提高其能力和技术并扩大其经验。在这方面，应特别考虑到发展中国家的需要。

第二十四条

1.缔约国确认儿童有权享有可达到的最高标准的健康，并享有医疗和康复设施；缔约国应努力确保没有任何儿童被剥夺获得这种保健服务的权利。

2.缔约国应致力充分实现这一权利，特别是应采取适当措施，以（A）降低婴幼儿死亡率；（B）确保向所有儿童提供必要的医疗援助和保健，侧重发展初级保健；（C）消除疾病和营养不良现象，包括在初级保健范围内利用现有可得的技术和提供充足的营养食品和清洁饮水，要考虑到环境污染的危险和风险；（D）确保母亲得到适当的产前和产后保健；（E）确保向社会各阶层、特别是向父母和儿童介绍有关儿童保健和营养、母乳育婴优点、个人卫生和环境卫生及防止意外事故的基本知识，使他们得到这方面的教育并帮助他们应用这种基本知识；（F）开展预防保健、对父母的指导以及计划生育教育和服务。

3.缔约国应致力采取一切有效和适当的措施，以期废除对儿童健康有害的传统习俗。

4.缔约国承担促进和鼓励国际合作，以期逐步充分实现本条所确认的权利。在这方面，应特别考虑到发展中国家的需要。

第二十五条

缔约国确认在有关当局为照料、保护或治疗儿童身心健康的目的下受到安置的儿童，有权获得对给予的治疗以及与所受安置有关的所有其他情况进行定期审查。

第二十六条

1.缔约国应确认每个儿童有权受益于社会保障、包括社会保险，并应根据其国内法律采取必要措施充分实现这一权利。

2.提供福利时应酌情考虑儿童及负有赡养儿童义务的人的经济情况和环境，以及与儿童提出或代其提出的福利申请有关的其他方面因素。

第二十七条

1.缔约国确认每个儿童均有权享有足以促进其生理、心理、精神、道德和社会发展的生活水平。

2.父母或其他负责照顾儿童的人负有在其能力和经济条件许可范围内确保儿童发展所需生活条件的首要责任。

3.缔约国按照本国条件并其能力范围内，应采取适当措施帮助父母或其他负责照顾儿童的人实现此项权利，并在需要时提供物质援助和支助方案，特别是在营养、衣着和住房方面。

4.缔约国应采取一切适当措施，向在本国境内或境外儿童的父母或其他对儿童负有经济责任的人追索儿童的赡养费。尤其是遇对儿童负有经济责任的人住在与儿童不同的国家的情况时，缔约国应促进加入国际协定或缔结此类协定以及作出其他适当安排。

第二十八条

1.缔约国确认儿童有受教育的权利，为在机会均等的基础上逐步实现此项权利，缔约国尤应：

（A）实现全面的免费义务小学教育；

（B）鼓励发展不同形式的中学教育、包括普通和职业教育，使所有儿童均能享有和接受这种教育，并采取适当措施，诸如实行免费教育和对有需要的人提供津贴；

（C）根据能力以一切适当方式使所有人均有受高等教育的机会；

（D）使所有儿童均能得到教育和职业方面的资料和指导；

（E）采取措施鼓励学生按时出勤和降低辍学率。

2.缔约国应采取一切适当措施，确保学校执行纪律的方式符合儿童的人格尊严及本公约的规定。

3.缔约国应促进和鼓励有关教育事项方面的国际合作，特别着眼于在全世界消灭愚昧与文盲，并便利获得科技知识和现代教学方法。在这方面，应特别考虑到发展中国家的需要。

第二十九条

1.缔约国一致认为教育儿童的目的应是：

（A）最充分地发展儿童的个性、才智和身心能力；

（B）培养对人权和基本自由以及《联合国宪章》所载各项原则的尊重；

（C）培养对儿童的父母、儿童自身的文化认同、语言和价值观、儿童所居住国家的民族价值观、其原籍国以及不同于其本国的文明的尊重；

（D）培养儿童本着各国人民、族裔、民族和宗教群体以及原为土著居民的人之间谅解、和平、宽容、男女平等和友好的精神，在自由社会里过有责任感的生活；

（E）培养对自然环境的尊重。

2.对本条或第28条任何部分的解释均不得干涉个人和团体建立和指导教育机构的自由，但须始终遵守本条第一款载列的原则，并遵守在这类机构中实行的教育应符合国家可能规定的最低限度标准的要求。

第三十条在那些存在有族裔、宗教成语言方面属于少数人或原为土著居民的人的国家，不得剥夺属于这种少数人或原为土著居民的儿童与其群体的其他成员共同享有自己的文化、信奉自己的宗教并举行宗教仪式、或使用自己的语言的权利。

第三十一条

1.缔约国确认儿童有权享有休息和闲暇，从事与儿童年龄相宜的游戏和娱乐活动，以及自由参加文化生活和艺术活动。

2.缔约国应尊重并促进儿童充分参加文化和艺术生活的权利，并应鼓励提供从事文化、艺术、娱乐和休闲活动的适当和均等的机会。

第三十二条

1.缔约国确认儿童有权受到保护，以免受经济剥削和从事任何可能妨碍或影响儿童教育或有害儿童健康或身体、心理、精神、道德或社会发展的工作。

2.缔约国应采取立法、行政、社会和教育措施确保本条得到执行。为此目的，并鉴于其他国际文书的有关规定，缔约国尤应：

（A）规定受雇的最低年龄；

（B）规定有关工作时间和条件的适当规则；

（C）规定适当的惩罚或其他制裁措施以确保本条得到有效执行。

第三十三条

缔约国应采取一切适当措施，包括立法、行政、社会和教育措施，保护儿童不至非法使用有关国际条约中界定的麻醉药品和精神药物，并防止利用儿童从事非法生产和贩运此类药物。

第三十四条

缔约国承担保护儿童免遭一切形式的色情剥削和性侵犯之害，为此目的，缔约国尤应采取一切适当的国家，双边和多边措施，以防止：

（A）引诱或强迫儿童从事任何非法的性生活；

（B）利用儿童卖淫或从事其他非法的性行为；

（C）利用儿童进行淫秽表演和充当淫秽题材。

第三十五条

缔约国应采取一切适当的国家、双边和多边措施，以防止为任何目的或以任何形式诱拐、买卖或贩运儿童。

第三十六条

缔约国应保护儿童免遭有损儿童福利的任何方面的一切其他形式的剥削之害。

第三十七条

缔约国应确保：

（A）任何儿童不受酷刑或其他形式的残忍、不人道或有辱人格的待遇或处罚。对未满18岁的人所犯罪行不得判以死刑或无释放可能的无期徒刑；

（B）不得非法或任意剥夺任何儿童的自由。对儿童的逮捕、拘留或监禁应符合法律规定并仅应作为最后手段，期限应为最短的适当时间；

（C）所有被剥夺自由的儿童应受到人道待遇，其人格固有尊严应受尊重，并应考虑到他们这个年龄的人的需要的方式加以对待。特别是，所有被剥夺自由的儿童应同成人隔开，除非认为反之最有利于儿童，并有权通过信件和探访同家人保持联系，但特殊情况除外；

（D）所有被剥夺自由的儿童均有权迅速获得法律及其他适当援助，并有权向法院或其他独立公正的主管当局就其被剥夺自由一事之合法性提出异议，并有权迅速就任何此类行动得到裁定。

第三十八条

1.缔约国承担尊重并确保尊重在武装冲突中对其适用的国际人道主义法律中有关儿童的规则。

2.缔约国应采取一切可行措施确保未满15岁的人不直接参加敌对行动。

3.缔约国应避免招募任何未满15岁的人加入武装部队。在招募已满15岁但未满18岁的人时，缔约国应致力首先考虑年龄最大者。

4.缔约国按照国际人道主义法律规定它们在武装冲突中保护平民人口的义务,应采取一切可行措施确保保护和照料受武装冲突影响的儿童。

第三十九条

缔约国应采取一切适当措施,促使遭受下述情况之害的儿童身心得以康复并重返社会:任何形式的忽视、剥削或凌辱虐待;酷刑或任何其他形式的残忍、不人道或有辱人格的待遇或处罚;或武装冲突。此种康复和重返社会应在一种能促进儿童的健康、自尊和尊严的环境中进行。

第四十条

1.缔约国确认被指称、指控或认为触犯刑法的儿童有权得到符合以下情况方式的待遇,促进其尊严和价值感并增强其对他人的人权和基本自由的尊重。这种待遇应考虑到其年龄和促进其重返社会并在社会中发挥积极作用的愿望。

2.为此目的,并鉴于国际文书的有关规定,缔约国尤应确保:

(A)任何儿童不得以行为或不行为之时本国法律或国际法不禁止的行为或不行为之理由被指称、指控或认为触犯刑法;

(B)所有被指称或指控触犯刑法的儿童至少应得到下列保证:

(1)在依法判定有罪之前应视为无罪;

(2)迅速直接地被告知其被控罪名,适当时应通过其父母或法定监护人告知,并获得准备和提出辩护所需的法律或其他适当协助;

(3)要求独立公正的主管当局或司法机构在其得到法律或其他适当协助的情况下,通过依法公正审理迅速作出判决,并且须有其父母或法定监护人在场,除非认为这样做不符合儿童的最大利益,特别 要考虑到其年龄成状况;

(4)不得被迫作口供或认罪;应可盘问或要求盘问不利的证人,并在平等条件下要求证人为其出庭和接受盘问;

(5)若被判定触犯刑法,有权要求高一级独立公正的主管当局或司法机构依法复查此一判决及由此对之采取的任何措施;

(6)若儿童不懂或不会说所用语言,有权免费得到口译人员的协助;

(7)其隐私在诉讼的所有阶段均得到充分尊重。

3.缔约国应致力于促进规定或建立专门适用于被指称、指控或确认为触犯刑法的儿童的法律、程序、当局和机构,尤应:

(A)规定最低年龄,在此年龄以下的儿童应视为无触犯刑法之行为能力;

(B)在适当和必要时,制订不对此类儿童诉诸司法程序的措施,但须充分尊重人权和法律保障。

4.应采用多种处理办法,诸如照管、指导和监督令、辅导、察看、寄养、教育和职业培训方案及不交由机构照管的其他办法,以确保处理儿童的方式符合其福祉并与其情况和违法行为相称。

第四十一条

本公约的任何规定不应影响更有利于实现儿童权利且可能载于下述文件中的任何规定:

(A)缔约国的法律;

(B)对该国有效。

第二部分

第四十二条

缔约国承担以适当的积极手段,使成人和儿童都能普遍知晓本公约的原则和规定。

第四十三条

1.为审查缔约国在履行根据本公约所承担的义务方面取得的进展，应设立儿童权利委员会，执行下文所规定的职能。

2.委员会应由10名品德高尚并在本公约所涉领域具有公认能力的专家组成。委员会成员应由缔约国从其国民中选出，并应以个人身份任职，但须考虑到公平地域分配原则及主要法系。

3.委员会成员应以无记名表决方式从缔约国提名的人选名单中选举产生。每一缔约国可从其本国国民中提名一位人选。

4.委员会的初次选举应最迟不晚于本公约生效之日后的六个月进行；此后每两年举行一次。联合国秘书长应至少在选举之日前四个月函请缔约国在两个月内提出其提名的人选。秘书长随后应将巳提名的所有人选按字母顺序编成名单，注明提名此等人选的缔约国，分送本公约缔约国。

5.选举应在联合国总部由秘书长召开的缔约国会议上进行。在此等会议上，应以三分之二缔约国出席作为会议的法定人数，得票最多且占出席并参加表决缔约国代表绝对多数票者，当选为委员会成员。

6.委员会成员任期四年。成员如获再次提名，应可连选连任。在第一次选举产生的成员中，有5名成员的任期应在两年结束时届满；会议主席应在第一次选举之后立即以抽签方式选定这5名成员。

7.如果委员会某一成员死亡或辞职或宣称因任何其他原因不再能履行委员会的职责，提名该成员的缔约国应从其国民中指定另一名专家接替余下的任期，但须经委员会批准。

8.委员会应自行制订其议事规则。

9.委员会应自行选举其主席团成员，任期两年。

10.委员会会议通常应在联合国总部或在委员会决定的任何其他方便地点举行。委员会通常应每年举行一次会议。委员会的会期应由本公约缔约国会议决定并在必要时加以审查，但需经大会核准。

11.联合国秘书长应为委员会有效履行本公约所规定的职责提供必要的工作人员和设施。

12.根据本公约设立的委员会的成员，经大会核可，得从联合国资源领取薪酬，其条件由大会决定。

第四十四条

1.缔约国承担按下述办法，通过联合国秘书长，向委员会提交关于它们为实现本公约确认的权利所采取的措施以及关于这些权利的享有方面的进展情况的报告；

（A）在本公约对有关缔约国生效后两年内；

（B）此后每五年一次。

2.根据本条提交的报告应指明可能影响本公约规定的义务履行程度的任何因素和困难。报告还应载有充分的资料，以使委员会全面了解本公约在该国的实施情况。

3.缔约国若巳向委员会提交全面的初次报会，就无须在其以后按照本条第1款（B）项提交的报告中重复原先巳提供的基本资料。

4.委员会可要求缔约国进一步提供与本公约实施情况有关的资料。

5.委员会应通过经济及社会理事会每两年向大会提交一次关于其活动的报告。

6.缔约国应向其本国的公众广泛供应其报告。

第四十五条

为促进本公约的有效实施和鼓励在本公约所涉领域进行国际合作：

（A）各专门机构、联合国儿童基金会和联合国其他机构应有权派代表列席对本公约中属于它们职责范围内的条款的实施情况的审议。委员会可邀请各专门机构、联合国儿童基金会以及它可能认为合适的其他有关机关就本公约在属于它们各自职责范围内的领域的实施问题提供专家意见。委员会可邀请各专门机构、联合国儿童基金会和联合国其他机构就本公约在属于它们活动范围内的领域的实施情况提交报告；

（B）委员会在其可能认为适当时应向各专门机构、联合国儿童基金会和其他有关机构转交缔约国要求或说明需要技术咨询或援助的任何报告以及委员会就此类要求或说明提出的任何意见和建议；

（C）委员会可建议大会请秘书长代表委员会对有关儿童权利的具体问题进行研究；

（D）委员会可根据依照本公约第44条和45条收到的资料提出提议和一般性建议。此类提议和一般性建议应转交有关的任何缔约国并连同缔约国作出的任何评论一并报告大会。

第三部分

第四十六条

本公约应向所有国家开放供签署。

第四十七条

本公约须经批准。批准书应交存联合国秘书长。

第四十八条

本公约应向所有国家开放供加入。加入书应交存于联合国秘书长。

第四十九条

1.本公约自第二十份批准书或加入书交存联合国秘书长之日后的第三十天生效。

2.本公约对于在第二十份批准书或加入书交存之后批准或加入本公约的国家，自其批准书或加入书交存之日后的第三十天生效。

第五十条

1.任何缔约国均可提出修正案，提交给联合国秘书长。秘书长应立即将提议的修正案通知缔约国，并请它们表明是否赞成召开缔约国会议以审议提案并进行表决。

如果在此类通知发出之日后的四个月内，至少有三分之一的缔约国赞成召开这样的会议，秘书长应在联合国主持下召开会议。经出席会议并参加表决的缔约国多数通过的任何修正案应提交大会批准。

2.根据本条第1款通过的修正案若获大会批准并为缔约国三分之二多数所接受，即行生效。

3.修正案一旦生效，即应对接受该项修正案的缔约国具有约束力，其他缔约国则仍受本公约各项条款和它们已接受的任何早先的修正案的约束。

第五十一条

1.秘书长应接受各国在批准或加入时提出的保留，并分发给所有国家。

2.不得提出内容与本公约目标和宗旨相抵触的保留。

3.缔约国可随时向联合国秘书长提出通知，请求撤销保留，并由他将此情况通知所有国家。通知于秘书长收到当日起生效。

第五十二条

缔约国可以书面通知联合国秘书长退出本公约。秘书长收到通知之日起一年后退约即行生效。

第五十三条

指定联合国秘书长为本公约的保管人。

第五十四条

本公约的阿拉伯文、中文、英文、法文、俄文和西班牙文文本具有同等效力，应交存联合国秘书长。

参考文献

著作 / 教材类

[1] 于海臣，魏军. 学前教育政策法规［M］. 上海交通大学出版社，2016:91-103.

[2] 蔡伟忠，戚晓琼. 幼儿园30个大主题活动精选［M］. 中国青年出版社，2016:13-19.

[3] 李红霞. 幼儿教育政策与法规［M］. 高等教育出版社，2015. 03.

[4] 雷春国，曹才力，李重庚. 学前教育政策与法规解读［M］. 湖南大学出版社，2014.

[5] 李生兰著. 学前教育学［M］. 华东师范大学出版社，2014:171-206.

[6] 蔡迎旗. 幼儿教育政策与法规［M］. 高等教育出版社，2014.

[7] 雷春国，曹才力，李重庚. 学前教育政策法规解读［M］. 湖南大学出版社，2014.

[8] 沙莉. 世界主要国家和地区学前教育法律研究及启示［M］. 光明日报出版社，2013. 07.

[9] 庞丽娟. 《幼儿园教师专业标准（试行）》解读［M］. 北京师范大学出版社，2013.

[10] 教育部教师工作司. 《幼儿园教师专业标准（试行）》解读［M］. 北京师范大学出版社，2013:30-33.

[11] 李季湄，冯晓霞. 《3～6岁儿童学习与发展指南》解读［M］. 人民教育出版社，2013:77.

[12] 余珍有. 亿童学习包教师指导手册（阅读、数学、音乐、美术、社会）［M］. 湖北美术出版社，2012:263-264.

[13] 全国教师教育学会幼儿教师教育委员会. 中国幼儿教师教育转型［M］. 新时代出版社，2008.

[14] 李生兰. 学前儿童家庭教育［M］. 华东师范大学出版社，2006. 08.

[15] 蔡迎旗. 学前教育概论［M］. 华东师范大学出版社，2006. 04.

[16] 杜威，赵祥麟等译. 明日之学校［M］. 人民教育出版社，2005:215-221.

学术论文类

[17] 张丽. 《幼儿园工作规程》背景下家园合作的新常态科教文汇［J］，2018（2）.

[18] 陈小慧，杨日飞. "幼儿为本"：新《幼儿园工作规程》的核心理念［J］. 现代教育论丛，2017（3）.

[19] 庞丽娟. 对"全面二孩"政策下我国学前教育发展战略的建议［J］. 北京师范大学学报（社会科学版），2016（6）.

[20] 孟庆玲，仲伟秀. 幼儿园"冷领域"探析［J］. 现代中小学教育，2016（3）.

[21] 孟庆玲. 《3～6岁儿童学习发展指南》在学前儿童数学活动中的运用研究［J］. 当代学前教育研究，2016（2）.

[22] 孟庆玲，郭松. 基于翻转课堂的学前儿童科学领域教学改革研究［J］. 新教育时代，2016（3）.

[23] 刘小东. 天性为教育立法——兼评打破儿童的自然成长［J］. 湖南师范大学教育科学学报，2016（3）.

[24] 孟庆玲，敖敦，仲伟秀，郝英. 《指南》在学前儿童科学教育教学中的运用研究［J］. 儿童与健康，2016（7）.

[25] 张春芳. 幼儿园传染病预防管理工作的思考与建议［J］. 教育导刊（下半月），2016（10）.

[26] 秦金亮. 教育领导专业化背景下的《幼儿园园长专业标准》［J］. 幼儿教育（教育科学），2015（11）.

[27] 王小英，缴润凯. 基于《幼儿园园长专业标准》的园长培训课程构建［J］. 学前教育研究，2015（4）.

[28] 刘天娥. 高校本科学前教师教育课程设置的研究［D］. 华中师范大学，2015.

[29] 杨婧婧. 西宁市幼儿教师职业道德研究——以城北区为例［D］. 青海大学，2015.

［30］楚翘. 当前幼儿教师职业道德研究［D］. 齐齐哈尔大学，2015.

［31］王丹丹. 幼儿教师职业道德规范建设研究——以发展的视角［D］. 齐齐哈尔大学，2014.

［32］黄荣. 幼儿教师的职业道德研究［D］. 湖南师范大学，2014.

［33］曹艳梅. 基于《幼儿园教师专业标准（试行）》的新手幼儿教师专业素养调查研究［D］. 陕西师范大学，2014.

［34］陈冬梅. 我国幼儿教师职业道德规范研究——以武汉市、枣庄市幼儿园为例［D］. 武汉工程大学，2014.

［35］蒋荣辉. 《幼儿园教师专业标准》下的教师教育课程改革［J］. 中国教育学刊，2014（5）.

［36］陈荣荣. 三年制中专学前教育专业培养方案的重构——基于《幼儿园教师专业标准（试行）》视角［D］. 湖南师范大学，2014.

［37］杨卫安，邬志辉. 普惠性学前教育的内涵与实现路径［J］. 广西社会科学，2014（10）.

［38］汤杰英. 学前教师领域教学知识研究［D］. 华东师范大学，2013.

［39］王元凯，刘传莉. 普及学前教育展望——基于《中国儿童发展纲要（2011～2020年）》的思考［J］. 教育导刊（下半月），2012，（1）.

［40］连光利，蒋竞雄，宫丽敏，王惠珊. 我国托幼机构卫生保健工作的现状调查［J］. 中国妇幼保健，2012（12）.

［41］康俊. 如何做好幼儿园卫生保健工作［J］. 课程教材教学研究（幼教研究），2011（1）.

［42］王亚凤. 美国幼儿教师专业标准研究［D］. 华东师范大学，2011.

［43］崔丽娜. 美国幼儿教师专业标准研究［D］. 浙江师范大学，2011.

［44］徐波. 特殊教育幼儿教师教学反思的个案研究［D］. 重庆师范大学，2009.

［45］李坤鸿. 由衷的赞叹——视察实施幼儿园管理条例随记［J］. 人民之声，2002.

［46］中国营养学会常务理事会. 中国居民膳食指南——平衡膳食、合理营养、促进健康［J］. 营养学报，1997（2）.

234 文件类

［47］教育部. 幼儿园工作规程［S］. 中华人民共和国教育部令第39号，2016.

［48］教育部. 幼儿园工作规程［Z］. 教育部，2016.

［49］教育部. 幼儿园园长专业标准［Z］. 教育部，2015.

［50］教育部. 幼儿园园长专业标准［S］. 教师〔2015〕2号，2012.

［51］教育部. 3～6岁儿童学习与发展指南［S］. 教育部，2012.

［52］国家卫生部. 托儿所幼儿园卫生保健工作规范［S］. 卫生部令第76号，2012.

［53］教育部. 幼儿园教师专业标准（试行）［S］. 教育部〔20121〕号文件，2012.

［54］丁海东. 游戏精神是学前教育的灵魂［N］. 中国教育报，2011（4）.

［55］国务院. 国务院关于当前发展学前教育的若干意见［S］. 国发〔2010〕41号，2010.

［56］全国妇联教育部. 全国家庭教育指导大纲［S］. 妇字〔2010〕6号，2010.

［57］教育部基础教育司. 《幼儿园教育指导纲要（试行）》解读［Z］. 江苏教育出版社，2002.

［58］教育部. 幼儿园教育指导纲要（试行）［S］. 教基〔2001〕20号，2001.

［59］国家教委. 全国幼儿园园长任职资格、职责和岗位要求（试行）［S］. 国家教委，1996.

［60］国家教育委员会. 幼儿园工作规程［S］. 中华人民共和国国家教育委员会令第25号，1996.

［61］国家教育委员会. 三年制中等幼儿师范学校教学方案（试行）［S］. 国家教育委员会，1995.

［62］联合国大会. 儿童权利公约［Z］. 联合国大会，1990.

［63］教育部. 幼儿园管理条例［Z］. 中华人民共和国国家教育委员会令第4号，1989.

［64］国家教育委员会. 幼儿园管理条例［S］. 中华人民共和国国家教育委员会令第4号，1989.